불 멸

IMMORTALITY

1

불멸 1
IMMORTALITY

초 판	2006년 12월 26일
개정 2쇄	2025년 9월 10일

지 은 이	이각
펴 낸 곳	지혜의눈
편 집	지혜의눈 편집부
디 자 인	지혜의눈 편집부

출판등록	2019년 5월 7일 696-82-00281
주 소	경상북도 상주시 공검면 오태지동길 185-15
이 메 일	wisdomeye@2gak.com
전화번호	054-541-2057
팩 스	054-541-2059
홈페이지	2gak.com

I S B N	978-89-958954-6-7 94220
	978-89-95894-3-6 (전3권)

값 30,000원

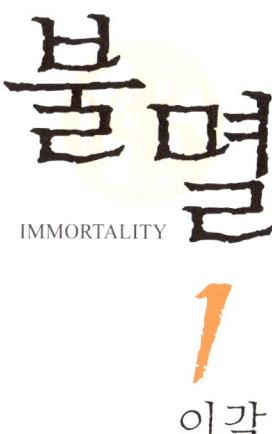

불멸

IMMORTALITY

1

이각

지혜의샘

『불멸(不滅)』의 원고는 드러난 듯 숨겨진 정신적 스승, 이각큰스님께서 지난 20여 년간 집필하신 자필 원고와 그 제자 스님 열 분께서 모아주신 큰스님의 법문에 전적으로 근거합니다. 따라서 본문 가운데 엮은이의 개인적인 견해로 첨삭된 부분은 전무(全無)함을 밝힙니다. 『불멸(不滅)』의 질문과 답변 중 많은 부분은 네이버 불교카페 '혜안(慧眼)'에 공개되어 있으며, 이 책이 출간된 후에 추가된 법문들도 상당수 게시되어 있습니다.

이 책은 영원히 사라지지 않는 정신의 위대함을 밝히고, 나아가 세계와 정신의 동일성을 증명하는 전(全) 우주적인 설명서이다. 죽지 않는 당신의 정신에 대하여, 그리고 사라지지 않는 허공의 위대함에 대하여 낱낱이 밝혀낸 이 보배로운 글을 읽고 당신은 마지막 책장을 덮으며 반드시 말할 것이다. "불멸(不滅)"

이각큰스님의 법문을 엮으며

인간의 모든 사유(思惟)는 생사의 문제에서 비롯된다. 사유라는 이름이 어울리지 않는 짐승들까지도 모두 죽음을 피하고 좀 더 편안히 그리고 오랜 시간 동안 생명을 유지하기 위해 사유라는 활동을 하게 된다. 만약 인간의 사유가 생사의 문제에 근거하지 않았다면, 기후나 천적의 위험을 피하기 위한 가옥의 필요성을 느끼지 못했을 것이고, 자연히 건축학이나 물리학이라는 학문은 탄생할 수 없었을 것이다. 또한 죽음을 두려워하지 않았다면 삶을 찬탄하는 노래와 문학 역시 발생할 수 없으며, 망자의 사후 세계에 대한 호기심도, 아름다운 내생에 대한 동경도 가지지 못했을 것이다. 이로써 죽음보다 삶을 택하려는 인간의 사유는 역사와 함께 문명을 이룩하게 되었으나, 아이러니하게도 그에서 비롯된 모든 학문이란 반드시 생사라는 사슬에 묶여 있음이 분명하다.

따라서 인간은 역사적으로 과학과 수학, 그리고 사상과 문학이라는 분야를 통해 거역할 수 없는 문제를 해결하기 위해 노력해 왔다. 그러나 현대의 학문은 죽음의 절벽 앞에 선 인간의 삶에 아무런 의미를 부여하지 못한다. 그것은 죽음을 피할 수 있다는 무수한 가능성만을 제시하였을 뿐, 오히려 죽음에 대한 회피의 노력이 스스로를 반드시 사멸해야 할 존재로 더욱 각인시키는 부작용만 낳고 있는 것이다. 자신의 능력을 벗어난 절대적인 죽음의 운명을 인정할 때 인간은 더욱 약해지고 비참해지기 때문이다.

누구나 지금의 현실에 당면해 있고, 생사의 기로에 서 있음을 부정하지 못한다면 일체의 사유와 학문은 과거나 미래, 또는 상상 속의 사건이 아닌 지금이라는 이 순간에 그 발을 딛고 있어야 하며, 삶의 질을 향상시키려는 노력보다 삶과 죽음이라는 원초적인 과제의 해결에 초점을 맞추어야 할 것이다.

언젠가는 반드시 사라질 시한부의 삶은 삶이 아니다. 이것이 석가세존께서 처음으로 출가를 결심하시게 된 동기다. 인간으로서는 피할 수 없는 운명이라고 누구나 인정한 죽음의 문제를 해결하기 위해 세존께서는 성을 넘으셨으며, 결국 정각을 이루셨다. 따라서 세존께서 이루신 깨달음은 '지금'이라는 이 현실을 공용하고 있는 인간이라면, 그리고 아직 삶과 죽음의 문제를 해결하지 못한 윤회 속의 중생이라면 반드시 따라야 할 근본적인 교과서인 것이다.

여기서는 누구에게나 평등하게 지어진 바로 이 세계와 그 주인공인 '나'의 구조를 논술하여, 한쪽 날개를 잃은 현대 학문의 모순을 지적하고 불교에서 가리키는 방향을 제시하여 오늘날의 주저앉은 정신세계에 석가세존의 가르침을 다시 한번 발아(發芽)시키려 한다. 생(生)과 사(死), 그리고 나와 남, 정신과 물질이라는 이질적인 두 우주를 어떤 방법으로 통합시키고 다시 초월하는지 그 이치와 과정을 밝힌다. 어떠한 현대 학문도 발견하지 못한 인간 저변의 오해와 그에서 비롯된 생사의 문제가 결국 석가세존의 가르침으로 귀결되는 모습을 증명할 것이다.

불교란 바로 지금 이 순간을 말하는 지혜이기 때문이다.

불기 2550년 10월
편집부

개정판을 내며

『불멸』이라는 이각큰스님의 법문집을 출간하고서 19년이 지났습니다. 눈앞의 이익을 좇는 자는 많아도 영원한 이익을 찾는 자는 흔하지 않다는 것을 잘 알고 있음에도 일말의 미련이 남아 『불멸』이 많은 독자들에게 읽히기를 바랐습니다. 오랜 시간이 걸렸지만 정말 감격스럽게도 『불멸』은 완판이 되었고, 편집도 모양도 엉망이었던 이 책은 많은 이들을 진리로 이끌며 개정판이라는 생일을 맞이하였습니다.

부처님께서 왕좌를 버린 후, 분소의를 걸치시고 발우를 들고 평생을 걸으셨던 이유가 무엇이었는지 『불멸』은 명확히 가리키고 있습니다. 도각사 승가를 지탱하고 견인하는 힘이 바로 그 지혜에서 비롯된다는 것을 새삼 느낍니다. 종교를 초월하여 진정한 자신의 실체가 무엇인지, 그리고 이 세계의 진면목이 무엇인지 느끼고 싶은 선종자(善種子)가 남아있는 한 『불멸』은 대를 이어 읽힐 보배의 책이 될 것입니다. 진리는 시간과 공간을 초월하기 때문입니다.

개정판을 준비하며 미흡한 부분을 손보았습니다. 『불멸』이 지향하는 바와 관계없는 부분을 과감히 삭제하고, 독자의 이해를 돕기 위해 약간의 설명을 추가하였으며, 통일성을 위해 몇 가지 약속을 하였습니다.

1. 모든 경전명은 겹낫표를, 경전 내 소제목은 홑낫표를 사용하여 통일하였습니다.

   예)『금강경』「일체동관분」

2. 『불멸1』의 모든 경전 인용문은 〈정혜불경연구원〉으로부터 제공받은 이 각스님의 번역임을 밝힙니다.

3. 한글과 한자의 음이 일치할 때는 소괄호를, 일치하지 않을 때는 대괄호를 사용하였습니다.

   예) 한글과 한자 음이 일치하는 경우 : 심신(心身)

   　　한글과 한자 음이 일치하지 않는 경우 : 마음[心], 깨달음[覺]

4. 말줄임표를 …(가운데 세 점)으로 통일하였습니다.

5. 3계, 5온, 6진 등 숫자가 포함된 불교용어는 삼계, 오온, 육진 등 한글로 표기하였습니다.

6. 기존에 쓰인 '상님, 귀머거리, 벙어리' 등의 표현은 '맹인, 농인, 아인'으로 통일하였습니다.

7. 기타 잘못된 띄어쓰기 및 맞춤법을 바로잡았습니다.

불기 2569년 9월

편집부

* 오탈자 수정 요청 wisdomeye@2gak.com

차례

오늘날의 불교는 하지 말라는 것이 너무 많다

오늘날의 불교는 하지 말라는 것이 너무 많다.

이것은 그간 불경의 내용을 전하는 이들의 잘못된 해석 내용을 그대로 받아들임으로써 불경 본래의 의도가 왜곡된 것일 뿐, 불교 자체는 어렵거나 쉽게 받아들일 가르침[知識]도 아니고, 어떻게 해야 한다든가 하지 말아야 한다는 등의 강요에 따르는 금욕의 고행 주의도 아니다. 단지 이 삶의 장(場)인 세상이나 삶의 주인공인 '나'라는 것의 실체가 무엇이었는지, 또 어떤 이치로 인하여 펼쳐지고 흐르는 것인지를 알려주는 것이 곧 불경(佛經)이며 불교(佛教)라는 것이다. 불교는 스스로를 작고 초라하게 만들어 신앙심(信仰心)이라는 명목으로 신(神)에게 의지하는 노예의 종교(宗教)가 아니다. 왜냐하면 종교(宗教)라는 한자의 본래 의미는 전지전능한 절대신을 가정해 놓고 그의 뜻에 복종하거나 기대고 따르는 마음을 가리키는 것이 아니기 때문이다.

종교란 자기를 포함한 일체만유의 궁극적인 실체를 가르치는 것이라는 말이다. 종(宗)이라는 글자의 뜻은 궁극적이며 원초적인 자리를 뜻하는 것이므로 일체(一切)의 근원을 말하는 것이기도 하고, 결국에 도달되는 자리를 말하는 것이기도 하다. 그러므로 종교라는 글자에 진리를 가르친다는 뜻 외에 신을 따르거나 복종한다는 의미는 본래 없다는 것을 알아야 한다. 즉 '얼음[氷]'에 대한 종교(궁극적 가르침)는 '허공'이라는 가르침이어야 한다는 것이다. 왜냐하면 얼음은 물로 이루어진 것이고 물은 수소와 산소로 이루어진 것이며 수소와 산소는 모두 허공의 이름이기 때문이다.

이것이 종교라는 단어의 진정한 의미였으니, 결국 '불교(佛教)'라는 말도 '부처를 가리킴'[1]이라는 뜻을 담고 있는 것이다. 부처[佛]란 공(空)과 정신의 화합을 말하는 것이니, '부처의 실체를 설명하는 가리킴'을 합한 말이 곧 불교라는 글자의 본의였음을 알아야 한다.

이렇게 근본적인 단어에서부터 그 의미가 왜곡되었기에 막상 바로잡기 위해서는 지금까지의 일반적인 상식들의 오류를 인정하고, 전면적인 수정이 불가피하다는 결론에 이르게 된다. 그러나 왜곡된 불교를 전하던 기득권자들은 그들의 견해를 절대 바꾸려 하지도 않고, 오히려 진실을 말하는 자들을 방해하거나 비난하는 행위로 자신들이 입

---

1) 부처를 가리킴

가르칠 교(教)를 '가리키다[指]'라고 표현한 것은 석가세존의 가르침이란 없던 것을 새롭게 만들어 알려주거나 불가능한 일을 가능하게 만드는 기술을 가르쳐주는 것이 아니기 때문이다. 다만 세존께서는 본래부터 중생에게 갖추어진 정신의 능력[佛]을 세세히 '가리켜 보임'으로써 스스로의 위대함을 발견(發見)하도록 이끄셨다.

지를 고수하려 한다. 모든 중생의 비난에서부터 물질적인 몰락에 이르기까지, 스스로의 잘못을 인정하게 될 때 처할 자신들의 입장을 생각해 보면, 그것은 무시할 수 없는 두려움이며 비참함이기 때문이다. 그래서 결국 무덤까지 거짓된 교만을 짊어지고 가게 되니 그다음의 세계는 어떤 곳이겠는가. 일체중생을 속인 죄… 그 업의 무게를 이기지 못하고, 어느 저명한 스님은 임종게를 통하여 때늦은 반성을 하는 안타까움을 보이기도 하였다. 모르면 참구해야 하고 알면 다정하게 나누어야 하며, 그것도 아니면 침묵을 지켜야 하건만, 오히려 깨달은 척하여 명예와 재물을 탐하고 자신의 업을 더럽히며 뭇 중생들을 혼돈과 미혹에 헤매게 만드니 참으로 안타까운 일이 아닐 수 없다.

그러나 만에 하나, 자신의 오류를 자각하고 불교의 진실한 가르침을 알고자 한다면 반드시 불경을 중히 여겨 바로 읽어야만 한다. 그 속에는 삼천대천세계(三千大千世界)의 비밀과 과거, 현재, 미래의 실체, 나아가 일체의 수행 방법이 낱낱이 적혀 있으며, 위대한 스스로의 능력과 삶의 이치가 완벽하게 드러나 있기 때문이다.

따라서 수행 방법 가운데 바른길이라면 그 어떤 방법이든 불경에 들어 있지 않은 것은 없다. 그것은 불경에 이미 이르시기를 '불경과 같이 하는 수행이 아니면 모두 어리석은 길'[2]이라고 하셨기 때문이다. 누군가 불경을 보지 않고 석가세존의 실체를 알려고 하거나 판단하려 든다면 그것은 진정으로 어리석은 행위임을 깨달아야 한다. 가섭존자의 염화미소(拈華微笑)를 빌미로 글이나 말을 통해서는 불교의 진의를 알 수 없다는 생각이 이미 긴 세월을 통해 불가에 퍼져 있어, 묵언 수행이나 화두참선, 호흡법 등 경전에 근거를 두지 않는 수행법이 오히려 세존의 정법을 흐리고 있을 뿐이다. 물론 말과 글만을 통해 궁극의 해탈을 이룰 수 있는 것은 결코 아니나, 가섭존자의 염화미소는 평생을 세존께 귀의하여 듣게 된 '설법의 결과'였음을 결코 간과해서는 안 된다.

온 세상을 뒤져봐도 가장 큰 나무는 반드시 단 하나이며 또한 가장 귀한 나무도 단 하나일 뿐이다. 더구나 우주법계의 이치가 그대로 담긴 정각의 정신이 어찌 둘일 수 있겠는가. 더 이상 비교할 존재가 없는 깨달음이 곧 석가세존인 것이다. 세존은 인간이 없음을 설파하셨고 그러므로 생사도 본래 없음을 증명하시어 일체중생에게 '안도의 숨'을 선사하셨다. 그러나 그 가르침이 불경을 가볍게 여기는 어리석은 스승들의 작은 착오로 인하여 크게 왜곡되고 있다. 무명의 눈에

2) 불경과 같이 하는 수행이 아니면 모두 어리석은 길

善男子 彼諸菩薩 如是修行 如是漸次 如是思惟 如是住持 如是方便 如是開悟 求如是法 亦不迷悶

선남자여. 저 모든 보살은 이와 같이 수행, 점차, 사유, 주지, 방편, 개오하여 이와 같은 법을 구해야만 어리석음에 빠지지 않는다.

『원각경(圓覺經)』「보안보살장(普眼菩薩章)」

위의 여시(如是)란 '이와 같이'라는 의미이다. '이와 같이'는 무엇을 가리키는가. 지금까지 펼치신 설법의 내용이다. 설법하신 바대로 법을 구해야만 어리석음에 빠지지 않는다는 말씀이니, 그 설법하신 바를 옮겨놓은 불경의 말씀에 의지해야 함은 당연한 일이다. 따라서 불경을 외면한다는 것은 부처님의 설법을 외면하는 것과 같으니, 법을 구하여도 반드시 어리석은 외도에 빠지게 됨은 불을 보듯 뻔한 일이다. '이와 같음'이 무엇인지는 오직 불경에만 쓰여 있다는 사실을 간과해서는 안 된다.

는 반드시 생사(生死)가 있고, 자타(自他)가 있으며, 하지 말아야 할 것과 해야 할 것이 따로 나뉘어 있기 때문이다.

가장 대표적으로 금계(禁戒) 가운데 한문으로 되어 있는 '불살생(不殺生)'을 우리말로 번역할 때 '살생하지 말라'라고 옮기는 경우를 들 수 있다. 현재 출판된 어느 번역서에서든 모두 일색(一色)이다. 그러나 이러한 실수로 인하여 불도를 구하는 수많은 수행자들이 엄청난 혼란에 빠지게 되었다.

왜 실수라고 하는가. 이미 모든 경에서 무아(無我), 무인(無人), 무중생(無衆生), 무수자(無壽者)임을 누누이 설하시고 증명하셨다. 이 네 가지 '나', '사람', '중생', '사는 자'라는 것은 중생들이 '생사에 처해있다고 생각하는 일체의 존재'를 나열한 것이고, 그 모두가 실제로 존재하지 않는다고 말씀하심으로써 일체의 생사가 본래 있을 수 없다는 뜻을 전하신 것이다. 그 가르침을 진정으로 이해하였다면 어찌 또다시 살생할 것이 있어 '살생하지 말라'라고 번역하느냐는 말이다. 살생하지 말라는 말에는 '살생할 것이 있으나 살생을 해서는 안 된다'라는 의미가 포함되어 있으니, 죽일 대상[他]도 있고, 죽이는 나[自]도 있으며, 죽고 삶도 있다는 말이 되기 때문이다. 따라서 '살생하지 말라'라는 번역은 생사가 본래 없다는 세존의 가르침을 조금도 이해하지 못한 중생의 견해에 지나지 않으며, 또한 실제로 지킬 수도 없는 낭설일 뿐이다.

또한 불(不)이라는 글자만 보더라도 '~하지 못함[不可]', '~이 아님[否定]'의 뜻을 담고 있지, '하지 말라'라는 금지명령의 의미를 가지고 있지는 않다. 불경에서 '하지 말라'라는 자(字)는 '막(莫)' 또는 '물(勿)'이라는 글자로 『금강경(金剛經)』의 「정신희유분(正信希有分)」과 「비설소설분(非說所說分)」에서도 분명하게 구분하여 표기되고 있다.[3] 만약 불(不) 자를 '하지 말라'라는 뜻으로 번역한다면 『반야심경』의 '불생불멸(不生不滅)'이라는 구절은 '생겨나지도 말고 사라지지도 말라'라는 뜻이 되고 만다. 그러나 이 구절의 내용 역시 생사에 처해있는 중생이 있지 않음을 전하는 말이니, '생겨나지 않았으니 사라지지도 않는다'라는 뜻으로 보는 것이 타당하다. 그러므로 뒤에 따르는 구절에서 '무노사(無老死)'라고 하여 '늙음도 죽음도 없다'라고 설하셨으며, 생사가 본래 없었으니 '공포도 있을 수 없다[無有恐怖]'라고 하신 것이다. 이처럼 중생들에게서 생사의 의미를 거두어주시려는 그 뜻이 너무도 분명한데 어찌 불경에 살생이 있어 살생하지 말아야 한다고 가르치겠는가. 적어도 불살생(不殺生)이란 '살생할 수 없다', '살생이 아니다'라는 뜻으로 번역되어야 한다.

금계(禁戒)라는 뜻은 '금지된 계율'이라는 뜻이지 '금지해야 할 계율'이라는 뜻이 아니다. 불경은 실제적 이치인 진리를 전하는 글이지 이

---

3) 막(莫)과 물(勿)

佛告須菩提 莫作是說…

부처님께서 수보리에게 말씀하시되 이렇게 말하지 말라…

『금강경(金剛經)』「정신희유분(正信希有分)」

須菩提 汝勿謂如來作是念…

수보리야 너는 여래가 이렇게 생각을 짓는다고 말하지 말라…

『금강경(金剛經)』「비설소설분(非說所說分)」

래라저래라 하는 당위의 지시문이 아니기 때문이다. 또한 주체와 대상이 없기에 불이(不二)라고 하셨고, 둘이라 하더라도 다를 것이 없기에 불이(不異) 라고 하셨으니, 결국 생사도 일여(一如)인 것이다. 이렇게 이미 내가[我] 없는데 누구에게 죽이지 말라고 하며, 또한 남[他]이 없는데 누구를 죽이지 말라고 하겠는가. 그러므로 '금계'라는 말도 '본래 금지된 계율'이라는 뜻으로 받아들이고 전해야 옳은 것이었음을 확연히 알 수 있는 것이다.

그러나 이와 같은 말을 듣고는 기존의 어긋난 해석에 취해 오히려 오해하는 어리석은 이들이 있으니 반드시 계율에 대하여 덧붙여 설명해야 할 바가 있다.

이렇게 '살생할 수 없고, 도둑질할 수도 없으며, 간음할 수도, 음주할 수도, 거짓말할 수도 없다'라고 번역을 해 놓거나, '살생도 도둑질도 간음도 음주도 거짓말도 아니다'라고 번역을 해 놓는다면, 대부분 생각하기를 '나는 그것을 알았으니 마음 놓고 살생하고 도둑질하고 간음하며 음주하고 거짓말해도 된다는 것인가?'라고 생각하게 된다. 바로 이것이 자신을 악하고 어리석은 중생으로 고집하는 처사인 것이다.

물질은 공하다. 모두가 변화해가고 산화해가는 원소일 뿐이기 때문이다. 물질의 본질은 원소이고 원소는 허공에 녹아있으니 물질이란 결국 허공일 뿐이다. 또한 변화하고 찰나마다 산화해간다는 것은 모두 사라지고 있음을 의미하며, 곧 남는 것이 없으리라는 약속이니 자취도 없이 사라질 환상이라는 말이다. 물질을 이룬 재료가 허공이고, 결국 사라져 돌아가는 곳도 허공이라면 물질은 본래부터 환상이었음이 분명한 것이 아닌가.

마음이란 보이지도 않고 만져지지도 않는 것이다. 이것을 어찌 공하다고 하지 않을 수 있겠는가. 자신이 이렇게 공하다는 사실을 알지 못하고 악한 마음으로 무언가를 하려 한다면 이미 '아무것도 이룰 수 없는 철칙'을 깨닫지 못한 것이므로, 스스로 죽고 사는 존재임을 인정하여 생사윤회를 자처하는 것임을 알아야 한다.

이렇게 간단하게 알 수 있는 것이 이 세상과 '나'는 모두 공하여 실제로는 생기고 사라지는 것이 아니라는 사실이다. 허공(虛空)은 생겨나도 공(空)이고 변화해도 공이며, 죽고 살아도 공이기 때문에 실제로는 어떤 일도 없는 것이 공의 모습인 것이다. 이것을 절실하게 깨달은 이라면 무엇을 하였다든가 아니면 해야겠다는 생각은 있을 수 없다. 하물며 마음 놓고 죽이고 훔치는 등의 일을 해도 되겠다는 생각이야 더욱 있을 수 있겠는가.

공한 세상에서 무엇인가를 이룰 수 있다고 생각한다면, 그것이 바로 공한 세상의 계율을 깨뜨리는 것임을 깨달아야 한다. 살생하려 하면 '스스로가 죽는 것임을 스스로 인정한 것'이므로 이미 계율을 어긴 것이다. 따라서 반드시 스스로 죽음의 공포를 맛보게 될 것이다. 또 도둑질을 하려 해도 역시 할 수 없는 일을 할 수 있다고 오해하여 업을 더럽히고 있을 뿐이니, 독한 마음을 가지고 남의 것을 억지로 얻으려 하는 생각과 행위 자체가 계율을 어기는 일이다. 아무리 노력해도 결국은 남는 것이 없다. 단지 스스로의 업만 남게 되는 것이다. 자기의 속마음을 자기보다 더 절실하게 아는 자가 어디 있겠는가. 바로 그것으로 지옥을 가니 지혜로운 자라면 어찌 공한 계율을 어기려 하겠는가.
그럼에도 불구하고 '살생하지 말라'라고 가르친다면, 이미 설명한 바
와 같이 '살생할 것이 있지만 하지 말아야 한다'라는 의미를 내포하고
있는 것이니 공한 계율을 어긴 어리석은 가르침이다. 오히려 하지 말
라는 가르침을 주는 자가 파계하고 있음을 깊이 깨달아야 하는 것이
다. 살생할 것이 있어야 살생을 하든지 말든지 할 것 아닌가.

내가 숨을 쉬는 것에 대하여 남들이 불편해하지는 않는다. 그처럼 욕
심을 떠나 자연스러운 그대로의 삶이 곧 계율을 지키는 것이다. 있지
않은 것을 있다고 생각하여 무언가를 하려고 하는 것은 흐름을 따르는
자연의 삶이 아니다. 따라서 자타가 공(空)하다는 것을 어기면 무조건
파계(破戒)라는 것을 잊지 말아야 한다. 실제로 사유해 보면 분명히
모든 것은 공하기 때문이다. 직장에 나가도 볼 수 없는 정신이 움직이
고 있고, 밥을 먹어도 보이지 않는 정신이 맛을 느끼며 손을 움직이게
하고 있다는 사실을 놓치지 않고 바라본다면, 마치 투명 인간과 같이
스스로가 생사의 윤회에서 이미 벗어나 있었음을 깨닫게 된다.

따라서 모든 중생은 중생 스스로가 본래 없었음을 깨달아야 한다. 그것
이 진정 자유를 얻는 길이다. 죽음을 전제로 한 삶에 무슨 행복이나 자
유가 있을 수 있겠는가. 그렇게 생각하는 것은 사실을 깨닫지 못한 중
생의 오해이며, 그 오해를 벗어나지 못한 채 짓는 모든 일은 오류가 있
을 수밖에 없으므로 반드시 슬픔과 한(恨)을 안은 고통이 따르게 되는
것이다.

불교는 명철하고 확연한 증거와 논리를 통해 극치의 자유를 안겨주

는 가리킴[指]이다. 다만 일부 어리석은 자들의 실수로 인하여 그 실체가 왜곡되었던 것이다. 이러함을 듣고 박수치고 동조의 입을 모으는 존재들이 남아있다면 불교의 불씨는 꺼지지 않을 것이나, 이미 모순이 밝혀졌음에도 스스로 반성하지 않고, 큰 절에서 오래 묵은 스님이라 위세부리며, 거짓말을 멈추지 않는다면, 이곳에서의 비난과는 비교할 수도 없는 고통의 업보가 그들을 기다릴 것이다.

『원각경』「미륵보살장」에 말씀하시기를 사이비 외도를 만나서 수행의 바른길을 걷지 못하는 것은 외도의 과오일 뿐, 중생의 잘못은 아니라고 하셨다.[4] 그러니 반성해야 할 존재들은 이치에 맞지도 않는 가르침을 전한 스승들이라는 사실이다.

이제 불교는 역사의 과오를 수정해야 할 크나큰 과제에 도달하였다. 이 글을 보며 깊이 동감하는 존재들이 있는 한 반드시 불교는 본래의 모습으로 드러나게 될 것이라 믿어 의심치 않는다. 금(金)에다 아무리 더러운 때를 묻힌다 해도 금은 금이듯이, 진리(眞理)에 아무리 어리석음을 덧칠해도 진리는 영원히 진리로 흐를 뿐이기 때문이다.

埋覺.

---

4) 바른길을 걷지 못하는 것은 중생의 잘못이 아니다

… 若諸衆生 雖求善友 遇邪見者 未得正悟 是則名爲 外道種性 邪師過謬 非衆生咎. 만일 모든 중생이 비록 착한 벗을 구하나 사견을 만난 자는 올바른 깨달음을 얻지 못하므로 이것을 이름하여 외도종성이라 하는 것이니 삿된 스승의 허물일지언정 중생의 허물은 아니다.

『원각경(圓覺經)』「미륵보살장(彌勒菩薩章)」

영원한 〈지금〉의 메시지
IMMORTALITY

불멸

1

불교를 믿고 싶습니다.

어렸을 때, 부모님께서 교회를 다니라고 하셔서 몇 년 전까지 독실한 기독교 신자로 지냈습니다. 그런데 성경에 대해 점점 무관심해지더니 4년간 무교로 지내다 요즘은 자꾸 불교로 마음이 이끌리고 있습니다. 불경소리도 좋고, 또 향냄새를 맡으면 마음이 편안해지기도 합니다. 불교에 대해서 자세히 좀 알려주세요. 광범위하겠지만, 제가 아무것도 모르는 상태이기 때문에 기초적인 말씀을 구합니다.

불교(佛敎)란

 불교란 부처를 가르친다는 뜻이고, 부처란 '깨달음'을 말하는 것이며, 깨달음이란 견해(見解)와 인식을 바탕으로 이루어지는 온갖 '생각'을 말하는 것이다. 그러므로 깨달음[覺 = 佛]은 온갖 생각을 드러내는 근원적인 능력인 것이다.

생각이란 '세상(世上)'이라 일컬어지는 만유(萬有), 그리고 그와 불가분(不可分)의 관계인 감각기관(感覺器官)과의 화합(和合)으로 이루어지는 정신활동이다. 눈은 세상의 색깔이 모두 사라지면 무용지물이 되고, 색 또한 눈이 사라지면 그 실체가 증명될 수 없는 빛의 현상(現象)으로, 이 둘이 화합되면 '보인다'라는 '깨달음'이 이루어지며, 그것을 바탕으로 생각을 전개하게 되는 것이다.

세상이란 꿈의 세상, 현실 세상을 막론하고 여섯 가지 '육진(六塵 : 색, 소리, 냄새, 맛, 감촉, 뜻)'을 제(除)하고 나면 남는 것이 없다. 그러므로 육진과 결코 떨어질 수 없는 '육근(六根)', 즉 '감각기관(눈, 귀, 코, 입, 몸, 의견)'을 제외하고 세상 자체만을 말한다면 '육진'이라고 할 수 있지만, 이 여섯 가지는 실체가 없다.

즉 원소기호는 실체가 없으므로 표본을 만들 수 없다. 그러므로 기호를 이름으로 삼는 것이고, 그 이름의 화합을 물질(物質)이라 하니, 사실 물질이란 이름뿐인 허공(虛空)의 화합인 것이다. 예를 들면 물[水]이란 수소라는 허공의 이름과 산소라는 허공의 이름이 화합된 것이고, 두 가지 허공이 화합되었다면 그 결과도 역시 허공일 수밖에 없으나, 감각과 만나면 마치 실제(實際)로 존재(存在)하는 것처럼 드러나게 되는 것이다.

이와 같이 실체가 없는 환상(幻想)이 곧 물질이었으니, 물질에서 드러나는 '육진'은 환상일 수밖에 없고, 그러므로 얻을 수도 없는 것이다. 찰나(刹那)마다 변화(變化)하여 사라지는 색깔, 찰나에 사라지는 냄새 등 모두는 실다운 모습이 없다. 만져지는 감촉(感觸)도 몸이라는 감각기관이 없다면 증명할 수 없는 생각일 뿐이다.

감각기관, 즉 몸[六根]이란 세상인 '육진'이 없으면 쓸모없는 것이지만, 세상을 존재하게 하는 힘이며, 세상을 유용할 수 있게 하는 기능이며, 방편이 된다. 이 육근이 육진을 느끼기 위해서는 한 가지 조건이 필요한데, 바로 맑고 투명[淸淨]해야 한다는 것이다. 거울에는 본래 어떤 색도 없어야 모든 색이 드러나듯, 눈 자체에는 본래 색이 없기에 외부의 색을 확연히 볼 수 있는 것이다. 눈에 색깔이 있는 색안경을 꼈다면, 세상은 색안경의 색깔과 같은 세계가 되는 것과 같다. 귀 자체에도 소리가 없으므로 세상의 모든 소리를 듣는다. 감각기관(몸)은 각각 느낄 수 있는 대상이 있지만, 그 자체에는 아무것도 존재하지 않는다. 그러므로 '육근'이린 맑고 투명하여 '있다'는 표현이 합당하지 않은 것이다.

한편 꿈을 보고 듣는 감각기관은 육신(肉身)으로 이루어진 감각기관이 아니다. 육신으로 이루어진 감각기관은 변화하며 결국 사라지는 것이지만, 꿈을 느끼는 감각기관은 근육이나 물질로 된 것이 아니므로 사라질 수도 없다. 그렇다면 실제의 육근이란 영원하고 참다운 '정신의 감각기관'임을 알아야 한다. 이것이 실제의 육근인 것이다. 이 정신의 감각기관을 '내 몸'이라고 믿는다면 나는 '투명 인간'이다.

이처럼 환상과 같이 육근과 육진이 있다고 하지만, 그 실체는 없으므로 그 둘에 의하여 드러나는 '생각'은 더욱 허깨비와 같아, 보이지도 만져지지도 않는다.

그러나 '생각'이 없다면 '육근'이나 '육진'은 '없다는 것도 없는 것'이 되어 버리니, 생각의 근본(根本)인 '깨달음'에 본래 갖추어진 세 가지(세상, 몸, 생각)가 어울려 드러나는 것이 현실, 즉 '지금(只今)'이었던 것이다.

이와 같은 공공연한 비밀로 이루어진 것이 이 '세계'이고, '실상'이며, '현실'이면서, '인생(人生)'이었으니, 이곳은 '꿈의 세상'이고 '환상의 세상'이며, '깨달음의 세상'으로 오직 '정신세계'인 것이다. 또한 '꿈'도 '정신세계'며 '현실'도 '정신세계'이니, 오직 정신 속에만 '과거(過去)'와 '미래(未來)'가 있었다는 사실도 알 수 있다. 그렇다면 '사후세계'도 '정신세계'임이 당연하므로 '지옥(地獄)'도, '천상(天上)'도 모두 '정신세계'일 수밖에 없다.

이 '정신세계'를 '부처의 세계[佛世界]'라고 하므로 불교란 생사(生死)가 벌어지고 있는 현실 세계 자체를 알려주는 가르침이라는 사실을 알아야 한다. 그러므로 '과학 위의 과학'이라고 하는 것이고, '진실 위의 진실'이라 하는 것이다.

이 같은 진리(眞理)를 배우고, 그 실체대로 익히는 것을 '불도수행(佛道修行)'이라고 하므로, 생활(生活)이나 사회(社會)에 끼치는 영향은 따로 있을 수 없다. 그러나 구태여 말한다면 우리의 생활이라는 것이 이미 오해(誤解)로 이루어진 것이므로, 진실을 찾을 수 있는 지혜(智慧)의 눈을 주어 생사를 초월한 채 생사의 꿈을 만끽할 수 있는 '극치의 즐거움[極樂]'을 누리게 한다. 또한 대자유(大自由)의 가슴으로 악(惡)이 있을 수 없는 환상의 세계인 천상(天上)을 이 자리에 즉시 건설하는 이익을 주고 있는 것이다.

그러나 현재 불교는 그 본래(本來)의 가르침이 퇴색되어 돈벌이의 방편이나, 미신적 기복신앙(祈福信仰)의 근원지가 되었으니, 불도를 닦는 승려로서 슬픔과 안타까움을 금할 길이 없다.

만약 지금까지의 불교를 주장하던 승려라면 자기(自己)의 자존심(自尊心) 때문에 외면하고, 호구책의 일환으로 승려 생활을 하던 자라면 돈벌이가 끊길까 봐 외면하고, 역시 타 종교의 지도자라면 지금까지 주장하던 어리석음이 드러나 지탄을 받을 것이 두려워 외면하고, 어리석은 자들에게는 믿음이 생겨나지 않아서 외면한다. 아무리 이 모든 어리석은 무명(無明)이 난무해도, 역시 그 능력은 정신세계의 법칙(法則)이고, 그 이름이 위대한 '불법(佛法)'의 어리석음이니, 어찌 완벽한 법(法)이 또 있을 수 있겠는가?

2

불도를 처음 접한 이들에게 한 말씀 부탁드립니다.

항상 중생의 소리에 귀 기울여 주시고 함께해 주셔서 마음속 깊이 감사드리고 있습니다. 우연히 혜안 카페를 알게 되었고, 올려주신 글들을 읽고 너무나 큰 충격을 받아 얼마간 혼란 속에서 헤맸습니다. 읽으면 읽을수록 저의 삶에 회의가 들었지만, 아니라고 부정하기엔 어느 것 하나 이치에 어긋남이 없으니, 삶의 방향을 어떻게 잡아야 할지 여전히 혼란스럽습니다. 아침에 눈을 떠 잠들 때까지 제 마음속엔 지금, 찰나, 꿈, 기억과 같은 단어들이 떠나질 않습니다. 알 듯하면서도 잡히지 않아 조바심만 생깁니다. 스님께서도 저와 비슷한 시기를 겪으셨을 것 같습니다. 처음 불도를 접하게 된 계기와 혼란스러움, 그리고 어려움을 어떻게 극복하셨는지 들려주신다면 저에게 참으로 큰 도움이 될 것 같습니다.

진정한 삶

당신은 실체가 공한 마음이다. 그리고 삶이란 마음의 움직임인 생각이 스스로 지어내어 스스로 깨닫는 꿈이다. 마음이라는 허공에 생각이라는 바람이 곧 '삶'이라는 동사(動詞)다. 그러므로 온 사방팔방(四方八方)이 나의 삶이 나아갈 수 있는 방향이 된다. 단지 아직도 지난날의 오해로 존재하던 '있음의 나'가 남아 있고, 그 '나'로 기준을 삼아 '어떻게 살아가야 하는가'라는 생각을 다시 지어내고 있는 것이 고난의 길을 선택하게 만드는 이유일 뿐이다.

이 모든 것은 허공의 바람이 짓는 일이다. 아니, 바람 자체일 뿐이라고 해야 옳다. 기억(記憶)의 끝에 매달린 미혹이 곧 생각이나, 생각도, 미혹도 그저 바람일 뿐이다.

후회할 필요가 없다. 본래 없는 놈이 놀았기 때문이며, 앞으로도 그것뿐이기 때문이다. 무엇을 하며 흘러가도 상관없다. 음식과 집이 없어 얼어 죽게 된 자라면 분명 남의 유리창을 깰 것이다. 그것이 자신을 편하게 만드는 길이기 때문이다. 감옥살이가 편하다면 누구든 그렇게 할 테지만, 자유롭게 움직이고 싶다면 상사를 하며 여행할 것이고, 수행하여 스승이 되고 싶다면 승려가 될 것이다. 무엇이든 상관없으며, 무엇이든 달라진 것도 달라질 것도 없다.

단지 꿈이기에 후회할 것도 없고 걱정할 것도 없다. 달라진다면 바람 같은 생각이 달라질 뿐이다. 지금까지는 언제나 죽음을 걱정한 채로 꿈꾸었지만, 이제는 죽음조차 꿈이라는 것을 알기에 편안한 꿈속의 왕(王)이 되는 것이다.

자존심이 사라진 존재에게 그 어떤 귀금속이나 명품 옷이 필요하겠는가. 내가 있을 때는 죽음이 두렵고 하루를 사는 데 만 원도 모자랐다. 그러나 허공 같은 내가 사는 데는 천 원도 충분하다. 목탁만 있어도 이 꿈을 즐길 수 있으며, 짐승보다는 지혜롭기에 재미있는 꿈을 즐길 수도 있다.

삶이 풍요로워진 것이다. 재물을 모으며 산다는 것은 끝없는 수고를 필요로 하지만, 재물 없이 사는 방법을 배우면 아무런 수고도 필요 없다. 재물 모으는 방법은 남을 가난하게 만드는 방법이지만, 가난하게 사는 방법은 남을 부자로 만드는 방법이다. 이것이 진정한 삶이다.

IMMORTALITY 불멸 1

3

일체(一切)의 일(一)은 무슨 뜻입니까?

일체는 '모든 것'이라는 의미가 있는 것으로 알고 있습니다. 그런데 체(切)라는 글자에 이미 '온통, 모두'라는 의미가 포함되어 있음에도 앞에 일(一) 자를 붙인 이유는 무엇일까요? 여러 지인에게 물어보니 어떤 분께서 일체라는 단어가 본래 불경에서 사용되는 말이라고 하여 스님께 여쭈어봅니다. 일자는 어떤 뜻입니까?

일체(一切)란

이 세상 모든 것은 화합된 것이다. 물질이라고 하는 모든 것들의 성분(性分)은 여러 가지 화학기호의 화합이고, 흙과 물과 바람과 불[四大]의 화합이다. 또한 흙은 물(수분)이나 불(온도), 그리고 바람(움직이는 공기), 즉 사대(四大)가 화합되어 있으므로 형체를 유지하며 산화작용이 일어날 수 있는 것처럼 사대 각각이 이미 화합으로 이루어져 있으니, 화합되지 않은 것은 있을 수 없다.

그러나 화합된 성분 하나하나를 보면 성질(性質)만 있는 것이지, 형체가 있는 물질이라고 말할 수는 없다. 단지 화합되었을 때만 물질이라고 불리게 되므로 물질의 근본은 마치 환상과 같음을 알 수 있다. 즉 물은 수소와 산소의 화합이지만, 수소도 물질이라고 할 수 없는 공기의 한 종류이고 산소도 역시 그러한 것이다. 이렇게 허공에 속하는 것들의 이름을 '원소기호'로 정해놓은 것이므로, 사실 모든 물질의 본질(本質)은 허공이다. 허공은 아무리 많이 합해도 허공일 수밖에 없기 때문이다.

화합은 비단 이렇게 물질적인 면에서만 이루어지는 것은 아니다. 세상만유(世上萬有)가 드러나게 되는 것은 즉 화합된 물질이 인간에게 느껴지게 되는 것은 감각기관 때문이니, 만유는 감각기관과의 화합임을 알 수 있다. 눈이 없다면 색의 존재는 증명될 수 없으므로 맹인(盲人)에게 색을 설명하는 것은 불가능한 일이다. 역시 농인(聾人)에게는 소리의 실체를 설명하거나 증명할 수 없다. 냄새, 맛, 감촉, 나아가 의미(뜻) 등도 그와 같아, 감각기관으로 인해 실체가 있는 듯 느껴지기는 하지만, 앞에서 말한 바와 같이 물질의 실체는 허공의 화합일 뿐이다.

물론 역으로 보아도 그 상관관계는 다름없다. 즉 색이 없어진다면 눈의 기능은 사라지게 된다는 것이다. 귀도 소리가 없는 세상이라면 무용지물이며, 역시 나머지 감각기관이 모두 그러하니 만유인 세상과 감각기관이 함께 화합되어야만 비로소 보이고, 들리며, 맛이 나게 된다. 그러니 바닷물 자체로는 짜다는 사실이 증명될 수 없으며, 혀와 만나야 비로소 짜다는 것이 증명될 수 있다는 것이다. 감촉과 뜻 역시 그렇다.

그러므로 세상은 세상을 느끼는 이가 없어지면 역시 함께 사라지는 환상과 같은 것이다. 이러한 법칙, 즉 진리를 담고 있는 것이 '일체'라는 불교용어인 것이니, '일'이란 감각기관인 '나[我]'를 말하는 것이고, '체'란 감각기관에 의하여 드러나게 되는 세상만유를 말하는 것이다.

우리의 몸도 물질이라는 것의 한 가지 이름이므로, 감각이 아니면 확인될 바 없는 허망한 허공의 화합인 것이고, 꿈을 보고 듣는 정신적 감각과 반응으로써 드러나게 된 것이므로 환상에 불과하지만, 이 환상을 느끼는 감각 자체는 느낄 수 없는 것이므로 영원한 것이다. 우리가 느낄 수 있는 것은 오직 생겨난 것들뿐이고, 생겨난 것은 반드시 사라지지만, 감각 자체인 스스로는 느낄 수 없는 것이니, 생겨난 것이 아니므로 사라질 수도 없다[不生不滅]. 이것은 몸을 '나'로 삼으면 반드시 죽어야 하지만, 감각을 '나'로 삼으면 투명 인간과 같으니 영원히 죽을 수 없다는 진리를 알려주는 것이다. 그리고 이 둘, 즉 물질이라는 이름과 감각기관이라는 이름 둘이 화합되면 또 하나 생겨나는 것이 있는데, 그것이 바로 생각이다. '보인다'는 생각, '들린다'는 생각 등이 그것이다.

그러므로 이 법칙을 깨닫는다면 일체의 세상이 곧 생각일 뿐이고, 일체의 생각이 곧 세상이라는 것도 알 수 있으므로, 세상만유라는 것은 오직 생각으로 이루어진 환상이라는 사실이 당연해지는 것이다. 사실이 이러하니 아무리 중요한 일이라 하더라도 허망한 꿈에 불과하지 않겠는가. 죽음도 꿈, 삶도 꿈, 그리고 일체도 역시 꿈일 뿐이다. 이것이 해탈(解脫)이다.

4

하늘 위든 하늘 아래든 오직 나 홀로 존재한다는 말이 무슨 뜻이지요?

석가모니부처님께서는 탄생하셨을 때 '천상천하유아독존(天上天下唯我獨尊)'을 외치셨다 합니다. 불교를 믿지 않는 지인들은 그 말을 듣고는 굉장히 자만심이 강한 사람이었다고 오해합니다. 하지만 저는 지인들의 그런 말을 바로 잡아주고 이해시켜 줄 힘이 없습니다. '무아(無我)'를 설법하시는 부처님께서 말씀하시는 '아(我)'란 분명 제가 생각하고 있는 육신의 나는 아닌 것 같습니다. 천상천하유아독존의 뜻에 대해 자세히 알고 싶습니다.

천상천하유아독존(天上天下唯我獨尊)

이해할 때 믿음이 생겨난다. 믿음[信]이란 주관적 믿음이 아니라, 객관을 통달함으로써 일체 현상의 확고부동한 이치(理致)를 철저히 이해하여, 무아(無我) 무법(無法)으로서 불이(不二)를 습득하는 것이다. 또한 평등성지(平等性智)를 이루고 시공(時空)을 명확히 관찰(觀察)함으로써 무상(無常)을 벗어나 항상(恒常)하고, 여여(如如)한 실체로서의 상(想)을 확립하는 것이다. 이는 나를 따로 두고서 부처를 믿는다거나, 불경을 믿고 또 단상(斷想)을 믿는 주관이 아닌 것이다.

'나'라고 함은 과연 무엇을 말함인가? 없는 것에서 생겼다가 사라져 버리는 육신인가? 우리의 몸은 음식, 물, 공기, 온도가 원활하게 공급되어야만 생명(生命)을 유지할 수 있고, 그것이 끊어지면 육신은 서서히 흩어진다. 이렇게 본다면 우리의 몸은 그 네 가지의 축적으로 이루어졌음을 알 수 있다. 그러므로 몸이 죽은 뒤에는 음식은 흙에서 나왔으니 흙으로 돌아가고, 체액은 물에서 섭취되었으니 물로 돌아간다. 그리고 공기와 체온은 허공으로 돌아가게 되는 것이다.

살아 있는 동안 이 네 가지의 집합체에게 움직임을 명령하고, 먹이거나 혹은 버리게 하여 육신의 상태를 유지하게 하는 것은 무엇인가? 이는 '나'라고 하는 마음이다. 이 마음은 물질이 아니어서 돌아갈 곳도, 돌아갈 것도 없다. 돌아갈 장소도, 돌아갈 주체도 없다면 오고 감도 있을 수 없으므로 죽고 남[生死]도 없다. 그러면 이 마음은 어디에 있는가?

머리에 있는가? 가슴에 있는가? 아니면 몸 전체에 있는가? 머리는 눈, 코, 귀, 혀, 몸이 감지한 것을 전달받아서 생각하는 것이므로 마음이 머리에 있는 것은 아니다. 가슴 역시 머리처럼 전달받는 역할을 한다. 감각의 시작부터 마지막까지를 이름하여 마음이라 하는 것이지, 마지막 결과만을 마음이라고 하지는 않을 것이다.

그렇다면 온몸에 두루 퍼져 있는가? 하나의 마음이 온몸에 두루 퍼져 있다면, 발가락을 찔리면 온몸이 아파야 할 텐데 발가락만 아프다. 이러하니 마음이 온몸에 연결되어 있다는 것도 옳지 않다.

그러면 몸은 어디에 있는가를 본다. 나의 몸은 방에 있고, 그 방은 동네 에 있으며, 동네는 나라에, 나라는 지구에, 지구는 또 허공에 있고, 허공에는 별과 달과 해 등 우주가 펼쳐져 있다. 이 모든 것을 생각하며 느끼고 있는 마음은 지금 어느 곳에 있는가?

우주를 바라보고 있으니, 우주 바깥에까지 나아가 이해하고 납득하는 이 마음이 '나'라는 것을 의심할 바가 없는 것이다. 그렇게 되면 나의 몸은 대상이 된 것이다. 마치 내가 바라보던 세상의 모든 것들처럼 남이 된 것이다.

남이란 타물체(他物體), 또는 타물질(他物質)을 말하는 것인데, 마음과는 어떤 상관이 있는가? 모든 물질은 변해간다. 어느 순간이 대상으로서의 정확한 진면목인가. 잠시라도 정지해 있는 자성(自性)이 없다면 그것은 허상에 불과한 것이라서 뜬구름이나 그림자, 안개, 풀잎의 이슬, 물 위에 뜬 거품과도 같은 것이다. 즉 생멸법(生滅法)에 있어서의 현상에 불과한 것이다.

이제 '나'라고 하던 마음이 어떠한 것인지를 되돌아봐야 한다. 마음은 볼 수도, 만질 수도 없으며 색도, 크기도 알 수 없다. 분명히 느끼고 표현하는 것을 보니 없는 것은 아니지만, 그렇다고 해서 있다고 표현할 무언가도 없다. 그러므로 '있으나 없고, 없으나 있는 것'이다.

그래서 '나'라고 할 바가 없음에도 '나'로 이름이 지어지는 것이다. 그래서 무아가 '아(我)'가 된다. 모든 사물을 이 시각으로 본다면 드디어 둘이 없는 경치를 보게 된다.

너도 '나'라고 할 것이 없는 '너'이고, 나도 '나'라고 할 것이 없는 '나'이니, 내가 너이며, 네가 곧 내가 된다. 우주 만물과 하나인 사실이 증명되는 것이다. 그러므로 마음은 둘이 아니다.

이제 그 하나인 순수 마음체를 알아야 한다. 나는 나의 몸을 키우고 살려가며 사용해 왔다. 새도 새의 몸을 관장(管掌)해 왔다. 꽃도, 나무도 모두 그렇게 해 오고 있다. 관장하는 마음이 '나'이듯이 새도, 꽃도, 나무도, 타인(他人)들도 모두 관장하는 이, 주도(主導)하는 이가 '그'인 것이다.

그러나 '나', '아(我)', '그'란 것은 어디에 있다고 할 바가 없다. 그러면서 발끝에도 있었다. 이것은 마음이란 따로 정해진 곳에 존재하는 게 아니라, 공간(空間)에 구애됨이 없이 허공을 두루 비행하고 있어서 걸림이 없다는 사실을 보여준다. 곧 온 우주 공간과 통해 있는 것이다.

그렇다면 '나'는 어느 시간(時間) 속에 존재하겠는가? 어제, 오늘, 내일? 과거, 현재, 미래? 죽을 수도 죽일 수도 없는 마음이 어느 시간에 존재한다고 할 수 있겠는가. '지금'은 찰나에 지나가서 과거로 사라지고 마니, 도대체 언제가 지금인가. 시간은 생(生)과 사(死)의 사이에 생각으로만 존재하는 것일 뿐, 생사와 관련이 없다면 시간의 의미는 사라지게 된다. 그러므로 '나'는 시공을 초월해 있음을 알 수 있다.

이곳, 인간계(人間界)라고 일컬어지는 곳은 물질의 집합체인 몸을 나로 착각한 마음이 만들어낸 이름의 세계이며, 생각 속의 약속인 것이다. 그런 까닭에 실제의 생을 살아야 함에도 불구하고, 몸을 나로 착각하게 되면 본성(本性)에서 멀어지게 된다. 그릇된 길을 걸음으로써 이치에서 벗어나 고통을 받게 되고, 지옥을 자초하기도 한다.

큰 나무는 비를 많이 흡수해야 하지만, 작은 풀은 조금 흡수해도 된다. 그러나 비가 오지 않으면 모두 사라진다. 그러므로 평등하다. 나무는 재목으로 쓰이고, 풀은 약초로 쓰인다. 그래서 평등하다. 또 호랑이는 풀을 먹지 못하고, 소는 고기를 먹지 못한다. 그러므로 역시 평등하다.

인간은 말할 것도 없고, '아(我)'를 가지고 주어진 몸을 관장하는 모든 생물은 평등한 '진아(眞我)'를 가지고 있다. 모두가 지수화풍으로 이루어진 몸이라는 것을 관리하며 유지시키는 '성(性)'과 그 몸의 조합물인 것이다.

그러므로 이제 바로 그 '성'을 주인으로 생각하여 영원불멸한 마음이 '나'라는 것을 깨달으면, 스스로에게 부여받은 몸을 고귀하고 위대하게 사용하며 살아가는 것이다. 이렇게 스스로의 비어 있던 그릇을 가득 채우고 나면 그 마음은 넘치게 되고, 비로소 타인들에게 깨우침을 환원(還元)하여 주게 된다. 성인(聖人)으로서의 삶을 사는 것이다.

성인이란 인간의 몸을 가졌든지, 혹우 천상에 있든지 간에, 어느 곳에서나 위대한 깨우침을 주는 스승으로 존재하며, 어느 곳에서도 죽음과 아집(我執), 교만(驕慢)을 멀리하므로 삶이 안락하다. 어떤 것에도 장애(障碍) 됨이 없으니, 대자유가 따르고, 공포가 사라져 지옥의 두려움이나 삶의 고통에서 벗어난다. 그리하여 천상이나 인간계 또는 신선계를 스스로 선택할 수 있는 대도사(大導師)의 경지에 이르게 되는 것이다.

착하고 정직한 이들을 위하여…

5

**삶과 죽음은 엄연히 다른 것 같은데 스님들은 왜 삶과
죽음이 하나라고 말하나요?**

다른 종교와는 다르게 불교는 죽음이라는 개념 자체를 부정
하는 것 같습니다. 몸은 죽어도 영혼은 영원하다는 일반적인
타 종교와는 확연히 다른 모습이죠. 며칠 전에 모스님의 법문을 들었습니
다. '생사일여라…' 많은 불자님들이 감탄하고 맞장구를 치시는 모습을
보고 법문이 끝나고 절에서 나오면서 다른 불자님들께 물었습니다. 왜 생
사일여냐고… 정말이지 단 한 분도 속 시원히 대답하시는 분이 없었습니
다. 그건 "수행하면 안다", "무조건 믿으면 신의 존재를 안다"고 말하는
타 종교와 다를 바 없잖아요. 이해가 가야 믿든가 말든가 하지, 우선 믿고
수행하라는 건 억지에요. 이 길로 가면 바다가 나온다는 말을 무조건 믿
고 가다가 사막이 나오면 어떡합니까? 어떤 분들은 불교가 과학보다 뛰
어나다고 말하지만 잘 모르겠습니다. 생과 사가 하나라는 사실을 증명해
주세요.

생사일여(生死一如)

 생사일여란 생과 사가 다름없다는 말이기도 하고, 생과 사가 여(如)한 한 가지라는 말도 되며, 생과 사는 같다는 말이기도 하다.

생이란 살아 있음을 말하는 것이고, 살아 있는 자가 하는 말이므로, 죽은 자에게는 생이라는 것이 있을 수 없다. 죽음 또한 살아 있는 자가 하는 말이지, 이미 죽은 자에게는 죽음이라는 자체가 있을 수 없다. 그러므로 생과 사란 오직 살아 있는 자에게만 있는 것이다.

이제 살아 있는 자의 실체를 보자. 살아 있다는 것은 정신과 몸이 함께 조화를 이루고 있는 상태를 말한다.

몸의 색은 빛에 의하여 드러난 것이므로 보이기는 하지만 가질 수 없는 환상과 같고, 두드리면 소리가 나지만 소리는 물질이 아니므로 가질 수 없으며, 냄새도 맡을 수는 있지만 허공과 같아 역시 가질 수 없고, 맛도 혀끝에 잠시 드러나는 느낌으로 가질 수 있는 것이 아니다. 또한 앉았을 때의 딱딱한 느낌은 엉덩이 때문인가, 바닥 때문인가. 만일 엉덩이 때문이라면 바닥에 닿지 않았을 때도 느껴야 하고, 바닥 때문이라면 앉지 않아도 딱딱함을 느낄 수 있어야 한다. 따라서 감촉이란 그 둘이 만나 도깨비처럼 홀연히 나타난 것임을 알 수 있다. 이렇게 허망한 몸은 실체가 없는 것이므로 허공과 다름없는 무지개와 같고, 꿈과 같다는 결론에 이르는 것이다.

중생(衆生)의 의미란 정신에서 드러난 추상적인 관념이기 때문에 있

불멸 IMMORTALITY 1

는 것이라 할 수 없다. 즉 사랑, 분노, 미움, 그리움, 기쁨, 슬픔, 두려움, 자만심 등등은 모두 생각 속에만 있는 단어일 뿐이지, 색깔이나 소리, 냄새, 맛과 감촉이 없어서 감각으로는 확인할 수 없는 것이에 더욱 가질 수 없는 것이라는 말이다.

정신이란 살아 있는 자의 필수조건이다. 이 정신이 없으면 보려는 생각도 할 수 없고, 생각을 할 수 없다는 생각마저도 할 수 없다. 그러나 이 정신을 그 누가 볼 수 있겠는가. 스스로가 정신이면서도 자기 자신은 볼 수 없는 것이다. 결국 보이지도 않는 작용만이 있을 뿐, 정신 역시 허망한 것이고, 허망한 것은 실체적 자성이 없는 것이므로 무지개와 같고, 꿈과 같다고 해야 한다.

이와 같다면 사실상 살아 있는 자란 실체가 없는 환상의 이름임을 알 수 있다. 그리고 환상에 이름을 붙였다면 꿈속의 이름과 같은 것이기에 생시와 꿈이 다르지 않은 것이고, 꿈이란 몸의 행동이 아닌 정신의 현상이며, 정신은 모습이 없으므로 죽거나 사라진다고 말할 수 없는 것이다. 결국 죽고 살 수 없는 정신이, 역시 죽고 사는 의미가 없는 환상의 몸을 얻고 버리고 있었으니, 어디에도 실제적인 죽음은 없었다. 생사가 다름없는 하나이며 신심(身心), 즉 몸과 마음이 여(如 - 그러 그러한, 환상과 같은)한 한 가지이고, 생과 사가 다름이 아닌 오직 생각일 뿐이라는 것이다. 이것이 일체가 환상임을 깨달은 이들의 말씀이었으니 '일장춘몽(一場春夢)'이나, '일체유심조(一切唯心造)'도 역시 같은 말임을 알 수 있다.

6

무명이란 무엇으로 인하여 생기나요?

부처님께서는 모든 것을 인과의 법칙으로 설명하십니다. 그리고 그 원인의 원인을 계속 밝혀보면 마지막에는 결국 무명으로 귀결됩니다. 그렇다면 무명은 무엇으로 인하여 생겨나는 것입니까? 무명이 생겨나는 원인과 이치에 대해 설명해 주시면 감사하겠습니다.

무명의 원인

 무명이란 본래의 나[我]를 모르고, 스스로 만든 작은 자기 속에 서게 되는 것을 말한다.

꿈은 정신인 자기가 만들어낸 것이지만, '꿈을 보는 꿈속의 자기'를 진정한 '나'로 정해놓고 믿게 되면, 꿈에 드러난 모든 세상은 곧 남이 되므로 있지도 않은 그것을 무서워하거나, 탐내는 어리석음에 들게 된다.

눈에 병이 생기면 허공을 볼 때 허공에 붉은 점이 만들어지게 된다. 사실은 꿈 전체가 스스로의 정신이듯, 허공 전체가 '나'인데, 그것을 모르기에 그 붉은 점을 자기라고 착각하게 되는 것이다. 그것은 물에 비추어진 달그림자를 보고 자기의 마음이라고 생각하는 것과 같다. 즉 처참하게 죽은 시체의 모습을 보고 난 후, 어느 순간 시체의 모습을 떠올리면 소름이 끼치고, 그 소름 끼쳐 하는 것을 자신의 마음이라고 생각한다는 것이다. 그러나 그 마음이라고 하는 것은 사실 시체의 그림이 마음속에 비추어진 것이므로 물속의 달그림자와 다름없다. 달이 없으면 물이 있다는 것도 알 수 없지만, 달이 뜨고 달그림자가 비추어지면 물이 있음을 알 수 있게 되는 것이다. 이처럼 세상의 모습을 보고 들은 기억(달그림자)이 사라지면 마음(물)도 있다고 할 것이 없다. 그러니 중생들은 세상의 모습과 소리 등이 비추어진 기억을 곧 마음이라고 한다는 것을 알 수 있다. 세상의 음식[他]을 쌓아 만든 것이 몸이니, 몸을 나라고 할 수 없음에도 내 몸이라고 하듯이, 기억은 내 것이 아니지만 내 마음이라고 하는 것이다.

정신은 어디에서도 찾을 수 없으니 나는 허공과 같다. 그 허공에 낀 구름을 나로 삼는 것을 곧 무명이라고 한다. 잠이 들면 나라고 할 마음도 없고 마음이 없다는 것도 없다. 이것이 허공과 같은 진실(眞實)한 나의 모습이다.

물질이 곱게 부서지면 먼지가 되고, 더 부서지면 결국 허공이 된다. 그러니 허공이 합해져 물질이 된다는 것도 알 수 있다. 그렇다면 허공을 합했는데 어찌 물질이 되는 것인가. 우리의 감각은 마치 요술 상자와 같이 위대하다. 정신으로 이루어진 감각능력은 허공이 합해진 것을 물질로 느낄 수 있다. 물질이란 본래 있는 것이 아니라, 단지 우리의 정신이 허공을 물질로 느끼고 있을 뿐이다.

이러한 사실을 모르면 사연이 많아진다. 꿈인 것을 알고 나면 더 이상 마음을 졸일 필요가 없어지지만, 꿈인 것을 모를 때는 도망가거나 쫓아가는 등 여러 가지 생각으로 마음이 불안하고 분주해진다. 이것이 무명으로 시작된 번뇌(煩惱)의 윤회(輪廻)이다. 그러니 정신은 허공과 같고, 물질은 정신에만 느껴지는 허공임을 깨닫는다면 더 이상 무명은 있을 수 없다. 허공과 같은 정신은 이미 생사와 무관(無關)하고, 허공으로 이루어진 물질은 생사를 초월했을 뿐만 아니라 정신의 장난감이기도 한 것이니, 이것을 이름하여 정신에게 본래부터 갖추어진 공덕(功德)이고, 복덕(福德)이라고 하는 것이다. 이렇게 깨닫는다고 세상이 달라질 것은 없다. 다만 세상을 살아가는 마음이 자유로워지고 무서울 것이 없어지니, 경쾌하고 쾌활해지는 이익뿐이다.

어떠한 힘과 명약으로도 죽고 삶을 해결할 수는 없으나, 이것을 해결하기 위해 왕궁을 떠났던 석가모니부처님께서는 결국 해탈을 얻고, 그 처방을 후세에 공공연하게 남겼다. 오히려 스스로가 어리석어 믿지 못하고 의심했기 때문에, 그 가르침은 이룰 수 없는 일을 이룰 수 있다고 속이는 낭설이 되어버린 것이다. 그러나 잠시만 깊이 생각해 보아도 생사가 없음을 깨달을 수 있도록 말씀해 놓은 것이 불경임을 알 수 있으니, 불경에 의지해 생사를 해결해야 함은 당연한 일이다.

7

부처님께서 질문에 대답하지 않으셨던 이유는 무엇입니까?

부처님께서 대답하지 않으셨던 질문이 있다는 것을 들었습니다. 부처님의 침묵은 어떤 의미였나요? 어떤 스님들께서는 '대답할 필요가 없는 질문이었다' 혹은 '말로 표현할 수 없는 경계이기 때문이다' 그리고 어떤 분들은 '이미 침묵으로 대답하신 것이다' 하고 말씀하십니다. 대답할 필요가 없다면 왜 대답할 필요가 없는지, 그리고 언어의 세계를 넘어선 것이라면 어째서 말로 표현할 수 없는지, 침묵으로 대답하셨다면 그것은 어떤 의미인지… 답답하기만 합니다. 삼계대도사(三界大導師)이신 부처님께서 대답하지 못하신 것이라고 생각하지는 않습니다. 그 모습을 보고 깨우친 제자도 있다고 하니까요. 부디 저의 어리석음을 깨우쳐주십시오.

① 세계의 시간적 지속에 관한 것(세계는 상주하는가, 무상한가?)
② 세계의 공간적 넓이에 관한 것(한계가 있는가, 없는가?)
③ 영혼과 육체의 관계에 관한 것(영혼과 육체는 같은가, 다른가?)
④ 정신의 존속에 관한 것(사후에 정신은 존속하는가, 그렇지 않은가?)

사무기(四無記)

불경은 진실을 밝히는 말씀이므로 진실을 왜곡한 중생의 어리석음을 깨우치게 하는 데 쓰여야 한다. 진실이란 실제적 상황을 말하는 것이다. 과거나 미래는 증명할 수도, 되돌릴 수도 없는 것이므로, 그것에 얽매인다는 것은 사라진 추억이나 상상을 보배와 바꾸려는 것과 다를 바 없다. 실제적 상황이란 '당장(當場)'이며, '지금'을 말하는 것이니, 이 찰나야말로 진정한 보배인 것이다.

그러나 지금의 모든 것은 찰나에 사라지므로 사실상 지금이란 정신에서 느끼는 과거일 뿐이다. 번개가 쳤다고 느낄 때 과연 번개는 계속 존재하는가. 타인에게 욕을 먹었다면 그 소리는 과연 그의 혀를 떠나서 얼마나 허공에 머물러 있는가. 모두가 이미 찰나에 사라지고 기억만이 남았으며, 기억은 과거이니 중생의 집착(執着)은 과거에 있으며, 걱정은 미래에 있는 것이다. 즉 가장 진실한 '지금'을 잃어버리고, '보배'를 허망한 과거나 미래에서 찾고 있을 뿐이다.

그러므로 석가모니부처님께서는 바로 이 자리인 '지금', '당장'을 확연하게 드러내놓으시고, 모든 것이 이미 과거이며 실세로 있을 수 없는 미래임을 깨닫게 하시어, 실답고 보배로운 '지금'의 주인공(主人公)을 성립시키게 함으로써, 참다운 '나', 영원한 '지금'을 발견토록 안내하시는 것이다.

'지금'은 온 우주의 주인공이며 진정한 '나'이다. 내가 없다면 세상과의 인연(因緣)으로 생겨나는 고통도 없고, 세상도 있을 수 없으며, '지금'도 없다. 정신이 없다면 '지금'을 느낄 수 없으므로 '지금'과 '나'와 '세상', '정신'은 모두 같은 경치를 말하는 것이다. 그러나 중생들은 세상과 나에 대하여 오해하고 있으며 그로 인해 집착하지만, 본래 얻을 수 없는 것들이니 항상 빈손으로 떠나야 하는 괴로움을 갖게 되고, 이 것으로 윤회의 근본을 삼게 된다.

세상은 육진(六塵 = 색, 소리, 냄새, 맛, 감촉, 뜻)을 제하고 나면 아무 것도 남는 것이 없으므로 육진이 곧 세상인 것이나, 이 육진은 마치 꿈처럼 이름만이 존재할 뿐 그 실체[自性]는 없다. 첫째로 모든 것은 찰나 이상을 견디지 못한다. 번개가 연속(連續)되어도 그 번개는 사실 끊임없이 사라지는 것이므로 얻을 수 없다. 둘째, 모두가 화합상(化合相)이므로 자성이 없다. 물은 수소와 산소가 화합한 것이나 수소는 허공이고, 산소도 허공이므로 물에서 그 두 허공을 빼고 나면 실제적 물은 존재하지 않는다. 그러므로 화합되어 만들어진 만유는 모두가 이름일 뿐이다. 셋째, 육진은 감각 없이는 확인할 수 없는 허망한 것이다. 맹인에게는 색깔을 설명할 방법이 없고, 농인에게는 소리를 알려줄 수 없으므로, 마치 잠을 자는 자에게만 꿈이 보이듯 대상이라는 것은 오직 감각에만 느껴지는 것이다. 이러한 여러 가지 사실을 보았을 때 세상은 확연히 꿈과 같은 환상이며, 정신에 의해 드러난 꿈은 잠에서 깨어나면 간 곳이 없듯, 방금 전의 세상 또한 감추어진 자리도 없고 쌓여있는 자리도 없는 허깨비다.

나아가 이렇게 환상적 유위법(有爲法)에 속아있는 중생에게는 자연히 더 큰 병이 있게 된다. 바로 두 번 속은 병이다. 모든 것을 실제로 있다고 믿어버림으로써 한 번 속은 것이고, 그것을 모른 채 사랑과 미움을 가슴에 갖게 되니 두 번 속은 병이며, 더 큰 병이라고 하는 것이다.

석가모니부처님께서는 중생의 고통이 감각을 원인으로 하고 있었으니, 감각의 진실만을 말하면 모두가 본래의 자리로 돌아올 것이라는 사실을 알고 계셨다. 싸우는 사람들에게는 무작정 말리는 것보다 오해였음을 알려주어 분노의 근원을 없애 주는 것이 근본적인 치료이듯, 중생이 두 번 속아 '의미'를 들고 다툴 때도 역시 첫 번째 속은 것을 알려주어 근원을 치료하면, 두 번째 어리석음은 치료할 필요도 없게 되는 것이다. 그러나 중생은 언제나 두 번 속은 어리석음으로 질문을 한다. 사후 세계, 시간, 공간, 영혼 등의 질문은 첫 번째 어리석음을 깨닫지 못하고 감각을 실제로 믿고 의심하지 않은 채, 두 번째 망상을 하기 때문이다. 이러한 것들은 감각으로 느낄 수 없는 것들이며, 상상 속의 일이고 지어낸 말들이니, 세상에는 없는 것이므로 질문에 답을 한다는 것은 본래 없는 것을 다시 없다고 말함으로써, 오히려 '있는 것이 아닌가?'라는 의심을 낳게 할 뿐이다.

그러므로 모든 고통은 근원적인 이유를 파헤침으로써 해결될 수 있는 것이나, 꿈이라는 근원적인 사실을 알고 있다면 '이 상황에서 어떻게 도망을 가야 하나, 저것을 어떻게 무찔러야 하나' 하는 고민은 이미 해결된 것이니 해탈이 눈앞에, 코앞에, 아니 모든 감각의 끝에 있으며, 감각의 끝이 이 세상이니, 온 천지가 해탈의 교과서가 되는 것이다.

8

명상과 내면의 세계 등에 대하여

오늘날 불교 수행의 대표적인 모습이 바로 참선일 것입니다. 다른 말로 좌선이나 명상이라고도 하는데, 어떤 차이가 있는지 그 의미가 모호합니다. 단지 앉아 있는 것만으로도 저의 내면세계를 바라보는 데 도움이 되는 것인가요? 얼마 전 큰 사찰에서 열린 단기 출가에 다녀왔습니다. 스님들께서는 마음을 내려놓고 아무 생각도 하지 말라고 하셨는데, 무념무상의 상태가 가능한 것인가요? 그곳에서 만난 어떤 도반님께서는 눈을 감고 단전에 정신을 집중하며 화두만을 염(念)하라고 하시는데 어떻게 해야 하는 것인지 잘 모르겠더군요. 또 아무 생각도 없는 상태가 정말 행복한 것인지도 잘 모르겠습니다. 전 아직 어리석은 중생이라 아무 생각 없는 것보다 행복한 생각을 하는 것이 더 즐거운 일이 아닐지 의심해 봅니다.

참선(參禪), 명상(冥想), 좌선(坐禪)

내면의 세계를 보는 시간이 삶이라는 시간보다 길지 않다면, 삶이라는 것이 진실한 것인가를 먼저 참구(參究)해 보아야 한다. 삶이나 세상, 또는 나, 정신 등의 실체가 무엇인지 해결해 놓지 않고 무작정 살아가는 일에만 집착을 한다면, 방향도 알 수 없는 밤에 해 뜨는 곳으로 달려가려는 어리석은 일과 어찌 다르겠는가.

내면의 세계를 본다는 것이나, 자기를 본다는 것은 모두 정신활동이라는 면에서 공통점을 갖는다. 그러므로 세월, 회고, 성격, 단점 등의 말은 물질도 아니고, 참다운 마음 자체도 아닌, 분별(分別)하는 정신이 꾸며낸 이름이다. 즉 이러한 개념들은 내면의 세계라는 것과 다름없는 삶 속에서 겪는 여러 가지 심적 작용 중 극히 일부분에 지나지 않는 현상이라는 말이다. 그러나 꿈을 꾸고 있음을 모르는 자는 꿈이라는 사실을 생각해 낼 여유도 없이, 마구 닥쳐진 일을 해결하려고만 한다. 이것이 어리석음의 결과인 삶의 현실적인 모습이다. 참선이나 명상이란 이러한 어리석음을 벗어나기 위한 방편이며, 수행(修行)의 가장 위대한 방법이지만, 그 실질적인 이치가 왜곡되어 있고, 요즘 유행하는 호흡이라는 것도 그 근본 이치를 알지 못하고 하는 것이므로 모두가 어리석은 행동이라고 볼 수밖에 없다.

참선이란 '선도(禪道)에 들어가는 선법(禪法)을 참구한다'는 뜻이다. 참(參)이라는 글자는 '셋이 서로 가지런하게 참여한다' 또는 '신중하게 대조하며 생각한다'는 뜻으로 쓰이며, 불가(佛家)에서는 '법회(法

會)에 참석한다'는 의미를 부여하기도 한다. 이 모든 말들은 '세상[塵]과 몸[根]과 정신작용[識]'이 바로 '지금'이라는 하나의 시간에 나란히 참석하고 있음을 신중하게 대조하며 궁구(窮究)한다는 의미를 가지고 있다. 또, 법회란 삼라만상이 모여진 일 찰나의 '지금'을 말하는 것이니, 꼬집어서 아픈 실다운 찰나인 지금의 구조를 참구한다는 뜻이며 진리를 궁구한다는 것이다. 한편 선(禪)이라는 글자는 '땅을 판판하게 닦고 깨끗이 한다'는 뜻이니, 중생의 바탕이며 의지하는 바인 '마음'을 흔들림 없이 고요하게 한다는 말이다. 즉 일체를 통달하여 막힘이 없어지면 마음이 판판하게 안정(安定)될 것이고, 의심이나 궁금함이 사라지니 앞일을 걱정하며 불안해하는 일도 있을 수 없으므로 깨끗하고 고요한 마음이 된다는 뜻이다.

그리고 명상이란 생각을 어둡게 한다는 뜻으로 날카로운 생각을 안정시킨다는 의미이며, 좌선이란 마음이 고요하게 가라앉는다는 뜻이지, 다리를 꼬고 앉아 있는 자세를 말하는 것이 아니다.

참선, 명상, 좌선 등의 의미가 이와 같음에도 오늘날의 스승들은 눈을 감고 몸뚱이를 앉히라고 말하고, 단전으로 호흡하라 가르치며, 설명이 결여된 화두(話頭)만을 던져준다. 그것은 수행자(修行者)들로 하여금 몸이 실제로 존재하는 것이라고 오해하게 만들 수 있다.

세상은 무지개와 다름없는 환상일 뿐이고, 몸도 그중의 하나이므로 역시 환상이며, 그러한 세상과 몸을 바라보는 마음 역시 본래 보이지도 않는 꿈과 같다. 죽어도 죽는 것이 아니고, 망해도 망하는 것이 아니며, 욕심을 낼 이유도 없을 것이니, 마음이 얼마나 자유롭고 평온해지겠는가? 또한 이 세상은 일 분(一分) 전의 것도 아니고, 일 분 후의 것도 아니다. 잡을 수 없는 찰나인 '지금'이고, 이 '지금'은 즉시 변화하며 사라짐을 지속한다. 지금이라는 실체는 이렇게 고정적이지 않으므로 정의를 내릴 수 있는 것이 아니다. 그러므로 이것을 환상이라고 해야 한다.

이 세상에는 무엇이든 화합되지 않은 것이 없다. 세상의 기본재료인 흙, 물, 불, 바람도 순수한 한 가지로 이루어지지는 않았다. 물속에도 물을 비롯하여 나머지 셋이 색과 온도와 기포(氣泡)로 어우러져 있으며, 순수한 물도 수소와 산소의 화합으로 만들어진 것이니 세상은 온통 화합된 것으로 자성도 없고, 실체도 없다. 산소는 물이 아니다. 그리고 수소도 물이 아니다. 그러므로 그 둘을 제하고 나면 물은 이름뿐이었음을 알 수 있다.

이 세상이란 감각 없이는 얻을 수 없는 것이다. 맹인에게 색깔을 설명할 수 없고, 농인에게는 소리를 납득시킬 수 없듯이, 냄새, 맛, 감촉, 의미 등 모든 것은 실체가 없고, 단지 감각에만 존재하는 환상인 것이나. 그러나 감각은 색깔이 없고 소리가 있다. 코도, 혀도, 몸도, 뜻도 모두가 맑고 투명한 거울과 같기에 모든 대상을 세밀하게 느낄 수 있는 것이다.

이렇게 지금 이 세상의 실제는 가정된 천상과 조금도 다름없는 것이다. 그러므로 이 사실을 지극히 깨달으면 행주좌와어묵동정(行住坐臥語默動靜)마다 '참선' 아닌 때가 없고, 그에 따라 호흡도 극치의 안정을 찾게 된다. 그러므로 불경의 내용을 명확하게 이해하는 것이 모든 '참선'의 기본이고 이치인데, 현대 불교의 현실은 그렇지 못하다. 일체를 통달하여 설명하는 스승도 없으면서 모두가 스승이 되고자 하고, 또 스승이라 자칭하니 무고한 중생은 속기만 할 뿐이다. 따라서 종교나 종파로, 그리고 작게는 지혜 없는 참선, 좌선, 명상, 이치도 없이 무조건 믿는 미신적 기도(祈禱) 등으로 중생은 혼란에 빠지게 된다. 이곳에서 '지금'의 이치를 깨닫지 못한다면 영원히 미로에서 헤맬 수밖에 없다. 지옥의 모습이 보일 때도 '지금'의 이치로 드러나며, 천상도 역시 그와 같기 때문이다.

9

사십구재의 의미는 무엇이고, 또 망자에게 구체적으로 어 떤 도움을 주는 것입니까?

얼마 전 어머님의 사십구재를 치르게 되었습니다. 절에 가서 스 님들의 염불을 듣고 음식과 과자, 과일을 쌓아 놓은 불단을 보 았습니다. 저의 어머님께서 부디 극락왕생하시길 염원하는 마음으로 재 를 올렸으나, 솔직히 아직은 잘 확신이 서질 않는군요. 이런 마음을 가지 면 안 된다는 것을 알면서도 궁금함을 참을 수가 없습니다. 어떤 분들은 다 쓸데없는 짓이라고 말씀하시지만, 전 그렇게 생각하지는 않습니다. 사 십구재가 무엇인지, 스님들께서 하신 염불은 어떤 내용인지, 그리고 사십 구재를 지내는 것이 저의 어머님께 실제적으로 어떤 도움을 드리는 것인 지 궁금합니다.

사십구재

49라는 숫자의 의미부터 알아보자.

이 우주의 구조를 알기란 그리 어렵지 않으나, 중생에게는 복잡하고 거대한 모습으로 보이게 되므로 그 실체를 파악할 수 없게 된다. 그것은 번뇌에 의하여 많은 가지가 벌어진 후, 다시 그 가지에서 생각하고자 하기 때문이다.

그러나 불경(佛經)에 의지하면 간단해진다. 우리가 느끼는 우주는 눈에 드러나는 물질이라는 것과 그 물질을 느끼는 정신으로 나뉘게 된다. 다시 말하면 몸과 마음, 즉 신심(身心)이라는 것이니, 몸은 정신에 가장 가까운 '물질'이고, 마음은 몸에 가장 가까운 '비물질(非物質)'로써 물질의 존재성을 판가름하고, 물질에 대한 정의를 내리며, '나'라는 존재를 설정하는 능력이다.

이 두 가지 가운데 물질은 다시 흙과 물, 불, 바람의 네 가지로 나뉘게 되므로 모든 물질은 이 네 가지를 벗어나지 않는다는 것을 알 수 있다. 나아가 물질을 구성하는 이 네 가지 요소들 역시 다시 네 가지로 이루어져 있으니, 흙에도 수분이 있고 온도, 즉 불이 있으며, 온도에 의하여 대류를 일으키는 바람이 있는 것이다. 또 아무리 순수한 물이라 해도 역시 눈에 보인다면 극미하지만 빛을 반사하는 정도의 흙을 함유하고 있으며, 온도와 공기를 가지고 있다. 역시 불도 그러하기에 흙은 재와 불꽃의 색(그을음)으로 남으며, 물은 그을음과 어울려 연기를 만들고, 바람은 불꽃이 지속되도록 산소를 공급함으로써 불의 존

IMMORTALITY 불멸1

재를 유지시키게 된다. 이렇게 네 가지 자체가 서로를 함유한다면, 네 가지가 화합된 물질은 당연히 네 가지를 포함하고 있음을 알 수 있다.

한편 마음, 또는 정신이라고 불리는 비물질은 간단히 세 가지로 나뉜다. 우선 물질이라는 네 가지를 느끼는 감각이다. 여기서 감각이란 물질로 이루어진 몸의 오관(五官)이 아니라, 꿈을 보고 듣는 감각을 말한다. 정신이 없는 눈알만으로 세상을 볼 수 없는 이유는 바로 정신의 감각이 몸과 분리되었기 때문이다. 이 정신의 감각을 '견정(見精)'이라고 한다.

두 번째로, 감각한 것을 인식하고 기억시키고 망각시키는 능력이 있는데, 이것을 '식정(識精)'이라고 한다. 본 것이 무슨 색인지 알기 위해서는 배우고 익혀서 아는 기억이 있어야 한다. 즉 눈만 있다고 자기 집을 찾아갈 수 있는 것이 아니라, 자기 집의 위치와 모습, 주소, 방향 등을 기억해야만 하는 것이므로 모든 행위는 견정과 식정이 어우러져야 함을 알 수 있다.

세 번째는 좋고 싫고, 여기와 저기, 이것과 저것, 거리와 방향 등을 알 수 있는 기준점인 '생각'이다. 생각은 중간을 유지하고 있어야 본성을 잃지 않으므로 생각하는 시간은 항상 '지금'이고, 장소는 항상 '여기'인 것이다. 만약 생각의 시간적 기준점이 바뀐다면 과거와 현재, 그리고 미래는 있을 수 없으므로 세월을 깨달을 수 없고, 위치적 기준점이 바뀐다면 장소나 거리, 방향에 대한 개념은 사라지므로 오고 간다는 말 자체가 있을 수 없게 된다. 이것을 마음, 즉 정신의 공간성(空間性)이라고 하는 것이다. 이처럼 마음의 모든 능력은 견정과 식정, 그리고 공성을 벗어나지 않는다.

앞에서 말한 바와 같이 물질의 요소는 네 가지[四大]이고, 정신의 요소는 세 가지[三大]이므로 온 우주는 결국 일곱 가지[七大]의 '재료'로 이루어졌다는 것을 알 수 있다. 그리고 허공 속에 허공이 들고, 물속에 다시 네 가지가 들어있듯, 그 일곱 가지 각각에 다시 일곱이 들었으므로(7 × 7 = 49) 49가지 종류가 우주 '조화'의 근본이 된다는 말이다.

그러므로 새로운 육신을 얻기 이전, 이승도 아니고 저승도 아닌 중음(中陰 = bardo)의 상태에서 스스로의 근본이며, 우주의 근본인 49가지의 법칙을 49일에 걸쳐 맞이하게 되는 것이다. 이 49일 동안 이승에서 살던 마음을 가지고 본래의 참다운 자리를 만나게 되는데, 만약 앞에 드러나는 경치가 자기 본연의 모습임을 깨닫는다면 곧 해탈을 이루겠지만, '몸'이라고 생각하던 어리석은 견식(見識)을 가지고 간 '마음'이라면, 스스로가 스스로의 모습을 보며 스스로 심판을 받게 된다. 이미 몸이 없으므로 더 이상 생사를 걱정할 이유가 없는데도 불구하고 두려워 도망치게 되기 때문이다.

그러고는 그 어리석음의 정도에 따라 자궁(子宮)을 선택하여 들어가게 되는데, 어머니가 결혼을 하여 몸을 만드는 씨앗인 아버지의 정자(精子)와 만나게 되면, 비로소 새로운 몸을 받게 되는 것이다. 만약 도둑질을 많이 하던 사람이었다면, 밤에 다니는 습관과 몰래 훔치는 습관 때문에 쥐의 자궁으로 들어가 생쥐가 될 것이며, 게으르고 공부하려는 마음 없는 사람이었다면, 오직 그 정신만이 남았기에 스스로

소의 자궁을 선호하므로 송아지로 환생하게 되는 것이다.

이러한 과정이 49일 동안 일어나므로 사실 매일 망자의 영혼을 불러 망자가 처해있는 상황을 곁에서 지켜보듯이 하나하나 설명해 주어야만, 자기가 직면하고 있는 모든 것을 알고 있다고 생각하여, 사십구재를 집도하는 자를 믿고 따르게 된다. 그렇게 인도하는 말에 귀를 기울인다면 윤회가 없는 극락을 볼 수 있겠지만, 이승에서 남을 의심하고 스님을 무시하며 아집이 강한 자였다면, 역시 사십구재를 집도하는 스님도 믿지 않을 것이므로 결국 지옥, 아귀, 축생의 삼악도만을 벗어나도록 안내하여 인간, 아수라, 천상에라도 들 수 있는 기회를 주는 것이다.

그러나 이러한 방법과 사십구재의 이치, 그리고 망자가 보고 있는 경치를 명확히 볼 수 있는 고승이 아니라면 모두가 헛일이며, 오히려 귀신(鬼神)이 되도록 부추기는 일이 된다. 귀신이란 이미 스스로의 몸이 사라졌음에도 불구하고 이승에 집착하는 마음을 말하는 것이니, 만약 스스로도 해탈하지 못한 스님이 망자에게 제삿밥을 주고 재물을 탐하는 마음을 보여준다면, 망자는 당연히 이승에 대한 집착을 끊지 못하게 되기 때문이다.

그러므로 이 세상의 모든 사람들은 스스로의 위대함과 마음의 이치, 즉 우주의 이치를 깨닫지 못하고는 결코 뜻대로 다음 생애(生涯)를 맞이할 수 없다는 것을 명심하고, 늦지 않게 도를 닦아야 할 것이다. 영원히 흘러가는 이 길을 닦는 것이 누구나 가장 먼저 해결해야 할 일임에도 불구하고, 다음은 생각조차 하지 않고 당장 탐욕과 분노, 그리고 어리석음으로 영혼을 혼탁하게 만든 다음, 그 몽롱하고 악해진 마음으로 도를 닦겠다고 하니, 이 얼마나 답답한 일인가. 그나마 그런 사람은 조금 나은 것이다. 불도를 아예 모르거나 욕하고 훼방하며 가는 사람들이야 어떻겠는가. 그렇기에 무명이 가장 큰 죄라고 하는 것이며, 또 알고 짓는 죄보다 모르고 짓는 죄가 더 크다고 말하는 것이다.

정리하자면 사십구재도, 망자도, 그리고 절이라는 곳도, 모두 우리의 마음에 있을 뿐이다. 사십구재는 마음이 생과 사의 중간(정신이 몸에서는 떠났고, 다음의 몸은 받지 않은 상태)에서 일어나는 현상을 맞이하고 있을 때, '죽고 사는 것이라고 생각했던 마음은 아직 죽은 것이 아니다'라는 것을 알려주어 마음이 곧 자기였음을 일깨우고, 어리석음을 없애주기 위한 것이니 실체가 없는 정신의 세계인 것이다.

또한 망자의 이름도 결국은 여기서 사십구재를 치러주려는 사람의 마음에만 있는 것이지, 망자를 모르는 사람에게는 실제로 있는 일이 아니며, 당사자(망자)는 생각을 하며 중음을 보고 있으므로 죽은 것이 아니다. 오직 죽었다고 생각하는 그대의 기억일 뿐, 이 역시 보이지도 않는 마음의 작용이며, 보이지 않으니 죽고 살 수도 없는 것이다.

그리고 절이 '사십구재를 해줄 수 있는 곳'이라는 것도 그대의 생각에 존재할 뿐, 실제로 49일을 겪는 망자의 마음에는 보이지 않는다. 그러므로 재를 지내는 자의 마음이 망자의 마음과 상통하지 못한다면 소용없는 일이다. 망자가 보고 있는 중음의 세계를 통달하여, 그가 결정

IMMORTALITY 불멸 1

하지 못하는 일들에 대해 올바른 판단을 내려줌으로써 망자에게 믿음을 주어야 한다는 말이다. 망자와 통하기 위해서는 이 세상의 모든 법을 이해해야 하고, 법을 이해하려면 '지금'이라는 찰나의 실체를 통달해야 한다. 왜냐하면 망자가 생각하는 시간도 '지금'이고, '재'를 지내는 시간도 '지금'이며, 삼라만상(森羅萬象)이 존재하며 활동하는 시간이 지금이기 때문이다. 그러니 무작정 사십구재를 지내는 것보다, 사십구재가 과연 실질적인 일인지 먼저 생각해 보아야 할 것이다.

이 땅의 불자(佛子)들이여!
자손들에게 천도재나 사십구재를 부탁할 것이 아니고, 스스로 해탈하고, 스스로를 이승에서 천도하여 당당하게 다음 생을 맞이하라. 이것은 이론으로만 하는 말이 아니다. 석가모니부처님께서는 머리의 불을 끄듯 하라고 하시지 않았는가. 정말 다급하고 간절한 일이다. 이것이 불도가 과학보다 존중받는 세상을 만들고, 사이비 스님이나 어리석은 자들이 종교라는 이름으로 편을 갈라 서로를 미워하는 오만에서 벗어날 오직 한 가지 길이다. 그 세상의 이름을 곧 '불국토(佛國土)'라고 한다.

10

색은 공과 다르지 않다는 가르침을 듣고도 집착에서 벗어나지 못하고 있습니다.

절에 다니며 가장 많이 외운 것이 『반야심경』이지만 '색불이공 공불이색'이라는 말에 대한 의문 때문에 경건한 마음은 사라지고 번뇌만 더해갑니다. 색과 공이 다르지 않다는 것은 집착심을 없애주기 위함이라 생각하는데 이 가르침을 듣고도 여전히 수많은 욕심들로 괴롭힘을 당하고 있습니다. 색불이공이라 하시고 다시 공불이색이라고 반복하여 말씀하신 데에는 분명히 이유가 있을 것입니다. 이 뜻을 안다면 저의 어리석은 욕심으로부터 벗어날 수 있을 것 같습니다. 가르침을 부탁드립니다.

색불이공 공불이색의 의미

색(色)이란 감각의 대상으로 색, 성, 향, 미, 촉, 법(색깔, 소리, 냄새, 맛, 감촉, 뜻)의 여섯 가지를 말한다. 물질이라고 불리는 모든 것들은 이 여섯 가지를 벗어날 수 없는데, 이러한 감각의 대상들은 그 실체가 공하다는 것이 『반야심경』에서 설하는 색불이공(色不異空)의 가르침이다.

아름다운 무지개를 볼 수는 있지만 가질 수는 없다. 허공의 미세한 물방울에 빛이 반사되어 드러난 것이 무지개의 색깔이기 때문이다. 빛을 소유할 수 없다면 빛의 반사로 드러나는 색을 무슨 수로 따로이 취할 수가 있겠는가. 또한 색이란 그것을 볼 수 있는 눈에만 있는 현상으로써 흑백만을 볼 수 있는 동물은 무지개를 인식할 수 없다.

소리도 마찬가지다. 물질이라고 생각하는 것을 두드리면, 공기 중의 진동을 귀가 감지하여 그것을 소리로 해석하는 것이다. 어떤 곤충에게는 매우 시끄러운 상황인데도, 사람들은 소리 없이 조용하다고 믿는다. 소리란 그것을 들을 수 있는 귀가 있을 때에만 있는 듯 드러날 뿐, 그 자체는 공과 같다.

특히 감촉은 여섯 가지 감각의 대상 중 가장 실감 나게 있는 것처럼 느껴진다. 그러나 감촉이란 손에서 나오는 것도 아니고, 물질에서 나오는 것도 아니다. 단지 피부와 물질이 만났을 때, 그 사이에서만 생겨나는 정신적인 현상이다.

마지막으로 법이란 위의 다섯 가지 대상에 대한 의미를 말한다. 법은 그동안 쌓아온 기억에 의지하는 것으로 그릇은 무언가를 '담는 것'이고, 볼펜은 무언가를 '쓰는 것'이라는 의미를 갖게 하는 것이다. 따라서 각자마다 느끼는 법은 같을 수 없으며, 모두 사라진 기억에 의해 만들어진 것이니, 실제로 존재한다고 말할 수 없는 일종의 주관적인 약속에 불과하다는 것을 알 수 있다.

이렇게 색깔, 소리, 냄새, 맛, 감촉, 뜻의 육진은 그것을 느끼는 감각기관이 없으면 존재를 증명할 수 없는 정신에만 느껴지는 공한 것들이다. 그렇다면 보고 듣고 냄새 맡았던 것이 과연 우리가 생각하는 육신의 눈이나 귀, 코의 능력이었던 것일까? 만일 깊은 잠을 자면서도 소리를 들을 수 있다면, 귀 자체가 듣는 능력을 가졌다고 할 수도 있을 것이다. 그러나 모든 감각기관은 정신이 있을 때에만 그 기능을 발휘한다. 즉 감각의 대상도, 주인공도 모두가 공한 마음이었던 것이다.

색불이공의 가르침이란 이렇듯 외부에 실제로 존재한다고 믿었던 사물들, 즉 육진이 공과 다름이 없다고 알려줌으로써, 물질에 집착하여 일어나는 모든 어리석음으로부터 벗어나게 해주는 것이다.

물질이 공(空)하기만 하다면 나와 세상은 허망하기만 할 것이다. 그러나 물질을 드러낸 것이 허공의 작용이라는 것과 나아가 허공의 무한한 능력과 위대함을 일러주신 것이니, 공한 세상이 허무하다고 할 것이 아니라, 공함에서 비롯되는 이 무궁무진한 우주의 조화를 경이롭게 바라볼 수 있는 것이다.

허공이 모든 물질을 드러내듯 마음은 몸을 드러낸다. 몸은 생멸(生滅)하는 것이지만, 마음은 공하므로 생겨나거나 사라지는 것이 아니니

[不生不滅] 본래 생사를 초월해 있는 것이다. 이것이 곧 '공불이색(空不異色)'의 뜻이다.

즉 색은 공과 다름이 없으니 본래 집착할 수가 없는 것이라는 것, 그리고 공은 허망하기만 한 것이 아니라, 이렇게 실감 나는 색을 드러내는 것이므로 위대하다는 것을 알아야 한다. 색으로 이루어진 몸을 보는 이 정신은 공과 같은 것이니, 생사를 초월한 것이므로 마음이 걸릴 바가 없고[心無罣碍], 또 이 정신이 생사를 초월해 영원한 것이라면 허공이 물질을 만들 듯 정신이 몸을 만들어내게 되므로, 마음 따라 몸도 영원히 드러나게 되리니 허망하지도 않은 것이다. 그러므로 해탈의 마음으로 편안하게 인생 자체를 수행으로 삼고 살라는 것이 '색불이공 공불이색'의 가르침이다.

11

천도재란 무엇이며 어떻게 하는 것인지요?

요즘 대부분의 절에서 천도재를 행하고 있습니다. 영가천도를 비롯하여 낙태영가천도 등 그 이름도 수없이 늘어나고 있는 실정입니다. 저는 남들에게 부끄럽지 않게 '불자'라고 외치고 살아가지만, 이런 모습을 보면서 제사를 지내는 것이 부처님의 참뜻인지 자꾸 생각하게 됩니다. 그러나 우스운 것은 저에게 힘든 일이 일어나면 한번 해보고 싶은 생각도 든다는 것입니다. 천도재를 어떻게 바라보아야 저의 이 갈등하는 마음으로부터 벗어날 수 있을까요? 너무 괴롭습니다.

불멸 IMMORTALITY 1

천도재

천도재. 한탄스러운 단어다.

영혼을 극락세계(極樂世界)로 갈 수 있게 하는 것이 천도재이다. 그렇다면 천도재를 집행하는 이는 극락으로 가는 길을 알아야 할 것이고, 극락으로 가는 길이란 바로 불도를 이르는 것이니, 불도를 깨우쳐야 하는 것은 당연한 일이다. 그리고 그 깨달음을 약도(略圖) 삼아 단 한 번이라도 극락을 보았어야만, 49일간의 중음여행을 거치지 않고, 곧바로 천상을 맞이할 수 있도록 안내할 수가 있다. 내가 가보지 않은 길을, 약도조차 없이 어떻게 남에게 알려줄 수 있겠는가.

그러므로 지금 당장 여기서 극락의 기억을 쌓아야 한다. '지금의 여기'가 극락임을 볼 수 있는 눈이 생겨난다면 어찌 내세가 극락이 아닐 수 있겠는가. 오늘 아름다운 추억(追憶)을 쌓았다면 꿈에 드러난 세상도 아름다울 수밖에 없는 이치와도 같다. 『아미타경(阿彌陀經)』은 언제나 변함없는 '지금의 여기'가 극락세계라는 것을 설명하고 있다. 즉 『아미타경』이 드러내는 극락의 경치란 곧 여기임을 알려주는 것이지, 극락으로 가는 부적이 아니라는 것을 분명히 알아야 한다.

영혼이란 죽은 자에게만 있는 것이 아니라 살아 있는 자에게도 있다. 산다는 것도 결국은 영혼으로 인해 육신을 움직일 수 있게 하는 때를 말하는 것이니, 지금의 영혼으로 극락을 경험해야 하는 것이다. 또한 눈, 귀, 코, 입 등의 감각기관을 갖추고 있을 때 이해가 더욱 밝으므로, 영혼을 극락세계로 안내하는 것은 살아 있을 때 하는 것이 지당하다.

스님들이 불도를 '지금'인 '여기'에서 닦는 것은 그러한 이유에서이다. 지옥에 떨어졌다면 그것은 이미 악몽으로 빠져든 것과 다름없으며, 꿈꾸는 이에게는 아무리 꿈이라고 외쳐주어도 알아듣기가 쉽지 않다. 더욱이 지옥에 떨어진 망자의 몸은 이미 사라졌으니, 몸을 흔들어 깨울 수도 없는 것 아닌가.

그렇다면 살아 있는 사람에게는 깨달음을 주지 못하면서, 망자에게는 깨달음을 주어 극락세계로 가게 할 수 있다는 주장이 이치에 맞지 않음을 알 수 있을 것이다. 만에 하나 그 주장이 옳다면, 모든 승려는 하루빨리 세상을 떠나 망자로서 천도를 받는 것이 깨달음을 얻는 지름길이 아니겠는가. 천도란 관점(觀點)의 변환이다. 즉 견해의 개혁인 것이고, 견해가 달라지면 드러나는 세상도 달라진다.

'지금'이라는 찰나는 정지하는 순간이 없이 즉시 과거로 사라진다. 그리고 그 과거라고 하는 기억을 바탕으로 지금의 견해가 이루어진다. 그러므로 올바른 '지금'을 깨닫지 못한다면 그릇된 기억이 쌓이게 되고, 그 기억을 토대로 세상을 저울질할 것이니, 다시 그릇된 세상을 만드는 것은 당연한 이치이다.

깨달은 이는 '지금'이 바로 극락이라는 것을 알기에 극락의 기억만 쌓이고, 그에 따라 다음 생도 극락일 것이다. 그러나 어리석은 이들에게는 공통된 생의 마당인 '지금'이 탐나고 화가 나며 두렵거나 죽지 못해 살아가는 세상이니, 그대로 가감(加減) 없이 기억될 것이므로 마땅히 내세는 지옥이 약속되는 것이다.

일체의 깨달음은 '지금'에 있다. 지금이라는 이 찰나를 제외하고는 제2

의 시간이나, 제2의 세상이 있을 수 없다. 지옥도 '지금'으로 되어 있고, 천상도 역시 지금으로 되어 있다. 즉 지옥에 가서 고통을 받을 때도 지금이고, 과거를 생각할 때도 지금이며, 이 글을 읽는 순간도 지금이라는 말이다. 그러니 망자의 영혼도 '지금'에 있으며, 살아 있는 자도 '지금'에만 존재하는 것이다. 그러므로 '지금'을 현현히 느낄 수 있는 감각이 밝을 때에 불도를 얻고 스스로 천도되어야 하는 것이며, '지금'이라는 공동구역에 있는 조상들도 자손의 해탈을 보게 되니, 더 이상의 미련과 집착이 없어져 저절로 스스로의 갈 길로 가게 되는 것이다.

그럼에도 얼마나 많은 천도재가 그저 형식적으로 치러지고 있는지. 이 나라의 불도도량(佛道道場)인 절에서 진정으로 천도를 시킬 수 있는 곳이 몇 군데나 되며, 부적을 쓰지 않는 절은 과연 얼마나 되는가. 심지어는 점까지 치니 '어리석어서 귀신이 된 영혼을 모시는 어리석은 무당'이 있는 곳이 되어 버린 형국이다.

망자의 천도재를 권유하는 스님들 가운데 과연 얼마나 천도된 세계, 즉 극락을 보았을까. 그 스님들이 극락세계를 먼저 얻었어야만 하는 당연한 이유가 있다. 극락의 안내자를 자처하고 있으므로 먼저 불도를 통달해야만 무당처럼 귀신을 모시지 않고, 극락으로 인도할 수 있기 때문이다.

'큰스님'이란 제자를 가르치는 분이니 당연히 먼저 득도(得道)를 했어야 하고, 득도를 했다면 극락을 보았을 것이다. 극락세계를 항상 본다면 제자에게도 그 세계를 보여줄 수 있을 것이며, 또한 제자라면 극락을 얻는 것이 궁극(窮極)의 목적일 것이니 목적을 달성했어야 마땅한 일이다. 그런데 큰스님 밑에서 수십 년씩 공부한 제자들이 천도되지 못했다면, 불과 몇 시간 만에 끝나버리는 천도재를 통하여 망자들이 극락으로 가게 되었다고 믿을 중생이 어디에 있을지 의문이다.

또한 극락이란 일체 세계가 환상이고, 공이며, 오직 정신임을 깨닫기에 가게 되는 곳이므로 진정으로 천도재를 집도할 수 있는 스님이라면 돈을 논할 리는 없다. 만약 돈에 집착한다면 물질을 탐하는 것이고, 그것은 이미 물질을 인정하는 것이니, 지옥에 저절로 당도하게 됨을 잘 알고 있을 것이기 때문이다.

소승도 처음 발심했을 때 참다운 '나'와 '세상', 그리고 '생각'이 무엇인가를 깨닫기 위하여 정열적으로 스님들의 가르침을 찾아다니기도 하고, 불경 독송(讀誦)과 참선으로 토굴 생활을 하며 청춘을 보냈었다.

그러나 어디에도 눈을 부릅뜬 나에게 불도가 무엇이고, 어떻게 해야 극락세계로 갈 수 있는지 안내하는 스승은 없었다. 오히려 하나같이 서로서로 복사하듯 집필자의 이름만 바꾸어 내놓은 논리에 맞지도 않는 불경 해석서들을 보면서 가슴을 두드려야 했다. 이것은 너무나 큰 슬픔이었다. 이 나라에는 진리가 없구나. 이 나라에는 불도가 없구나. 그리고 이 나라에는 지혜의 스승이 없구나. 이것이 그 당시 소승의 마음이었다. 천도재라는 단어만 들으면 정말 저절로 한숨이 나온다.

스님들은 불쌍하고 순진한 중생을 속이지 말고, 열심히 불도에 정진하시기를 바라고, 재가자들은 절을 제사 지내는 장소가 아닌, 스스로를 깨닫고 천도하는 도량(道場)으로 삼기를 간절히 바란다. 이것이 스승과 제자의 올바른 모습이 아니겠는가.

12

어떤 불경을 먼저 읽어야 하나요?

불경의 종류가 팔만 사천 가지라는데, 어떤 경부터 읽어봐야 할지 막막합니다. 또 소설책이나 잡지라면 가벼운 마음으로 읽을 수 있겠지만, 불경은 경솔하게 읽고 지나갈 수 있는 책이 아니라는 생각이 듭니다. 불경을 읽는 데 있어서 어떤 경이 좋을지, 그리고 어떤 마음 자세로 읽어나가야 할지 조언을 구합니다.

불경 읽는 방법

 불경이란 세상의 '물질'과 '나', 그리고 '마음'의 실체를 알려주는 위대한 과학책이다. 예를 들어 마음의 슬픔이나 기쁨, 원한이나 두려움 등의 감정(感情)이 무엇이고, 어떻게 움직이며, 어떻게 생겨나는지, 또 정신은 어떻게 생겨나고 사라지는 것이며, 사람은 왜 이곳에 태어나는지, 왜 흉하게 늙고 병에 걸려 죽어야 하는지, 죽지 않으려면 어떻게 해야 하는지 그 모든 설명이 적혀있는 것이다.

사실 불경이 한문으로 되어 있어 한문을 모르는 사람은 알기 어렵고, 만약 한문을 잘 안다 해도, 이런 것을 모두 알고자 하는 간절한 마음이 없는 사람에게는 그 무엇보다 어려운 글이다. 그러나 똑똑한 사람, 어리석은 사람, 나쁜 사람, 좋은 사람, 어른, 아이, 여자, 남자, 공부한 사람, 공부 못한 사람 등등 모든 사람의 정신수준이 각각 다르기 때문에 깊이 읽어볼수록 자기 나름대로 이해하여 점점 많은 것을 깨달아 가져갈 수 있는 것이 불경이기도 하다.

한글로 번역된 불경을 먼저 읽어보는 것이 필요하다. 이해가 가지 않아 한문도 찾아보고, 선지식에게 묻기도 하는 사이에 스스로 달라지고, 자꾸 달라지다 보면 어느새 죽지 않는 위대한 마음을 갖게 되니, 이렇게 불경을 읽으며 자신을 변화시키고 세상의 모든 것을 통달하여 죽지 않는 마음이 되는 과정을 도(道)를 닦는 것, 즉 수행이라고 하는 것이다.

물론 학교에서 배우는 것도 공부지만, 그것은 아주 작은 공부이다. 왜냐하면 학교 공부는 한평생을 살아가는 데 필요한 것을 배우는 것이지만, 불경 공부는 다음 세상, 또 그다음 세상에서도 필요하고, 육도(六道)의 모든 곳에서 사용할 수 있는 것이며, 스스로 다음 세상을 선택할 수 있는 지혜이니, 한 번만 통달하고 나면 더 이상 배울 것 없는 최고의 공부인 것이다. 이렇게 모든 공부를 끝마쳐 더 이상 배울 바 없는 사람을 가리켜 '무위도인(無爲道人)'이라고 하는 것이다.

오늘날 교육의 목적은 돈이 되었다. 공부를 잘해야 하는 이유도, 일류 대학에 입학하려는 이유도, 배우자를 신중히 선택하는 이유도 결국은 경제적으로 부유한 삶을 위해서다. 언론매체에서는 '돈을 많이 번 사람 = 성공한 사람'이라는 일반화된 공식을 강조하면서도, 자신의 가난을 무릅쓰고 타인에게 봉사하는 이들을 부각시키기도 한다. 이처럼 정체성과 일관성이 결여된 세상 속에서 생사를 뛰어넘는 지혜를 가르치지는 못하더라도, 자녀를 최소한 인간으로 올바르게 교육하고자 하는 의지가 있는 부모라면 이것을 반드시 숙지해야 한다.

무지한 기성세대의 잘못으로 오늘날 우리의 자식이 있게 되었다. 오직 재물과 명예만을 좇는 어른들에게 벗어나, 정신세계가 진정하고, 영원한 세계인 것을 알려주어야 한다. 그를 위해서 먼저 어른들이 불경 공부를 해야 한다. 이것은 어려운 일이 아니다. 시작이 중요한 것이다. 단순히 내가 자식을 낳았다고만 생각하지 말고, 내가 반드시 죽어야 할 것을 낳았다라고 생각해 보라. 또 살아간다는 것은 한 치 앞을 알 수 없는 막막한 안개 속이며, 기쁨보다는 걱정과 고통이 더 많은 고달픈 곳인데도, 어리석게 나의 뒤를 따라 고통스러워하며 살아갈 자식을 낳았다고 생각해 보라. 부지런히 간절하게 공부하면 반드시, 그리고 당연히 죽지 않는 자식을 만들어줄 수 있다. 그리고 고통스러운 삶이 아닌, 경쾌하고 유쾌한 삶을 살면서 스승의 위대한 길을 가게 할 수도 있다. 거짓이 아니니 반드시 시작되어야만 한다.

가부좌(跏趺坐)의 의미

오른 다리를 먼저 왼 다리에 올리고
다시 왼 다리를 오른 다리에 올려놓습니다.
때로는 그 반대로도 합니다.
이것을 결가부좌라고 하고,
한쪽 다리만 올려놓는 것은 반가부좌라고 합니다.
물론 앉는 모습에 따라 이름이나 의미가 달라지지만
모두 마음의 모습을 표현한 것입니다.
마음은 보이지도 만져지지도 않는 것이니
죽고 삶을 떠나 단지 이렇게 생각할 수 있는 능력일 뿐입니다.
아무리 생각을 해도 잠시 동안만
그 생각이 어떻게 생겼는가?
무슨 생각을 이렇게 열심히 하는가?
라고 생각으로 생각을 보려 하면
즉시 마음은 가부좌를 하고 앉아 버립니다.
남에게 욕하고 싶을 때도 이 법을 사용하면
착한 마음을 잃지 않을 수 있고
괴로운 마음이 생길 때도 금세 마음을 고요하게 다스릴 수 있습니다.
마음을 가라앉히는 방법을 알리기 위해서
앉은 모습을 보이시는 것입니다.

13

법당에 청룡이 그려져 있는 이유는?

각 법당마다 특징이 다르지만 보통 천정이나 벽을 보면 청룡이 여의주를 물고 있는 그림이 있습니다. 용의 종류도 다양하고 또 굳이 용이 아니라도 봉황이나 해태와 같은 상상의 동물도 많은데, 왜 하필 청룡을 그려놓았을까요? 청룡을 백과사전에서도 찾아봤는데 자세히 나와 있지 않았습니다. 불교에서 말하는 청룡의 의미에 대해 궁금합니다.

청룡의 의미

세간에서 용(龍)을 정의해놓은 것을 보면 상상의 동물로, 모양은 큰 뱀과 같고, 몸에는 비늘이 있으며, 두 개의 뿔과 네 개의 발, 눈과 귀, 두상은 말의 모습이며, 수염은 물고기 가운데 메기의 것과 같다고 하였다. 혹 날개가 있는 것도 있어 뱀과 사슴, 새와 말, 그리고 물고기의 특징을 모두 지닌 채, 바다나 연못에 살며, 비와 구름과 바람을 일으킨다고 믿었다고 한다.

이 말을 근거로 서술한다.

불법에서는 물질을 정신의 감각능력에 의한 결과물로 정의한다. 곧 꿈과 같이 정신의 감각능력에 의해서만 느껴지는 것이지 그 실체는 없다고 말하는 것이다. 물질을 가장 깊게 연구했던 아인슈타인도 결국은 '물질은 왜 내가 볼 때만 존재하는가?'라는 의문에 막히게 되었고, 고대 그리스의 철학자인 프로타고라스도 '인간은 만물의 척도'라고 하여 감각에 의해서 물질의 척도나 존재성이 달리 부여되고 있음을 시사했다.

물질은 원소기호다. 원소기호는 이름이다. 이름은 실체가 없으므로 붙여놓은 약속이다. 수소나 산소는 허공의 한 성분일 뿐이다. 그러므로 어떠한 방법으로 화합시킨다 해도 역시 허공이어야 한다. 그러나 정신의 감각능력에는 물(H_2O)로 느껴진다. 즉 물이 실제로 있는 것이 아니라, 허공의 화합인 허공을 정신은 '물'로 깨닫는다는 말이다.

더욱이 우리가 자주 경험하는 꿈은 물질도 아니고, 허공의 화합도 아니다. 그러나 정신은 꿈의 세상을 물질이나 물체로 깨달아 완벽하게 믿기에, 쫓고 쫓기는 꿈속의 사연을 만들게 된다. 있지도 않은 자기를 만들어 두려워하고 슬퍼하기도 한다. 미혹한 중생이 되는가, 아니면 깨달은 존재가 되는가는 이 믿음에 달려있는 것이다. 그러므로 이 세상은 오직 정신의 착각에 의하여 드러난 현상이라고 하는 것이다. 마음이 지어낸 것이라는 말이다. 일체유심조(一切唯心造).

실제로 존재하지 않는 물질이지만, 단지 정신의 감각에 의하여 진실한 듯이 인식된 세상은 찰나에 사라진다. 그러나 감각의 능력에 의한 인식은 찰나에 기억으로 변화하기에 우리는 이미 사라진 세상의 존재를 상정(想定)할 수 있는 것이다.

예를 들어 일 초에 박수를 세 번 쳤다고 하자. 그 소리는 박수가 끝나자마자 즉시 사라져 다시 가져올 수 없다. 그러나 정신은 그것을 벌써 기억으로 변화시켜 간직하기에 세 번 쳤다고 말을 한다. 말을 할 때에 이미 소리는 사라져 그 존재를 증명할 수 없으나, 감각을 통해 얻어진 모든 정보는 기억에 저장되기 때문에 박수 소리를 들었던 모든 이들은 기억의 공유로서 박수를 세 번 쳤다고 인정하게 되는 것이다.

만약 이 기억을 전부 없앤다면 무엇이 남을까? 지금까지 학습된 모든 기억이 사라지므로 '나'라는 것이 무엇인지도 모를 것이고, 말도 못할 것이며, 색깔도 알지 못할 것이다. 물론 앉았는지 일어섰는지도 모를 것이니, 행동도 멈추게 될 것이다.

그러므로 삶이라는 것은 모두 기억으로 인하여 이어져 나가는 것이니 실제의 삶은 한 찰나밖에 되지 않는다는 것을 알 수 있다. 찰나에 모든 것은 사라지고 생겨나기 때문이다. 시간은 찰나에 과거로 가지만, 정신의 감각은 항상 '지금'을 지키고, 지나가는 모든 것들을 기억으로 바꾸어준다. 따라서 이 기억이 없다면 마음도 있다고 할 것이 없다.

마음은 감각과 세상을 떠나 따로 존재하는 것이 아니다. 정신의 감각 능력이 마음을 만들어준다고 해도 과언이 아니다. 고여 있는 물에 산이나 구름의 그림자가 없고 일렁이는 물결이 없다면 물을 확인할 수 없는 것과 같다. 그처럼 마음도 기억이나, 기억에 의하여 일어나는 감정의 변화가 없다면 확인되지 않는다. 그러니 실제의 마음이란 그저 맑고 투명한 물과 같다고 표현할 수밖에 없다는 것이다.

따라서 물속에 달그림자가 있듯이 마음속에 기억이 있으니, 기억은 마음이라는 물속에 살고 있는 것이다. 물속에 살면서 찰나인 '지금'을 감각으로 분별하여 있고 없음을 알며, 깨끗하고 더러움을 분별하고, 좋고 싫음을 선택한다. 양쪽을 더듬으며 탐색하고 헤아리는 모습은 마치 메기의 수염과 같다. 이것이 용에게 있는 두 가닥 수염이 상징하는 바이다. 이것이냐 저것이냐. 때로는 뱀처럼 기고, 때로는 말처럼 뛰며, 때로는 새처럼 과거나 미래로 날아간다. 이것이 정신의 작용이다. 그러면서도 고고한 두 뿔을 가지고 있으니, 생과 사를 깨닫는 능력이다. 실제로는 죽을 것이 없는 꿈에서도 생사를 느끼듯, 생사를 초월한 고고한 정신이 어이없게도 살아 있기를 바란다. 이것은 어리석은 이해를 믿은 믿음의 능력에서 나온 것이다. 죽는다고 믿으면 보이지도 않는 정신이 겁을 먹고 굳어버린다. 움직이지 못하는 것이다. 움직이고 정지하는 능력은 바로 정신 가운데 믿음의 능력으로 이루어진다는 것을 알 수 있다. 그러므로 자유자재한 삶이 되려면 스스로가 허공과 같음이 믿어져야 하기에 불도를 닦는 것이다. 역시 생사가 있을 수 없음을 깨닫는 것도 바로 이 정신의 의지력에 의하여 이루어지기 때문이다. 그러니 해탈도 곧 이 의지력(意志力)이 올바르게 작용하여 이루어지는 것임을 알 수 있는 것이다.

정리하면 마음의 능력은 크게 네 가지로 나뉜다. 감각능력[受], 분별능력[想], 의지의 행동력[行], 기억능력[識].

이 네 가지를 방향으로는 사방(四方)이라고 표현한다. 동쪽은 기억의 세계. 서쪽은 분별의 세계. 남쪽은 감각의 세계. 북쪽은 행동력의 세계. 그리고 이 사방은 다시 네 가지 물질의 대표인 사대로 표현된다. 동쪽은 물의 세계. 남쪽은 흙의 세계. 서쪽은 불의 세계. 북쪽은 바람의 세계. 모든 물체는 이 네 가지를 가지고 있다. 즉 중생의 몸이라는 것도 단단한 뼈와 머리카락 등은 흙으로, 눈물, 오줌, 땀, 침 등은 물로, 체온은 불로, 호흡은 바람으로 되어 있다는 것이다. 이것을 보면 우리의 몸을 이룬 사대는 사방의 허공이 화합한 것이고, 사방의 허공은 곧 정신의 네 가지 능력이라는 것도 알 수 있다.

이 사대는 다시 네 가지 색으로 표현되니 흙은 황토색, 불은 붉은 색, 바람은 창공의 푸른색, 물은 흰색이다.

깨달음을 얻으려면 의지력의 행이 허공과 같아야 하는 것이므로 색은 당연히 푸른색이 되는 것이고, 의지력은 올바른 기억에 의하여 생기는 것이니 물속에 살아야 하며, 기기도 하고, 뛰기도 하고, 날기도 하며, 양쪽을 분별하는 정신을 사용하고 있으니, 뱀, 사슴, 새, 말, 물고기의 형상을 모두 갖추고 있는 것이어야 한다. 따라서 정신의 모습은 용(龍)의 모습일 수밖에 없다는 말이다.

그 정신 가운데 얻는 깨달음이란, 오직 허공과 같은 마음의 행이 곧 삶이라는 사실을 깨닫는 것이니 북방(北方)이고, 창공의 바람이니 비와 구름을 일으키며, 의지력이고 푸른색이니 불도를 닦는 도량인 절에 청룡을 상징으로 두고 있는 것은 당연한 이치인 것이다.

이렇게 마음의 이치를 명확하게 정의하기 때문에 과학보다 이미 위에 서 있는 것이 불교, 즉 '부처의 가르침'이다. 과학에서는 물질과 정신에 대해 명확한 정의를 내리지 못했던 것이 사실 아닌가.

14

천당이나 천상은 어떤 세계인가요?

저는 교회에 다니는 여고생입니다. 저희 할머니의 종교는 불교인데, 불교를 믿어야만 천상에 갈 수 있다고 자주 말씀해 주십니다. 그러나 기독교의 천당이나 불교의 천상이 다른 것 같지 않습니다. 둘 다 이상향, 또는 즐거움만이 가득한 세계라고 생각하기 때문입니다. 천당이나 천상, 이것은 도대체 어떤 세계인가요?

천상의 특징

 천상의 특징이 무엇일까?

객관적으로는 환상으로 이루어진 곳이라고 보아야 하고, 주관적으로는 극치의 행복을 누리는 곳이라고 보아야 한다. 만약 천상이 환상으로 이루어지지 않았다면 부딪치고, 깨지고, 아프고, 무너지고, 깔릴 것이고, 또 불행하다면 극락이라고 할 수 없는 것이다.

그렇다면 이제 천상을 가보고 싶은 그대들이 모여 있는 이곳의 특징은 무엇인가?

이곳은 첫째로 세상과 둘째, 세상을 느끼는 몸과 셋째, 행복과 불행을 판단 짓는 생각, 즉 정신이 만난 자리다. 이 셋 중에 세상이란 만유가 있는 곳을 말하는 것이고, 만유의 공통점이며 재질(材質)이 되는 것은 여섯 가지, 즉 색깔, 소리, 냄새, 맛, 감촉, 뜻이 전부이니, 이 여섯 가지는 감각기관, 즉 오관과 심정으로만 느껴질 뿐 그 실체가 없는 것이다. 색은 빛으로 이루어진 것이므로 실체가 환상과 같고, 소리란 허공의 울림이므로 허공과 다름없다. 냄새란 허공이 되기 직전의 극 미립자이고, 극 미립자는 현대과학에서의 전자와 같으며, 전자가 쪼개지면 빛이 되므로, 곧 색과 다름없다. 그러므로 일체의 물질이란 그 실체가 없으며, 역시 맛이라 하여도 혀가 없는 사람에게는 절대 보여줄 수 없는 미묘한 현상이므로 역시 있다고 할 수 없다. 감촉 또한 닿아서, 즉 만나서 생겨나는 느낌이므로 번갯불과 같다. 즉 불과 손이 만나 생겨나는 감촉은 뜨거움이고, 쇠와 손이 만나 생겨나는 감촉은 단단함이라는 느낌이지만, 이 느낌이라는 것은 손이 없어도 있을 수 없고, 불이 없어도 있을 수 없으며, 쇠가 없어도 있을 수 없는 것이니 둘이 만나서 생겨나는 것이다. 그러니 뜨거움이란 손도 아니고 불도 아니듯, 역시 단단함이라는 느낌도 그저 둘 사이에서 생겨난 정신의 느낌일 뿐, 쇠도 아니고 손도 아니므로 구름과 구름 사이에서 생겨난 번갯불이나 천둥처럼 곧바로 간곳없이 사라져 버리는 허깨비와 같은 것이다.

물은 수소인 허공과 산소인 허공의 화합이지만, 허공은 아무리 합해도 허공이고, 허공을 벗어나지 않았다면 사실은 만난 것도 아니니, 단지 감각에만 느껴지는 허공이 곧 물이었다는 것을 알 수 있다.

한편, 세상을 이루게 되는 필수 요소인 물질과 감각 사이에는 중요한 법칙이 있으니, 세상이 '있는 것'이라면, 감각은 '없는 것'이어야 한다는 사실이 그것이다. 거울에 색을 칠하면 다른 색이 비춰지지 않고, 눈에 빨간 안경을 끼면 이 세상의 흰색은 사라지며, 귀에서 소리가 나는 난청(難聽)에 시달리는 사람은 작은 소리를 들을 수 없는 것과 같다. 눈이란 색을 보기는 해도 눈 자체에는 본래 색이 없어야 모든 색을 구분할 수 있는 것이고, 역시 귀도 소리를 듣기는 해도 귀 자체에는 본래 소리가 없는 것이듯, 실제적 감각기관이란 허공과 같아야 하는 것이다. 눈, 귀, 코 등의 작용이 멈춘 수면상태(睡眠狀態)에서도 꿈속의 모습을 보는 눈이 있고, 꿈속의 소리를 듣는 귀가 있듯이, 육신으로 이루어진 감각기관 이전에 정신적인 감각기관이 실제의 감각기관이며, 정신은 허공과 같이 볼 수도 만질 수도 없는 것이므로 있다고 할 수는 없으나, 그 작용은 분명히 일어나고 있음을 알 수 있다.

세상과 세상을 느끼는 감각기관은 서로 그 실체가 없는 환상의 어울림이다.

마지막으로 이 세상의 정의를 내리기 위해서 필요한 것은 세상에 대한 의견이다. 세상이 실감 난다든지, 아니면 이 세상은 공평하다든지, 아름다운 곳이라는 등의 의견이 없다면 마치 '무뇌아'와 같아, 세상의 모든 의미가 사라진다. 그러나 이 의미는 환상적인 세상과 허공 같은 감각이 화합됨으로써 드러나게 된 것이므로, 세상이라는 아버지와 감각기관이라는 어머니 사이에서 태어난 자식과 같은 것이다. 부모가 말[馬]이라면 자식도 당연히 말일 수밖에 없고, 부모가 소[牛]라면 그 자식으로 역시 소가 태어나듯이, 환상인 아버지와 허공인 어머니 사이에서 태어난 자식이라면 당연히 허깨비와 같은 것이 의견이라는 것의 실체이고, 세상은 감각으로 확인이라도 되는 것이지만, 의견은 감각으로 확인할 수도 없는 것이므로 더욱 허황된 이름의 나열인 것이다.

이러한데 이 세상이 천상과 무엇이 다른가?

모두가 환상으로 부딪치고, 환상이 깨지고, 환상이 무너지고, 환상에 깔리고… 이러함을 깨닫는다면 그 깨달음은 과연 몸인가, 세상인가, 아니면 의견인가. 오직 마음에 이 세 가지가 모두 갖추어져 실감 나는 꿈을 꾸는 것이니, 정말로 죽는다고 오해해도 실제로는 실감 나는 꿈이 정신의 작용으로 일어나는 것일 뿐이고, 정신은 물질이 아니므로 생사를 초월한 것이기에 영원토록 다양한 세상의 꿈을 꾸게 되는 것이다.

천상을 '여기서', '지금' 느끼지 못하고, 사후에 가는 곳이라 믿고 구하려 한다면, 토끼의 뿔을 구하려는 것과 같고, 석녀의 아이를 얻으려는 것과 같은 것이다. 시간은 둘이 아니다. 일체중생, 즉 벌레든, 짐승이든, 사람이든, 모두 지금 생각하고, 지금 살며, 지금 세상을 느끼고, 지금 자라거나 늙으며, 지금 말하는 것이기 때문이다. 지옥에 가도 '지금'일 수밖에 없고, 천상에 가도 역시 그 시간은 '지금'이다. 지금 속에 부처도 있고, 해탈도 있으며, 열반(涅槃)도 있을 수밖에 없으니, 천상도 지금의 여기에서 얻어야 하며, 지옥이라는 것도 지금의 어리석은 심정임을 깨달아야 한다.

지옥과 천상은 실제를 깨닫는 정도에 따라 달라지는 것이지, 따로 있을 수 없다는 것을 잊어서는 안 된다. 그렇다면 더 이상 무엇을 말하려 하고, 무엇을 궁금해하며, 무엇을 구하려 하겠는가. 이미 진실이란 진실이 아닌 것이며, 실제란 이미 '실체가 없는 것이 실제인 것'을.

15

인형을 사람이라 착각하여 사랑하게 되었습니다.

오늘 길을 걷다 키도 크고 잘생긴 남자를 보았습니다. 멋진 사람을 만났다는 생각에 제 마음은 두근거리기 시작했고, 그곳으로 다가갔습니다. 그런데 가까이서 보니 남자가 아닌 인형이었던 것입니다. 그때 제 마음속에 생겨난 애틋한 감정, 따뜻한 사랑은 한순간에 사라졌습니다. 만약 가까이 다가가지 않았다면 그 인형을 지금까지도 사랑하고 있었을까요?

집착(執着)과 삼독(三毒)을 여의는 방법

정말 좋은 질문이다.

이 세상에 대한 집착은 바로 따뜻한 사랑의 감정에서 벗어나지 못하는 것에서 시작된다. 만약 사랑의 감정이 생겼는데 그 인형이 사라졌다면, 아쉬운 미련이 남게 되어 힘들어지므로 그것을 고통이라고 말한다. 마찬가지로 이 세상은 언제나 순간에 사라져 찰나마다 다른 세상을 보여주는데, 이 세상이 변하지 않는 것으로 착각하고 이 세상을 붙잡으려는 마음, 바꾸어 말하면 세상을 떠나가야 하면서도 세상에 대한 미련이 남아, 그 기억으로 다시 육도윤회(六道輪廻) 하는 것이 곧 생사의 고통인 것이다.

그러나 다행히 인형이라는 것을 확인하고, 집착도 미련도 남지 않게 되었으니 얼마나 다행인가. 인형에게는 사랑을 얻을 수 없다는 것을 깨달았기에 사랑의 감정이 무너진 것이다. 자기의 몸이 살아 있다고 믿기에 그 몸을 사랑하고, 자기의 몸을 남이 사랑하면 그가 자기를 사랑한다고 생각하여, 자기도 그 사람을 사랑하게 되는 것이다.

그러나 그 많은 사연들을 만들고 느끼는 주인공인 '나'에 대해서는 그리 깊이 생각해 보지 않는다.

몸을 느끼고 세상을 느끼는 것은 마음이다. 마음이 잠들면 몸도, 세상도, 사랑도, 믿음도 모두 사라진다. 그런데 이 마음은 생사와 무관하다. 보이지도, 만져지지도 않는 것이니, 생긴 것이 아니므로 죽을 것도 없다. 그렇지만 그놈이 보기도 하고 만지기도 하여 있음을 느끼니, 마치 자기도 있는 것으로 착각하게 되는 것이다. 영화를 보며 자기가 어느새 주인공이 되어 분노하고 눈물 흘리는 것과 같이.

세상은 인형과 같다. 인형에서 사랑을 얻을 수 없듯, 세상 자체는 아무것도 얻을 수 없는 허망한 것이다. 세상은 아무것도 주는 것이 없다. 눈앞에 사탕을 살짝 보여주고 달아나는 장난꾸러기 어린아이와 같고, 찰나에 사라지는 번갯불이 연속되는 것과 같은 것이 세상이다. 얻을 수 있는 것을 얻으려 한다면 누가 말리겠는가. 가질 수 있다고 생각한다 하여 얻을 수 없는 것이 얻어지는 것은 아니기에, 저 깊은 마음속에는 분노가 일고 집착이 생겨나 더욱 억지를 부리게 된다. 그사이에 어느새 자기는 어리석은 자가 되어 있으니 '얻을 수 없는 것을 얻으려 했다'는 깨달음이 생겨나지 않는다면 그간에 쌓은 집착과 분노로 인해 내생(來生)의 자기는 더욱 어리석은 정신이 될 것이다. 그렇다면 인간의 지혜로도 그와 같이 어리석었는데 내생의 모습은 과연 어떠하겠는가. 금수의 모습은 당연한 결과이다.

탐욕이 없어지지 않는다고 고민하는 수행자가 너무 많다. 그러나 그것은 인형을 사람으로 착각한 채, 사랑을 얻을 수 있다는 꿈에 빠진 소녀와 같은 것이다. 일체가 너무도 허망하게 찰나에 사라지는 것임을 안다면 누가 얻으려 하겠는가. 연기로 되어 있는 집을 누가 보물을 주고 바꾸겠는가. 연기 같은 세상을 얻으려고 누가 보물 같은 지혜를 주고 바꾸겠는가. 얻어도 후회되는 것이 이 세상의 모든 것이다. 찰나마다 변화하기 때문이다. 세상이 허망하다고 죽어야 한다는 것이 아니다. 죽어서 죽을 수 있는 것도 아닌 것이 죽으려는 마음이지만, 그 마음 앞에는 끝없이 세상이 드러나게 되어 있으니, 세상이란 영원히 마음의 끝을 따라다니는 환상이라고 보아야 하는 것이다. 마치 정신 앞에 약속도 없이 펼쳐지는 꿈과 같이.

이렇게 깨닫는다면 '환상의 영원한 변화', 즉 '변화 아닌 변화의 영원함'이 '인생'이며, '삶'이라는 것이 느껴지게 될 것이다. 이것이 '열반의 경치'를 구경하는 것이다. 아무것도 있다고 할 수도 없지만, 없지도 않은 환화(幻化)가 허공과 같은 깨달음 안에서 펼쳐지는 것이 '열반'의 모습이다.

집착을 버리고 삼독을 여의는 좋은 방법을 알려주는 질문이었다.

16

마음이 공(空)하다는 뜻이 무엇인지요?

안녕하세요? 불교를 알게 된 지 얼마 되지 않은 초심자입니다. 만물에는 모두 불성이 있고, 그 불성을 찾기 위해서는 자기의 마음을 찾아야 한다고 알고 있습니다. 그런데 그 마음이라는 것도 알고 보면 공(空)하다고 합니다. 공하다는 의미는 어떤 것인지 알고 싶습니다.

마음, 그리고 공(空)

마음[心]을 내놓으라고 한다면 아이든 어른이든 내놓을 수 있는 자는 없다. 사랑하는 이 마음을 보여줄 수 있는 자도 없으며, 쓰라린 부모의 마음을 자식에게 보여줄 수도 없다. 그러나 그 마음이 이렇게 질문하고, 궁금해하며, 또 이렇게 답을 하는 것이다.

마음[心] 스스로는[自] 자기가 어디에 있는지를 알지도 못하면서
남[他]이 어디에 있는지는 알고
마음 스스로는 자기의 색깔을 볼 수 없으면서도
남의 색은 깨달아 알고
마음 스스로의 소리는 들을 수 없으면서 남의 소리는 듣고
마음 스스로의 냄새는 맡을 수 없으면서 남의 냄새는 맡고
마음 스스로의 맛은 찾을 수도 없으면서 남의 맛은 느끼고
마음 스스로는 자기를 만질 수도 없으면서 남의 감촉은 느끼고
마음 스스로는 자기가 왜 있으며 무엇에 쓰는지도 모르면서
남은 왜 있으며, 무엇에 쓰는 물건인지를 안다.
이것이 '자기(自己)'라는 마음이다.
그러므로 마음 밖의 남에게는
색과 소리와 냄새와 맛과 감촉과 뜻이 있지만
자기에게는 그 모든 것이 없으니[空]
어디에 있는지도 모르는 맑고 투명한[空] 것이다.

그러면서도 서쪽 하늘의 노을을 깨닫고

동쪽 하늘의 여명(黎明)을 깨달으며

남쪽 하늘의 새털구름과 북쪽 하늘의 은하수를 본다.

또 사라져 버린 과거를 찰나에 찾아가 추억을 만나고

오지도 않은 미래로 움직이지도 않은 채 이르러

상상(想像)을 친견하고

보이지도 않는 사랑에 빠져 애절하기도 하며

만져지지도 않는 슬픔에 빠져 아파하기도 한다.

어느 날은 불안에 떠는 자가 되어 죽을 것도 없는[空] 자기를 망각하고

어느 날은 교만과 하나가 되어 있지도 않은[空] 자기를 주장한다.

그래도 이 마음은 실체가 없다.

그러므로 탄생[生]한 것이 아니며

사망[滅]할 것도 아니고[不生不滅]

그러므로 때 묻을 것도 아니며

참회할 것도 아닌 것으로[不垢不淨]

단지 기억이라는 울타리에 가두어진 마당처럼,

발우(승려의 밥그릇)의 가운데 공간처럼,

벽(壁)이 사라지면 함께 사라지는 방안의 공간처럼,

그렇게 사라진 추억을 의복(衣服) 삼아 끝없는 공간을 참견하는

이것이 마음[心]이다.

저기[彼]는 멀리 있는 곳.

여기[此]는 가까운 곳.

그리고 여기보다 더욱 가까워 표현할 수 없는 이것[是].

이것[是]이 마음[心]이다.

이것[是]이 공(空)이다.

그러나 이것[是]의 끝에 붙어있는 것이 세상이다.

과거의 끝에 지금이 붙어있듯

기억의 끝에 '지금의 이 마음'이 붙어있고

허공의 끝에 대지(大地)가 붙어있되

붙은 것은 둘이 아니므로

이 마음[是心]이 없다면 온 세계가 무너진다.

그러나 이 마음[是心]은 공(空)하므로 무너질 것도 없으니

삼천대천세계(三千大千世界)를 영원히 누리는 것이

바로 이 마음[是心]이라는 것이다.

17

번뇌는 무엇이고, 왜 생기나요?

스님들이나 선지식들께서는 해탈을 얻기 위해서 번뇌가 끊어져야 한다고 말씀하셨습니다. 그러나 번뇌라는 것은 항상 사라지고 있는 것이니 언젠가는 제 번뇌도 자연스레 끝날 것 같은 생각이 들었습니다. 이 번뇌는 도대체 무엇이고, 왜 생기는 것인가요?

번뇌란

허공에는 바람이 있고 바다에는 파도가 있다. 우리의 마음에도 보이거나 만져지지는 않지만, 움직이는 생각들이 있다. 이 생각들이 만약 진리에 합당하다면 번뇌라고 할 것이 없으나, 진리와 합당하지 않다면 그 생각의 이름을 번뇌라고 하는 것이다.

생각이든, 번뇌든, 사념들을 일으키게 하는 사념의 대상이든, 그 모든 것들이 실체가 없다면 마치 꿈을 꾸는 것과 같을 것이고, 나아가 꿈을 꾸고 있다는 사실을 깨닫는다면 그 꿈은 즐거운 일이 되겠지만, 꿈을 꾸며 꿈이라는 사실을 알아차리지 못한다면 자의(自意)를 벗어나 진지한 마음으로 꿈을 꾸게 될 것이고, 마음대로 되지 않는 꿈으로 인해 편치 못하게 될 것이다. 이것이 번뇌다. 만약 꿈속에서 우리 집이 불에 휩싸이게 된 것을 보았다면 그대는 무엇을 하겠는가? 당연히 꿈인 것을 깨달아야만 수고롭고 허망한 모든 생각에서 벗어날 수 있다.

누구든지 생각 자체가 공하다는 사실은 알고 있다. 그러나 생각의 대상이 너무도 실감 나게 느껴지기에 어쩔 수 없이 고뇌를 하는 것 아닌가. 그렇다면 번뇌를 버리려고 할 것이 아니라, 과학적이든 심리적(心理的)이든 어떤 수단을 동원해서라도, 번뇌의 대상에 대한 실체를 파악하는 일이 선행(先行)되어야 할 것이다. 그러므로 모든 번뇌로부터의 해탈을 설한 불경에는 마지막 한 글자까지 오직 세상만유의 실체를 드러내는 법문만이 담겨 있다는 사실을 잊지 말아야 한다.

세상은 시간적으로는 '지금'이고, 장소로는 '여기'이며, 구조적으로 말하면 대상(세상 전체)과 대상을 보는 감각(정신적인 감각, 즉 꿈을 꿀 때의 눈, 귀, 코 등 여섯 가지 감각), 그리고 인식하는 능력(보인다, 들린다… 등의 여섯 가지 인식), 이렇게 셋으로 어우러져 있는 것이다.

그러므로 이 셋의 실체만 파악한다면 모를 것이 없기에 '통달자(通達者)'라고 할 수 있다. 이때 비로소 서서히 마음의 거친 파도가 가라앉고, 참다운 정념(正念)이 일어나게 되는 것이다.

18

생활 속에서 불법을 잊지 않고 행할 수 있는 방법이 무엇입니까?

'지금', 그리고 '여기' 마음뿐이라는 이치가 머리로 이해는 됩니다. 그리고 일체가 꿈같고 환(幻) 같다는 말도 알음알이로는 이미 이해하였습니다. 이제 어떻게 하면 스님의 가르침을 이 생활 속에서 맞추어 나갈 수 있을까요?

수행

수행을 한다는 것은 준비된 특정한 시간을 갖는 것이 아니다. 슬픈 시간이나, 즐거운 시간이나, 다 같은 '지금'일 뿐이다. 연습하는 시간이나, 장난을 하는 시간이나, 모두 진지하게 흘러가는 '지금'이다. 일체중생이 사용하며, 일체중생이 살아간다고 생각하는 시간도 역시 '지금'이다. 그러니 '절대적 시간'은 바로 지금이다.

수행하는 시간과 생활하는 시간을 나누어 생각하지 말라. 소승은 생활의 실제 모습만을 말하는 것이지, 새롭게 무언가를 얻으라는 소리도 아니고, 일상생활을 벗어던지고 한가롭거나 심각한 시간을 가지라는 소리도 아니다. 가는 곳마다 '장소'를 생각지 말고, 생각하는 '생각의 자리'를 생각하라. 즉 거리에 나섰으면 '이 거리에 왔구나' 하고 생각하기 전에, 여기를 생각하는 '생각의 자리'가 '여기'임을 생각하라는 것이다. 마찬가지로 아침에 일어나면 아침을 생각하기 이전에, 아침을 생각하는 생각이 언제인가를 되물어보라.

조금만 실천해 보면 하루 종일 움직여도 움직인 적이 없었음을 반드시 깨닫게 될 것이다. 이것은 온 누리에 가득 재워져 있는 자기를 느끼는 것이지만, 몸이 다다르고 장소가 바뀌는 것을 인식하는 것은 65억 지구인 가운데의 하나인 '한 사람'의 공간을 느끼는 것이다. '한 사람'은 찰나마다 달라지는 위치, 그리고 흘러가는 시간을 따라 스스로의 형상도 변화되어 정해진 자기를 가질 수 없다. 그러므로 불안해지는 것이다.

그러나 그렇게 변화하는 것을 바라보고 있는 이 깨달음은 시간도 공간도 모두 초월된 채 모습도, 소리도, 냄새도, 맛도 없이 그저 깨닫기만 하며 움직이지 않는다. 그러므로 이 깨달음은 영원히 변화될 수 없고 사라질 수도 없는 것이다. 이렇게 생활 속에서 '무아(無我)'를 먼저 깊이 깨닫고, 가볍고 경쾌하며 두려움 없는 '무가애심(無罣碍心)'을 즐기는 것이 수행의 방편 가운데 '공관(空觀)'을 터득(攄得)하는 것이다[般若心經].

정진(精進)이란 여기서 읽은 대로 모든 일과 모든 대상에 대입해 보는 것이고, 그러함을 잊지 않고 있는 것이다. 누구와 말을 해도 말 속으로 들어가서 감정을 일으키는 것이 아니고, 감정을 일으키기 이전에 보이지 않는 마음이, 지금인 이 마음이, 여기를 벗어나지 않는 이 마음이 대화하고 있다는 생각을 놓치지 않는 것이다.

석가모니부처님께서는 처음 왕궁을 떠나실 때 생사를 해결하기 위하여 떠나셨고, 결국 얻으신 것도 생사를 초월한 삶이었다. 이것은 소설이 아니다. 실제이며 현실이다.

19

파도는 바다와 다르지 않다는 말의 뜻을 알고 싶습니다.

"똑같은 바다를 보고 빠져 죽기 무섭다고 생각하기도 하고, 바다는 수많은 파도를 만들어내지만 결국 파도와 바다는 다르지 않다. 나의 육신도 그와 같아 본래의 마음과 다름이 없다는 깨달음을 얻기도 한다." 스님의 법문 중 위의 구절을 읽게 되었는데, 육신과 나의 마음이 어떻게 다르지 않은지 이해가 가지 않습니다. 자세한 설명 부탁드립니다.

정신의 바다, 몸의 파도

물질을 확인할 수 있는 기계는 없다. 현미경이 물질을 확인하는 것이라 하지만, 그 현미경을 보는 존재는 결국 마음인 것이다. 물질은 분자(分子), 원자(原子), 전자(電子)를 지나면 빛이 되고, 빛은 찰나에 사라지는 환상이니, 결국은 허공으로 돌아가게 된다. 그러므로 허공이 모여 물질을 이루었다는 것을 알 수 있으나, 아무리 많은 허공이 모여도 허공은 역시 허공일 뿐이다. 그러나 마음의 능력, 즉 정신의 감각에 의하여 허공이 물질로 보이게 되는 것이다. 마찬가지로 꿈에서의 물질은 정신일 수밖에 없지만, 위대한 마음의 감각능력으로 인해 실제처럼 현실과 똑같이 아프고 힘들어한다. 그러므로 몸이라는 물질은 그 실체가 공한 것이니 오직 마음에만 존재하는 것이지, 자성을 가지고 있는 것이 아니라는 사실을 알아야 한다. 보는 마음, 듣는 마음, 냄새 맡는 마음, 맛을 느끼는 마음, 닿는 것을 느끼는 마음, 그리고 의미를 느끼는 마음에 다시 각각의 수도 없는 차별과 의미를 두게 됨으로써 헤아릴 수 없는 생각을 이루게 되고, 그 많은 생각들은 다시 믿음과 불신(不信)을 낳아 그 사이에 수없는 행위가 일어나게 되며, 그에 따른 무량(無量)한 기억이 생겨나지만, 이 모든 것은 오직 마음의 작용이었다. 결국 몸을 느끼는 정신의 감각과 분별, 그리고 믿음과 기억에 의하여 몸을 자기라고 오해도 하게 되니, 모두가 정신으로 이루어진 파도였던 것이다. 모든 마음의 고통도 이렇게 정신의 의미에서 생겨나게 된다. 꿈속의 모든 걱정과 괴로움, 두려움 등 그 사연은 헤아릴 수 없을 만큼 다양하다. 그러나 그 모든 것은 꿈을 벗어날 수 없다. 현실이라는 것도 완벽하게 실체가 있는 것처럼 드러나지만 오직 마음에 의한 것이며, 이는 마음을 벗어나서는 단한 가지도 구할 수 없다는 뜻이고, 아무리 힘든 번뇌도 단지 마음의 작용이라는 말이다. 마음의 표면에는 파도가 일어나고 있다. 눈 끝과 귀 끝, 코끝 등에 생겨나는 현란한 색과 수없는 의미를 담은 소리, 싫고 좋은 분별을 일으키는 냄새 등, 이것이 곧 파도이다.

그러나 눈에는 색이 없기에 밖의 색을 보고, 귀에는 본래 소리가 없기에 밖의 소리를 들을 수 있으며, 밖의 소리가 없으면 고요를 느낄 수도 있는 것이다. 코에도 본래 아무 냄새가 없으므로 다른 냄새를 맡을 수 있다. 이렇게 감각의 근본에는 아무것도 없다. 단지 그 끝에 일체의 색과 냄새 등이 있을 뿐이다. 마찬가지로 바다의 바닥은 흔들림이 없으나, 그 끝은 파도로 장식되어 있다. 우리의 마음도 잠이 들면 마음이 있다는 생각이나 없다는 생각 모두 없지만, 감각이 깨어나면 '자기'도 생기고 즐겁고 괴로운 마음도 생겨난다. 그러므로 마음의 근본은 수면상태와 같은 '무심(無心)'이있음을 알 수 있는 것이다. 또한 해저와 파도가 떨어진 자리가 없듯, 잠든 상태와 같은 무심과 그로부터 깨어나서 울고 웃는 마음도 서로 떨어진 자리가 없다는 것도 깨달아야 한다. 허공이 합해져서 생겨난 허망한 물질이 결국 허공과 다름없듯, 아무리 산란한 마음도 모두 무심으로부터 생겨난 것이기에 무심과 다름없는 것이다.

물질을 분해하면 공이 된다. 우리의 고통스러운 마음이나, 욕심의 마음이나, 분노의 마음도 분석(分析)해 보면 공이 된다. 무심은 허공과 다름없다. 그러니 물질과 번뇌도 다름없다는 것을 깨달을 수 있다.

파도인 몸에 빠져서 생사를 말하고, 생사로 인하여 욕심과 두려움과 분노를 일으키지만, 그것을 자세히 살펴보면 모두가 마음이고, 마음은 결국 무심에서 시작된 것임을 깨닫게 되는 것이다. 그것을 참선이라 하니, 저절로 마음이 조용해지는 것이다. '행주좌와어묵동정'이 항상 '좌선'이 되는 것이다.

20

수행 방법이 달라도 모두 깨달을 수 있나요?

세상 모든 사람들은 각자의 개성이 뚜렷한 존재라고 생각합니다. 그렇기에 깨달음을 향해 가는 방법 또한 다양합니다. 저 또한 다른 이들과 같이 삶을 살아가며 고통받았고, 그 고통들이 깨달음으로 향하게 하였습니다. 그런데 요즘은 수행의 방법이 너무나도 많고 수도 없는 종교가 진정한 행복을 찾는 이들의 눈과 귀를 멀게 하고 있는 것 같습니다. 이런 사람들도 종국에는 깨달음을 얻을 수 있는 것인가요?

종교(宗敎)

 종교란 궁극의 학문이라는 뜻이다. 종(宗) 자는 '근본'을 말하는 것이므로 '밑 종'이라고 한다. 교(敎) 자는 학문, 도덕이라는 말인 동시에 가르친다는 뜻도 가지고 있다. 만약 이러한 뜻으로 '종교'를 말한 것이라면 당연히 어떤 근본을 보더라도 깨달을 수 있다.

즉 물질의 근본은 '공기'이다. 허공의 어떤 기운(氣運)을 말하는 것이니 이름하여 '원소기호'다. 그것이 이 몸의 실체라는 것만 확연히 인식한다면 몸은 허공으로 이루어졌으니, 꿈속의 몸과 다름없다는 것을 깨달을 수 있고, 실체가 있는 듯 느껴지는 몸이 그러할 때 보이지도 않는 '나'라는 생각은 더욱 꿈속의 일이라는 것을 알게 된다. 나아가 '사람'이라는 것의 정의를 재고(再考)해 보면, 꿈속의 물질과 똑같은 사람의 몸, 그리고 꿈속의 사연과 같은 마음, 그리고 꿈인 것을 모르기에 심각했던 의미 등이 사람이라는 이름을 구성하는 요소였음을 알 수 있다. 이 요소의 집합이 대중이고, 사회이며, 산다는 것의 의미였던 것이다. 작거나 크거나, 비싸거나 하찮거나, 귀하거나 흔하거나, 내 것이거나 남의 것이거나, 산 것이나 죽은 것이나, 생물이나 무생물이나, 근본은 모두가 '없음'이었고, 어느 사이에 인연에 의하여 자기가 아니었던 것들이 화합되어 '나'를 이루게 될 뿐이다. 예를 들면 얼음은 물이었고 물은 수소와 산소였으니, 허공에서 수소라는 허공과 산소라는 허공이 화합되어 땅에 이른 뒤, 다시 차가운 허공과 만나 얼음을

불멸1
IMMORTALITY

이룬 것과 같다. 얼음의 근본은 허공이며, 허공은 있다고 할 것도 아니고 그렇다고 없다고 할 것도 아닌 것이므로, 인간의 몸도 70퍼센트 이상이 물로 구성되었으니, 이것도 허공과 다름없다는 것을 알게 된다. 결국 있는 것도 아니고 없는 것도 아닌 허공이 몸이며, 물질의 정체였다. 또한 있음도 없음도 아님을 알게 된 이 정신 역시, 있는 것도 아니고 없는 것도 아니니, 물질과 정신이 모두 유(有)와 무(無)를 떠난 것이었다는 결론에 이르게 된다. 그리고 종국에는 있는 것도 없는 것도 아닌 것은 죽는 것도 사는 것도 아닐 수밖에 없다는 것을 깨닫고, 이것은 꿈과 다름없다는 사실까지 깨달으면, 여기가 곧 천상임을 스스로 증명하게 된 것이니, 이것이 곧 무아(無我)를 체득함이다. 이와 같이 더 이상 바랄 것도, 두려울 것도, 모자랄 것도 없게 된 부동의 마음을 가리켜 곧 해탈심(解脫心)이라고 말한다.

그러나 일체가 무아인데 만약 이러함을 알지 못한 채, 신이 나를 구원해 준다고 생각한다면 신도 있고, 나도 있게 되니, 있게 된 것은 반드시 없어지는 법칙에 의해 신과 나 모두 죽음을 피할 수 없게 되는 것이다. 그렇다면 이제 누가 누구를 구원할 것인가. 신이 있어 피조물을 구원한다는 말은 이치에 맞지도 않고, 현실적이지도 않는 허무맹랑한 말에 지나지 않는다는 것을 알아야 한다.

불교는 실질적이고, 실제적이며, 현실적인 가르침이다.

불(佛)이라는 글자는 사람 인(人)이라는 글자와 아닐 불(弗) 자의 화합이니 '사람이 아님'을 말한다. 또 불(弗) 자는 활 궁(弓)변에 칼 도(刀)변을 합한 것이니, '사람이라는 이름으로 활과 같이 생각을 사방으로 쓰고 칼처럼 예리하게 모든 것을 쪼개어 속을 들여다본다'라는 의미를 가진 글자이기도 하다. 그러므로 불교라는 말을 완전하게 해석해 보면 '사람이 아니면서 사람이라는 이름을 가진 정신이 활과 칼처럼 생각을 사용하고 있음을 가리키는[指] 학문'이라는 의미이다. 이렇게 생각하고 불경을 바라보고, 이렇게 생각하고 생활을 바라보고, 이렇게 생각하며 스스로의 행동을 바라본다면 어느새 불교가 곧 실질적인 내가 되고, 세상이 되며, 삶이 되어있음을 발견하게 될 것이다.

21

정말 모든 이들이 깨달을 수 있을까요?

어떤 이는 아주 일찍 깨닫고, 어떤 이는 늦게 깨닫습니다. 어떤 이들은 부처님을 접할 기회조차 얻지 못해 평생을 고통에 찌들어 죽기도 합니다. 불교에서는 '일체중생 본래성불'이라 하여 모든 중생의 성불을 이미 약속한 것이나 다름없다고 생각하는데, 모든 이들의 성불이 가능하기나 한 것일까요? 혹 업이 다른 존재이기에 깨달음의 시기가 달라지는 것인지요?

깨달음의 차별(差別)

　　　깨달음이라는 말은 한순간의 생각과 같다. 즉 느껴서 알고
알아차리는 정신의 상태를 말하는 것이다. 갑자기 예측하
지도 못한 뜨거운 주전자와 닿았을 때 '앗, 뜨거워!' 하는 정신이 스치
게 되는데, 그것이 곧 하나의 작은 깨달음이다. 그러나 뜨거움을 깨닫
듯 '아! 온 우주가 오직 깨달음의 놀음이고, 깨달음의 착각이구나!'하
고 깨닫는 것도 역시 깨달음인 것이다. 그러므로 정신의 깨달음이 없
다면 삶이라는 자체가 존재할 수 없으니, 삶은 깨달음으로 이루어진
것이되, 깨닫는 정신은 있는 것도 없는 것도 아닌 꿈과 같은 것이다.
하지만 중생은 작은 오해에서 비롯되어 '나는 몸이다'라고 깨달을 수도
있으니, 곧 '나는 죽을 것이다'라고 깨닫게 되고, '죽음은 무섭다'라고
깨달으며, '죽지 않기 위해 건강하게 살아야겠다'라고 깨닫고, '결국
돈이 필요하다'고 깨닫게 되어, '열심히 일하자'라는 깨달음을 갖게
된다. 그러고는 머지않아 '피곤하다'고 깨닫고, '죽겠다'라고 깨닫다가,
결국 '몸을 버리게 되었구나. 무섭다'라고 깨달으며, 다음 생으로 끌
려가듯 떠나게 되는 것이다. 이렇게 누구나 이미 깨달음을 사용하고
있지만, 성인(聖人)과 범부는 오직 그 깨달음뿐이라는 사실을 다시 깨
닫지 못하는 것에 차이가 있을 뿐이다.
또, 깨닫는 시간의 차이도 있을 수 없다. 왜냐하면 깨닫는 시간은 항
상 '지금'이기 때문이다. 과거를 깨달아도 '지금'에서 깨닫고, 미래를
추측하면서 '이렇게 되겠구나'라고 깨달아도 그 시간은 '지금'이다. 그

러나 한 찰나만 잘못 깨달아도 그것이 기억이 되고, 그 기억을 바탕으로 다시 깨닫게 되니, 한 찰나가 급한 것이고, 한 발자국이 중요한 것이다. 출발할 때는 1밀리미터만 어긋나도 시간이 지날수록 점차 그 사이가 벌어지듯, 이미 헤아릴 수 없이 오랜 삶을 나고 죽음으로 이어왔으니 본래의 모습과는 판이해져, 보이지도 않는 마음임에도 불구하고 '인간'과 '생사'의 마음이 되어, 깜짝깜짝 놀라는 두려움이 쇠처럼 단단하게 굳어진 습관이 되었다. 이렇게 다시 원점으로 돌아가기도 힘든 상황에서 하물며 계속하여 그 습관을 깊게 들인다면, 과연 언제 놀랄 일이 없는 평온한 마음을 이룰 수 있겠는가. 여기서 놀라는 것은 오히려 가볍다. 육신을 떠나 도착하는 곳은 자신의 가장 악한 마음이 가장 악한 모습으로 드러나는 곳이기 때문이다. 아무도 없는 혼자만의 세계에서 모든 일을 오직 나 홀로 맞이하고, 또 해결해야 할 때 찾아오는 그 막막함과 두려움은 이곳에서 느껴보지 못한 고통인 것이다. 그러므로 누구나 가장 시급한 일이란 불도를 닦는 수행이라는 사실을 깊이 깨달아야 한다.

22

어떻게 해야만 수행의 결과를 체험할 수 있을까요?

어떻게 하면 제가 조금이라도 해탈의 체험을 할 수 있을까요? 책을 보니 너무나도 신비한 일들이 많이 일어나 자꾸 그쪽으로 관심이 갑니다. 깨달음을 향해가는 중생으로서 깨달으면 어찌 되는지 묻는다는 것이 우습지만 정말 궁금합니다. 그리고 수행하시는 스님들께도 깨달음이란 힘든 것 같은데, 깨닫는 것은 본래 쉽게 이루어지는 것이 아닌지요?

깨달음의 결과

오직 정신뿐이라는 사실을 잊지 말아야 한다. 그러나 헤아릴 수 없는 세월 동안 죽는다는 생각에서 비롯되어, 사라짐과 생겨남을 반복하는 윤회의 삶이 중생의 깊은 습관이 되었다. 결국은 죽지도 못하면서 어리석은 습관만 늘어난 것이다. 몸을 버리고 갔다가 다시 돌아온다면, 과연 무엇이 오고 가는 것인가. 또 정신이 없을 때에는 몸도 없는데, 잠이 들었다가 몸을 깨우는 주인공은 누구인가. 정신 있는 다른 사람에게는 잠든 나의 몸이 보이겠지만, 그것은 보는 이의 정신이 깨어 있기 때문이고, 나 역시 정신이 들었을 때만 내 몸을 깨닫게 되니, 곧 정신이 있으므로 몸도 있는 것이다. 그러므로 정신 외에는 무엇도 존재하지 않음을 깨달았다면, 정신에서 느끼는 환상이 곧 '몸'이라는 것을 알 수 있게 된다. 또한 정신은 깨닫는 기계와 같아 오직 깨닫는 일만을 수행하지만, 그 가운데서도 이해와 오해라는 두 가지 깨달음이 있다는 것도 느끼게 된다.

소위 체험을 한다는 것은 몸으로 감각하는 것을 의미한다. 이것은 이미 마음을 떠나 몸이 실제로 존재한다고 착각하고 있는 것이다. 이 오해의 습관에 빠지지 않기 위해 수행자는 다른 모든 일을 거부한 채 오직 수행만을 추구하는 것이다. 그러다 모든 습이 사라지게 되면, 그때 비로소 스승이 본래 없다는 것[1]도 깨닫게 될 것이다.

깨달음이란 어떤 시간, 어떤 장소에 따로 존재하는 것이 아니다. 깨달음은 물질이 아니라 그렇게 생각하던 정신을 말하니, 이미 생사를 초월하였고, 보이지는 않지만, 빠짐없이 깨닫는 것을 보면 없다고도 할 수 없으니, 온 천지가 바람과 같고, 투명 인간과 같으며, 꿈과 같은 깨달음뿐이라는 것을 알 수 있다. 단지 꿈과 같은 깨달음이 꿈을 지어내서 스스로 깨닫고, 스스로 오해하며, 혹은 그 오해를 오해라고 깨달아 환희에 젖어 드는 것이다. '나'도, '사람'도, '사회'도, '삶'도 사라진 채, 오직 깨달음 홀로 남아 끝없이 지어가는 길. 그것이 삶이라는 꿈의 정체였다.

이제 오히려 묻고 싶다. 기분은 어떻겠는가? 그렇게 깨닫게 되면 그 다음에는 무엇이 필요할까?

방향을 옳게 잡았다면 수행은 결코 어렵지 않다. 누구나 그 자리에서도 깨달을 수 있는 것이다. 그러나 세상의 모든 중생이 한결같이, 몸이 있고, 세상의 실체가 있으며, 죽음도 있고, 옳고 그름 역시 있다고 생각하고 살았기에, 이미 그 오해가 생각의 근본이 되어 있다.

본래는 무채색인 크레용이 살고 있었다고 하자. 그 크레용이 눈에 병이 들어 스스로가 빨간색 크레용이라고 착각하게 되었다. 그러고는

---

1) 스승이 본래 없다는 것

스승이란 일체가 없음을 알려주는 깨달음이기 때문이다. 그리고 깨달음은 물질이 아니므로 스승이라고 말할 객관적인 존재는 이미 있을 수 없는 것이다. 가르침을 받는 제자도 허공과 같은 깨달음이요, 가르침을 내리는 스승 역시 허공과 같은 깨달음이며, 그 사이에 오가는 가르침 역시 보이지 않는 깨달음일 뿐이다. 혹자는 더 이상 알 것이 없으므로 스승이라는 이름이 사라진다고 말하지만, 그것은 큰 오해임을 알아야 한다. 깨달음은 보이지 않는 허공과 같아 허공의 끝이 없듯이 깨달음에도 끝이란 있을 수 없기 때문이다. 삶이란 오직 영원히 계속되는 수행의 길일 뿐이다.

그 착각이 착각인지를 모르고 무색이 되려고 노력한다면 이 문제를 어떻게 해결해야 하는가. 단지 눈에 병이 들어 빨갛게 보이는 것일 뿐, 어떤 색도 본래부터 없었다는 것만 깨달으면 된다. 그러나 그 눈병은 오해로 만들어진 것이므로 오해가 풀리지 않으면 더욱 심해질 뿐, 치료될 가능성은 희박하다. 바로 여기에서 오해를 풀어줄 스승이 필요한 것이다.

시작이 중요하다. 잘못된 스승을 만나면 깨닫고 해탈하기는커녕, 오히려 더욱 어리석은 행을 많이 하게 되는 외도(外道)에 빠지고, 스스로 미혹한 줄 알면서도 깨달았다는 거짓말을 해야 한다. 생사를 초월하겠다고 출가(出家)를 하고서는, 먹고살기 위해 제사나 지내주는 곳에 몸담고 있다면, 오히려 출가하기 전보다 초라해질 뿐이다. 그것은 자신의 인생을 담보로 구하는 간절하고, 지극한 도가 아닌 것이다.

23

속세의 지식과 불교의 지식

우리가 알고 있는 지식이 불교에서 말하는 지식과 전혀 연관이 없는 것인가요? 만약 연관이 있다면 어떤 관계인지요? 어느 스님께 불교의 지식이란 분별이 없는 지식이고, 속세의 지식이란 알음알이라는 말씀을 들었습니다. 스님의 높으신 견해를 듣고 싶습니다.

지식 위의 지식(知識), 불경(佛經)

 중생은 속세의 지식을 바탕으로 살아가고 있지만, 아무리 많은 지식을 쌓았어도 생로병사(生老病死)와 우비고뇌(憂悲苦惱)는 해결되지 않고 있다. 이것은 지식 근본이 가진 오류(誤謬)의 가능성을 재고하게 하는 말이다. 그것을 가르치는 것이 불교다. 지식을 버리라는 말이 아니다. 그 지식의 근본적 실체가 무엇인가를 알면 지식 자체의 가치가 달라진다는 말이다.

'먹어야 산다'라는 말을 세속(世俗)의 지식이라고 생각해 보자. 그것의 근본을 파악하기 위해서는 '식사(食事)'의 근본 이치와 실체를 보고, '수명[壽]'이라는 것의 실체와 기능이 무엇인지를 알아야 한다. 그러나 보통 중생의 생각은 매우 거칠다. 그러므로 식사는 '영양분을 섭취하는 것'이라는 정도로, 그리고 수명이라는 것은 '죽지 않고 생명이 남아 있는 것'이라는 정도로 생각하고 만다. 불경은 이러함의 실체를 낱낱이 드러내고 있는 비전(祕傳)이다. 그러므로 불경은 소원(所願)을 들어주거나 신비한 힘을 가진 주문이 아니라, 당연히 삶이나 지식의 오류를 제거해 주는 설명서라고 보아야 하기에, 당연히 삶 자체와 가장 진실하게 연관된 것이며, 지식 위의 지식이니, 그것은 극치의 법칙이기에 진리라고 하는 것이다.

음식은 내가 아니다. 음식은 살아 있는 것도 아니다. 그러나 그것으로 '나'라고 하는 '몸'을 만들고, '정신'을 유지시키는 것이다. 그러므로 사실은 '나와 남'이란 정해져 있는 것이 아니다. 공동체(共同體)라는 말이다. 그렇다면 '생과 사'도 다른 경계가 아니다. 함께 병행(竝行)한다는 것이다. 남을 가져다 내가 먹으면 내 살이 되고, 내가 남에게 먹히면 남의 살이 된다. 남의 지식을 내가 배우면 내 지식이 되고, 내 지식을 남에게 가르쳐주면 남의 지식이 된다. 그러므로 지식이라고 말하는 정신이든, 고깃덩이인 몸이든, 따로 독립된 '나'란 존재하는 것이 아니다. 이것이 '무아(無我)'의 가르침이다.

깨어 있다는 것은 잠을 자지 않고 있음이니, 곧 끊임없이 움직이는 생각을 말한다. 그러나 무념(無念)은 찰나마다 끼어들지 아니한 곳이 없다. 항상 따라다니다가 생각이 멈추기만 하면 무념이 끼어드는 것이다. 마치 한낮이라도 구름이 해를 가리면 어두워지는 것과 같다. 이것은 밝음이 변하여 어두워진 것인가, 아니면 밝음 속에 어둠이 항상 함께하다가 밝음이 잠시 쉬면 대신 그 자리에 드러나는 것인가? 또한 그림자는 밝음이 변한 것인가, 아니면 본래 어둠이 밝음의 바탕에 있다가 밝음이 미처 도달되지 못하면 그 바탕색이 드러나는 것인가? 도화지에 크레파스를 칠하고 다시 그 색을 긁어내면 흰 바탕색이 드러나듯이.

허공에는 항상 어둠과 밝음이 함께하지만, 밝음이 많은 때를 낮이라 하고, 어둠이 많은 때를 밤이라 한다. 그러나 허공은 그 둘을 모두 허용하기만 할 뿐, 어둠도 밝음도 또 다른 그 무엇도 아니다. 이렇게 나와 남이란 허공과 같은 정신에만 존재한다. 두 바위가 마주 보고 있다고 하여 나와 남을 논하지는 않듯이, 오직 정신에만 '자타(自他)'가 존재하는 것이다. 그러나 정신 자체는 '자'도 '타'도 아니다.

역시 생사도 그와 같다. 물질 속에 정신이 흐르면 살이라고 하지만, 정신이 사라지면 고기라고 하거나, 물질이라고 한다. 곧 정신과 함께 움직이면 살이라고 하고, 움직임이 사라지면 물질이 된다는 말이다. 그러나 잠든 사람의 살과 죽은 사람의 살은 무엇이 다른가. 움직임이 없다면 다름이 없겠지만 혈액이 움직이고 있다면 그 둘은 같다고 볼 수 없다. 혈액은 호흡이 있을 때만 움직이므로 호흡이 곧 움직임이라는 사실을 알아야 한다. 즉 바람 말고는 그 어떤 움직임도 없다는 것이다. 바람은 허공의 움직임이나, 바람이 있으면 정신이 있고, 바람이 몸에서 사라지면 정신도 사라진다. 그렇다면 숨이 들어오면 사는 것이고, 숨이 나가면 죽는 것이니, 이것은 숨이 곧 정신이라는 이치다. 바람이 들어오면 심장도 박동하여 피를 움직이고, 바람이 나가면 심장도 이완되어 피의 흐름이 그쳐진다. 몸이란 이렇게 바람의 왕래가 반복되는 것이니, 이를 곧 생사의 윤전(輪轉)이라고 말한다.

삶이라는 것을 낮이라고 본다면, 죽음이라는 것은 밤이라고 보아야 할 것이나, 삶이 이미 생사의 반복이었으니, 죽음이라는 것에도 역시 생사의 반복이 있어야 할 것이다. 대낮에도 그림자는 따르고, 밤에도 달빛이 따르며, 잠이 깨어 있어도 백일몽이 있고, 잠이 들어도 꿈이 있는 것과 같다.

생사도 이미 둘이 아니지만, 그 역시 생각에만 존재한다. 생각은 정신의 움직임이다. 생각이 고요하게 가라앉는 경우는 잠이 들었을 때뿐이지만, 정신은 아직 떠나지 않았기에 수면 중에도 호흡이 이어지고, 오장육부가 부단히 운동하고 있는 것이다. 그러므로 생각의 근본은 정신이다. 생각이 사라진다 해도 근본은 사라질 수 없다. 낙엽이 진다고 나무까지 사라지는 것은 아니고, 바람이 잠든다고 허공까지 사라질 수도 없으며, 파도가 고요해진다고 바다까지 말라버린다고 말할 수 없는 것이다. 단지 정신 가운데 생각이 있으면 삶이라고 하고, 생각이 쉬면 죽음이라고 하는 것임을 깨달아야 한다. 그러나 정신 자체는 본래 무념이므로 없어질 수도 없는 것이기에 끝없는 생각의 윤회를 반복하게 되는 것이고, 간혹 잠에서 깨어나기도 하는 것이다.

이렇게 '먹어야 산다'라는 한마디 말에도 이미 진리는 따르고 있었으며, 그 실체는 변함이 없었다. 그러나 그 실체를 알고 나니 생사라는 것이 오직 허공과 같은 정신의 놀음이었고, 죽고 살 수도 없는 마음의 꾸밈이며, 조작이었으니, '생로병사 우비고뇌'가 본래 정신 속의 노리개였다는 사실로 재인식되는 것이다. 만약 허공에 바람이 없다면 그 얼마나 무미건조하고 따분한 허공이겠는가. 또 꿈과 같은 생각의 움직임이 없는 마음이라면 과연 삶이라는 생각은 있을 수 있겠는가?

이와 같이 일체의 고통과 두려움을 뒤바꾸어 주는 것이 불교의 참 가르침이다. 그리고 그 이치가 담겨있는 것이 불경인 것이다. 그러므로 생명이 있든 없든, 알든 모르든, 기독교 신자든 불교 신자든, 미물이든 영물이든, 그 어떤 존재도 마음이 있다면 불성이 있는 것이고 불성이 있다면 모두가 부처로서 이루어진 것이라는 말이며, 이 마음이며 정신이라고 하는 부처로 이루어진 생각을 불자라고 하는 것이다. 결국 생활이 곧 불자의 꿈이다. 부처라는 정신의 움직임이 곧 생각이고, 생각은 생활을 지어내고 있으며, 생활은 바로 꿈이기 때문이다.

24

물질의 공함을 설명하는 이유

사석에서 제 친구들에게 불교에 관한 이야기를 꺼내면 의외로 많은 관심을 보입니다. 하지만 제 말에 끌려오던 그들이 한결같이 발걸음을 멈추는 곳이 있습니다. "세상이 공하다는 것을 아는 것이 나에게 어떤 이익이 되는가?" 바로 이것입니다. 이 질문에 있어서는 저도 자세히 대답할 수가 없습니다. 제 짧은 견해로는 공하다는 것의 의미가 막연히 집착할 것이 없으니 마음이 편해지더라는 정도의 수준에 그치고 맙니다. 다시 생각해 보면 부처님께서 마지막까지 말씀해 주신 것이 바로 일체의 공함이라고 정리되지만, 그것의 구체적인 의미에 대해 제가 잘 알고 있지 못한 것 같습니다. 공하다는 말이 어떤 뜻을 가지고 있는지 설명을 부탁드립니다.

일체의 공포에서 벗어나게 하는 주문

 물질이 공함을 말하는 데는 그 깊은 뜻이 있다. 사실 물질이 공(空)함은 누구나 쉽게 알 수 있는 사실이다.

즉 물질에 끝없이 분해되는 특성이 있음을 안다면, 그 성질을 역으로 볼 때 물질이란 아주 미세한 것이 모여 이룬 덩어리라는 사실을 도출(導出)해 낼 수 있다는 것이다. 그리고 끝까지 분해된다면 마침내 허공이 될 것이니, 결국 물질은 공이 합해져 이루어진 것이라는 결론에까지 도달하게 된다.

그러나 공이란 것의 특성은 아무리 많이 모여도 역시 공일 수밖에 없다. 공이 모여 물질이 될 수는 없다는 말이다. 없는 것을 합하면 있는 것이 된다는 말은 모순이지 않은가. 그렇다면 여기서 깨달아야 할 것은 무엇이겠는가? 다시 말해 공은 아무리 모여도 공일 텐데, 물질이 되는 이유는 무엇이겠느냐는 말이다.

여기서 물질이 공함을 증명하여 석가모니부처님께서 모든 중생에게 전하고자 했던 깊은 저의(底意)가 드러난다. 낱낱이 분석하면 결국 공으로 돌아가는 물질인데, 이렇게 우리의 눈에 보이게 되는 이유는 무엇인가. 또 있음으로 느껴지는 이유는 무엇인가. 그 결정적인 단서는 언제나 내가 보고 있을 때에만 물질의 존재를 의심했다는 점이다. 그 것은 보는 능력 자체에 이미 '허공임에도 불구하고 물질인 것처럼 착각할 수 있는 기능'이 있다는 말이다. 결국 '물질은 감각의 끝에 항상 나타나는 환상'이라는 것이고, '감각'은 '정신'이 살아나면 저절로 갖추어지는 정신의 능력 가운데 하나이니, 정신만 있으면 언제나 세상은 저절로 드러나게 된다는 것이다. 세상은 정신의 또 다른 모습이라는 것이다.

이것은 꿈을 생각해 보면 쉽게 이해된다.

꿈이란 실체가 없는 것이다. 꿈을 이룬 것은 물질이 아니라는 말이다. 그런데도 물질처럼 느껴져 실감 나게 쫓고 쫓기게 된다. 꿈속에는 세상도 있고, 그 세상을 바라보는 나도 있으며, 그 사이에서 생겨나는 수많은 사연도 있다. 그러나 꿈 자체를 만들어낸 장본인이 바로 꿈꾸고 있는 정신이니, 꿈속의 세상과 꿈속의 나와 꿈속의 사연들이 모두 하나의 정신에서 비롯된 것임을 알 수 있는 것이다. 그러나 위에서 설명한 바와 같이 정신에는 언제나 세상과 나, 몸과 마음, 또는 물질과 정신으로 다시 나뉘는 능력이 있으므로 정신이 깨어 있는 동안에는 반드시 그 정신과 대(對)하는 물질이 드러나는 현상이 있게 된다. 그 능력을 미처 깨닫지 못한 중생은 꿈속의 세상이 자기가 만들어낸 환상임을 알지 못하여 그 속에서 작아진 꿈속의 나를 자기로 삼은 채, 어이없이 쫓고 쫓기며 울고 웃는 꿈속의 '인생'을 살아가는 것이다.

결국 석가모니부처님께서 모든 중생에 물질의 공함을 증명힘으로써 알려주려고 하셨던 것은, 물질이란 정신 밖에 따로 존재하는 것이 아니라 단지 정신 속의 현상일 뿐이니, 세상과 내가 둘이 아님을 깨달아 남이 있다는 생각에서 비롯된 모든 공포에서 벗어나게 하는 주문이었다.

정신이 없으면 감각이 사라진다. 감각이 없으면 세상이 사라진다. 세상이 없어도 감각은 사라진다. 눈이 없으면 색이 사라지고, 귀가 없으면 소리도 사라진다. 그리고 색이 없다면 과연 눈을 어디에 사용하는 것인지 알 수 있을까? 소리가 없다면 귀는 무엇에 쓰이는 물건인지 알 수 있을까? 그러므로 세상과 감각은 둘이 아니고, 감각과 정신도 둘이 아니니, 정신 속에 감각이 들고, 감각 속에 세상이 들었다는 사실을 깨달아야 한다.

역시 정신이 있기에 꿈이 있고, 꿈이 있으면 감각이 있어 꿈을 보고 들을 수 있게 되니, 감각과 꿈의 세계 사이에서 여러 가지 사연이 생겨나 울고 웃게 되기 마련이다. 하지만 모두가 꿈 하나 속에 들어있는 것이며, 다시 꿈은 하나의 정신 속으로 귀속되니, 오직 정신 홀로 꿈의 세계를 만들고 있었음을 알게 된다. 비록 꿈의 세계가 드러났을 때 실제라고 속기도 하고, 때로는 꿈이라고 알아채기도 하지만, 그래도 모두가 정신일 뿐이며, 정신은 감각되지 않아 보이지도 만져지지도 않는 것이니, 생겨날 수도 영원히 사라질 수도 없는 것이다[不生不滅].

이것이 모든 중생의 '본심(本心)'이고, '부처'라고도 하는 '마음'이며, '진리'이다. 물질도 아닌 정신에 꿈을 꿀 줄 아는 능력이 갖춰져 있고, 그 능력으로 드러나는 세계란 당연히 정신으로 만들어졌으니, 이미 생사나 일체의 의미를 떠난 것이다. 그러나 정신의 작용이 너무도 훌륭하여 세상이 실재(實在)하는 듯 실감 나므로, 스스로(정신)의 능력에 스스로(정신)가 속아, 스스로(정신)가 죽는다고 생각(정신)하고 슬퍼하게(정신) 되는 것이 곧 모든 중생(정신)의 삶(정신)이라는 것이다. 본래 그 중생의 실체는 위대한 정신이고, 정신은 부처의 정신이든, 중

생의 정신이든, 모두 허공과 같아서, 죽고 사는 일이 있을 수 없는 것
이면서도, 단지 스스로인 정신에 정신이 속아 또다시 인생이라는 정
신작용을 지어나갈 뿐이다. 모두가 극치의 정신작용이 지어내는 한
바탕 연극인 것이다.

25

제 남편과 저는 어떤 인연일까요?

항상 가져왔던 의문입니다. 제가 속해 있고, 또 저와 가장 가까운 이들이 바로 가족일 것입니다. 하지만 사회에서 만나는 친구나 직장동료 간의 사연보다, 오히려 가족이라는 가까운 관계 속에서 생겨나는 사연이 더 아프고 힘들 때가 많습니다. 특히 부부는 서로 아끼고 사랑하는 사이임에 틀림없지만 다른 사람에게는 느긋한 편인데도 이상하게 제 남편에게는 예민해지고, 아무것도 아닌 일에도 상처를 받곤 합니다. 제 남편도 마찬가지라고 하네요. 물론 지중한 인연이 세세생생 쌓여 가까운 인연으로 만나게 된다고 알고 있습니다만 자꾸만 제가 가지고 있던 가족이라는 의미가 환상으로 느껴집니다. 마음공부를 한다고 나름대로 노력은 하지만 가족의 문제에 부딪쳤을 때 저는 여지없이 무너지고 맙니다. 이런 때 저는 제 자신이 구제 불능이 아닌가란 회의까지 옵니다. 도대체 전생에 어떤 인연이었기에 만나게 되었을까요? 왜 그 사람한테만은 평상심을 유지할 수 없을까요?

가까운 이들과의 관계

전쟁 때 한 어머니가 어린 젖먹이 아들과 겨우 걸을 수 있는 어린 딸을 데리고 피난길에 올랐다. 피난을 가던 중 비행기 폭격이 있게 되자, 엄마는 딸의 손을 잡고 뛰어 숨으려 했지만, 딸은 미처 따라가지 못했고, 어머니는 자기도 모르게 딸의 손을 놓고, 젖먹이 아들만 업은 채 뛰어 폭격을 피했다. 딸은 "엄마, 어디가?"라고 애절하게 부르짖으며 그녀의 뒤를 따라갔다. 어머니가 뒤를 돌아보고는 딸을 찾았으나, 딸은 길에 쓰러져 계속 "엄마, 어디가!"를 외치고 있다가 포격에 맞아 다른 사람들과 함께 산산이 흩어져 버렸다.

전쟁이 끝났어도 그 딸이 죽어가던 모습을 바라볼 수밖에 없었던 어머니는 딸을 잊을 수가 없었고, 그럴 때일수록 옆에서 건강하게 자라나는 아들이 미워 보이는 것이었다. 시간이 지날수록 아들을 살리려다 딸을 처참하게 죽게 하였다는 자책감에 이유 없이 아들의 모든 언행이 마음에 차질 않았고, 무엇이든 못마땅하게 생각하게 되었다.

한편 떠나가는 엄마를 무섭고 불안한 마음으로 부르며 죽었던 딸은 유복(有福)한 부모 아래 다시 태어나 어엿한 처녀가 되었다. 그러나 그것을 알지 못하고 죽은 딸에 대한 죄의식으로 고통받던 어머니는 급기야 아들을 이유 없이 미워하며, 처절한 자신의 삶을 저주해 강물에 몸을 던졌고, 아들은 그 어머니를 구하려고 강물에 뛰어들었으나 뜻을 이루지도 못하고, 어머니를 원망하며 둘 다 죽고 말았다.

이승을 떠난 어머니와 아들은 각각 스스로의 중음(49일)을 지나 또다시 새로운 육신을 얻게 된다. 어머니의 영혼은 전생에 자신을 부르며 떠나가던 딸을 잊지 못하고, 이미 새로 태어나 처녀가 된 딸의 태에 들어가게 되었고, 아들의 영혼은 전생의 누나가 죽을 때 근처에서 누나와 함께 폭격을 맞아 죽었다가 다시 태어난 다른 처녀의 태로 들게 되었다.

이렇게 자기의 의사와는 상관없이 인과(因果)의 법칙에 따라 태 속에 이미 영혼을 간직한 두 처녀는 각각 시집을 가서 자식을 낳았다. 엄마를 부르며 죽은 딸의 후신인 처녀는 아들을 낳았으니 곧 전생의 엄마였고, 다른 처녀는 딸을 낳았으니 아들의 영혼이 환생한 것이다.

이상하게도 전생에 엄마를 부르며 죽었던 딸은 이승에 환생했기에 그때 일을 기억은 하지 못하면서도, 이승의 아들(전생의 엄마)이 어디만 가려 하면, 아들에게 "어디 가니?"라는 말을 항상 입에 달고 사는 것이었다. 아들을 자신의 곁에서 조금도 떨어뜨리지 않으려고 집착하는 것이다. 즉 이승의 아들이 전생의 엄마였기에, 아직도 전생에 "어디 가느냐?"고 하며 죽어갔던 습관을 그대로 행하고 있다는 말이다. 오늘날 대부분의 어머니들이 자식의 행동에 제약을 하는 이유도 바로 이러한 집착에서 비롯된 전생의 업보(業報) 때문이다.

그 후 전생의 어머니가 환생한 아들은 항상 "어디 가니?"라는 소리를 들으며 자라나 성인(成人)이 되었고, 전생의 아들이 환생한 딸은 항상 누군가를 도우려는 마음을 버리지 못하고 자라나 역시 성인이 되었으며, 이들은 우연한 기회에 인연이 닿아 결혼을 하게 되었다. 그러나 이 신혼부부[엄마의 화신(化身)과 아들의 화신]는 이상하게 서로 사랑을 하면서도 못마땅하고, 서로를 도와주면서도 원망하는 사이로 살아가게 된다.

이렇게 보면 생사가 따로 있는 것도 아니며, 죽고 사는 자도 나눌 수 없다. 그리고 성별의 차이도 없으며, 윤회에는 순서(順序)도, 나이의 차이도 무시되는 것이다. 단지 살아가면서 생사가 있다고 생각했던 어리석음으로 인하여 죽어간다고 생각했으며, 그 믿음으로 인하여 가까웠던 이를 다시 만나 서로 간섭하고 못마땅해하며 서로 원망을 반복하며 살아가는 사이에, 또다시 죽음을 가슴에 둔 인생은 흘러가는 것이다.

만약 이러함을 미리 깨달았다면, 다시는 이렇게 사랑한다는 명목으로 서로를 괴롭히는 사연을 맺지 않았을 것이다. 이것이 중생의 인연 과보로 이어지는 윤회의 실체이다.

지금이라도 이 모든 인생의 얽힘이 보이지도 않고, 만져지지도 않으며, 그래서 죽을 수도 없는 마음의 작용이라는 것을 깨닫고, 무엇이든 환상으로 보고, 서로를 바라보되 보이지 않는 마음이 부인이고 남편이라는 지혜의 눈을 뜬다면, 다시는 사랑한다는 허울 좋은 관계로 만나 서로를 괴롭히는 업은 없을 것이다. 나아가 육신으로 산다는 생각이 없었고, 투명한 마음으로 산다는 생각만이 있었기에 업도 또한 그와 같아지므로, 당연히 투명한 몸과 마음을 가진 천상에 나게 되는 것은 지당한 이치이다. 자신의 견해에 따라 사랑과 미움, 천상과 지옥이 정해진다는 사실을 결코 잊어서는 안 될 것이다.

26

성주괴공(成住壞空), 생로병사(生老病死), 우비고뇌(憂悲苦惱)

불경을 읽다 생로병사, 성주괴공, 우비고뇌에서 유사한 모습을 발견할 수 있었습니다. 어떤 것에 대한 근심이 일어났을 때 그것을 알지 못하면 근심[憂]은 곧 슬픔[悲]이 되고, 슬픔은 곧 번민[惱]이 되고, 번뇌는 극단적인 정신적 괴로움[苦]으로 변해가는 모습이 성하고 머물렀다 무너지고 사라지는 성주괴공, 태어나고 늙고 병들어 죽어버리는 우리의 인생과 비슷하다는 것입니다. 이 셋은 제가 생각한 것처럼 일정한 관련이 있을까요?

IMMORTALITY 불멸1

두 가지 법

 성주괴공(成住壞空)이란 '이루어지고 머물다 무너지고 공(空)이 된다'는 말이고, 생로병사(生老病死) 역시 '생겨나서 늙어가며 병이 들고 죽게 된다'라는 뜻으로서, 우리가 '있다'고 생각하는 모든 것은 생멸법을 벗어날 수 없음을 말해주고 있다. 그러므로 허망한 것들을 실재하는 것으로 바라보는 마음에는 탐욕과 근심과 슬픔이 일어나게 마련이고, 이에서 벗어나고 싶은 욕망으로 번뇌하게 되니, 이것이 모든 고통의 근본이다.

사람들이 집착하는 모든 것은 생멸의 순환을 벗어날 수 없으며, 그 생멸을 바라보는 마음에만 존재한다. 그러나 이러함을 바라보는 마음은 볼 수도, 만질 수도 없어, 어디에서 비롯됐다고 말할 수 없다. 이렇듯 난 곳이 없는 까닭에 사라질 수도 없는 텅 빈 마음은 생멸법을 초월해 있다.

그러므로 석가모니부처님은 생멸하는 것은 '자기'가 아니며, 단지 '자기인 마음'에 따르는 그림자임을 깨달아 영원한 마음을 스스로로 삼으라고 기르치신 것이다.

세상의 일체법(一切法)은 항상 두 가지가 함께 한다.

하나는 현상이고, 하나는 현상을 일으키는 법칙이다.

현상이란 생겨나서 찰나적(刹那的)으로 머무는 듯하다가 사라지는 생멸법이다. 마치 해가 존재하는 자리는 단 일 초도 정해져 있지 못하고, 찰나적으로 움직이는 것과 같다. 그리고 또 하나는 현상을 일으키는 법칙이고 이치인데, 이 법칙이란 현상과는 달리 외형적으로 드러나지 않는 것이므로 생겨난다고 볼 수도 없고 따라서 변화하지도, 사라지지도 않는다.

몸이란 없던 것에서 드러나서 변화하고, 무너지며, 마침내 사라지는 생멸법이다. 그리고 마음이란 몸이라는 생멸법을 드러내는 법칙이다. 그러므로 몸을 유위법(有爲法)이라 한다면, 마음은 무위법(無爲法)인 것이다. 그대는 과연 무엇을 스스로로 삼을 것인가.

몸과 마음의 인연이 다하면 몸이 여기에 남더라도 마음은 사라지는 것이고, 마음이 사라지면 죽었다고 표현한다. 죽음이 아니더라도, 기절하거나 마취가 되어 정신이 나간 상태에서 몸이 스스로 움직일 수 있겠는가. 살았던 것은 결국 마음이었다는 것을 알 수 있다. 그러므로 아무리 몸을 자기로 삼으려 해도 그러한 생각 또한 죽을 수도 없는 마음이 지어내는 것이니, 어떤 의미를 핑계로 우비고뇌를 할 수 있겠는가.

27

사찰에 가서 절을 하는 이유가 무엇인가요?

절에 찾아가면 염주를 목에 걸고 온 마음을 다해 삼 배를 올리는 분들을 많이 보게 됩니다. 백팔 배, 오백 배, 천 배, 삼천 배 등 수행 삼아 절을 하시는 분, 자식의 복과 부모의 안녕을 위해 절을 하시는 분 등 그 이유는 정말 다양합니다. 주위의 불자님들께 물어보면 부처님은 '인간'이 아니라고들 하십니다. 또한 '유일신'은 더더욱 아니라 하십니다. 그런데 왜 부처님 앞에서 복을 달라고 절을 하고 있는 것인지 궁금합니다. 스님들께 직접 물어보기가 부끄러워 이렇게 염치 불고하고 인터넷으로 질문을 올립니다.

오체투지(五體投地)

 '우리'는 사는 동안 항상 '생각'을 해왔다. 왜냐하면 '생각'이 없어진다면 바로 죽음과 같을 것이라고 다시 '생각'하기 때문이었다.

'생각'이 곧 '우리'라는 것이었다. '우리'는 언제나 '생각'으로 만들어진 생사에 싸여진 채, 멸망(滅亡)의 끝인 죽음을 걱정하고, 절망(絶望)하는 '생각'을 해왔다. 그러므로 이제는 이 '생각'이 바로 '죽음'이요, '생각'이 바로 '걱정과 절망'이었다는 것을 깨달아야 하는 것이다.

그리고 '생각'을 만들어준 '신(神)'을 생각해야 한다. 내가 태어나기 전(前)에는 내가 없었으니, '나'는 '없었던 것'에서 지금은 '있는 것'으로 변화되었다는 사실을 인지하는 것이다. 역시 '나'라는 '생각'도 본래는 생각이 아니었건만, 지금은 이 '나'라는 '생각'으로 변화되었음을 본다면, 이것이 무념에서 비롯되었으므로 아무리 생각을 굴려도 결국 무념과 다를 것이 없음을 망각해서는 안 된다.

그러므로 '생각'을 만들어준 '신'이란 바로 무념이었다는 사실을 깨닫고, 그 '신'에게 '절[三拜]'을 하는 것이다. 바로 '나'의 '무념'을 향하여 '절'을 하고, 생사 속의 '나'라는 어리석은 '생각'을 낳은 무념의 신에게 생각을 숙이는 것이다.

불멸 *1*
IMMORTALITY

28

불교에서 연꽃이 상징하는 바는?

누구나 불교를 생각하면 연상되는 것이 연꽃일 것입니다. 하늘에서 연꽃비가 내린다, 부처님께서 손에 연꽃을 들고 계셨다는 등 불경에서도 연꽃에 대한 글을 많이 접할 수 있습니다. 연꽃은 어떤 의미를 가지기에 불교를 상징하는 식물이 되었나요? 그저 '흙탕물에서 자라지만 물이 묻지 않는 청정한 꽃'이라는 일반적인 의미 말고, 연꽃에 대한 자세한 해석을 여쭤봅니다.

연꽃

낮에 많은 감각작용을 하게 되면 밤에 그와 비슷한 꿈을 꾸게 되는 것과 같이, 아름다운 생각으로 보고 들은 사람은 다음 생애에도 세상을 아름답게 느끼게 된다. 모든 중생은 느끼는 대로 기억을 하고, 이렇게 쌓여진 기억이 스스로가 되어, 그것이 곧 자기의 판단을 이루기 때문이다. 이와 같이 물속에 있던 티끌들이 가라앉은 늪에 뿌리를 내리는 연꽃은 기억 속에 있던 작은 느낌들이 티끌이 가라앉듯, 마음에 가라앉아, 감각을 만들게 되는 이치를 보여준다. 자기의 이름을 비롯한 과거의 기억들을 모두 잊는다면 내가 누구이며, 어떤 존재인지를 알 수 없으니, '나'란 곧 '기억'이다. 이렇게 기억의 내용에 따라 자기의 몸(감각)을 이루는 것이 늪에 뿌리를 두고 살아가는 연꽃의 이치와 같다.

또한 연꽃이 물 위에서 꽃을 피우듯이, 중생의 꽃이랄 수 있는 몸은 기억의 끝에 찰나적으로 존재한다. 물 위에는 꽃이, 기억의 끝에는 육신이 피어나 매 순간 변화해 가면서 인생을 만들어가는 이치가 서로 같은 것이다. 기억이란 인생의 흐름을 말하는 것이고, 시간의 흐름을 알 수 있게 하는 것이며, 흐름이란 물을 말하는 것이기 때문이다.

지금까지 울던 기억이 있는 사람은 갑자기 웃기 어렵고, 도둑질하던 사람이 하루아침에 도둑질을 그만두지 못하는 것 역시 습관에 따라 인생길이 달라짐을 보여주는 모습이다. 모든 중생은 이렇게 기억의 끝에 존재하고, 연꽃 또한 수면에 피어나는 것이다.

그리고 연근에는 다섯이나 여섯 개의 공관(구멍)이 있는데, 이것은 우리의 감각이 오관(얼굴에 있는 다섯 가지 감각 – 보임, 들림, 냄새 남, 맛이 있음, 만져짐)으로 되어 있음을 말하기도 하고, 육근(눈, 귀, 코, 입, 감촉, 의미)으로 되어 있음을 의미하는 것이기도 하다.

그런데 이 육근이나 오관은 일체를 느끼는 근본 뿌리가 되는 동시에, 일체의 것들과는 정반대로 공(空)이어야 하는 이치가 있다. 모든 중생의 대부분이 자기의 감각기관이 눈알이나 고막 등 육신으로 되어 있다고만 생각하고 있으나, 실제로는 그렇지 않다. 눈은 투명해야 모든 색을 분별하고, 귀는 고요해야 모든 소리를 들을 수 있다.

따라서 눈이나 귀에는 색이나 소리가 본래 없었던 것을 알 수 있으니, 눈은 색이 없으므로 허공과 같고, 귀는 소리가 없으므로 적막과 같기에 모두 있다고 할 수 없음을 알 수 있다. 이러한 사실이 연근에 허공으로 된 다섯 또는 여섯 개의 구멍이 있는 이치가 되는 것이다.

또, 일반적인 꽃들은 꽃잎이 시들면서 씨방이 커져 열매가 되고, 그 후에 씨앗이 여무는 것에 비해, 연꽃은 특이하게도 꽃잎과 열매와 씨앗이 함께 생기고 익어간다. 이것은 중생의 꽃이라 할 수 있는 몸이 자라남과 동시에 스스로라고 할 수 있는 기억도 힘께 쌓여, 언제나 '자기'라는 열매를 맺어가는 것과 같은 이치를 담고 있다.

어느 꼬마아이에게 '너는 몇 살이니?'하고 물었을 때, '다섯 살이요'라고 대답하는 것은 자기는 5년 묵은 씨앗이라는 결과를 말하는 것이다. 몸이 5년 자라면 기억도 5년 쌓이게 되는 것이 꽃과 씨앗이 동시에 익어가는 연꽃의 생태와 같다. 또한 씨앗이 꽃의 가장 중간 부분의 위쪽에서 자라는 모습은 중생의 몸 가운데 가장 중간이며, 위쪽인 머릿속에서 기억의 씨앗이 자라는 모습과 같다고 하겠다.

끝으로 중생의 기억은 그 근본 자리인 중음(가감이 없는 감각의 세계)에 도달됨으로써, 심판의 자리에서 다시 윤회의 마지막이며, 시작인 경치를 드러나게 한다. 연꽃의 씨앗인 연실 또한 기억이라고 할 수 있는 물의 맨 밑바닥인 진흙(순수한 감각)에 다시 떨어져 다음의 발화를 준비한다. 만약 가라앉지 못한다면 물 위를 떠도는 씨앗이 되리니, 이것은 구천을 헤매는 귀신과 다를 것이 없다.

연(蓮)이 불교의 상징으로 선택된 것은 이렇게 중생이 윤회하는 모습과 이치를 보여주는 꽃이기 때문이다.

29

입관(入棺)할 때 다라니를 넣는 이유

지인이 돌아가셔서 장례식에 참석했다가 매장하는 모습을 보고는 문득 의문이 들었습니다. 외국 영화를 보면 관 속에 꽃이나 망자가 평소 아끼던 물건은 함께 넣어주던데, 지인의 유가족들은 글씨 같기도 하고, 그림 같기도 한 책을 넣었습니다. 무엇이냐고 물어보니 다라니라고 했습니다. 후에 그 그림 같은 글씨가 인도의 고어라는 것을 알았습니다. 다시 생각해 보니 관 속에 다라니를 넣는 특별한 이유가 있을 것 같습니다. 불교와 관련이 있는 것인지 궁금합니다.

다라니(陀羅尼)와 투명 인간

 다라니란 삼천대천세계를 지닌[總持][2] '지혜'를 말하는 것
이므로 지혜의 경치를 그대로 드러내는 '불경'이라고 보아
도 무방하다. 그러한 다라니를 입관할 때 넣는 것은 '삼천대천세계를
지닌 지혜'를 주어 그 지혜를 등불 삼아 해탈을 얻고, 위험천만한 사
후세계를 겪지 않게 해주려는 마지막 배려인 것이다. 그러나 그 내용
을 알아듣고 깨달아 불퇴전의 믿음이 생겨나지 않는다면 단지 그림
이나 글씨에 불과한 것이니, 육신과 정신이 건강할 때 불도를 닦아야
만 진정한 다라니를 얻을 수 있음을 알아야 한다.

사후세계의 냉철한 법칙을 피할 수 있는 방법은 자기가 없어지는 것
이다. 즉 자기가 투명 인간이라면 염라대왕도 알아볼 수 없을 테니,
심판을 받고 벌을 받을 일도 없어지게 된다는 말이다. 이 방법을 익힌
다면 생사는 자신과 상관없는 우스운 일이 되고, 생사에서 벗어난 마
음이라면 아무것에도 거리낄 것이 없으니 말 그대로 '자유인(自由人)'
이며, '해탈자(解脫者)'가 되는 것이다. 이것이 바로 불도를 닦는 이유

---

2) 총지(總持)

총괄하여 지니다, 모두 지녔다는 뜻으로 다라니(陀羅尼)를 번역한 말.

『유마경』 「불도품」에서는 총지무실(總持無失), 즉 잃어버리는 것 없이 모두를 지녔
다는 구절이 등장한다. 꿈을 꾸며 꿈임을 깨달은 자라면 모든 생각이 꿈임을 놓치지
않을 것이니, 꿈이라서 못할 일과 할 수 있는 일을 가리지 않을 것이다. 즉 잃어버리
거나 얻을 것도 없고, 걸림도 없는 해탈의 경치를 '총지'라고 한다.

이다.

한 번만 살고 영원히 사라지는 법칙은 있을 수 없지만, 이번 생이 마지막이라고 가정해 보자. 과연 인생의 의미는 무엇인가. 해가 진다고 해서 다시는 뜨지 않고, 풀이 죽는다고 다시는 씨앗에서 싹이 트지 않는 법칙은 없다. 이처럼 우리의 마음이 있는 한, 몸은 영원토록 다시 생겨난다. 몸은 생겨나서 사라질 수 있는 것이지만, 마음이란 생겨나는 것이 아니므로 사라진다는 것도 말이 되지 않는다[不生不滅]. 그 영원한 마음을 따라 생겨나는 몸을 어찌 이번이 마지막이라 하겠는가.

여기서 투명 인간이 되는 법칙을 한 가지만 알려주겠다. 이 법칙이 믿어지고 당연하다 생각되어 항상 기억하게 된다면, 반드시 염라대왕을 피하고 생사를 벗어나게 될 것이다.

이 세상 모든 것은 생겨나고 사라지되, 단 일 초도 정지하지 못하는 무상한 것이므로 환상과 같다. 중생의 몸 역시 단 일 초도 같은 모습으로 있었던 적이 없었으니, '이것이 내 몸이다'라고 단정 지어 말할 수 없는 허망한 것이다. 그러나 몸이나 세상의 만유는 환상과 같은 모습이라도 있지만, 그것을 느끼는 감각은 환상마저도 없어야 감각기관으로서의 역할을 다할 수 있게 된다. 즉 눈 자체에는 색이 없어야 눈 밖의 색을 볼 수 있으며, 귀 자체에도 소리가 없어야 밖의 소리를 들을 수가 있는 것이다.

그러므로 감각기관이란 허공과 같은 것임을 깨달아야 하고, 이것은 이론이 아니라 실제이며, 과학임을 잊지 말아야 한다. 꿈을 꾸고 있을 때 보고, 듣고, 냄새 맡고, 맛보고, 만지고, 웃고 울며 말하는 것은 육신으로 행하는 것이 아니라, 진실한 '나'인 정신의 감각기관이 해내는 일이다. 정신의 감각기관이 진실하다고 하는 것은 육신으로 이루어진 눈이나 귀가 아니므로 사라질 수 없기 때문이다. 그리고 세상을 느끼는 것은 남이 아닌 바로 '나'이다. '나'란 느끼는 주체이니 '감각기관'인 것이며, '감각기관'은 본래 투명하여 확인될 수는 없으나, 그렇다고 없는 것은 아니므로 환상으로 이루어진 세상임에도 분명하게 느낄 수 있는 것이다. 그러므로 실제의 '나'는 '투명 인간'임이 확실하다. 이 '감각기관'은 꿈을 꾼다. 꿈은 마음의 능력이다. 그러므로 나는 '마음'이다. 마음은 이 세상을 만든다. 나는 왕이다. 온 우주의 왕이다.

30

관세음보살은 여자인가요?

어떤 책에 보니, 관세음보살은 '양성'이라고 나와 있었습니다. 그런데 절에 그려진 보살님은 대부분 아름다운 여성으로 표현되어 있습니다. 보살님은 여성으로 보아야 하지 않을까요?

보살(菩薩)의 의미

 관세음보살은 사람이 아니다. 실제로는 '세상', '사람', 나아가 '부처'까지도 이름이니, 관세음보살 또한 '마음속의 이름'일 뿐이다. 다시 말해 '세상'과 '사람'이라는 것은 정신 안에 이루어지는 환상의 이름이니, 마치 꿈속에 출현된 여러 가지 모습이나 사람의 형상에 이름을 붙인 것과 같다는 말이다. 그 모든 것들을 실감 나게 드러내는 것은 마음의 능력으로 그것을 이름하면, 부처와 보살이라 하는 것이다.

정리해 보자.

마음의 능력은 크게 두 가지로 볼 수 있는데, 하나는 마음이라고 하고, 다른 하나는 육신이라고 한다. 마음은 다시 기억, 감각, 분석, 판단의 네 가지 능력으로 나타나며, 이 네 가지 중 하나만 없어도 일상생활은 이루어질 수 없다. 이 네 가지 정신능력은 물질이 아니다. 육신이라고 하는 것도 다시 흙, 물, 불, 바람의 네 가지 재료로 이루어진 것이다.

나아가 이 여덟 가지가 서로 어울리며 드러내는 것은 무한하고, 그 무한함으로 이루는 세계가 바로 '지금'이라는 찰나다. 이 영원한 '지금'이 이어지는 것을 '세월'이라고 하고, '지금'에 드러나 있는 모든 것을 '세상'이라고 하는 것이다. 그러나 이 모두가 정신, 즉 마음의 작용이니 그 실체가 없다.

'지금'은 얻을 수 없는 찰나의 환상이다. 찰나의 환상이 아니라면 아

IMMORTALITY 불멸 1

이가 어른이 되고, 변화하다, 늙어 사라지는 일은 있을 수 없으며, 의사소통도 이루어질 수 없을 것이다. 말[言語]이 사라지지 않고 쌓인다면 말의 산을 이루어 더 이상 들릴 수 없게 되기 때문이다.

물질이라고 하던 네 가지도 허망하다. 그것은 흙, 물, 불, 바람[四大]이란 모두가 감각이 없으면 확인할 수 없고, 정신인 감각과 통해있다면 정신과 같은 재질일 것이기 때문이다. 그리고 사대 하나하나는 육진(색, 소리, 냄새, 맛, 감촉, 뜻)을 드러내므로 감각에 느껴지는 것이지만, 이 여섯 가지 역시 육근이 없다면 있다고 할 수 없는 것들이다. 우선 색은 눈이 없으면 그 자체가 있는지 확인할 수 없듯, 소리, 냄새, 맛, 감촉, 뜻 역시 감각 앞에서만 그 존재를 인정받을 수 있는 것이다. 감각, 즉 육근(눈, 코, 귀, 입, 몸, 심정)은 육진이 없다면 있을 수 없다. 세상의 색이 모두 사라지면 눈을 사용할 곳이 없어지고, 또한 세상의 소리가 다 사라지면 귀가 아무리 밝아도 무용지물이 되는 것이다.

이 색깔과 눈이 모이면 '보인다'는 생각이 생겨나게 된다. 역시 귀와 소리가 만나면 '들린다'는 생각이 생겨난다. 그러나 역으로 '보인다'는 생각이 없다면, 눈이나 색의 자취도 없다. 즉 이 셋은 하나의 능력이라는 사실을 깨달을 수 있다. 또한 세상은 육진이 사라지면 이름만 남고, 사람도 감각인 육근[六感]만 사라지면 이름만 남는 것이며, 이 둘이 어우러져 드러난 생각도 실체가 없는 이름이니 이 셋 모두가 허망한 것이다.

이 허망한 셋이 합해진 것을 이름하여 '마음'이라고 하니, '마음'을 이루는 모든 보살과 부처도 이름뿐인 마음의 능력이라고 한 것이다. 또 마음은 형체도 확인할 수 없고, 실체를 표현할 수도 없으며, 없다고 말할 것도 아니므로 이것을 묘유(妙有)라고 한다. 이 오묘하게 있는 마음의 능력은 2, 4, 8, 12이나 32가지로 말할 수도 있고, 108가지로 말할 수도 있으나 그 수를 자세하게 나누려면 끝이 없으므로 '삼천대천세계수'라고도 하고, '무량무변(無量無邊)'이라고도 한다. 이 모든 능력을 보살이라고 한다.

'몸을 드러내는 법칙인 보살'과 '마음을 드러내는 법칙인 보살'의 두 가지로 크게 나누어 볼 수 있으니, 물질을 드러내는 능력은 '대세지보살'이나 '미륵보살'이라 하고, 다른 한 능력은 '관세음보살'이나 '보현보살'이라 한다.

이 보살들의 무리를 거느리고 있는 능력을 부처라 하니, 부처도 적게는 둘, 많이는 무량하게 마음이라는 이름을 이루는 능력으로서 묘(妙)하게 존재하는 것이고, 이 마음이 없다면 '지금'이라는 찰나적 시간인 현실도 없기에 미래나 과거도 있을 수 없게 되므로 이 마음을 '세계를 이루는 능력'이라고 하는 것이다. 따라서 찰나를 채우고 있는 부처와 보살의 능력으로 여자나 남자라는 모습이 드러날 뿐, 그 자체가 인간일 수는 없다는 사실을 잊어서는 안 될 것이다.

31

닭이 먼저냐, 달걀이 먼저냐?

달걀이 먼저인지, 닭이 먼저인지는 따져봐야 소용없는 일에 대해 이야기할 때 쓰는 말이라고 알고 있습니다. 이 질문에 대한 답은 있는 걸까요? 답이 있다면 시작이 있다는 것이고, 그 시작 자리는 마치 모든 것을 만들어낸 신과 같다고 생각합니다. 불교에서는 시작도 없는 이래로 지금까지 흘러왔다고 하는데, 어떤 관점에서 해석할 수 있을까요?

두 번 속은 마음

중생이란 두 번 속은 마음이다. 한 번은 물질, 즉 감각에 느껴지는 것에 속고, 다음은 속은 것을 모른 채 느껴진 것들에서 생겨난 의미에 속는 것이다. 꿈이라는 사실을 모르는 자들이 꿈 속의 상황에 의미를 두고 고민하는 것과 같다.

물질은 허망한 생각에만 존재하는 것일 뿐이다. 생각을 일어나게 하는 것은 둘의 화합이며, 둘이란 감각기관과 그 대상이다. 즉 눈과 색깔, 귀와 소리, 코와 냄새, 혀와 맛, 몸과 걸림, 심정과 뜻이 화합하는 둘인 것이다. 만약 이 화합하는 둘을 실제로 얻을 수 있거나, 화합하지 않고도 존재할 수 있다면 둘 사이에서 드러난 생각도 실답게 있다고 말할 수 있지만, 그렇지 않다면 생각이란 허망한 것이고, 그 허망한 생각으로 이루어진 닭이나 알이라는 이름은 더욱 허망한 것이므로 말할 가치가 없게 될 것이다.

진실을 보기만 하면 수고로운 고뇌와 번뇌가 저절로 사라지니 몸을 움직여도 흩어질 수 없는 고요함을 얻게 됨을 알아야 한다. 이와 같은 경치를 지혜로 얻어지는 '삼매', 또는 '명상'이라고 하며, 마음이 조용하게 가라앉은 경치를 '좌선'이라고 하니, 수고로운 고생을 하지 않고도 해탈을 이룰 수 있는 것이다.

이제 화합의 실제를 참구해 보도록 하자. 이것이 '참선'의 본뜻이기 때문이다. 두 가지를 총체적으로 말하면 대상과 주체, 즉 세상의 모든 것과 그 모든 것을 느끼는 감각기관이라고 해야 한다.

감각기관이란 대상을 느끼는 것으로 맑고 깨끗해야 한다. 세상을 비추는 거울이라면 세상의 모든 것이 담겨있지 않아야 하는 것과 같고, 세상의 무게를 다는 저울 위에 어떠한 물건도 있어서는 안 되는 법칙과 같다. 세상의 모든 것이 '있는 것'이라면 감각기관은 '없는 것'이어야 함을 알 수 있다. 없는 것으로 된 저울이란 완전하게 없는 것[無]이 아니라, 단지 맑고 투명하지만, 기능은 있다는 말이다.

그리고 감각기관과 대상인 세상이 떨어져 있다면, 마치 저울 밖에다 물건을 놓아둔 것과 같으니, 느낌이란 있을 수 없다. 생각이 일어났다면 이미 세상과 감각기관이 서로 통했다는 말이고, 통했다면 서로 떨어지지 않은 것이니 둘이 아니며, 둘이 아니면 하나라는 말이다. 하나라면 그 본질이 다르지 않다는 것이므로 감각기관이 허공처럼 투명하지만 없는 것은 아닌 것처럼, 대상인 세상도 그와 같다. 즉 노란 자동차가 있어도 노란색은 눈으로만 보아야지, 색깔은 가질 수 없는 것이다. 감각처럼 있지도 없지도 않은 환상이기 때문이다.

이것이 화합하는 둘의 이치며, 실체이니, 이 둘에 의하여 드러나는 생각, 즉 '보인다'는 생각이나, '들린다'는 생각 등은 허망한 꿈과 다름없는 것이다. 이 사실을 모르면 실제로 닭이 있고, 알이 있다고 생각하여 한 번 속게 되고, 그것을 바탕으로 '어느 것이 먼저냐?'라는 의미에 또다시 속아 고뇌하게 되는 것이다.

이제 근본적인 면이 해결되었다. 이 세상은 모두가 꿈이고, 꿈이라면 꿈을 즐기면 되는 것이지, 꿈에 큰 의미를 두어 서로 다툴 이유가 없는 것이다. 하루를 살더라도 행복하게 사는 것이 진정한 자유이지, 괴롭게 억 만년을 산다 한들 그것은 너무 괴로우므로, 행복한 하루를 보내는 것이 지혜로운 자의 선택임은 당연하다. 죽음은 없다. 오직 꿈속에서의 죽음이며, 생각 속의 죽음이다. 이 사실이 진정으로 믿겨졌다면 생사에서 벗어난 것이다.

바다에는 파도가 늘 함께하듯, 마음에 생각이 일어나는 것은 당연한 일인데, 무턱대고 생각을 쉬라 한다는 것은 있지도 않은 바람 같은 생각을 없애라 하는 것과 같다. 그러므로 '생각을 놓으라'거나, '조용히 참선을 하라'거나, '내면을 보라'는 것은 허망한 말뿐임을 알아야 한다. 아직도 생각이 쓸데없는 어리석음에서 일어난 것이라는 깨달음이 오지 않는다면, 다시 한번 이 글을 자세히 읽으며 이치와 하나가 되어보라. 즉 '지혜로운 참선'을 해보는 것이다.

32

100일 기도로 소원성취가 가능한지요?

지금 100일 기도 중인데 이틀 동안 절에 가지 못해 집에서 『천수경』과 『반야심경』을 읽고 있습니다. 이렇게 해도 부처님이 제 기도를 들어주셔서 소원성취를 할 수 있을까요?

이미 모든 것이 갖추어진 보배

기도는 어떤 종교에서든 스스로의 모자람을 채우고자 하는 행위로 결국 원하는 바가 있었다는 말이다. 그러나 마음이 있는 중생이라면 이미 온갖 공덕이 평등하게 갖추어져 있다는 사실을 알아야 한다.

『금강경(金剛經)』에는 '약인 만삼천대천세계 칠보 이용보시(若人 滿 三千大千世界 七寶 以用布施)'라는 구절이 등장한다. '보시(布施)'란 '넓게 행한다'는 뜻이고, '삼천대천세계'란 우주 전체를 뜻하므로, 위 문장은 '사람이란 삼천대천세계에 가득 채워져 있는 칠보(七寶)를 가지고 넓게 행을 한다'고 번역할 수 있다.

이 구절의 핵심은 '가득 채워진 칠보'다. 우주 만물이란 세밀하게 들여다보면 모두가 원소기호에 불과하고, 그 원소들을 또다시 분석해보니 결국은 전자에서 그 한계를 드러내, 한 번만 더 쪼개면 빛으로 변화되는 것이 과학적으로 입증되었다. 일체는 모두 허공, 즉 빛의 화합이라는 결론을 내린 것이다. 그러므로 물질 중의 하나인 인간의 몸도 역시 그와 같다. 그렇다면 허공이 몸을 이룬 것이고, 몸은 주위의 허공과 떨어진 자리가 없으며, 떨어지고 싶어도 분리될 수 없으니, 몸과 허공은 하나의 덩어리임이 분명하다. 그 성분이 모두 허공이므로 전체적인 입장에서 본다면 인간의 몸이란 달걀의 노른자위와 같고, 허공이란 달걀의 흰자위와 다르지 않음을 알 수 있다. 우주와 몸은 한 덩어리라는 말이다.

불멸*1*
IMMORTALITY

이렇게 우주와 몸이 통해 하나이기 때문에 별과 달을 보고, 천둥소리를 들으며, 세상의 냄새를 맡는 것이다. 눈과 색이 서로 통하지 않았다면 둘 사이에 벽이 있다는 말이고, 벽이 있다면 벽 뒤의 색은 눈과 따로 떨어져 있는 것이므로 둘이 된 것이며, 둘이 되면 서로 알아볼 수 없게 된다. 그러므로 눈이 은하수를 확인했다면, 이는 은하수와 눈이 통해 하나가 되었다는 말이다. 만약 먼 곳의 물체가 보이지 않는다고 해도, 그것은 대상의 크기나 시력의 차이로 인한 것일 뿐, 이미 보이지 않음을 다시 '보고' 있으니, 통해있다는 법칙을 벗어난 것은 아니다.

이것이 인간 하나의 능력이다. 이 능력을 이름하여 칠보라 한다. 칠보란 일곱 가지 보배로서 우리 몸을 이루는 네 가지 요소, 즉 흙, 물, 불, 바람을 말하는 것인데, 그 성분은 이미 허공에 가득 채워져 있기에 허공의 화합으로도 이 몸이 만들어질 수 있었던 것이다. 설사 몸은 부모가 만든다 해도, 결국은 어머니의 입을 통해 들어간 세상의 음식으로 아기의 몸이 이루어지는 것이므로 몸의 성분은 세상에 있는 것이고, 그 성분을 코, 입, 피부 등을 통해 얻고 버리게 된다. 그러므로 허공의 성분이 이 몸의 요소이고, 이 몸의 성분이 허공이므로 둘이 아닌 것이다. 단단한 이빨, 머리카락, 손톱, 뼈 등은 흙으로 빚어지고, 피, 눈물, 땀, 오줌, 가래 등은 물로 빚어지며, 체온은 불로 이루어지고, 호흡은 바람으로 이루어진 것이라는 말이다.

나머지 셋이란 세상을 보는 정기(精氣), 즉 견정과 바라본 세상을 기억하는 식정을 말하는 것으로 '보고 기억하는 능력'이다. 이 두 능력이 있기에 세상이나 자기의 몸을 알 수 있지, 견정과 식정이 없다면 온 우주나 몸은 있을 수 없다.

그리고 세 번째는 공기로 허공의 기운이다. 우리는 잠시라도 숨을 쉬지 않으면 생명의 위협을 느낀다. 이것은 음식과는 다른 기운으로, 보이지 않는 생각의 재료가 된다. 숨을 쉬지 못하면 가장 먼저 정신이 혼미해지는 이유가 바로 그것이다. 이는 생각의 기능이 마비되기 때문이다.

이와 같은 일곱 가지 능력은 허공 속에 갖추어졌고, 허공을 이용해서 인간의 몸과 정신이 유지되는 것이므로 사람이란 이미 우주에 가득한 칠보를 이용하고 있었다는 사실을 깨달아야 한다. 또한 사대, 즉 흙[地], 물[水], 불[火], 바람[風]으로 이루어진 몸이야 싹이 나고 낙엽이 지듯 변화하고 생멸하지만, 보이지 않는 정신, 즉 견정과 식정과 생각의 능력은 불로 태울 수도, 창으로 찌를 수도 없으니 이미 생사를 초월한 것이고, 보이지 않는 것은 사라질 것도 아니므로 영원할 것이다. 나아가 정신이 영원히 존재한다면 허공의 성분이 다시 인연 따라 엉기고 흩어질 것이므로 윤회의 법칙을 또한 알려준 것이다. 영원한 삶을 보장한 것이다.

이렇게 온 우주와 어우러지며 영원히 흘러가는 능력을 무엇과 비교해 더 위대하다 할 수 있겠는가. 그러므로 우리는 더 이상의 모자람이 있을 수 없었던 것이지만, 이와 같은 이치를 모르니 바라고 원하며 어리석은 기도를 할 수밖에 없었던 것이다.

석가모니부처님의 가르침 중 '무원해탈(無願解脫)'이라는 말이 있다. 일체의 이치를 통달하여 깨닫고 믿음이 생기면 더 이상의 소원이나 부족함이 없어지게 되는데, 그 마음의 경치를 '원이 없는 해탈'이라 하는 것이다. 어리석은 기도로 스스로를 초라하게 만들지 말라. 우주와 평등한 '나'를 벌레 같은 티끌로 격하시키는 것은 오직 스스로의 무명일 뿐이다.

일체중생은 본래 부처로 이루어진 것이다. 부처란 칠보를 거느린 '깨달음'이니, 중생과 부처가 둘이 아니라는 사실을 절실히 깨달아야 하는 것이다. 이것이 곧 진정한 자유를 얻는 것이다.

33

불교에서 강조하는 신심과 수행, 그리고 원력에 대해 설명해 주세요.

법회에서 흔히 스님들께서 강조하시는 것이 바로 신심(信心) 입니다. 저는 신심이 부족하다는 말을 많이 듣는데요, 신심이 뭔가요? 그리고 신심이 없어서 수행을 게을리한다고 하는데 수행은 어떻게 하는 것인지, 또 원력을 세워야 한다고 하는데 저는 나이가 어려서인지 원력이 뭔지도 잘 모르겠습니다. 불교는 자꾸 어려운 것을 해야 한다고 해서 너무 힘든 것 같아요.

불멸 1
IMMORTALITY

신심(信心), 수행(修行), 원력(願力)

 석가모니부처님께서는 출가하기 전, 사대문(四大門)을 유관(遊觀)하고, '생로병사'의 모습과 수행자를 만나시게 된다. 그리고 깊은 사유에 빠져 고민을 하셨다.

'모두가 저렇게 늙고 병들어 죽는 것이라면 삶이라는 것은 과연 무슨 의미인가?'

그러고는 출가를 결심하고 수행의 길로 들어서셨다. 이것은 수행을 통해 '생로병사'를 벗어나려는 출가자를 보셨기 때문이었다. 만약 수행자를 보지 못했다면 왕궁에서 고민만 할 뿐, 방법을 찾지 못하셨을 것이다. 그러나 수행자를 보고 '생로병사'의 고통에서 벗어나는 해탈을 구할 수 있다는 신념(信念)이 생겼기에, 왕궁을 떠나시게 된 것이다. 이것이 신심(信心)이다. 즉 늙고 병들어 죽게 되는 삶이라는 고통으로부터 분명히 벗어날 길이 있다는 믿음의 마음이라는 것이다.

그리고 '생로병사'의 고통은 삶이라는 것에 있으므로 삶을 통해 얻어야 한다는 생각을 하셨다. 왕궁은 그러한 모습을 그에게 감추어왔기에, 석가모니부처님께서는 '생로병사'하는 모습이 적나라한 세속을 향하신 것이다. 비록 땅에 의해 넘어졌으나 다시 땅을 딛고 일어나야 하는 것과 같은 이치다. 그것이 출가하여 고행의 길을 걷기 시작한 원인이 되었다. 고통 속에서 해탈을 찾을 수 있다고 생각하셨기 때문이다. 그러나 그것은 오히려 지나친 육신의 고통만을 초래한다는 생각이 들자, 고행을 버리고 깊은 사유를 시작하셨으니, 이것이 '참선수행

(參禪修行)’이었던 것이다.

삶이란 모두 자기가 겪는 일이다. 그리고 자기란 마음이고, 고통스러워하는 것도 마음이며, 번뇌하는 것도 마음이다. 그러므로 석가모니 부처님께서는 삶의 주인공인 마음을 관조(觀照)하기 시작하신 것이다. 이것이 곧 진정한 수행이다.

『반야심경』의 앞부분에 ‘관자재보살 행심반야바라밀다시 조견오온개공 도일체고액(觀自在菩薩 行深般若波羅蜜多時 照見五蘊皆空 度一切苦厄)’이라는 구절이 있다. 이것은 우리 중생의 마음에 지혜라는 것이 있어 ‘지금’이라는 시간 속에서 펼쳐지는 세상을 나름대로 바라보는 관점을 갖게 되는데, 그 견해를 되돌아보니 그것은 오온(五蘊)이었고, 오온을 다시 비추어보니 모두가 ‘공한 생각[無念]’이었을 뿐, 일체의 고통과 액난이 허망한 환상에 불과한 것이었으므로 그곳으로부터 벗어나 건너가게 된다는 뜻이다.

이것이 마음을 관조함으로써 얻게 되는 일단의 깨달음이니 돈오(頓悟), 즉 ‘찰나인 지금을 깨닫는 것’이다. 그리고 이 깨달음으로 지금까지 쌓아 온 기억과 습관을 지우고 바꾸어 나가는 것을 점수(漸修)라고 하는 것이니, 곧 삶을 통해 얻은 어리석은 오해를 발견하고, 다시 삶을 통해 올바른 이해를 얻어가는 과정을 말한다.

그러나 반드시 알아야 할 것이다.

아무리 돈오를 했다 하더라도, 즉 내가 몸이 아닌 마음이라는 것을 깨달았다 하더라도, 더 깊고 세밀하게 궁구하여 깨달음과 하나가 될 때까지 꾸준히 노력하지 않는다면 진정한 해탈은 있을 수 없다. 순간의

불멸 1
IMMORTALITY

깨달음으로 방일(放逸)한다면 자기도 모르는 사이 육신을 자기로 삼아 살아가게 되므로 지금까지의 노력은 아무런 소용이 없을 뿐만 아니라, 오히려 스스로 깨달았다는 교만한 생각으로 인해 영원히 도를 닦을 수 없는 일천제(一闡提)³⁾를 자처하게 된다. 그러므로 한 순간이라도 마음의 자리를 벗어나, 혹시 몸으로 '나'를 삼고 생각하고 있지는 않은지 세심하게 바라보는 노력을 놓치지 말아야 한다.

이것이 바로 해탈을 향한 원력(願力)이다. 여러 불경에 등장하는 '원락욕문(願樂欲聞)', 즉 '즐거이 듣기를 원한다'는 대목은 바로 이 원심(願心)으로 하여금 석가모니부처님의 제자들이 항상 불경을 듣고자 했던 모습을 보여주고 있는 것이다. 이것을 본다면 수행자는 먼저 신심이 일어나야 하고, 다음은 깊은 마음의 관조를 통해 심법(心法)을 통달해야 하며, 나아가 큰 원력으로 스스로의 모든 어리석음을 제거함과 더불어 주위 모든 중생의 어리석음마저 소멸시키겠다는 서원이 있어야 한다는 것을 알 수 있다.

사찰(寺刹)에서 근거 없이 제사(祭祀)를 지내고 소원을 비는 것은 오히려 불교의 참뜻을 벗어난 행동이라는 것을 알아야 한다. 불경에는 절에서 제사 지내라는 말이 없다. 오히려 '석가모니를 만나기 전 가섭형제는 제사를 지내는 외도였으나, 설법을 듣고 모든 제사 도구를 물

---

3) 일천제(一闡提)
Icchantika 또는 일천저가·일천제가·일전가. 줄여서 천제, 번역하여 단선근(斷善根). 신불구족(信不具足). 성불할 성품이 없다는 이.

에 띄워 보내고 귀의하였다.'는 말이 있다. 이에 혹자는 가섭 형제의 제사가 불교의 재(齋)와 그 근본을 달리한다고 말하기도 하지만, 사찰의 재산축적과 승려의 생계 수단으로서의 재는 그 본래의 의미를 잃어버렸을 뿐만 아니라, 근거와 이치도 알 수 없는 미신과 대동소이(大同小異)한 모습으로 전락하고 말았다. 이것으로 불교는 타 종교의 비판의 대상이 되고 있으며, 사회적으로도 많은 문제를 안고 있다는 비난을 면할 수 없게 되었다. 요즘 대부분의 사찰은 실다운 수행도량과는 거리가 멀다. 그러므로 불자들 스스로의 올바른 판단으로 도량을 찾아야 한다. 가르침이 없는 곳에 시주하는 것은 스스로가 이미 갖고 있는 무량한 복을 알지 못한 채, 작은 복을 얻기 위해 기도하는 어리석음이고, 제사를 지내라며 돈을 달라는 곳에 시주하는 것은 도둑과 사기꾼을 양성하는 죄를 짓는 것이다.

자세하고 명확하게 마음을 가리켜주는 스승을 찾아 불경과 일치하는 설법을 들어야 한다. 해탈이나 불생불멸(不生不滅)이 뜬구름 같은 말이 아님을 깊이 믿어야 한다. 이것이 참다운 불자의 자세이며, 해탈을 얻을 수 있는 지름길이 된다.

34

불교의 복음은 어떻게?

기독교의 핵심은 복음입니다. 그 복음의 내용을 개신교와 가톨릭은 조금 다르게 봅니다. 개신교에서는 예수 그리스도를 믿음으로써 구원받는다고 합니다. 오직 믿음으로만 구원을 얻을 수 있다는 것입니다. 그러나 가톨릭은 믿음보다는 행위를 더 중요하게 생각합니다. 저는 불교인은 아니지만 불교에서는 복음의 길을 어떻게 설명하는지 궁금합니다. 절을 하거나 앉아 있는 것이 복음을 설명하지는 못한다고 생각합니다.

행과 믿음
– 무엇이 믿어야 할 가르침이며 행할 바인가가 더 중요하다.

 인간 구원의 길이 복음이라고 본다면, 그리스도가 말을 했든, 사도가 말을 했든, 실제적 효과가 나타나 인간이 구원되는 결과로 드러나는 가르침을 따라야 한다.

인간의 가장 큰 문제는 '죽음'이다.

따라서 인간은 죽음에 대한 두려움으로 악(惡)해지는 것이다. 곧 살려고 하는 몸부림에 의하여 악독해진다는 말이다. 그러므로 죽음을 해결해 준다면, 그 가르침이야말로 인간을 구원하는 복음 중의 복음인 것이다.

자기 먼저 살고 나서 남을 돌보겠다는 것은 이미 다툼을 전제한 마음이다. 내가 있고, 남이 있으며, 먼저가 있고, 나중이 있다는 것이 곧 투쟁의 마음을 일으키기 때문이다. 그러므로 생사에 대한 근본적인 문제를 해결해야만 아가페(Agape)를 말한 그리스도의 뜻을 실천할 수 있는 것이다.

믿음과 행위를 말하지만, 그리스도의 어떤 점을 믿을 것이냐, 그리고 어떤 점을 본받아 행할 것이냐를 알지 못하고는 믿음도 행도 모두가 모순으로 치달려 나 먼저 살기 위해 남을 짓밟고, 그다음에 남을 돕겠다는 마음을 갖게 될 수밖에 없다. 이것이 '썬데이 크리스천(Sunday Christian)'이 라는 말이 나오게 되는 현실적 이유다.

그러니 어느 것이 더 구원과 밀접한가를 논하기 이전에, 어느 가르침

불멸*1*
IMMORTALITY

을 믿고 실천하는가가 가장 중요하리라고 본다. 믿어야 할 것을 정하지 못하고 믿는 것은 맹신이므로, 그것은 자신의 어리석은 판단을 믿고 무작정 자기 뜻대로 행하는 것이다. 이것은 배우는 자가 아니므로 종교인이라고 할 수 없다.

인간이란 몸과 정신이 함께 있을 때를 말한다.

몸이 없다면 귀신, 영혼 등이라 할 것이고, 정신이 없다면 시체, 주검 등이라 말할 것이다. 그러므로 그 둘이 함께 어울려 있는 시간을 인간이라고 하니, 없던 것으로부터 생겨나서 없는 곳으로 사라지는 순간까지의 '사이[間]'를 '사람[人]'이라고 이름 짓는 것이다. 이것이 '인간(人間)'이라는 말의 의미다.

이제 몸과 정신을 살펴보자. 먼저 몸이란 물질을 옮겨 쌓되 흩어지고 남아 있는 것을 말한다. 마치 구멍 난 물독에다 물을 길어 채우는데, 구멍으로 새어 나가는 것보다 더 빨리 부어 독에 잠시 남아 있게 되는 물을 몸이라고 말하는 것과 같은 것이다. 계속 물을 부어주지 않으면 물독이 비게 되듯, 계속 음식을 넣어주지 않으면 몸도 사라지게 된다. 그러므로 몸은 본래부터 내 것이 아니라, 남을 가져디 임시적인 나로 삼은 것임을 깨달아야 한다.

또한, 몸을 만든 음식은 모두 생명이 없다. 생명이 있다고 생각하는 음식을 먹어도 그것이 위장에 도달하면 역시 생명은 사라지게 되고, 또 그렇게 되어야 몸을 만들 수 있는 영양분이 될 수 있다. 그렇다면 생명이 없는 것을 쌓아서 생명을 만든 것이니, 물질을 쌓아 생명을 만든 다는 말이 되며, 결국 이 세상에 쌓여 있는 모든 물질에는 생명이 있 다는 결론에 이르게 된다. 이것은 궤변(詭辯)이다.

몸은 물질이고, 물질은 분자의 모임이며, 분자는 원자의 모임이고, 원 자는 전자의 모임에 불과하다. 나아가 전자는 빛의 모임이라는 것이 이미 밝혀진 지 오래이니, 이들 무엇에도 생명이란 있을 수 없는 것이 다. 그러므로 인간의 육신이란 죽고 사는 것이 아니다. 단지 생사를 벗어나 있는 물질의 덩어리일 뿐이다.

다음으로 정신에 대해 생각해 보자. 정신이란 무엇으로도 존재를 확 인 할 수 없는 비물질이다. 즉 색이 없으니 눈으로 확인할 수 없고, 두 드릴 것도 아니니 감촉이나 소리로 확인할 수도 없으며, 냄새나 맛으 로 확인할 수 있는 것도 아니다. 마치 허공에는 수소와 산소가 있기에 안개가 생성되고 비가 내리지만, 생성된 물질이 사라지고 나면 허공 의 모습을 설명할 수 없는 것과 같다. 이처럼 허공은 보이지는 않지만 물질을 함유하고 있으니, 없다고도 있다고도 할 수 없는 것이다. 정신 도 역시 그와 같다.

물질을 쌓아 몸을 만들어가게 하는 것도, 그 몸을 움직이게 하고, 물 질을 구하게 하며, 그것을 옮기도록 명령하는 것도, 정신이 하는 일이 지만, 정신은 허공처럼 있다고 할 수도 없고, 없다고도 할 수 없는 것 이라는 말이다.

그렇다면 정신은 어디에 존재하는가.

별[星]을 제외한 공간, 즉 우주 공간은 끝이 없으므로 공간을 채우고 있는 공기도 끝이 없다. 만약 공기나 공간을 제외하면 무엇이 남을 것인가. 물질인 별만 남는다. 물질에는 정신이 없다. 따라서 정신은 공간의 공기에 있을 수밖에 없는 것이다. 이것이 사실이다. 그러므로 정신과 공간은 공존(共存)하며, 그 성질과 특징도 같은 것이다.

공간을 일컬어 하늘이라고 한다. 하늘이 정신이고, 정신이 곧 하늘이다. 그러나 하늘은 생명이 있는 것이라고 할 수 없다. 이미 생사에서 초월된 것이다. 모든 생물은 없던 것으로부터 태어나니, 하늘을 의지하여 태어나는 것이고, 역시 사라지는 것도 하늘의 품으로 사라지는 것이다. 인간도 정신에 의하여 살아가니, 하늘에 의하여 살아가는 것임을 알 수 있다. 그러므로 마치 꿈이 정신에서 드러나고 정신으로 사라지는 것처럼, 인간 역시 정신에서 태어나고 정신으로 사라지는 것이 지당한 사실이다. 그러니 정신은 생명을 주기도 하고 받아들이기도 하지만, 정신 스스로에게는 생사가 있을 수 없다는 것이다.

이제 징리한다.

물질도 생사가 없고, 정신도 생사는 없다. 우주에 있는 물질과 하늘을 빼면 무엇이 또 남는가. 신의 작용인 생각 속에만 생사가 있을 뿐이다. 어리석은 생각 속에만 생사가 있을 뿐이다. 자세하게 사유해 보지 않은 거친 생각 속에만 생사가 있다는 말이다. 그러나 생각도 정신의 놀음이고, 정신은 하늘과 같다. 그러므로 정신은 생사를 초월한 것이다. 물질의 본질도 전자가 되기 이전에는 빛이고, 하늘이며, 정신도 역시 물질이 아니니, 당연히 하늘이다.

오직 하늘만이 온 우주를 드러내고, 받아들이며, 지배한다는 것을 깨달아야 한다.

하느님, 이 정신, 오직 하느님, 오직 이 정신.

이것을 믿는다면 신의 뜻을 아는 것이고, 이대로 행한다면 구원을 얻은 것이고, 복음을 얻은 것이다. 이것이 모든 종교가 바라보아야 할 궁극의 자리다.

35

어떻게 하는 것이 올바르게 수지독송하는 것인가요?

불교 경전들(금강경 내지 여러 경전)을 보면 '이 경전을 수지 독송하여 타인에게 설하여주면 그 복덕이 다른 것들보다 수승 하다'라는 의미의 구절들을 발견하게 됩니다. 대부분 수지독송을 '받아 지니거나 읽고 외운다'라고 번역이 되어 있는데 구체적으로 어떻게 하는 것이 수지독송인지 잘 모르겠습니다. 경전을 외워야 하는 것인가요?

수지독송(受持讀誦)

무엇을 어떻게 깨닫든, 판단하는 생각이 흐르고 있다면 당연히 '지금'을 느끼게 된다[受]. 정신이 깨어 있는 지금 이 순간 말이다. 세상에 대한 지각이 생기고, 그것을 지니고 나서[持], 지금에 대한 나름대로의 판단[讀]을 하게 되면, 좋아하고 싫어하는 애증(愛憎)이 생겨나고, '삶'이라고 하는 나만의 인생[誦]이 흐르게 되니, 이것이 곧 이 경[是經], 즉 이 세상을 수지독송하고 있는 모습이다.

그러니 누구든 평등하게 이 경을 수지독송함[人生]에 있어서 어떤 이가 하천한 사람으로 취급된다면, 그 원인은 당연히 앞서 지나간 세월에 있었을 것이니, 그 당시에는 나와 남이 있고, 죄와 벌도 있다고 믿어, 때로는 화를 내거나 죄책감을 갖기도 했을 것이 분명하다. 그 기억은 다음 찰나의 원인이 되고, 그 결과는 또다시 다음 찰나의 원인으로 작용하여 이어지게 되므로, 중간에서 쉽게 끊어지거나, 사라지지 않는다. 마치 자라를 원인으로 깜짝 놀라게 되는 결과가 생기고, 그 결과가 다시 원인으로 작용하여 솥뚜껑을 자라로 보고 놀라게 되는 결과를 만드는 것과 같다. 그러므로 기억에 의하여 지금도 세월을 느끼고, 빈천을 깨달으며, 진한(瞋恨)을 다시 기억에 쌓아가게 되니, 당연히 운명이 있다고 생각하게 된다.

그러나 당면된 '지금'에는 실제라고 할 수 있는 찰나가 없다. 지금이라는 찰나를 잡아두거나 가질 수 없다는 것이다. 지금이 없다면 지금이 모인 세월도 없으니 전생도 없으며, 죄가 있을 자리인 과거가 사라졌으니 역시 업보 또한 있을 수 없는 것이다. 그러므로 어떠한 경천함이 다가오더라도 그 사실이 실제로 있는 것이 아니라는 강하고 당연한 믿음이 있어 스스로의 가슴에서 흔들림이 없다면, 앞의 세월에 의한 업이란 꿈과 같은 것이므로 당장에 모든 업이 소멸되고, 기나긴 세월이 끊어져 버리는 것이다. 비유(比喩)하면 누군가가 죄인이 되어 그 죗값을 치르기 위해 감옥살이를 하게 되었을 때, 이 일이 실제로 있는 일이라는 생각이 있어 억울해 하거나, 괴로워하는 일이 없다면, 죄만 소멸되는 것이 아니고, 다시 복수하겠다는 생각이나, 죄를 감추겠다는 생각이 사라질 것이므로, 당연히 훗날 다시 죄를 지을 일이 사라지는 이치와 같다.

경(經)이란 '이 세상'이고, '지금의 찰나'이며, 과거와 현재와 미래, 그리고 시방(十方)이 함께 드러나는 '지금인 정신'이다. 그러므로 정신이 모두를 드러내어 온갖 사연을 수놓는 것이다. 그리고 만유란 곧 정신 가운데의 이름일 뿐 그 실체를 찾을 수 없는데, 그 사실을 모른다면 스스로의 생각인 대상을 보며 궁금해하고, 그것에 집착하게 되니, 결국 내 생각을 보고 내가 다시 궁금해하는 꼴이므로, 어느새 또 다른 의심을 내게 된다. 그러므로 모두가 자기의 생각이라는 사실을 깨닫지도 못하고, 또한 그 자기가 실제로 존재하는 것도 아니라는 사실을 모른다면, 자기의 생각을 스스로 의심하는 결과를 낳게 된다. 그러니 '이 경'을 보더라도 만약 세상과 나와, 그리고 사연이라는 것들이 각각 따로 있다는 생각을 가진 채로 세상을 수지독송한다면, 결국 조금도 편안해질 수 없을 뿐 아니라, 복을 얻으려 노력하지만, 그것은 도

리어 스스로의 박복함을 인정한 것이 되니, 당연히 내생의 업보는 유복할 수 없는 것이다.

내가 있다면 나이를 인정하게 되니 세월 또한 실답게 있는 것이라 믿게 되고, 세월이 있다면 당연히 과거의 끝인 지금의 죄도 역시 인정하게 되니 어찌 업보를 피할 수 있겠는가. 이 경의 공덕이란 오직 한 마음의 능력으로 삼라만상을 드러내고 바라보는 것인데, 이것을 깨닫지 못하고 부처인 마음에 의하여 드러난 모든 것들 가운데 작은 하나를 나라고 고집한다면, 그 결과는 너무도 초라해지는 것이다.

마음은 보이지 않지만 만물을 드러내고, 드러난 것은 있지만 머묾이 없으니, 드러나도 드러남이 아니고, 없지만 없는 것도 아니므로 드러난 몸과 만물, 그리고 숨겨진 마음은 결국 하나라고 할 수 있다.

36

마음이 힘들 때 절을 하는 것이 도움이 되나요?

요즘 정신적으로 육체적으로 집중이 되질 않습니다. 주위에 자꾸 좋지 않은 일이 생기는 바람에 마음수련을 해야겠다는 생각이 들었습니다. 무리하지만 않는다면 건강에도 좋을 것 같습니다. 저는 불교 신자는 아니지만 어머님을 따라 어렸을 적에 절에도 많이 다녔고, 현재에도 불교에 많은 관심이 있습니다. 그래서 집에서 108배를 해보려고 하는데 절을 하는 것이 저에게 도움이 되는지, 된다면 어떻게 하는 것이 가장 좋을지 조언 부탁드립니다.

108배

모든 일에는 순서가 있듯이, 수행에도 이치가 있는 법이니, 그 이치를 먼저 알고 행하는 것이 옳다. 왜 그 일이 이익이 되며, 또는 오히려 손해가 되는가를 먼저 궁리(窮理)해야 한다는 말이다. 불경에 108배가 수행의 일부라는 말은 없다. 절을 하는 것으로 흔들리는 마음을 근본적으로 다스릴 수는 없는 것이다. 그러므로 마음이 흔들리는 이치를 알아야 한다. 흔들림의 근본은 마음이기 때문에 마음에서 해결해야 한다는 말이다.

마음은 보이지도 잡히지도 않는다. 그러므로 사실은 흔들린다고 할수도 없는 것이나, 단지 마음의 실체를 모르기에, 또 세상의 실체를 모르기에 번뇌가 일어나는 것일 뿐이다. 세상이라는 것이 마치 상상으로 꾸며내는 만화 영화와 같다면, 영화 속에 사는 이 마음에 어떤 걸림이 있을 수 있겠는가.

이 세상은 실제로 꿈과 같으므로 힘들어야 할 것이 아니다. 그렇기에 깨달은 스님들은 걸림 없는 삶을 살았던 것이다. 꿈의 세상은 깨고 나면 사라지듯, 이 세상도 역시 뒤돌아보면 1분 전의 일도 사라져 버리고, 1초 전의 일도 이미 사라져 버렸으며, 꿈속의 소리와 색깔들을 가지고 올 수 없듯, 이 세상의 소리와 색깔들도 귀로 듣고 눈으로 볼 뿐이지, 잡을 수는 없는 것이다. 색은 어두워지면 빛을 따라 사라지는 것이고, 소리는 생기는 즉시 허공에 묻혀버리는 것이기 때문이다.

육신을 포함한 만유 또한 그와 같다. 결국 마음은 본래 공하므로 허공

불멸 *IMMORTALITY* 1

처럼 얻을 수 없는 것이니 모두가 꿈속의 일과 다름없고, 꿈속에서의 생사는 환상과 같으므로 이 세상의 죽고 삶도 역시 이름일 뿐이라는 것을 알아야 한다.

이처럼 이치를 설명하는 선지식의 가르침을 따른다면 곧 마음이 편안해질 수 있으므로, 수행이라는 이름으로 외도의 길을 걷게 되는 수고로움을 피할 수 있게 되는 것이다.

37

천도재를 하면서 옷을 태우는 이유는 무엇입니까?

얼마 전 천도재에 참석하게 되었는데, 의식의 마지막에 돌아가신 분의 옷가지를 불에 태우는 것을 보았습니다. 그때 저에게 뭔지 모를 경건한 마음이 생겼는데, 절에서 옷을 태우는 이유가 바로 가족들에게 경건한 마음을 일으키기 위해서인가요? 특별한 의미가 있는 것 같은데, 그곳에 계신 스님들께 여쭤보니 돌아가신 분이 모두 잊고 떠나가시길 비는 뜻이라고 하였습니다. 정말 옷을 태우면 돌아가신 분이 그것을 알고 떠나가나요? 어떤 의미인지 궁금합니다.

옷의 의미

 불가에서 말하는 옷이란 본래 추억이나 기억을 가리킨다. 기억이 없으면 '나'라는 마음의 사연이 사라지게 되니, '나'를 몸이라고 생각한다면 옷은 기억이 되는 것이다. 그래서 옷을 벗으면 허전한 느낌이 들기도 하고, 한편으로는 솔직해지고 허물없는 마음이 되기도 하는 것이다. 그것은 '나[我相]'를 세우지 않기 때문이다. 그러나 세상을 사는 중생은 기억이 자기라는 법칙을 알지 못하기에, 그것을 상기시키고 아상(我相)을 없애주려는 방편으로 옷을 태우는 것이다. '나'라는 것은 기억을 제외하면 존재하지 않지만, 기억은 이미 사라진 과거의 일이며, 과거는 돌이킬 수 없으므로 '나'라는 생각은 환상일 뿐이다. 그러나 과거로 이루어진 환상을 실제로 있는 것이라고 믿는 어리석음으로 인하여, 있지도 않은 내가 마음속에 생기면, 생겨난 것은 반드시 사라지므로 나 역시 곧 죽어 없어질 것이라고 당연히 믿게 되는 것이다. 이것이 죽음의 공포가 생겨나는 이치다.

사실 죽음의 공포를 느끼는 것은 마음이고, 마음은 보이지도 만질 수도 없는 것이므로, 죽고 사는 것이라고 말한다면 이것은 모순임에도 불구하고, 중생은 무조건 자기가 죽는다고 믿고 있다. 그와 같은 어리석음을 일깨워주는 법문이 천도재가 되어야 하나, 사실 이러한 이유를 알고 천도 의식을 행하는 스님들은 거의 없다. 이유도 모르고 설명도 못 하는 스님이라면 천도재를 지낼 자격도 없으며, 해서도 안 되는 것이다. 그들은 승복만 걸친 중생이기 때문이다.

옷을 태운다는 진정한 의미는 '나라는 것은 생각이고 기억이므로 생사와는 무관한 마음이구나'라는 사실을 깨닫는 것이다. 어려운 일이 아니니 지혜로서 현명하게 사고(思考)해 보라. 그리고 그것이 믿어졌을 때 비로소 그와 함께 큰 자유가 피어오름을 느낄 수 있을 것이다. 이것이 깨달음의 환희이니 곧 법열(法悅)이라고도 한다.

이 대답이 인연이 되어 올바른 불도를 닦는 불자가 되기를 바란다.

38

집착을 버린다는 것이 무엇입니까?

불교에서는 흔히 집착을 버리라고 말하는데, 집착을 버리면
밥도 먹지 말아야 하고, 잠도 자지 말아야 하는 것 아닌가요?
밥도 잠도 모두 몸뚱이에 대한 집착이라는 생각이 들었습니다. 그런 의미
에서 집착을 버린다는 것은 어떤 것에 대해 마음을 쓰는 작용을 버린다는
것보다는 '나의 마음'이라는 자체에 대한 열망을 버린다는 의미가 아닌지
요. 내 마음에서든 느낌이니 너의 감정보다 중요하다거나 내 생각은 언제
나 옳다라는 생각이 집착의 의미가 아닌가 여쭙습니다.

집착(執着)

 집착은 마음에서 일어나는 현상이므로, 마음이 없음을 깨닫는 것이 집착을 없애는 가장 확실한 방법이다. 마음이란 실제로는 무엇이라고 말할 수 없는 것이다. 비록 '진공(眞空)'이라고 이름 붙일 수는 있지만, 그 실체를 찾을 수는 없기 때문이다.

따라서 중생이 말하는 마음은 상대성에 의하여 드러나는 신기루와 같은 것이다. 즉 꿈을 꾸기 이전에는 '마음'이든, '나'이든, '정신'이든, '지금'이든, 이 모든 것이 자취도 없으므로 잠을 잔다는 생각도 있을 수 없고, 내가 없어졌다는 것도 없는 무(無)의 상태이니, 그것을 무심(無心)이라고 이름하지만, 환상이 생겨나면 중생이 생각하는 '나'라는 마음도 있는 듯 현현하게 될 뿐이다. 마치 거울 자체에는 본래 아무런 색깔이 없으나, 거울 앞에 꽃을 놓으면 거울 속에 꽃이 비춰지고, 비로소 거울이 있음을 알게 되는 것과 같다.

또, 자다가도 꿈이 나타나는 것을 보면 무심이라 할지라도 단멸(斷滅)되지 않는다는 것을 알 수 있다. 그 이유는 물질이 아닌 것은 사라질 수 없기 때문이다. '불생불멸'이다. 생겨나지 않았기에 있다고 할 수 없는 마음이니, 사라질 수도 없다는 말이다. 그러나 그 실체가 없는 마음의 기억능력에 의하여 역시 실체는 없는 것이지만, 꿈이라는 환상이 드러나게 되면, 그 꿈을 깨닫는 '나[我]'도 덩달아 드러나게 된다. 그러므로 그때의 '나'는 꿈에 의해 상대적으로 드러난 '신기루와 같은 마음'이라고 할 수 있다는 말이다. 역으로 생각해 본다면 신기루와 같은 마음이 살아나면 반드시 그 앞에도 역시 마음에서 느끼고 있는 것과 '같은 것(꿈)'이 존재하고 있다는 말이 된다. 앞에서 말한 거울과 거울 앞의 꽃이 언제나 함께 나타나게 되는 현상과 같다.

이것이 마음이 펼치는 상즉법(相卽法)이다.

본래 거울에는 아무것도 없기에 다른 사물을 비추는 것이다. 만약 거울 앞에 아무것도 없다면 어떤 모습을 거울이라고 말할 수 있겠는가. 단지 거울에 무엇을 비출 때에만 비로소 거울의 기능이 생겨나게 되듯, 마음도 그와 같음을 알아야 한다. 그러나 이 마음은 임시로 생겨난 것이고, 이 신기루 같은 마음과 그 마음 앞에 있는 꿈과 같은 세상을 모두 가지고 있는 것이 '실제의 마음'인 것이다.

'물질은 왜 내가 볼 때만 존재하는가?'라고 한 아인슈타인의 말은 그가 허망한 물질과, 그 환상과 같은 물질을 존재케 하는 능력인 감각과의 관계를 눈치채고 있었다는 것을 알 수 있게 한다. 이 불가분의 관계를 한마디로 말하면 '불심(佛心)'이라고 하는 것이다.

그러므로 일체중생이 모두 불심을 가지고 있으나, 스스로가 오해함으로써 작아졌을 뿐이다. 이 허망한 마음이 '나'라는 것임을 깨닫는다면, 음식을 먹어서 임시로 만들어놓을 수는 있겠지만, 계속 먹어주지 않으면 얼음이 녹듯 쉬지 않고 사라지는 육신에 집착할 리가 없을 것이다. 그리고 육신과 마음이 이렇게 허망한 것임을 알면 모든 집착은 저절로 사라지게 된다. 혹자는 이 말을 듣고 이제는 허망함에 빠지게 될 것이라고 생각하겠지만, 오히려 이 환상과 같은 몸과 마음이 합쳐진 것이 본래의 마음이라는 것을 깨닫는다면 세상을 모두 얻게 될 것이다.

이렇게 꿈을 꾸는 것과 같은 마음의 법칙으로 드러나는 세계 말고는 천상도 지옥도 있을 수 없다는 사실을 깨닫게 되면, 죽고 사는 것도 꿈과 같으리니, 생사의 두려움으로부터 벗어나게 된다. 더욱이 투명하여 사라질 수 없는 마음이라면 '나'는 영원한 것이니, 세월의 흐름에 대한 조급함도 있을 수 없게 될 것이며, 영원한 마음 앞에는 마치 꿈이 드러나듯 어떠한 모습의 몸이라도 반드시 만들어진다는 사실도 알게 되니, 가장 실감 나는 장난감을 가지고 노는 대단한 공덕을 얻게 된다. 또한 없는 마음에 생겨난 죄 역시 있을 수 없으니 죄책감으로부터 자유로워지고, 마음은 생멸하는 물질, 즉 우주의 모든 별과 공간을 느낄 수 있으므로 삼천대천세계를 누리는 왕이었음을 확인하게 된다.

이것은 허무주의가 아니다.
이것은 염세주의도 아니다.
지혜의 승리인 것이다.
이것이 불법이다.
그리고 당신이 불법의 주인공이다.

IMMORTALITY 불멸 1

공부를 해서 일 등이 되는 것인가요, 일 등이 되었기 때문에 공부를 계속하는 것인가요?

저는 올해 고3 수험생입니다. 담임선생님께서는 저희에게 이렇게 말씀하십니다. "공부를 하기에 일 등이 되는 것이지 일 등이 되었기 때문에 공부를 하는 것이 아니다." 일 등은 평소에 공부를 많이 했기 때문에 일 등이 되는 것이지 일 등이 된 후에 그것을 유지하기 위해 공부를 하는 것은 아니다라는 말씀이죠. 하지만 실제로 전교 일 등인 친구에게 물어보면 공부를 하는 가장 큰 이유가 일 등을 빼앗기지 않기 위해서라고 합니다. 이제 일 등이 되었는데도 게으를 수 없는 것은 이등이 바로 뒤에서 쫓아오고 있기 때문이라는 겁니다. 자기가 그 자리를 놓쳤을 때 받을 주위의 시선이 너무 두렵다나요? 세상의 기업을 보아도 그 분야에서 최고의 자리를 성취한 후에는 그 자리를 유지하기 위해 끊임없는 노력을 하고 있는 듯 보입니다. 결국은 누구나 일 등의 자리를 위해 노력하는 것 아닙니까? 어느 것이 옳은지 잘 모르겠습니다. 무엇인지 가르쳐주세요.

인연법(因緣法)

인연법을 깨달으면 자신이 공(空)함을 알게 되어 생사를 초월하고, 시종(始終)을 떠나 끊임없이 연속되는 '나'를 발견하게 되니, '환상이 영원하게 펼쳐지는' 경치 속의 기분인 '열반락(涅槃樂)'을 얻게 된다.

눈[眼]은 홀로 존재할 수 없다. 세상의 모든 색(色)이 사라지면 눈이 있어도 무엇에 쓰는 것인지 알 수 없게 되기 때문이다. 그러므로 눈은 반드시 색에 의해 그 존재성을 부여받는 것이다. 역시 소리가 있어야 귀가 있게 되고, 코도, 혀도, 몸도, 의식도 역시 그와 같으니, 한마디로 '세상'이 있어야 '나'도 있다는 것이며, 내가 있어야 세상도 있게 된다는 말이다. 이렇게 석가모니부처님께서는 세상과 나는 따로 떨어진 것이 아니라는 가르침을 주셨으니, 그 법칙을 '상즉법(相卽法)'이라고 한다.

색이 있으려면 공한 눈이 있어야 하고, 공한 눈이 있으려면 공이 아닌 색의 몸이 있다는 생각이 있어야 한다. 색이 '있는 것'이라면 눈에는 색이 없으니 그 색을 볼 수 있는 것이고, '색이 없는' 눈을 느끼려면 반대로 '색이 있음'을 생각해야 한다는 말이다. 상즉법은 이렇게 마주하는 것이 서로 상반되어야만 상대를 느끼게 되는 법칙을 말한다[色卽是空 空卽是色]. 그것은 지혜가 사장된 미물들로부터 깨달은 성인(聖人)에 이르기까지 평등하게 적용되고 있기 때문에, 그 법칙을 미처 알지 못하는 중생도 검은 종이에 검은 글씨를 쓰는 어리석은 행동은 하지 않는 것이다. 그렇게 볼 때 세상을 '있는 것'이라고 한다면, 세상을 보는 존재인 '나'는 '없는 것'이어야 하니, 당연히 죽고 사는 것이 아니라는 깨달음을 얻게 되어, 곧 생사를 초월하게 된다.

또한 '몸'이 있는 것을 보니 몸을 보는 '마음'이 있게 되고, 마음이 있다는 것을 보게 되니 다시 몸이 있다고 알게 되는 것이며, 몸이 있다는 생각으로 다시 마음이 있게 되니, 허공 같은 마음이 생각으로 된 몸을 만들고, 몸이라는 것은 다시 허공 같은 기억을 만들어 영원히 연속되는 것이므로 열반락을 얻는 것이라고 한다.

잠을 잘 때는 아무것도 없다가 문득 '꿈'이 꾸어지면 '꿈을 보는 내'가 있게 되고, 내가 있으니 '실감 나는 꿈'을 보게 되고, 꿈을 보게 되니 '도망치는 내'가 있게 되고, 도망치는 내가 있게 되니 '쫓아오는 꿈속의 코끼리'가 실제로 있는 것 같이 느껴지게 된다. 그처럼 '몸이 있다는 업(業)' 때문에 '몸이 있다'고 생각하게 되고, '몸이 있다'는 생각에 의해 '기억으로 이루어진 업'이 생겨나고, 그 '기억의 업'에 의하여 다시 짐승이든, 귀신이든, 사람이든, 스스로의 몸이 생각 속에 생겨나, 또다시 그 기억을 쌓아 가게 되는 것이다.

이것이 바로 '영원하게 흐르는 법칙'이다.

사실을 깨달아보면 모두가 실체가 없는 생각으로 되어 있음을 알게 되고, 이 경치를 이름하여 '이름만 있는 꿈'의 모습이 영원하게 펼쳐지는 '열반'이라고 하는 것이다. 그러니 이렇게 영원히 꿈만 꾸는 것이 삶의 실체였다면 얼마나 다행인가. 정말로 죽는 것인 줄 알고 얼마나 두려워했는가.

'공부를 하기에 일 등이 되는 것이지 일 등이 되었기 때문에 공부를 하는 것이 아니다'라고 하는 말은 인연법의 이치를 깊이 생각해 보지 않은 어리석음이다. 공부를 하기에 일 등이 되고, 일 등이 되기에 공부를 더 하게 되고, 공부를 더 하니 항상 일 등이 되는 것이다. 또 공부를 안 하기에 꼴찌를 하게 되고, 꼴찌이기에 공부를 더 안 하게 되며, 공부를 더 안 하니 항상 꼴찌를 면하지 못하게 된다는 것이 불교의 가르침이고 세상의 실제 법칙이다.

내가 사람이라고 생각하기에 산다고 생각하고, 산다고 생각하기에 당연히 죽는 것이라고 생각하고, 죽는 것이라고 생각하기에 죽는다는 기억을 쌓고, 죽는다는 기억에 의하여 죽는 몸으로 다시 태어나게 된다. 내가 마음이라고 생각하기에 생사가 없다고 생각하고, 생사가 없는 나라고 생각하기에 생사 없는 기억이 쌓이게 되고, 생사 없는 기억에 의하여 생사 없는 부처로 화생하게 되는 것이다. 불도를 닦으면 일체의 아쉬움이 사라진다. 오래 살고 싶다는 것도 일찍 죽게 되는 아쉬움이고, 건강하고 싶다는 것도 병들게 되는 아쉬움이니, 이런 모든 아쉬움이 없어지려면, 즉 소원이 없어지려면 불도를 닦아야 한다는 말이다. 이런 사실이 믿어지지 않는 이는 석가모니부처님께서 출가한 이유도 모르고 있는 것이며, 석가모니부처님께서 해탈하여 생사를 초월한 부처를 이루었다는 사실도 믿지 못하는 것이니, 이미 불자라고 할 수 없을뿐더러, 자기는 끝까지 죽는 존재로 남겠다고 고집 피우며, 사형을 기다리는 아슬아슬한 사형수로 살겠다고 말하는 것과 같다.

40

보조국사 지눌의 「수심결」에 나오는 가죽주머니는 무엇을 의미하나요?

웹서핑 중에 보조국사 지눌스님의 「수심결」을 읽게 되었습니다. 마음고생 중에 지혜의 감로수를 마신 듯합니다. 그러나 가만히 생각해 보니 또다시 미궁으로 빠져드는 것 같습니다. 「수심결」의 내용 중 가죽주머니를 놓아버리라는 부분에서 가죽주머니가 의미하는 것이 구체적으로 무엇인지 와 닿지 않습니다. 인간의 육신을 말하는 것 같기도 하나, 놓아버리라는 것은 단순히 집착을 버리라는 말인가요, 아니면 진정으로 몸을 버리고 천상으로 가는 것이 옳다고 말씀하신 것인가요?

「수심결」의 가죽주머니

물론 육신을 말하는 것이다. 깨달음을 얻은 자는 사람이라고 할 것이 따로 없음을 얻은 것이므로 일체의 차별을 벗어났으나, 차별을 벗어남에도 다시 삼승(三乘)의 차별이 있게 되니 어떤 꿈이든 모두가 같은 헛것이지만, 행복한 꿈이 있고, 괴로운 꿈이 있는 것과 같다.

이제 삼승을 설명하겠다.

제삼승(第三乘)이란 몸은 생멸하는 것이므로 허망한 것이니 진실하지 못하다고 깨닫고, 마음은 보이지도 않는 것이므로 없어질 수도 없는 것이니 진실하다고 깨달은 뒤, 몸을 무시하며 마음을 자기로 삼아, 모든 일에서 이 생각을 놓치지 않으려고 하는 자를 말한다.

제이승(第二乘)은 몸과 마음이 모두 공하여 헛것이니, 마땅히 삶이라는 것도 헛것이라고 깨닫고, 육신이 없는 천상에서 살아야 한다고 생각함으로써 육신을 돌보지 아니하여 속히 떠나게 하거나, 즉시 몸을 불살라 태우고 떠나가는 자를 말하니, 곧 벽지불(辟支佛)을 의미한다.

제일승(第一乘)이란 몸도 공하고 마음도 공하나, 마음이 없으면 몸이 있을 수 없고, 몸이 없어도 마음이 있을 수 없음을 깨달아, 심신(心身)이라고 할 것도 아닌 헛것이지만, 둘로 나뉜 것도 아니라는 지혜를 얻어, '삼천대천세계' 자체가 오직 하나인 '나의 지혜'로서 남게 되어, 무언가를 무시하거나, 더 찾을 것도 없고, 버릴 것도 없으며, 태울 것도 없고, 없다 할 것도 없게 된 자를 말한다.

불멸 1
IMMORTALITY

또한 눈이 없으면 색이 있어도 소용없고, 색이 없으면 눈이 있어도 소용없으니, 눈과 색은 마땅히 둘이 아니고, 색을 보려면 눈에는 색이 없어야 하니 눈은 공하며, 색은 공한 눈과 끊어진 자리가 없으니 역시 공하므로, 모두가 공한 헛것임도 알게 된다.

그리고 색은 세상 자체를 말하는 것이고, 눈이란 세상을 보는 나를 말하는 것이나, 세상과 눈이 둘이 아닌 것을 깨달았고, 둘이 아닌 것이 모두 헛것이라는 것도 깨달았다면, 바로 온 천지가 꿈과 같다는 결론에 이르게 된다.

꿈은 내가 꾼다. 그리고 꿈속에는 또 하나의 내가 있다. 또한 꿈속에는 세상도 있다. 그러나 이것은 모두가 내 것이다. 그 셋이 모두 '나[我]'다. 그러므로 꿈과 같은 온 천지가 오직 '나[我]라는 정신'뿐인 것이다. 이것이 진정한 지혜다.

'천상천하(天上天下)에 오직 나만 홀로 존재한다'는 마음이므로 주체와 대상의 의미가 사라졌으니, '나', '마음', '몸', 그리고 '세상'과 '남' 역시 의미가 없다. 이 무의미의 깨달음 자체가 선정(禪定)인 것이다. 오직 '나' 혼자뿐인데, 오직 '세상' 혼자뿐인데, 무엇이 무엇에게 흔들리겠는가. 그리고 이러함을 아는 마음을 지혜라고 하는 것이니, 오롯하게 남은 '나'가 곧 '지혜'인 것이다. 오직 이 '지혜'뿐인데 무엇을 또 볼 것이 있겠는가.

그러므로 질문에서 제시한 보조국사의 글 중 가장 중요한 대목이 다음의 말인데, 이것은 당연히 삼승의 깨달음이라는 것을 알 수 있다.

"인식작용의 주체가 되는 여섯 감각기관[六根]이 인식의 대상인 경계를 대하여도 마음이 얽힌 인연을 따르지 않음을 선정(禪定)이라 하고, 마음과 대상이 모두 실체가 없는 공(空)이어서 본래 미혹함이 없는 것을 비추어 아는 것을 지혜라고 한다."

"보배를 얻고자 한다면 그 가죽주머니를 놓아버려라."

물론 방편이겠지만 주체와 대상이 따로 있다고 보고, 물론 둘이 아님을 말하려는 것이겠지만, 마음과 대상이 모두 실체가 없다고 보면서 어찌 보배를 말하고, 가죽주머니를 말하며, 놓아버릴 것이 따로 있다고 말하는 것인가. 보배가 어디에 따로 있고, 가죽주머니가 누구에게 따로 있겠는가.

눈이 없으면 '보인다'는 마음도 없어지고, 귀가 없으면 '들린다'는 마음도 없어지며, 코가 없으면 '냄새난다'는 마음도 없어지듯, 몸 전체를 놓아버리면 마음 자체가 사라진다는 것을 모르는 말이다. 마음이 몸을 떠나 따로 있는 것이 아니기 때문이다.

꿈속에 마음과 몸이 따로 있는가?

둘 다 꿈이며 정신이다.

있는 것이야 찾을 수 있지만 없는 것을 어찌 찾을 수 있겠는가.

색을 내놓아보라. 무지개를 가져와 보라.

이 세상은 이미 아무것도 구할 것이 없다.

맹인에게는 색을 설명할 수 없다.

농인에게는 소리를 설명할 수 없다.

오직 마음만이 이 세상을 느낄 수 있다.

그러나 마음 자체도 색이나 무지개와 같이 내놓을 수 없다.

마음을 찾으라고 하는 말에 속아 이 나라 중생이 천 년을 헤맸다.

몸과 마음이 하나라는 부처님의 뜻을 모르고 보조도 떠나갔다.

그리고 이러한 가르침으로 선종(禪宗)이 흘러왔으니, 아직도 이 가르침을 전수받고 깨달았다고 하는 자들이 수두룩한데, 과연 믿을 수 있겠는가.

41

이 모든 것은 뇌가 만들어낸 환상에 불과한 것입니까?

뇌의 중요 부위를 다친 환자들이 사고 후 장애를 겪듯이, 마음의 실체란 단지 뇌에 가해지는 전기작용이 아닌가 하는 생각들이 요즘에 계속 듭니다. 정말로 내가 죽고 나면 아무것도 남지 않고 사라지는 것이 아닐까 하는 불안감이 생깁니다. 형이상학적으로 깨달음이든, 철학적 사고이든 간에 이 모든 것을 만들어낸 것은 나의 자아이고, 뇌의 놀음이 아니었나 하는 것이지요. 결국 뇌의 왕성한 활동으로 어떤 사물에 갖가지 이미지를 입히고는 그것에 의미를 부여하고 해석하여 나름대로 지적 유희를 즐기는 수준에 머무르는 것이 곧 삶이 아닌가 하는 의문입니다. 실제로 자연은 단지 그 자리에 머물러 있을 뿐이고, 인간의 환상이 이 세계를 뒤덮고는 의미를 부여하는 것 아닙니까? 단지 생각이란 그런 신호의 다발일 뿐인 것인지도, 그리고 이대로 나는 사라져 버리는 것인지도 모릅니다. 여태껏 쌓아왔던 가르침들이 모두가 한낱 꿈은 아니었을까요? 사람들이 깨달음이라고 상상하는 것조차도 저의 개인적인 뇌의 작용에서 벗어나 있지 못한 것 같네요. 가르침을 주십시오.

뇌(腦)와 색즉시공(色卽是空)의 이치

뇌의 놀음이라 해도 틀렸다고 할 수는 없지만, 그것이 전부는 아니다. 우리가 흔히 사용하는 라디오 수신기를 예로 들어보자. 라디오 방송국이 방송전파를 보내면 하늘은 그 전파를 모두 가지고 있게 된다. 그리고 수신기가 각각의 방송과 주파수를 맞추면, 하늘에 있던 방송이 수신기를 통해 흘러나오게 된다. 방송국이 옮겨 온 것이다.

뇌는 수신기와 다름없다. 수없이 지나간 업(業)이 방송국이 되어주고, 그 업에 따라 지금에 주파수를 맞추면 방송이 나오게 된다. 수천 겁의 과거가 옮겨 온 것이다. 라디오는 작은 방송국이고, 우리의 뇌는 작은 정신이다. 라디오를 방송국이라 해도 상관없다. 방송국에서 보내주는 대로 라디오에서도 그대로 전달하기 때문이다.

그러므로 뇌를 정신이라고 해도 상관없다. 정신에서 시키는 대로 뇌에서도 명령하기 때문이다. 그러나 라디오에서 방송국으로 방송전파를 보낼 수는 없듯이, 뇌가 정신을 만들어낸다거나 뇌에서 정신으로 명령을 내린다는 등의 생각은 옳지 못하다. 만약 비물질인 '정신'을 물질인 '뇌에서 생겨나는 현상'이라고 한다면, '하늘'도 '땅에서 생겨나는 현상'이라고 해야 할 것이고, 물질인 뇌가 비물질인 정신에게 명령한다고 한다면, 죽은 시체는 아직 뇌가 남아 있으므로 다시 정신을 차리고 일어날 수 있어야 할 것이다. 따라서 뇌란 정신의 작은 분신(分身)이라고 말할 수는 있으나, 정신의 상위개념으로 이해되어서는 안 된다는 사실을 명심해야 한다.

이렇게 정신과 물질은 둘이라고 말할 수도, 그렇다고 완전한 하나라고 말할 수도 없다. 마치 한 나라의 왕은 백성을 다스리지만, 백성이 모두 사라진다면 왕이라는 이름 역시 사라져 버리는 것과 같다. 그렇다면 이제 하나도 아니요, 둘도 아닌 정신과 물질의 관계에 대해 알아보자.

우리가 흔히 독송하는 『반야심경』의 '색즉시공(色卽是空) 공즉시색(空卽是色)'이라는 말이 주는 의미는 굉장한 것이다. 여기에 사용된 글자는 색(色), 즉(卽), 시(是), 공(空)이라는 네 자뿐이고, 그 글자 가운데 색과 공만 앞뒤를 바꾸어 배열한 문구에 불과하지만, 이 짧은 여덟 글자 속에 정신과 물질에 대한 우주의 비밀이 담겨 있다.

첫째로 '즉(卽)'이라는 말은 '두 가지가 다르지 않다'는 의미를 가지고 있다. 그러므로 색은 공으로 만들어졌으니 공이지만, 공은 색으로 인해 있게 되니 색이라는 뜻을 나타낸다. 만약 거울 앞에 어떤 대상도 남아 있지 않다면 거울에도 당연히 아무런 그림도 비춰지지 않게 될 것이니, 과연 무엇을 거울이라고 할 것이며, 반대로 거울이 없다면 어디에 대상이 비춰져 그것이 있음을 알게 되겠는가. 물질의 실체를 드러낸 말이다.

둘째로 '즉(卽)'이라는 말은 '서로 마주한다[相]'는 의미를 준다. 맞대면한다는 뜻이다. 결국 색은 공과 마주하고, 공은 색과 마주한다는 말이 된다. 이 즉이라는 글자는 색을 보려면 눈에는 본래 색이 없어야 하고, 소리를 들으려면 귀에는 소리가 없어야 하는 법칙을 알려주고 있다. 만약 눈에 색이 있다면 세상이 모두 한 가지 색으로 보이게 되기 때문이다. 무게를 다는 저울은 항상 0(zero)의 상태로 있어야 하고, '모든 것[色]'을 느끼는 감각[空]은 '모든 것'이 아니어야 한다. 또한 허공이 허공을 느끼지 못하듯, 없다는 것을 느끼려면 반드시 있다는 기억을 가져야만 한다. 대지라는 기억이 있으므로 '허공은 대지가 없는 것'이라고 정의하는 것과 같다.

이렇듯 상반되지 않으면 서로를 알 수 없게 된다. 그러므로 색을 마주하는 것은 공이고, 공을 마주하는 것은 색이며, 색을 느끼려면 공해야 하고, 공을 느끼려면 색이 되어야 한다는 사실이 증명된다.

따라서 색 앞에는 공이 있고, 공 앞에는 색이 있다는 말이니, 이는 색과 공을 빼면 아무것도 남을 것이 없음을 시사하고 있다. 이것이 '즉(卽)'의 세 번째 의미다. 온 우주라고 해봐야 단지 둘뿐이다. 서로 상대하는 두 가지를 빼고는 아무것도 없다는 뜻이다.

마지막으로 '시(是)'라는 글자가 주는 의미다. 공을 보는 것은 '시색(是色)'이고, 색을 보는 것은 '시공(是空)'이라고 했는데, '시' 자에는 '이것'이라는 뜻이 있으니, '이 색', 또는 '이 공'이라고 번역해야 하는데, 과연 '이것'의 진정한 의미는 무엇인가.

앞에서 세상은 색과 공을 제하고 나면 아무것도 남지 않는다고 했다. 그렇다면 그 사실을 아는 놈은 색인가, 공인가. 색을 알려면 공이어야 하고, 공을 알려면 색이어야 하는데(두 번째 의미), 공도 알고, 색도 안다면 이 놈[是]은 색이면서 공이고, 공이면서 색이라는 말이 된다. 그러나 이 온 우주에는 색과 공을 빼면 어떠한 공간도 남지 않는다고 했으니(세 번째 의미), 그렇다면 색이면서 공이고, 공이면서 색인 이것[是]이 차지하고 있는 공간은 어느 곳이겠느냐는 말이다. 그런 여유의 공간은 없다. 그러므로 색과 공 자체가 곧 색과 공을 아는 놈[是]이었다는 결론이 나온다. 이것이 바로 '이것[是]'이다. '이것'이란 '저것[彼]'보다 가까이 있는 것을 이르는 말이다. '저것'을 '아는 놈'에게 가장 가까운 것은 무엇인가. 바로 '아는 놈[是]' 자체를 말하는 것이다. 곧 '정신'이다.

정신은 색과 공(감각)을 모두 포함하고 있다. 따라서 정신이 없으면 색의 존재는 사라진다. 즉 '있다는 것[有]'은 오로지 정신의 감각능력에 의하여 증명되니, 그 존재의 의미도 감각에 의해 부여되는 것이고, 가치도 감각을 바탕으로 주어지는 것이다. 그리고 감각 없는 정신은 있을 수 없고, 정신없는 감각도 있을 수 없으니, 오직 정신 속에서만 주어지는 '존재와 가치'가 되는 것이다.

프로타고라스[4]는 '인간은 만물의 척도다'라고 했다. 그러나 사실 만물의 척도는 인간이 아니라 '정신'이다. 만물이 색이라면 정신은 공이기 때문에 모든 것을 느낄 수 있으며, 저울질도 할 수 있는 것이다. 이것이 한쪽이 있음을 느끼려면 한쪽은 없어야 하는 상즉(相卽)의 이치

---

4) 프로타고라스 [Protagoras, BC 845?~BC 414?]
절대적인 진리의 존재를 부인하고 상대주의를 표방한 고대 그리스 철학자.
프로타고라스의 사상을 기록한 「진리(Aletheia)」에서 '존재하는 것들에 대해서는 존재한다는 것의 척도요, 존재하지 않는 것들에 대해서는 존재하지 않는다는 것의 척도이다.'라고 했다.

에 부합되는 견해다.

물질이란 과학이 말하듯, 성질과 그에 따르는 이름일 뿐 실체가 없다. 원소기호 1번이 'H'라는 이름이지만, 수소는 '허공의 한 성질'에 불과한 것이다. 역시 '산소'도 원소기호 8번이며, 그 이름은 'O'라고 붙어 있지만, 실체는 공한 '허공의 한 성질'인 것이므로 둘 다를 합해도 역시 '허공의 성질'에 지나지 않는다.

그러나 정신의 한 능력인 감각능력 앞에서는 그 모습이 달라진다. 곧 '물[水 – H$_2$O]'로 느껴지게 되는 것이다. 이것은 정신의 위대한 능력이지, 허공의 능력이 아니다. 허공은 꿈을 주지 못한다. 정신만이 꿈을 꿀 수 있듯, 정신의 능력만이 '허공의 화합'을 '있음', 즉 '물질'로 인식할 수 있는 것이다. 이것이 허공을 물질로 느끼게 되는 이유이다.

그리고 정신은 기억의 능력도 갖추고 있다. 그러므로 '있음'을 기억하게 되고, 그 기억에 의하여 다시 '없음'을 인식하게 되는 것이다. 본래 '없음'은 알 수 없어야 한다. 알 대상이 없다면 '없다'는 생각도 없으므로 인식작용이 일어날 수 없다는 것이다. 그러나 있다는 것을 기억하여 알고 있으면, 그와 반대되는 없다는 것도 알게 된다. 이것이 정신의 기억능력이다. 이제 '이것'이 무엇인지를 확연히 느낄 것이다. 색도 알고 공도 아는 '이것'은 바로 '정신'이었다. 이 가르침이 '시공(是空)', '시색(是色)'이라는 글자 속에 공공연한 비밀로 숨어 있었던 것이다.

정신 속에만 색과 공이 존재한다. 그러므로 물질이 없는 꿈에서도 색과 공, 세상과 감각, 그리고 있음과 없음이 느껴진다. 물질은 분자의 집합이고, 분자는 원자의 집합, 원자는 전자의 집합, 전자는 빛의 집합이며, 빛은 정신에만 감지되는 비물질이다. 따라서 색도 공이고, 공도 공이다. 그러나 마주 선 법칙이 있으니 꿈도 역시 그 법칙하에 드러나게 되는 것이다. 꿈에서도 세상을 보는 꿈속의 내가 있고, 그 나에게 보이는 꿈의 세상이 있다. 그러나 모두가 나의 일이니, 나는 혼자이지만, 항상 공과 색으로 마주하고 있다는 사실을 알 수 있는 것이다.

'나'는 '하늘'이 아니다. '나'는 '대지'도 아니다. '나'는 '별'도 아니다.
'나'는 '우주 공간'도 아니다.
'나'는 '하늘과 대지'를 양쪽으로 놓고 바라보고 있는 '정신'이다.
'나'는 '별과 우주 공간'을 다 알고 있는 '깨달음'인 것이다.

'하늘과 대지'는 '정신'의 능력이다.
'별과 우주 공간'은 '깨달음'의 능력이다.
'깨달음'의 기능을 가진 '정신'을 제하고 나면
아무것도 남지 않는다.
'보인다는 생각', 즉 '깨달음'을 제하고 나면 눈도 없고 색깔도 없다.
'보인다는 깨달음'에 의하여 눈도 있다고 깨닫고,
색깔도 있다고 깨닫는 것이다.
모두가 깨달음의 능력이다.
이 세상의 어리석은 스승들은
모두 몸을 버리고 마음을 찾으라고 한다.
몸이 없으면 마음도 사라진다.

그리고 마음이 없으면 몸도 사라진다.

꿈이 없으면 잠들었다는 사실도 모르니 '나'가 있을 수 없다.

보이는 것이 없으면 보는 놈도 사라진다.

그러나 몸과 마음이 모두 공하므로 이 마주 보는 현상,

즉 꿈은 영원히 끝날 수 없다.

있다는 것을 기억하기에 없다는 것을 안다. 그리고 없다는 것을 기억하기에 있다고 깨달을 뿐이다. 둘 다 깨달음일 뿐 그 실체는 공하다. 공한 것은 있는 것이 아니므로 사라질 것도 아니다. 불생(不生)인 것은 불멸(不滅)할 수밖에 없는 것이다[不生不滅]. 그러므로 공한 몸이 사라지면 몸을 느끼던 감각만 남게 되지만, 이 공한 감각에 공한 기억[業]이 남았으니 기억과 감각이 다시 꿈을 꾸게 되고, 꿈이 나타나면 이미 세상과 몸이 생겨난 것이다. 이것이 삶이 연속되는 법칙이지만 하열한 기억이 쌓이면 꿈이 달라지고, 꿈이 달라지면 이미 몸이 달라진 것이니, 때로는 소가 되고, 때로는 강아지가 될 것이나, 삶이라는 꿈이 끊어질 수 없다는 사실만은 분명하다.

수면상태에서 꾸는 꿈은 혼자 꾸는 꿈이다. 그리고 현실이라는 시산에 꾸는 꿈은 서로 '비슷한 정신 수준', '비슷한 수준의 업에 지배를 받는 정신'들이 마주하며 꾸는 꿈이다. 그러므로 실체가 없는 정신이 실체가 없는 색을 앞에 놓고는 그것이 스스로의 상즉법인 사실을 알지 못하고, 상대가 마치 실재하는 것인 양 서로가 서로를 속이게 되니, 더욱 실감 나는 삶을 살게 되는 것이다. 그래도 실제는 꿈이다. 오직

정신세계일 뿐이다.

색과 공으로 나뉘어 마주하지만 하나의 정신이고, 정신은 공하니, 사라질 수 없기에 색과 공이 마주하는 삶이라는 것은 영원히 반복될 수밖에 없다. 혹, 업을 잘못 쌓았다면 오히려 영원히 끝나지 않는 법칙이 원망스러울 수도 있다. 그러므로 불도를 닦는 것보다 시급한 일은 없다. 이 사실을 통찰하는 지혜를 얻어 반드시 허공으로 살아가야 한다. 허공의 기억에는 허공만이 드러나게 되는 것과 마찬가지로, 환상의 기억에만 환상의 세상인 극락이 다가오기 때문이다.

42

心不妄取過去法 亦不貪着未來事 不於現在有所住 了達三世實空寂을 해석해 주세요

불교 잡지를 읽다가 발견하였습니다. 그곳에 해석은 '마음이 과거법을 망령되이 취하지 아니하고 역시 미래사를 집착치 아니하고 현재에도 그 마음을 머무르지 아니하면 삼세가 실로 공적임을 요달한다'라고 되어 있는데 제 수준으로는 이해가 가질 않습니다. 스님께 법문을 청합니다.

『화엄경(華嚴經)』「십회향품(十廻向品)」 구절 해석

 당나라 실차난타가 번역한 『화엄경』의 「십회향품」에 실려 있는 내용이다.

질문한 내용의 한자(漢字)가 두 군데 잘못됐다.
'亦不貪着未來事'에서 탐착(貪着)은 탐저(貪著)로 표기해야 옳고,
'了達三世實空寂'에서 실공적(實空寂)은 실공적(悉空寂)으로 표기해야
옳다.

心不妄取過去法 마음의 과거법은 허망하여 취할 수 없고
亦不貪著未來事 역시 미래의 일도 드러내거나 탐할 수 없는 것
이며
不於現在有所住 현재의 있는 바도 머물지 않는 것이니
了達三世悉空寂 결국은 삼세가 모두 공적하도다.

재물, 권력, 원한, 사랑이나 미움의 심정 등 모든 것은 오직 마음에만
있는 것같이 느껴질 뿐, 실제로 다시 꺼내거나 돌이킬 수 없는 꿈과
같으며[心不妄取過去法], 역시 미래의 일도 미리 가져와서 당장 눈앞
에 펼칠 수 있는 것이 아니니 그저 상상에 불과하다. 상상 속에 있는

불멸 1
IMMORTALITY

미래의 일을 탐하는 것은 마치 30살 먹은 남자가 30년만 열심히 돈을 벌면 그 돈으로 아름다운 부인을 얻을 수 있을 것이라고 생각하는 것과 같다. 그가 30년 동안 탐욕의 마음으로 자린고비라는 비난을 들으며 돈을 벌어 결국 아름다운 부인을 얻었다고 하자. 그러나 그사이에 이미 자기가 늙어 모든 것을 버리고 무덤으로 향해야 하듯, 미래의 일은 실제로 지금 가져올 수 없는 것이며, 이루어진다 하더라도 자기가 이미 달라졌으니 미래의 계획을 세우고 탐심을 갖지만, 결코 얻을 수 있는 것이 아니다. 이렇게 얻을 수 없는 것을 얻으려는 어리석은 마음을 범부라고 하는 것이다[亦不貪著未來事].

현재 눈앞에 실감 나게 드러나 있는 것들도 찰나마다 변화하여 사라지고 있는 것이므로 머물러 있는 것이 아니니, 아무리 눈앞에 아름다운 부인이 있고, 꽃이 있고, 대궐 같은 집이 있더라도, 이 모든 것은 얼음이 찰나마다 녹아서 모습이 바뀌고, 어느새 얼음이 녹은 물마저 말라버려, 얼음도 물도 온데간데없이 사라지는 것과 같다. 이렇게 자기의 몸을 비롯한 세상의 모든 것은 단 일 초도 그대로 멈추어 있는 것이 아니니, 머문다고 할 수 있는 것이 아니다. 그러므로 실제로 있다고 하는 현재의 모든 것도 결국은 얻을 수 없는 허망한 것이라는 말이다[不於現在有所住].

그러니 과거의 모든 것도, 미래의 모든 것도, 그리고 현재의 모든 것도, 단지 마음에 있는 것일 뿐 아무것도 얻을 수 없는 것이다. 마치 허공으로 만들어진 환상과 같으니 공하다고 하는 것이며, 실체가 없는 텅 빈 마음과 같으니 고요하다고 하는 것이다[了達三世悉空寂].

43

관세음보살님을 부르면 소원을 들어주시나요?

여러 보살님들이 각각 능력이 다르다는 것을 얼마 전에 알게 되었습니다. 관세음보살님은 중생의 소원을 들어주시는 보살님이라고 하였는데, 마음속으로 간절하게 관세음보살님을 생각하면 저의 소원이 이루어지는 것입니까? 제 눈에는 다른 종교에서 신에게 소원을 비는 것과 같은 모습으로 보이는데 무엇이 다른지 모르겠습니다. 불교에서는 신의 존재를 부정하지 않나요? 조금 우스운 얘기일지 모르겠습니다만, 저는 정말 소원이 이루어진다면 열심히 해보렵니다. 하지만 솔직히 아직은 믿어지지 않습니다. 관세음보살님께서 소원을 성취하게 해주신다는 말은 어떻게 받아들여야 할까요?

IMMORTALITY 불멸1

관세음보살(觀世音菩薩)

우리는 찰나적인 번갯불을 하늘 속에서 보며, 하늘 속의 천둥소리를 이 자리에서 듣는다. 보인 번갯불은 사실 눈의 망막에 있는 번갯불을 본 것이고, 들린 천둥소리는 사실 귓속 고막의 떨림을 들은 것이다. 결국 하늘이 내 망막이고, 하늘이 내 고막이 되니, 일체중생의 마음은 온 우주에 가득하다. 동, 서, 남, 북 어디든 보거나 듣지 못하는 자리가 없으며, 그 사이사이[間方]와 위, 아래도 역시 모두 감각할 수 있으므로 눈과 귀는 시방의 하늘과 통해 있고, 통해 있기에 둘이라고 할 수 없다. 이렇게 이미 하늘과 눈이 통해 있으니 천안통(天眼通)이요, 하늘과 귀가 통해 있으니 천이통(天耳通)이라고 하는 것이다.

누구나 그렇다. 본래 그러했음을 아는 것이 육신통(六神通) 가운데 두 가지를 얻는 것이다. 모든 존재는 이렇게 허공과 통하여 하나이다. 우주와 한 몸이라는 말이다. 믿어지지 않겠지만 사실이다. 깨달은 자와 미혹한 자란 이 사실이 당연하다고 믿는 것과, 그럴 리 없다고 의심하는 것의 차이일 뿐이다. 그러나 깨달은 자나 미혹한 사 모두 색을 보고 소리를 들을 수 있는 능력을 평등하게 갖추고 있으니, 분별의 끝으로 달려 나온 어리석은 견해에만 차별이 있는 것이지, 마음의 능력 자체는 청정하여 다름이 없다는 사실을 알아야 한다.

이렇게 광대한 각각의 마음속에 여러 가지 보이지 않는 기능이 있게 된다. 이를테면 기억의 기능을 맡은 정신[識], 감각의 기능을 맡은 정신[受], 비교 분석하는 분별력(分別力)을 맡은 정신[想], 판단하고 결단하며 의지로 이행하는 능력을 맡은 정신[行], 꿈속이나 상상, 또는 기억을 할 때 그 당시의 경치를 그대로 재현하고 재생(再生)하는 녹화, 녹음의 기능을 맡은 정신[色]이 그것이다. 이러한 정신의 능력[五蘊]을 가리켜 보살이라고 한다. 이 가운데 가장 완벽한 능력이 관세음보살이다.

『수능엄경(首陵嚴經)』에서는 '눈은 항상 뒤를 보지 못하니 뒤를 보려면 고개를 돌려야 하고, 고개를 돌려도 또다시 뒤를 보지 못하게 되니 그 공덕(功德)이 절반밖에 되지 않는다.'고 말씀하셨으며, 코도 숨이 들어올 때에만 냄새를 맡으니 역시 절반밖에 그 공덕을 사용하지 못한다고 하셨다. 그러나 귀만은 시방의 소리를 동시에 들을 수 있기에 그 공덕이 완전하다고 하신다.

이것이 오늘날 불자들이 자신의 소원을 성취하기 위해 관세음보살 명호를 부르게 된 근거가 되었다. 그러나 보살이 무엇인지도 모르고, 독송한다는 것이 무엇인지도 모르며, 그 말씀의 뜻이 무엇인지를 깨닫지 못한 채, 그저 기복(祈福)의 마음으로 보살의 명호를 부르는 것은 불교를 어리석은 미신으로 격하시키는 행위와 다를 바 없다.

이제 관세음보살의 올바른 의미에 대해 알아보자.

앞에서 말했듯이 관세음보살은 마음, 즉 정신 가운데 소리를 듣는 능력을 말하는 것이다. 소리가 '들린다'는 것은 무엇인가. 소리 때문에 '들리는 것'인가. 아니면 귀 때문에 '들리는 것'인가. 만약 소리 때문에 들린다면 귀가 없어도 들려야 할 것이고, 귀 때문에 들린다면 소리가 없어도 귀만 있으면 언제나 소리가 들려야 할 것이다.

결국 '들림'이라는 것은 '소리'와 '귀'가 만나서 생겨나는 것이니, '들림'은 소리도 아니고, 귀도 아니며, 단지 정신 속의 현상일 뿐이다. 그런데 만약 정신에 '들린다'는 인식 현상이 없다면 과연 귀가 있다고 생각할 수 있을까? 또 '들린다'는 인식이 없다면 소리가 있다고 생각할 수 있겠는가?

만약 들린다는 인식이 있기 때문에 소리를 듣는 귀가 있음을 알게 되고, 또 귀에 들리는 소리가 있다고 생각되었다면 이제 우리는 '정신이 없으면 소리도 없고 귀도 없으니 귀와 소리는 오직 정신 속에 있다'는 결론에 도달하게 된다. 마치 기절한 사람은 소리를 인식할 수 있는 정신이 없으므로 귀가 있다는 생각도 할 수 없고, 소리가 있다는 생각도 할 수 없는 것과 같다.

소리와 귀가 만났다면 천둥소리가 나는 곳과 귀는 허공을 통해 서로 붙었다는 것이고, 들린다는 인식과 귀도 붙었으며, 역시 소리와 들린다는 정신의 인식작용도 떨어진 곳이 없다는 말이다. 이렇게 정신과 귀(봄)와 소리(세상)가 모두 붙어 있다면 셋이라고 말할 수 없으니, 곧 이 우주 전체가 '나'라는 석가모니부처님의 말씀이 입증된다[天上天下唯我獨尊].

들린다는 인식과 귀가 '나'인데, 이 '나'와 소리가 끊어졌다면 들린다는 인식이 생겨날 수 없으니, 결국 소리도 '나'인 것이다. 이것을 알고 이것이 사실로 깨달아진다면 더 이상 그에게 병(病)은 문제가 될 수 없다.

정신은 사라지지 않는다. 지구가 사라져도 허공에는 변화가 없듯이, 몸은 사라져도 정신은 사라질 수 없는 것이다. 허공이 있으면 지구는 언제든지 다시 생길 수 있는 것처럼, 정신이 있으면 당연히 몸도 다시 생겨나게 된다. 이렇듯 몸이 사라져도 마음은 사라지지 않기에 다시 몸을 받게 되는 것이다. 잠을 자는 동안은 아무 생각도 할 수 없으니 죽은 것과 다름없으나, 우리가 수면을 두려워하지 않는 이유는 비록 잠들었지만, 사라지지 않는 마음에서 다시 몸이라는 감각능력이 깨어난다는 사실을 알고 있기 때문이다.

이것이 윤회의 이치다. 없는 것은 사라지지 않는다. 어떻게 없는 것이 사라지겠는가. 마음은 사라질 수 없으므로 마음만 있으면 인연 따라 몸이 생겨나는 것이다. 그러므로 허공과 같이 거대한 마음이 '나'라는 사실을 깊이 믿는다면, 죽음이라는 것이 수면상태와 다를 바 없다는 깨달음을 얻게 된다.

그런 깨달음을 얻은 자는 모든 것에 대해 불안해하고, 두려워하고, 염려하는 등 온갖 마음의 걱정이 있을 수 없다. 모든 마음의 걱정은 결국 죽음이라는 것에서 비롯되기 때문이다. 이렇게 모든 걱정에서 벗어난 자를 가리켜 무애인(無礙人), 무사인(無事人), 해탈자(解脫者), 자유인(自由人), 자재인(自在人)이라고 한다. 모든 걱정을 다 무시할 수 있게 된 마음을 말하는 것이다. 세상 전체를 가졌으며 영원한 삶을 성취하였으니 이제 무엇을 더 부러워하겠는가. 그러므로 무원해탈, 즉 바랄 것이 없는 해탈을 이룬다고 하는 것이다.

수행자는 이렇게 해탈한 마음을 얻어(받고 – 受), 기억하고(지니고 –

持), 그 마음으로 세상을 읽고(읽고 - 讀), 그렇게 이해한 그 기분을 다시 기억하며(외우고 - 誦), 또다시 그 기억으로써 세상을 읽고 외우는 것을 반복하게 된다. 이것이 해탈의 마음으로 본 '나와 둘이 아닌 세상', 즉 '나의 세상'을 '수지독송'하는 삶의 모습이다. 그러므로 다음 세상이 지옥이 되기도 하고, 천상이 되기도 하며, 벌을 받기도 하고, 복을 받기도 하는 것은, 바로 세상을 어떻게 수지독송하는가에 달려있는 것이다.

이제 이 몸 하나를 '나'로 삼고 살아가는 중생의 어리석음을 버리고, 온 허공과 결코 둘이 아니기에 허공 속의 천둥소리가 들린다는 명상을 하며 살아가다 보면 머지않아 해탈을 얻게 되고, 그 깨달음으로 세상을 '수지독송'한다면 내 뜻대로 이루지 못할 일이 없다는 사실을 확연히 알게 될 것이다. 그것이야말로 석가모니부처님께서 전해주신 영원함의 기쁨을 누리는 최상의 길이다.

44

천상 사람들은 옷이 가볍다는데 무슨 뜻이죠?

경전에서 '천상으로 올라갈수록 키가 커지고 옷은 가벼워진다'라는 글을 보았습니다. 일반적인 육신의 크기나 여러 재질로 만든 옷을 가리키는 것은 아니라고 생각합니다. 불경에서 표현되는 키와 옷에는 다른 의미가 있을 것 같습니다. 가르침을 부탁드립니다.

의복(衣服)의 의미

불교에서 말하는 의복을 설명함에 있어 정신의 의복이라는 해석이 물론 틀린 말은 아니나, 이것은 거친 깨달음이다. 자세히 말하면 의복이란 기억을 말하는 것으로 곧 추억할 수 있는 지식이나 경험 등을 말하는 것이다. 이것을 칠식(七識)이라 한다. 이 칠식이 옷의 역할을 하여 가운데 공한 '나[我相]'를 만들게 되는데, 그릇이 있으면 그 가운데 공간이 생기고, 대지에 울타리를 치면 마당이 생기는 것과 같은 이치다.

기억이 없으면 '나'는 사라진다. 그러므로 '나'를 만드는 울타리가 기억이고, '나'라는 마음을 만드는 그릇이 기억이며, '나'라는 자존심을 만드는 옷이 곧 기억이니, 모두가 '나'를 만드는 기억인 칠식을 말한다. 스스로 옷을 벗으면 자존심이 사라지고, 남에 의해 억지로 옷이 벗겨지면 자존심이 상하는 것이 바로 그 이유다.

깨달음이 하열할수록 '나'라는 생각이 많아진다.

꿈속에 보이는 내가 진실한 '나'인가. 아니면 그 '나'를 보는 '나'가 진실한 '나'인가.

모두가 '나'는 아니다. 진실한 '나'는 꿈 전체다. 그것은 정신이다. 그리고 정신은 온 삼천대천세계이다. 그러므로 만약 '나'를 주장한다면 이미 아주 작은 내가 된 것이나, '나'가 사라진다면 삼천대천세계 자체가 곧 내가 되리니, '나'가 없어지면 없어질수록 나의 몸이 커지게 되는 것이다. 또한 '나'가 없다는 것은 자존심이 사라졌다는 말이고, 자존심이 사라졌다는 것은 옷이 얇아졌다는 말과 통한다. 그러므로 '나'라는 어리석은 마음이 없어지면 없어질수록, 다시 말해 수승한 견해를 가질수록 몸은 커지고 옷은 가벼워진다고 하는 것이다.

수행을 하고 도를 닦는다는 것은 결국 이 세계의 실체를 통달하여 모두가 꿈이라는 것을 깨닫는 과정이다. 곧 도를 이룬다 함은 꿈이라는 사실을 깊이, 그리고 넓고 자세히 믿어 그 깨달음과 하나가 되고, 나아가 생로병사의 걱정을 벗어나 자유롭게 노니는 대장부의 마음을 말한다.

45

어떻게 해야 무소유의 삶을 실천할 수 있을까요?

흔히 스님들은 무소유의 삶을 살아가신다고 알고 있습니다. 그렇지 않은 분들도 계시겠지만 저는 세상의 모든 모습에 매이지 않고 머물지 않는 마음을 내는 것이 수행자의 모습이라고 생각합니다. 저 역시 무엇에도 걸림 없는 무소유의 삶을 실천하려고 애를 쓰는데요, 현실적으로 그것을 지키기에는 어려움이 많습니다. 저는 아직 미혼이지만 가족을 부양하고 있는 분들은 스스로 아무것도 가지지 않고, 또는 아무것에도 마음이 머물지 않는다면 가장 먼저 가족들의 생계를 이어 나가는 현실적인 문제에 부딪히는 것이 사실입니다. 부끄럽지만 저의 부모님께서도 가진 것이 없으면 무시당하는 세상이니 남에게 피해주지 않는 범위에서라면 얼마든지 가져야 한다고 말씀하십니다. 어떻게 하는 것이 무소유의 삶을 실천하는 삶인가요? 출가해야만 이룰 수 있을까요?

무소유(無所有)

 두 가지만 말하겠다. 스님들이 하는 거짓말.

1. 무소유(無所有)

'소유하지 않으니 너무도 편하더라'라고 했던 스님들의 무소유는 무소유라는 말 자체를 욕되게 했다.

2.『금강경』「장엄정토분(莊嚴淨土分)」의 '응무소주(應無所住) 이생기심(而生其心)'

'응당 머물지 말고 마음을 써야 하느니라', '마땅히 머무른 바 없이 마음을 내야 하는 것이다'라고 번역하고 해석한 스님들의 거짓말은 온 세상을 속였고, 그 제자들은 아직도 속고 있다.

비단 이 대목만을 속였다고 말하는 것은 아니지만, 여기서는 '무소유(無所有)'와 '무소주(無所住)'가 일맥상통하니, 이 두 가지 말에 대해서만 실체를 밝히겠다.

이 세상에서 '있다'고 말할 수 있는 것은 세 가지뿐이다. 물질과 물질을 느끼는 감각, 그리고 물질과 감각 사이에서 생겨나는 마음이다. 즉 '예쁜 여자(물질)를 보면(감각) 가슴이 설렌다(생기는 마음 = 이생기심)'와 같이, 이 세 가지를 빼면 이 세상에는 남을 것이 없다는 말이다.

불멸 *1*
IMMORTALITY

물질은 헛것이다. 물질의 존재는 감각에 의해서만 인정된다. 즉 색깔이 보이고, 소리가 나고, 냄새가 나고, 맛이 나고, 만져지며, '먹는 것'이라든지 '신는 것'이라는 의미를 가지고 있으니, '음식'이라고 말하기도 하고, '운동화'라고 말하기도 한다. 이 여섯 가지 색깔, 소리, 냄새, 맛, 감촉, 뜻이 있기에 '물질이 있다'고 말하는 것이다. 그러나 이 여섯 가지를 하나씩 구할 수는 없다.

'사과'라는 것을 보자. 만져지는 것을 빼놓고 단지 색깔만을 구하라고 한다면 어떻게 할 것인가. 눈으로만 볼 뿐이지 어떻게 색을 구하겠는가. 손에 쥐거나 씹어 먹는다고 해서 가질 수 있는 것도 아니다. 색은 빛에 의하여 만들어졌다. 그러므로 이 세상의 모든 색은 보이기는 하나, 가질 수는 없다.

따라서 보인다는 것 때문에 '있다'라고 말하지만 '보이는 현상'은 꿈과 같은 것이다. 보인다는 현상은 사과의 색깔 때문인가? 아니면 눈 때문인가? 눈이 없으면 색이 있어도 보이지 않고, 눈은 멀쩡해도 색이 모두 사라진다면 역시 보이는 현상은 일어날 수 없다. 그러므로 '보인다'는 것은 색과 눈이 합해진 것일 뿐이고, 그것은 물실이 아닌 징신의 느낌이다. 그 정신의 느낌을 감각이라고 하니, 실제의 감각은 물질과 아무런 상관이 없는 것이다. 그러나 감각이라는 '레이더(radar)'에 걸리지 않으면 없는 것이라 하고, 걸리면 있는 것이라고 하지 않는가?

또한 물질은 원소기호에 불과하다. 즉 이름일 뿐이라는 말이다. 이것을 『금강경』에서는 '시명(是名)'이라고 말씀하신다. 주변에서 흔히 접할 수 있는 '얼음'을 예로 들겠다. 얼음은 물질이다. 화학적으로는 H_2O

라고 표현을 하지만, 수소는 허공의 한 성분이고, 산소 역시 허공의 한 성분이다. 그리고 허공인 두 가지를 섞어도 역시 허공일 뿐이다. 그러므로 '물'이라고 하는 것은 감각에 느껴지기는 하지만, 그 실체는 수소와 산소라는 두 허공이 화합된 단지 '허공'인 것이다. 그리고 온도도 역시 물질이 아닌 허공의 성질이다. 그 차가운 온도에 의하여 '물'이 '얼음'으로 변했으니, 수소 · 산소 · 차가움, 이 셋의 모임이 바로 '얼음'의 실체다. 셋은 모두가 허공이니 물이란 곧 허공이고, 그 세 가지 허공마저도 역시 감각이 없다면 알 수 없는 것이므로 물질이란 단지 정신 속에서 일어나는 이름일 뿐이라는 사실을 알아야 한다.

이와 마찬가지로 귀가 없다면 소리는 없는 것이며, '없다'라는 말조차 할 수도 없는 것이다. 냄새, 맛, 촉감, 뜻도 그와 같다.

이러한 설명을 듣고 색깔, 소리, 냄새, 맛, 뜻이 허망하다는 사실은 쉽게 인정하지만, 실감 나게 만져지는 촉감은 확신을 가지지 못하는 것이 보통이다. 그러나 물질이 없는 꿈에서도 촉감은 존재한다.

얼음의 예를 다시 생각해 보자. 얼음은 차갑다. 그것은 허공이 만져지는 것이다. 그러나 차가움이 느껴지는 것이 손 때문인지, 얼음 때문인지는 말할 수 없다. 내 몸이 없으면 얼음이 있다 한들 만질 수 없으니 차가움이 느껴지지 않고, 얼음이 없다면 만져질 것이 없으므로 역시 차가움은 어디에도 없기 때문이다. 얼음이 만져진다는 것은 '얼음과 손' 둘이 만난 것이나, 차가움이라는 감각은 얼음도 손도 아니다. 그것은 정신이다. 곧 허공과 다름이 없으니, 있다고 할 조건이 없다. 정신은 보이지도 않고, 들리지도 않는다. 냄새도 없고, 맛도 없으며, 만져

불멸 1
IMMORTALITY

지지도 않으므로 무엇이라고 말할 수도 없다.

그러나 정신은 감각이라고 말할 수도 없다. 물질이 없다면 정신 혼자서는 감각할 수 없기 때문이다. 그렇다고 정신을 생각하는 것이라고 말할 수도 없다. 물질이 없으면 생각할 것도 없기 때문이다. 그러므로 마음이라는 것도 물질이라는 꿈과 같은 대상이 없으면 있다고 할 것이 아니다. 마치 소리가 없으면 귀도 소용없는 것처럼, 물질이 없으면 감각이 사라지고, 감각이 생겨나지 않으면 마음도 없어지게 되는 것이다. 그러나 마음은 물질도 아니니, 마치 허공과 같다. 이미 앞에서 감각과 세상의 관계에 대해 여러 차례 설명하였다. '귀에는 본래 아무 소리도 없는 것이기에 소리를 듣는다'는 말과 '눈에는 색이 없으므로 색을 본다'는 말에는 우리의 감각이란 마치 허공과 같아, 어떠한 색깔이나 소리도 있을 수 없다는 의미가 포함되어 있는 것이다. 귀에 이명(耳鳴)이 있으면 밖에서 나는 작은 소리는 들을 수 없게 되는 것 역시 같은 이치다. 모든 감각기관은 텅 비어 있다. 그러므로 모든 것을 느낄 수 있는 것이다. 이것이 정신으로 이루어진 감각의 모습을 여실히 보여주는 증거가 된다.

꿈이 정신에서만 느껴지는 비물질이듯이, 이 세상의 모든 것도 감각에만 느껴지는 것이다. 그리고 감각은 허공과 같은 정신이니 물질이나 감각, 생각, 마음 등 이 모든 것들은 실체가 없는 것이며, 하나가 없어지면 모두가 사라지는 공동 운명이다. 꿈속의 물질이나 정신이나 감각은 모두 비물질이고, 정신이며, 불가분의 관계인 것과 같다.

세상이 없으면 감각이 있어도 쓸 데가 없다. 그리고 감각이 없으면 생각할 것도 없고, 생각이 사라지면 마음이 있다는 생각도 없어질 것이니, 아무것도 남을 것이 없다. 그리고 생각이 사라져도 세상은 사라지고, 마음도 사라진다. 또 마음이 없으면 세상이 있어도 소용없고, 몸이 있어도 소용없게 된다. 시체는 몸과 세상이 그대로 남아 있지만, 세상을 느끼지 못하고, 생각도 하지 못하는 것과 같다. 셋은 셋이 아니다. 하나의 정신이다. 따라서 이 세상의 모든 것이라고 하는 세 가지는 결국 헛것이고, 꿈이다. 이 모습을 『금강경』에서는 시명, 즉 정신 속의 이름이라고 말한다.

그런데 무엇이 있다고 갖지 말라고 하고, 갖지 않으니 편하다고 하며, 소유하니 귀찮아지고 마음이 매인다고 할 것인가?

무소유란 '소유할 바란 없다', '가질 수 있는 것이 없다' 혹은 '있다고 할 바가 없다'라는 말이다. 모스님의 '무소유'라는 수필에는 난초 화분의 이야기가 나온다.

화분도 없고 난초도 없다. 더구나 난초에 매일 수 있는 '마음'이나, 부담스러워할 '마음'이 어디에 있겠는가? 스님이라는 존재는 자기도 모르는 사이에 중요한 자리에 있게 된다. 함부로 말을 내뱉어서는 안 된다. 선생님은 자기도 모르는 사이에 자기와 똑같은 사람을 만들고 있고, 제자는 오직 선생님에 의하여 만들어지기 때문이다. 어리석은 스님에 의하여 죽는다고 생각하는 중생이 늘어난다면, 다시 말해 물질이 있고, 그러므로 몸이 있으며, 몸이 있으니 죽어야 한다고 믿는 중생이 늘어난다면, 그 스님은 스님이 아니다. 실체가 없는 것을 실체가 없다고 말하는 것 외에, 다른 말은 필요 없다. 갖지 말라는 것은 오히려 가질 수 있는 실체가 있다고 말하는 것이나 다름없다. 버리라고 하는 것도 역시 그와 같다.

그러니 '응무소주 이생기심'이란 '머무는 바 없는 것을 바라보며 그 마음이 생겨난다' 즉 '무소유를 바라보며 마음이 생겨나는 것이다'라고 해석하는 것이 당연하다. 형광등은 찰나마다 깜박이고 있다. 생과 멸이 계속되는 것이다. 그러므로 그 형광등의 빛으로 인해 드러나는 색깔들도 생과 멸을 반복하는 것이다. 그렇게 생멸하는 사이에 색깔은 바래고 퇴색된다. 그 생멸하는 색을 상응하여 아름답다, 더럽다, 곱다, 추하다 등의 마음들이 생겨나게 되는 것이다. 소리도 역시 그와 같다. 찰나도 그대로 머물지 않고 사라진다. 그러나 그 울림이 지속되면 마치 실제로 있는 것처럼 착각하게 되므로, 욕을 먹으면 분노가 일어나게 되는 것이다. 욕도 허공과 같은 것이고, 분노도 역시 허공과 같은 것이다. 이 역시 찰나를 견디지 못하는 소리를 대하여[應無所住] 생겨난 마음이다[而生其心]. 그러나 그로 인해 지옥을 보게 되기도 한다.

도대체 머무는 것이 어디에 있다고 머물지 말라고 하고, 마음이 어디에 존재한다고 마음을 내라고 하는 것인가. 설혹 난초 화분이라는 것의 실체를 알지 못했다 하더라도, 스님의 마음까지 흔들리게 만든 난초를 다른 이에게 주어버렸다고 하니, 이것은 나의 고통을 남에게 전가한 후 나는 홀가분해졌다고 즐거워하는 것과 다름없다. 이것이 모든 중생의 고통과 슬픔을 해결해 주어야 할 선각자의 행태인가.

46

불교에서 신이란 무엇을 의미하나요?

불가에서는 어떤 정체성을 가진 신이라는 존재를 부정하는 것으로 알고 있습니다. 제가 지금까지 인도철학과 교묘히 섞이는 글들을 많이 접해 와서 그런지, 정확히 불교에서는 어떤 식으로 신의 존재를 규정하고 있는지 잘 모르겠네요. 불교에서는 신을 완전한 무(無) 속성으로 보는지, 아니면 기독교와 같이 이타적 사랑으로 보는지, 혹은 인간으로서는 그 속성을 정의하고 가늠하는 일이 불가능하다고 보는지에 대해 알고 싶습니다.

신(神)

신은 없다. 존재하는 것은 오직 정신뿐이다. 만약 정신이 '있는 것'이라면 만들어진 곳을 상정(想定)하지 않을 수 없으나, 정신은 '있다', '없다'를 초월한 것이다. 유무(有無)라는 것은 단지 정신 속의 이름일 뿐이고, 정신 자체는 '물질'도 '비물질'도 아니기 때문이다.

이 정신은 오직 '지금'이다. '지금'이란 정신 없이는 느낄 수 없는 '찰나적 시간'으로, 과거나 미래의 생각도 지금 하고, 나고 죽는 것도 지금 알며, 만유가 변화하는 것을 아는 순간도, 서로 통하는 시간과 그렇다고 동의하는 생각 또한, 지금 위에 있기 때문이다.

그리고 '지금'이란 '정신'과 그 재질이 같아서 유무를 초월한 것이기에 잡을 수 없다. 잡으려는 순간에 사라지는 것이 '지금'이고, 역시 잡으려는 순간에 사라지는 것이 '지금' 속에 들어 있는 삼라만상인 색깔, 소리, 냄새, 맛, 감촉, 뜻이라는 말이다.

불교에서는 생로병사와 그에 의한 고통이 오직 마음에 있으며, 참다운 마음이란 개아(個我)가 아니고, 진아(眞我)라고 가르친다. 그러므로 석가모니부처님께서 설파한 '천상천하유아독존'의 아(我)는 진아를 말한 것이다. 비유하면 진아는 바다와 같고, 개아는 파도와 같다. 즉 파도인 개아가 생겨나는 것은 바다인 진아의 능력이고, 바다에는 항상 파도가 생겨나듯이, 진아는 반드시 수없는 개아를 만들게 된다는 의미다.

'지금'은 '정신'이고, 정신은 '기억'을 가지게 되는데, 그 '기억의 뭉치'를 개아라고 한다. 기억이 없으면 개아도 사라진다. 따라서 개아는 정신이 만들어낸 기억에 의해 생겨나는 것이므로, 정신이 곧 개아를 창조해낸 진아인 것이다. 누군가 말하길 '개아는 스스로 존재한다'거나, '개아를 빚어낸 다른 존재가 있다'라고 한다면, 그것은 잠이 들어 정신이 없을 때에도 나의 새로운 기억이 스스로 만들어지고, 또는 나의 의지와 관계없이 제3자의 개입으로 기억이 결정지어진다는 말과 같다.

만약 신이 있다고 가정하더라도 그 신은 지금에 존재해야 한다. 그렇지 않다면 '지금' 일체중생이 겪는 생로병사의 고통과 무관해지기 때문이다. '지금'을 벗어난 또 다른 시간이 있어 그곳으로 도피한 방관자라면, 그는 더 이상 구세주(救世主)의 이름을 가질 수 없는 무용지물일 뿐이다. 중생을 떠난 신은 신이 아니다.

따라서 창조주, 또는 절대자로서의 신은 결코 존재할 수 없다.

그러나 신이 '지금'에 포함되었다면 그 정신 역시 진아를 수승하게 이해하고 있는 개아이거나, 진아와 하나가 된 개아일 수밖에 없다. 이것을 불교에서는 깨달은 자, 즉 '보살'이라고 한다.

그렇다면 진아를 바라보는 개아로서 깨달은 자와 깨닫지 못한 자는 무엇에 의해 결정되는가.

모두가 똑같은 세상을 바라보고 있으면서도 벌레와 인간의 차이가 생기는 것 역시 그와 같은 이유일 것이다. 우리가 바라보는 세상의 속성은 원소기호에 불과하다. 원소기호는 각각의 물질이 가진 성질의 이름이다. 원소에 이름이 필요한 이유도 그 원소의 실체가 무엇이라고 정의할 수 없는 허공의 성질과 같기 때문이다. 앞에서 여러 차례 설명하였듯이, 수소도 허공의 한 성질이고 역시 산소도 허공의 한 성질이지만, 두 허공이 모이면 '물'이 된다. 허공은 아무리 합해도 역시 허공일 수밖에 없으나, 정신의 감각에 의하여 '물'로 보이게 되고, 그것에 어떤 가치를 부여하는가에 따라 개아의 수준이 결정되어, 허망한 물질을 얻으려는 자(중생)와 허망한 물질임을 깨달은 자(보살)로 나뉘게 되는 것이다. 얻을 수 없는 것을 얻으려 하는 마음에는 고통이 따르고, 얻을 수 없다는 것을 인정하는 마음에는 생로병사가 있을 수 없다. 이와 같이 모든 것은 정신에 의하여 인식되고, 판단되며, 그 가치가 부여된다.

만약 꿈에서 꿈인 것을 깨닫지 못하고, 꿈속에 있는 자기의 몸을 진실하다고 믿어 지키려 노력한다면, 공연한 수고로움만 있을 뿐이다. 그러나 꿈이라는 사실을 깨닫게 되었다면 그 몸을 지키려는 안타까움은 없을 것이고, 그것이 꿈에서 자연히 깨어나게 되는 모습이니, 쓸데없는 걱정에서 모두 벗어나게 되는 것이다.

'현실'이라고 하는 의미는 물질이 실제로 존재한다는 생각에서 비롯된다. 그러나 물질은 오직 정신에 의하여 그 모습이 드러날 뿐, 사실은 허공의 화합인 것이다. 나아가 허공 또한 정신에 의해 가정된 이름이니, 일체의 삼라만상은 정신으로부터 드러나는 현상이며, 꿈이었음을 알게 된다. 이것을 깨닫는다면 정신이 곧 우주의 실체요, 우주가 곧 정신이라는 말을 의심할 수 없게 될 것이다.

그리고 삼라만상은 찰나를 견디지 못하고 변화한다. 찰나는 곧 '지금'

이라는 시간이고, '지금'이라는 시간은 '찰나적 정신'을 말한다. 이 정신에 의해 기억되는 기억의 뭉치, 즉 추억의 무더기가 '개아'를 만들고, 그 '개아'의 수준에 따라 다시 '지금'에 드러나는 현상인 만유를 얻으려고 하거나, 무시하게 되는 것이다. 얻으려고 노력하지만 '찰나마다 사라져 지킬 수 없다'는 사실을 알지 못하므로, 얻으려는 욕심만 더 커지니 오히려 악(惡)이 될 뿐이다. 그러나 '집착의 무릎'을 꿇고 그 원인과 실체를 바라보아, 오직 정신의 작용임을 깨닫는다면, 삼라만상이 펼쳐지는 위대한 기계, 즉 '정신'을 가지고 있었다는 깨달음에 환희하게 될 것이다. 이것을 '해탈심', 또는 '열반락'이라고 한다. 이것이 선(善)한 마음이다.

그러므로 천상(天上)과 천하(天下)의 만유는 신이 아닌 진아에 의하여 창조되는 것이고, 개아란 다시 '지금'인 진아를 이해하는 '정신적 수준'을 말한다. 이 진아와 개아의 모습을 정리하는 간단한 예를 들겠다. 온 세계에 두루 차 있는 허공이 있었다고 하자. 그 허공은 바람이 될 수 있는 능력이 있어 언제나 이리저리 움직이는 것을 좋아했다. 어느 날, 바람은 작은 집을 발견하고 그 안으로 들어가게 되었다. 그러나 바람이 집으로 들어가는 힘 때문에 문이 닫혔고, 바람은 집안에 갇혀버렸다. 바람은 어느새 자신이 허공인 것을 잊고, 이제는 창문으로 허공을 바라보며 '허공은 참 넓구나' 하고 생각하게 된다. 자기가 본래 허공이었음에도, 작은 집으로 들어와 창문을 통해 그것을 바라보며 '넓은 허공'이라고 생각하는 동시에, '작은 나'라는 하열한 정신적 수준을 가지게 된 것이다. 끝이 없는 진아가 작은 점인 개아를 만들어놓고는

불멸 1
IMMORTALITY

작아진 개아를 자기로 삼아 도리어 진아를 남으로 여기는 것. 이것이 진아와 개아의 모습이다. 그렇다면 어느 곳에 다시 신이 존재하겠는가. '지금'의 실체를 깨닫는다면 신의 존재를 논할 수 없게 된다. 그리고 흔히 말하는 기복의 종교도 있을 수 없게 된다.

종교라는 말은 신을 모신다는 말이 아니다. 바로 '종지(宗旨)를 가르친다'는 뜻이다. 종지란 더 이상 질문이 있을 수 없는 궁극의 자리를 말하는 것이므로 추측이나 회상이 아닌, 실제인 '지금'을 말하는 것이다. 과거의 추억도 지금의 생각 안에서 회상되고, 미래라는 추측도 역시 지금의 생각 안에만 '실체가 없고 생사가 없는 정신의 움직임'으로서 있기 때문이다.

이것을 모르기 때문에 육신을 '나'로 삼게 된다. 육신은 찰나마다 생겨나고 사라지며 변화하는 것이기에, 지킬 수도 없고 얻을 수도 없는 것인데, 그것을 자기라고 깨달으면 얻을 수 없는 것을 자기로 삼은 꼴이 된다. 몸[身]이란 정신이 그려내는 찰나적 환상이다. 그것은 정신의 노리개에 지나지 않는다. 그러나 몸이 있다고 믿기에 생사의 판단을 내리게 되지만, 이는 오직 정신에만 있는 이름인 것이다. 살았다고 하는 것은 '정신이 있다'는 말이고, 죽었다고 하는 것은 '정신이 사라졌다'는 말이다. '시체'에는 정신이 없으니 생사의 판단이 없다. 반대로 생명체에는 생사의 판단은 있으나, 지금 살아 있으므로 죽음은 없다. 결국 죽음에도 죽음은 없고, 삶에도 죽음은 없으나, 단지 생각의 판단에만 죽음이 있을 뿐이다. 그러나 생각이란 생사를 초월한 정신의 움직임이므로, 실제로 생사는 어디에도 없다는 사실을 깨달아야 한다.

그러나 중생은 얻을 수 없는 자기를 얻으려 노력하므로 고통을 피할 수 없고, 고통이 있으므로 그것을 해결해 줄 신을 찾게 되니, 그로 인해 많은 종교가 생겨나게 된다. 그러므로 이 모든 것의 궁극적인 해답을 제시하는 불교만이 '종교', 즉 '궁극의 가르침'이라 할 수 있다.

불교에는 신이 있다고 가르치는 부분이 없다. 그러나 그것을 알지 못한 불교인들에 의하여, 불교는 기복신앙의 장으로 전락하고 말았다. 『능가경(楞伽經)』에서는 신을 믿는 자나, 아니면 신이 있다고 가르치는 자가 있다면 외도이며, 외도의 스승이라고 분명하게 말하고 있다.[5]

> 파도가 곧 바다고 바다가 곧 파도를 드러낸다.
> 중생이 곧 부처고 부처가 곧 중생을 드러낸다.
> 일체의 세상은 각각의 생각 속에 들어 있고
> 생각의 주인공은 '나'이니
> 내가 세상의 주인이고 유일한 정신(精神)이며
> 신(神)이라는 사실을 깨달아야 할 것이다.

---

5) 외도와 외도의 스승

大惠彼諸外道說相續識從作者 生不說眼識依色光明和合而生 唯說作者爲生因故

대혜여, 저 모든 외도들은 "상속식이 작자(창조자, 조물주, 주재자, 하느님)로부터 생긴다"고 말하고 "안식이 색과 광명의 화합에 의해서 생긴다"고는 말하지 않고, 오직 "작자가 생인(생겨나는 원인)이 된다"고 말한다.

『대승입능가경』 「집일체법품(集一切法品)」

불멸 *1*
IMMORTALITY

『천수경』 참제업장

百劫積集罪(백겁적집죄)
一念頓蕩盡(일념돈탕진)
如火焚枯草(여화분고초)
滅盡無有餘(멸진무유여)

罪無自性從心起(죄무자성종심기)
心若滅時罪亦亡(심약멸시죄역망)
罪亡心滅兩俱空(죄망심멸양구공)
是則名爲眞懺悔(시즉명위진참회)

· 직역

백 겁 동안 쌓아지고 모여진 죄라 해도
한 생각이 꺾여 떠내려가면 남음이 있을 수 없으니
마치 불이 마른풀을 태우는 것과 같아
소진시키며 사라지는 것이므로 남아 있을 수 없는 것이다.

죄란 자체도 성분도 없는 마음 따라 생하나니
마음이 만약 사라지는 것이라면 죄도 역시 없어지리라.

죄가 없어지고 마음도 사라져 양쪽 모두 공해지면
이것을 곧 진정한 참회라고 이름하도다.

· 의역

백 겁 동안 쌓이고 모인 죄가
찰나의 한 생각을 따라 사라질 수 있는 것은
마른풀에 불이 붙으면 풀이 타서 사라짐과 동시에
불도 꺼져버리는 것과 같은 것이다.

만질 수도 없고 보이지도 않는 마음속에(마른풀) 생겨난 것이
죄(불)라는 것이니
만약 마음의 실체가 없음[無自性]을 깨닫는다면
죄도 역시 저절로 꺼지는 불과 같으리라.
그리하여 죄도 없고 마음도 사라져
모두에 대해 생각할 것이 없어지면
이것을 이름하여 진실한 참회라고 하는 것이다.

47

불상의 양옆에 계신 분들은 누구신가요?

큰 절 법당에 가서 불상이나 불화를 살펴보면, 가운데 부처님을 두고 양옆에 한 분씩, 모두 세 분의 부처님이 계십니다. 석가모니부처님께서는 한 분이신데 왜 다른 부처님이나 보살님들을 양편에 모시는지 알고 싶습니다. 거기에도 뭔가 의미가 있는 것인지, 아니면 그저 균형을 맞추기 위해서인지 궁금합니다.

삼존불(三尊佛)

'지금'을 느끼는 나의 정신능력은 과거의 기억과 미래에 대한 상상이 함께하기에 가능하다. 집에 가기 위해서는 먼저 집을 나왔다는 기억이 있어야 하고, 자기의 집이 어디에 있는지 기억해야 하며, 여기서 어디로 얼마나 가야 도착할 수 있을지 상상하고, 추측해야 한다는 말이다.

기억하고 상상하는 인생 전체는 '지금'이라는 찰나의 시간이 연속되어 이루어지게 된다. 그리고 내 나이를 기억하는 것도 지금이고, 미래를 추측하는 것도 지금이니, 지금이라는 순간에 과거와 미래가 들어 있다는 것을 알 수 있다. 시간은 오직 지금 하나뿐이며, 지금은 '현재'와 '과거'와 '미래'인 셋으로 이루어졌다는 말이다. 또한 '지금'이란 자기의 정신이 없으면 사라져 버리는 '기분'이니, 하나의 정신도 '기억력'과 지금을 느끼는 '감각'과 추측하는 '상상력', 이 세 가지로 이루어졌다는 것을 알 수 있다.

우주도 진공, 허공, 대지의 세 가지로 구분되고, 세상의 모든 물질도 역시 좌측과 우측, 그리고 중간인 세 가지 모습으로 구성되어 있다. 나아가 인간의 몸도 피부, 근육, 뼈로 이루어져 있으며, 달걀도 껍질과 흰자, 그리고 노른자로, 하나의 자석(磁石)마저도 셋으로 되어 있으니 양극(陽極)과 음극(陰極)과 중간으로 구분된다. 부처도 그 법칙에 의해 법신(法身)과 보신(報身)과 화신(化身)으로 나뉜다. 법신이란 진공과 같은 정신이고, 보신이란 허공과 같은 정신이며, 화신이란 대지와

불멸 *1*
IMMORTALITY

같은 정신이다.

모든 것은 셋으로 하나를 이루고 있다. 이것을 삼위일체(三位一體)라고 한다. 그러나 이 셋은 셋이라고 할 수가 없는 셋이다. 땅의 끝은 땅이지만 허공의 시작이기도 하고, 허공의 끝은 허공이지만 땅의 시작이기도 하다. 그리고 허공의 다른 끝은 허공이지만 진공의 시작이기도 하고, 진공의 끝은 진공이 당연하지만 허공의 시작이기도 하기 때문이다.

허공과 중생의 몸도 둘이라고 할 수 없다. 머리카락의 끝은 마땅히 머리카락이라고 해야 하나 허공의 시작이기도 하니, 구분 지을 수 없다. 게다가 매 찰나마다 자라고 있으니, 어느 찰나의 머리카락을 끝이라고 정할 수 있겠는가. 허공과 머리카락의 끝은 사실 정할 수가 없는 것이다.

그러므로 이 온 우주는 하나라는 사실을 깨달을 수 있다. 그러나 분명히 셋으로 나뉘는 모습도 있으니, '물질'과 물질을 느끼는 '감각'과 그 둘 사이에서 생겨나는 다양한 '생각'들이다.

물질이란 곧 대지를 지칭하나, 인간의 감각이 없으면 있다고 할 수 없는 분자 기호일 뿐이다. 분자 기호는 이름이고, 허공의 성분이다. 분자는 원자의 화합물이고, 원자는 전자의 화합물이며, 전자는 빛의 화합물이다. 빛은 눈이 없으면 느낄 수 없는 것으로, 찰나에 스스로 사라지는 환상과 같아 그 실체가 없다. 그러므로 물질은 오직 감각에만 느껴진다는 사실을 깨달아야 한다.

그리고 그 둘 역시 떨어질 수 없는 관계이다. 우리는 색과 소리 등을 통해 물질이 있다는 것을 알게 되지만, 색이 없으면 눈은 무용지물이 되고, 눈이 없으면 색은 그 실체를 인정해 줄 수 없는 허망한 것이 되고 만다. 마찬가지로 소리가 없으면 귀가 있어도 소용없고, 귀가 없으면 소리가 있어도 듣지 못하니 이 둘은 둘이 아니다.

나아가 물질[六塵]과 감각[六根]은 그 둘 사이에서 '생각'이라는 또 하나의 자식을 만들어낸다. 따라서 생각의 부모는 물질과 감각이라 할 수 있으나, 생각이 없다면 물질과 감각 역시 사라지니, 이 세 가지도 한 몸인 것이다. 눈과 꽃이 만나면 예쁘다는 생각이 나오게 되지만, 만약 보인다는 생각이나 예쁘다는 생각이 없다면, 눈과 꽃 역시 사라지는 것과 같다.

생각과 감각과 물질은 삼위일체이다. 이렇게 물질인 살[六塵]과 살을 느끼는 감각[六根]과 그 양쪽을 다 아는 생각이 모인 것을 '자기'라고 하고, '사람'이라고도 한다. 그러므로 우주의 만유는 한 덩어리의 '나[我]'라고 해야 한다. 나는 생각이지만, 생각은 감각에 의해 일어나고, 감각이란 물질과 서로 떨어질 수 없는 것이기 때문이다. 세상이 사라지면 나의 감각은 아무런 것을 느낄 수 없게 될 것이고, 감각되는 것이 아무것도 없다면 더 이상 무슨 생각을 하겠는가?

일체 세계를 구성하는 물질과 감각과 생각의 관계를 말해주는 것이 바로 '삼존불'의 의미다.

48

왜 저는 전생을 기억하지 못하나요?

모든 중생에게는 전생과 현생과 내생이 있고 끊임없이 새로운 껍데기로 삶을 거듭해 나간다고 합니다. 저 역시 수없는 생을 살아오며 육도를 윤회했을 것입니다. 그렇다면 잠들고 깨어났을 때에는 어제를 기억할 수 있듯이, 새로운 몸을 받아 이 세상에 태어났을 때 전생을 기억할 수 있는 방법은 없나요? TV에 보면 가끔 전생 여행이라고 해서 최면에 빠져 황당한 사건들을 말하는데, 하나같이 끔찍하거나 극적인 내용뿐이라서 믿을 수가 없습니다. 현생에서 전생을 기억하지 못하는 어떤 이유가 있는지, 그리고 있다면 어떻게 설명할 수 있는 것인지 궁금합니다.

전생을 기억하지 못하는 이유

 생멸법(生滅法)을 깨달으면 기억하지 못하는 이유를 알 수 있다.

물질은 '있음[有]'으로 생멸하고, 마음은 '없음[無]'으로 생멸한다. 몸[身]은 물질이니 '있음'으로 생멸하므로 이 몸을 통해 바라보는 것, 즉 감각하던 세상일이 마음에 기억을 생(生)하게 하고, 그 기억이 쌓여 업을 이루게 된다. 반대로 몸이 멸(滅)하게 되면 더 이상 몸으로 느끼던 감각이 작동하지 않게 되므로, 더 이상 기억도 쌓이지 않게 된다. 그러나 허공의 구름이 생멸해도 보이지 않는 허공은 움직이지 않듯이, '없음'으로 이루어진 마음에 생겨난 업은 사라지지 않는다.

그러므로 업에 의하여 반드시 새로운 몸을 받게 되는데, 그때에는 지금과 같은 모습일 수 없다.

만약 이번에 사람의 몸을 받아 살면서 죄를 짓고는, 그 죄가 폭로되어 벌을 받을까 무서워하며 숨어 산다면, 무서워하고 숨어사는 업이 쌓이게 되니, 다음에는 저절로 '쥐'의 자궁으로 숨어들어 가게 된다. 그때에는 쥐의 모습으로 나게 되어 쥐의 눈으로 세상을 보게 되니, 당연히 전생에 사람의 몸으로 바라보던 세상을 기억하지 못하게 되는 것이다.

그리고 중음(中陰 - 바르도), 즉 몸을 버린 후 49일 간의 정신 여행을 하는 동안은 보이는 것이 있으므로 자기도 있는 것처럼 느껴지지만, 자궁에 들어가면 물속(양수)에서 보이는 것 없이 열 달을 보내게 되

불멸 *1*
IMMORTALITY

므로 모든 기억이 사라진다. 알던 사람도 오랫동안 만나지 않으면 잊히듯이, 살아 있는 사람도 오랜 시간 보이는 것이 없다면 모든 기억을 잃어버리게 되니, 전생을 기억하지 못하는 것은 당연한 일이다.

몇몇 사람들이 말하는 전생의 기억은 착각에 지나지 않는다. 전생을 기억하려면 양수 속에 들어가지 말아야 한다. 다시 말하면 화생을 해야 한다는 말이다. 화생을 하는 곳을 천상이라고 한다. 그러므로 스스로가 몸이 아닌 마음이라는 사실을 깊이 깨달아 기억하고, 그 기억으로 생겨난 가벼운 업을 가지고 중음에 들어야 천상에 갈 수 있으며, 천상의 모습이 나타나야 그곳으로 향하게 되어 태에 들지 않고 나게 되므로 기억이 이어지게 되는 것이다.

한편 연기법(緣起法)을 깨달아도 전생의 기억이 사라지게 되는 법칙을 알 수 있다.

몸이 있음을 알기에 아는 것은 마음이라고 깨닫게 된다. 그리고 몸에 대한 감각이 있기에 기억이 쌓이게 되고, 기억이 있으므로 다시 몸이 있음을 깨닫게 된다. 그러므로 몸에 의하여 기억이 생겨나고, 기억에 의하여 다시 자기의 몸을 인식하게 되니, 모든 중생은 몸으로 지기를 삼고 살아갈 수밖에 없는 것이다.

누군가 자고 일어났는데 몸이 바뀌었다고 가정해 보자. 그는 전혀 다른 몸의 감각으로 세상을 분별하게 되고, 그 전의 기억과는 판이한 새로운 기억을 쌓아가게 될 것이다. 반대로 몸은 바뀌지 않았지만 모든 기억이 사라졌다고 가정한다면, 같은 몸으로 세상을 바라본다 하더라도 역시 처음 느끼는 낯선 몸으로 새로운 삶을 살아가게 되는 것이다. 그러므로 감각하는 몸은 기억과 둘이 아니다. 이것이 연기에 의하여 '나'를 유지하게 되는 법칙이다.

그러나 생겨난 것은 반드시 사라지는 것이 생멸법의 이치다. 몸이라는 것도 역시 생멸법 속의 한 모습이므로 언젠가는 사라지게 된다. 따라서 몸이 사라지게 될 때 더 이상의 연기법은 지속될 수 없게 되고, 자연히 기억도 사라지고 만다. 한쪽이 사라지면 주고받을 수 없기 때문이다. 놀이터에 있는 시소의 한쪽을 잘라내면 오르고 내림이 연속될 수 없는 것과 같다. 이렇게 몸과 기억은 서로 상대적으로 존재하던 것이기에, 한쪽이 사라지면 시간이 흐름에 따라 자연히 다른 한쪽도 사라지게 된다. 하지만 생멸을 거듭하는 몸과 기억과는 달리, 그들을 담고 있는 마음은 마치 구름을 가진 허공과 같아서 생겨난 것이 아니기에 사라질 수 없다는 사실을 간과해서는 안 된다.

앞에서 말했듯이 오랫동안 보지 않고, 듣지 않으면 곧 잊어버리게 되는 것이 기억이다. 연기법이 이루어져야 기억이 지속되지만, 한쪽이 사라지기에 몸과 기억의 연기법도 끝나는 것이다. 단지 사라질 수 없는 마음의 업이 남아 다음 생으로 이어지게 된다. 즉 업을 인(因)으로 하여 연(緣)인 보(報)를 받게 되는 것이고, 다시 보를 인으로 하여 과(果)인 업을 짓게 되는 것이 다음 생, 또 다음 생이 지속되는 윤회의 법칙이 되는 것이다. 업을 인연(因緣)하여 과보(果報)가 지속된다는 말이다. 그러나 한 생의 기억은 그 생에 있던 몸, 즉 감각에 의하여 쌓인 것이므로 감각하던 몸이 사라지게 되면 그 감각을 인으로 하여 연하던 기억도 같이 사라지게 된다는 것이 곧 연기법의 개요이니, 이를 보아도 전생의 기억이 나지 않는 이유를 깨달을 수 있을 것이다. 나아가 마음 없이 물질 홀로 존재할 수 없다는 것도 바로 연기법 때문이라는 사실을 알아야 할 것이다.

49

석가모니부처님께서는 태어나서 일곱 걸음을 걸으셨다는 데 무슨 뜻이죠?

석가모니부처님께서는 마야부인에게서 태어난 후에 바로 사방으로 일곱 걸음을 걸으시며 "천상천하유아독존"이라고 말씀하셨다는 것을 들었습니다. 아이가 태어나자마자 걷는다는 것이 있을 수 없는 일이니 일곱 걸음에는 다른 의미가 있을 것 같습니다. 왜 하필 일곱 걸음이었을까요?

비람강생상(毘藍降生相)

정신이 헤아릴 수 있는 방향은 모두 열 방향[十方]이다. 그러나 그 방향의 기본은 사방이다. 네 가지 간방(間方)은 사방의 사이를 말하니 사방에 속하고, 상방과 하방 역시 사방이 오르고 내리는 것을 말하는 것이기 때문이다.

사방은 실체가 없는 기운일 뿐이다. 자석이 남북(南北)을 가리키지만 그것은 기운을 따르는 것이지, 실체가 있는 남북을 따르는 것은 아니다. 이 기운을 부처[佛 - 覺]라고 깨달은 존재가 바로 석가모니이다. 기운의 한쪽은 땅이라 하고, 다른 쪽은 하늘이라고 하는 것을 나타내는 모습이 한 손은 위를, 한 손은 아래를 향한 석가모니의 탄생 모습이다. 그리고 부처[佛]나 깨달음[覺]이라는 말로 본다면 하늘은 마음이고, 땅은 몸이라는 것을 표현한 것이니, 이 둘을 합하면 '나[我]'가 되는 것이다. 그리고 '나'를 이루는 깨달음[覺], 또는 부처[佛]란 네 가지의 능력을 가진다. 첫째는 기억하는 능력이고, 둘째는 감각하는 능력이며, 셋째는 비교 분별하는 능력이고, 마지막은 결정짓고 이행하는 능력, 즉 믿음으로 행(行)하는 능력이다. 이것 가운데 단 하나만 없어도 인간의 정신은 있을 수 없게 되니, 자연히 인생도 사라지게 된다. 이것이 사방의 실제 능력인 것이다.

한편 이 사방을 구성하는 요소는 다시 일곱으로 되어 있다.

즉 기억 혼자서 기억의 능력을 이루는 것은 아니다. 우선 보이고, 들리고, 만져지는 등의 사물이나 물질이라는 것이 있어야 하니 이것이 사대(四大)라고 하는 흙[地], 물[水], 불[火], 바람[風]이다. 그리고 그것을 보는 능력인 견정이 있어야 하고, 다음으로 그것을 인식하는 식정이 있어야 하며, 마지막으로는 세상인 견정과 감각인 식정을 이어 주는 허공[空]이 있어야 하는 것이다. 이렇게 보면 하나의 기억이란 모두 일곱 가지로 구성되어 있음을 알 수 있다. 역시 감각도 이 일곱이 없으면 있을 수 없으며, 분별도, 행동도 그와 같다.

이 일곱을 칠대(七大)라고 한다. 칠대 가운데 사대는 몸을 이루는 물질이고, 나머지 견정과 허공과 식정은 정신이다.

이렇게 사방과 칠대가 합해진 것이 '나[我]'이다. 그래서 석가모니부처님께서는 상하(上下)로 손을 가리키고 사방으로 일곱 발자국을 걸으며 '천상천하유아독존'을 외치셨으니, 그것은 '하늘 위든 하늘 아래든 오직 나로서 홀로 존재한다'는 가르침이었다.

이와 같이 모든 중생의 실체가 다 같이 평등하지만 그것을 깊이 깨닫지 못하므로, 온 우주 가운데의 티끌만큼도 되지 않는 육신을 자기로 삼고 있었다. 따라서 사방으로 일곱 발자국을 걸으셨다는 부처님의 탄생 설화는 모든 어린아이가 태어날 때 가지고 오는 정신의 모습을 상징한 것이지, 현실적으로 있을 수 없는 일이라고 생각하며 불신(不信)하는 것은 육신을 '나'로 삼은 어리석은 마음이다. 꿈을 꿀 때, 생각으로는 꿈속의 몸을 움직일 수 있지만 육신은 잠들어 누워 있듯이, 어린아이는 아직 걷지 못하지만, 모두와 평등한 마음의 능력을 가지고 태어났다는 말이다.

불멸 *1*
IMMORTALITY

50

절에서 붓글씨를 받았는데 무슨 뜻인지 해석 부탁드립니다.

며칠 전 절에 갔다가 스님께 붓글씨를 선물 받았습니다. 글에 대해 설명을 해주실 줄 알았는데, 글씨만 주시고는 가버리셔 서 혼자 애태우다 여쭙습니다. 문구는 佛法只在世間中 離世覓佛求兎角 입니다. 뜻도 모르고 걸어 놓는 것은 맞지 않을 것 같아서요. 제 짧은 눈으로는 '세상을 떠나 부처를 찾는 것은 토끼의 뿔을 구하는 것과 같다'는 의미인 것 같습니다.

한문 해석

 글귀의 해석은 다음과 같다.

> **佛法只在世間中(불법지재세간중)**
> 불법은 세간 가운데 지금으로 존재하니
> **離世覓佛求兎角(이세멱불구토각)**
> 세간을 떠나 부처를 찾는 것은 토끼의 뿔을 구하려는 것이다.

불법이란 이 세간(世間)을 이룬 법(물질과 물질을 이루는 법칙, 즉 몸과 마음을 합한 것)을 말하는 것이다. 그리고 세간이란 바로, 사라지지 않는 '지금'을 말하는 것이다. 마치 하늘에 뜬 구름은 사라지지만 하늘은 사라질 수도 없고, 구름이 있던 자국도 남지 않듯이, 세간은 생멸하며 사라지지만 세간이 스쳐 가는 지금은 영원히 지금일 뿐이며, 유일한 만유의 터전이다.

그러므로 찰나적으로 사라지는 지금의 세간 말고는 시간도 공간도 따로 더 있을 수 없는 것이다. 과거도 지금 추억하는 것이고, 미래도 지금 상상하는 것이다. 그러므로 '지금'은 과거와 미래의 중간이고, 세월의 중간이기에 '세간'이라고 한다.

삼라만상과 온 우주의 마음은 바로 '지금'에 있다. 이 '지금'의 모든 작용을 '불법'이라고 한다. '지금'은 '정신'이 없으면 없다고 할 것도 없는 찰나이며, '지금'은 '생멸하는 물질'이 없어도 없다 할 것도 없는 찰나이다. 그러나 정신은 허공과 같아 사라질 것도 없는 것이고, 생멸하는 물질은 잡으려 해도 잡을 수 없는 '허망한 것[幻相]⁶⁾'이다. 이렇게 '사라질 수 없는 허공'과 '생기고 사라지는 물질'이 어울린 것이 '지금'의 모습인 것이다.

그러므로 정신과 물질, 몸과 마음, 허공과 대지, 하늘과 별이 합해진 찰나가 '지금'이며, 불법(佛法)의 참뜻이다. '나[我]'가 불법이며, '우주'가 불법이다. '나'는 '사라질 수 없는 마음'과 '생기면서도 사라지는 몸'이다. 사라질 수 없는 마음 때문에 몸도 자꾸 생겨나게 되는 것이고, 자꾸 생겨나는 몸 때문에 '나'라는 마음도 보이지 않게 생겨난다. 이것이 '윤회'의 실체다.

　　사람들은 불법을 구한다.
　　사람들은 깨달음[覺]을 구한다.

6) 허망한 것[幻相]
우리가 흔히 사용하는 상(想)이나 상(象)을 쓰지 않고 마주할 상(相)을 쓴 것은 허공과 같은 정신과 생멸하는 물질이 서로 만났을 때에만 비로소 물질의 존재를 인정하게 되기 때문이다. 따라서 물질이라 함은 객관적인 신체를 가지고 실재하는 것이 아니라, 정신이 깨어 있을 때에만 정신에 의해 존재하는 듯 인식된다는 것을 결코 놓쳐서는 안 된다.

사람들은 지금보다 좀 더 편한 세계를 추구하지만
생사를 벗어난다는 생각은 감히 내지 못한다.
만약 지금이 사라지지 않는다면
구름과 같은 몸은 사라지지만,
정신은 결코 사라지지 않는다는 것을 알 수 있다.
그래야 중생에게 새로운 변화가 있게 되고,
깨달음을 얻은 이에게는
이 몸이 사라진 후 없는 몸으로서의 새로운 삶이 시작되기 때문에.
그러나 새로운 삶을 살아도
없는 몸으로의 삶을 살아도
그 시간은 오직 '지금'이니
오직 '불법' 가운데의 삶이고 이 삶이 곧 불법인 것이다.
이 삶을 통달하는 것이 '깨달음'을 얻는 것이고
'부처[佛]'를 얻는 것이며 진실한 '나[我]'를 얻는 것이고
영원한 마음으로 영원하지 않은 생멸법(몸)을 누리며
영원히 노니는 황홀한 삶을 얻는 것이다.

불멸 1
IMMORTALITY

51

이 문제를 어떻게 풀어야 하나요?

'입이 작고 긴 유리병 안에 어린 새가 들어 있다. 세월이 흘러 새는 자랐고, 몸집이 커진 새를 꺼내지 않는다면 새는 곧 죽게 된다. 이때, 유리병도 깨지 않고, 새도 다치지 않게 꺼내는 방법은 무엇인가?' 책에서 이런 글을 읽었습니다. 답이 있으니까 물어봤겠지만, 저로서는 도저히 알 수가 없습니다. 예부터 내려오던 화두 중 하나라고 알고 있는데, 어떻게 생각해야 합니까?

유리병 속의 새를 꺼내는 법

중생의 고민이란 바로 이렇게 상상하는 것에서 시작되는 것이다. 가장 먼저 보아야 할 것은 '지금 고민하고 있는 자의 마음속의 문제가 실제로 있는 것인가?'이다. 있지 않은 일을 있다고 생각하고, 다시 그 생각에 대하여 고민한다면 그것은 고통이기 때문이다.

유리병 속에서 새가 자랄 수는 없다. 단지 상상하는 것이다. 이 세상 전체는 오직 스스로의 생각일 뿐이다. 그리고 그 생각은 찰나적으로 사라져 기억이 되고, 기억은 있는 듯 느껴질 뿐 영원히 돌이킬 수 없는 시간 속으로 사라진 것이며, 그 사라진 시간 속에 있는 신기루와 같은 사연, 즉 추억들은 꿈속의 일과 같은 것들이다. 그러므로 유리병이란 기억을, 새란 기억 속에 갇혀 있는 추억을 말함이다. 추억이 아무리 심각한 의미를 가졌어도 그것은 단지 추억일 뿐이다. 상상 속에 있는 문제를 해결하려고만 하지 말고, 상상 자체가 있는가를 보아야 한다. 만약 상상 자체가 있는 것이 아니라면 이미 문제는 해결할 것도 아닌 것이 된다.

모든 중생의 고민도 그와 같다. 시간이란 찰나도 견디지 못하고 사라지는 것이며, 그 시간 속에 있는 일체만유도 역시 찰나마다 변하여 사라지는 것들이다. 그러므로 깨달음이란 깨달음을 찾으려는 그 마음이 이미 존재하는 것이 아님을 깨닫는 것이다. 누군가 자신의 참다운 마음을 찾으라고 한다면 그것은 이룰 수 없는 어리석은 주문이다. 마음은 없는 것이기 때문이다.

잠을 잘 때는 잔다고 하는 마음도 없으며, 마음이 없다는 생각도 없다. 그러나 꿈이 꾸어지면 마음이 살아나고, '나'도 생겨나며, 꿈속의 세상이 따로 있는 것으로 느껴지기도 하고, 여러 가지 의미도 살아나 쫓고 쫓기게 된다. 그러다 꿈이 사라지면 역시 '나'도 사라지고, 의미도 사라지며, 사라졌다는 생각도 사라진다. 이것이 마음의 실체이다. 몸이 있으면 마음도 있는 듯 나타나고, 꿈이 꾸어져도 마음이 있는 듯 나타나지만, 마음의 대상이 없어지면 마음이라는 것도 역시 사라져 깊은 수면에 빠진 것과 다름없으니, 이것이 실제의 마음이며, 실제의 '나'이다.

그러니 찾으려고 하는 마음이 있다면 이미 실제의 마음이 아닌 것이고, 또 절대 찾을 수도 없는 것이 이치이다. 이것이 무심의 실체이니, 단지 생각이 생겨나기 이전의 마음을 가리킬 뿐이다. 생각은 생겨났으니 사라지겠지만, 사라지고 남은 무심은 사라질 수도 없는 마음이다. 그러니 사라지지 않는 마음으로부터 인연 따라 꿈처럼 드러나는 것이 삶이고, 인생이며, 윤회하는 '나'인 것이다.

이러한 사실을 알면 꿈과 같이 언제나 생겨날 마음이고, 몸이며, 세상인데, 어찌 두려움에 떨며 살 수 있겠는가. 없던 마음에서 생겨난 슬픈 마음이나, 기쁜 마음이나, 걱정하는 마음이나, 죽을까봐 겁을 먹은 마음이나, 남이 있다고 믿는 마음이나, 내가 있다고 믿는 마음이나, 모두가 꿈과 같고, 신기루와 같은 '무심의 변화'라는 사실을 깨달아야 한다.

그때서야 비로소 마음이 쉴 수 있게 되며, 이것을 해탈했다고 말하니, '유리병 속의 새'를 생각하는 마음이 본래부터 있었던 생각이 아니었고, 그 생각이 아니었다면 이미 불편해질 필요도 없는 것이 본래의 마음이라는 사실을 깨닫게 되는 것이다.

이미 여러 글을 통해 허공에서 비롯된 이 세상이 실감 나게 느껴지게 되는 이치에 대해 설명한 바 있다. 허공 속의 수소와 허공 속의 산소가 합해진다 해도 역시 허공일 뿐이지만, 물로 느껴지게 되는 이유는 전생부터 가져온 업의 안경인 감각 때문이다. 다시 말해 중생의 감각에만 그렇게 느껴지는 것이지, 물이란 실체가 없다는 말이다. 그리고 물을 느끼던 감각도 물이 없으면 함께 사라지고 마니, 마치 꿈이 있으면 내가 있고, 꿈이 사라지면 나도 사라지는 관계와 같다.

이 세상 모든 것이 사라진다면 눈도 필요 없고, 귀도 필요 없으며, 다른 감각기관들의 존재도 알 수 없게 된다. 이것은 꿈속의 모든 것이 나의 정신으로 만들어진 것과 같이, 역시 세상인 유리병이나 새도 스스로의 정신에만 있을 뿐, 자기의 정신을 제하고 나면 어디에도 존재할 수 없다는 것을 말해주고 있다.

나는 생각일 뿐이다. 생각은 잡을 수 없는 환상이며, 환상은 본래 무심에서 인연 따라 생겨난 꿈과 같다. 그러므로 생각의 허망함을 알면 '무아'라는 말도 깨닫게 되고, '불생불멸'이 본래의 자기 모습이라는 사실도 깨닫게 되니, 그로써 모든 숙제가 풀려 인생의 고통이 사라지게 되는 것이다.

18층 지옥

일 층은 보기 싫은 지옥

이 층은 듣기 싫은 지옥

삼 층은 냄새가 싫은 지옥

사 층은 맛이 싫은 지옥

오 층은 닿는 것이 싫은 지옥

육 층은 의미가 싫은 지옥

칠 층은 색깔에 막힌 지옥

팔 층은 소리에 막힌 지옥

구 층은 냄새에 막힌 지옥

십 층은 맛에 막힌 지옥

십일 층은 벽에 막힌 지옥

십이 층은 뜻에 막힌 지옥

십삼 층은 눈이 피곤한 지옥

십사 층은 귀가 피곤한 지옥

십오 층은 코가 피곤한 지옥

십육 층은 혀가 피곤한 지옥

십칠 층은 건드림이 피곤한 지옥

십팔 층은 생각이 피곤한 지옥

52

부처님은 왜 경전 집필을 하지 않으셨나요?

석가모니부처님께서 하신 모든 법문을 적어놓은 팔만대장경은 그의 제자들이 후대에 모여 부처님 재세 시에 들었던 기억을 떠올리며 집필하였다고 합니다. 부처님께서도 당신의 말씀이 후대에 남겨질 것을 이미 알고 계셨을 텐데, 직접 경전을 쓰지 않으시고 제자들에게 맡기신 이유가 궁금합니다. 그리고 제자들도 스승님께서 살아계시는 동안 여쭈어보면서 경전을 남겼다면 더 명확하고 수월하지 않았을까 하는 생각이 듭니다. 깊은 뜻이 있으셨겠지만 제 견해로는 잘 이해가 가지 않습니다. 사실 그것 때문에 경전의 진위와 역사적인 왜곡을 논하는 사람들도 많이 있으니까요.

IMMORTALITY 불멸1

부모와 자식의 법칙

 자식이 태어나려면 어머니에게 아버지가 육신을 불어 넣어 주어야 한다.

본래 물질이란 허망한 것이고, 정신의 감각이 없으면 그 존재성을 부여받을 수 없는 것이므로 정신의 한 부분에 속하는 것이라고 보아야 마땅하다. 그러므로 생시(生時)에 물질을 실제로 있다고 생각하는 것처럼, 꿈에서도 마치 실제와 조금도 다름없이 물질이라고 느끼게 되고, 꿈인 줄을 모른 채 속아 악몽에 시달리게 되는 것이다.

그러므로 물질을 정신의 한 부분으로 바라보지 못하면, 결코 미혹에서 벗어날 수 없게 된다는 것을 알아야 한다.

지금부터 설명하는 물질을 단지 마음에서 느끼는 이름이라고 생각하고 읽어 보라.

어머니, 즉 자궁이란 비어 있는 그릇과 다름없는 것이다. 역시 중생도 지기가 무엇인지를 깨닫지 못하고 있으므로 비어 있는 그릇과 다름없다. 그러나 석가모니부처님께서는 진아를 찾아내고, 그 진아를 지기로 삼으셨다. 그러므로 부처님께서는 실제적인 자기를 가지게 된 것이고, 중생은 실체가 없는 자기를 그저 빈 그릇과 같은 육신에 두고 있는 것이다. 육신을 자기로 보고 있는 어리석은 마음의 모습이 그릇이다. 즉 어머니의 자궁과 같은 것이라는 말이다. 이 빈 그릇에 석가모니의 깨달음을 채우는 작업이 곧 석가모니부처님께서 제자들을 가르치신 모습이다.

그리고 빈 그릇에 참다운 깨달음을 담아주는 이 모습은 어머니의 빈 자궁에 아버지의 육신을 담는 일과 같다. 이때 드디어 아이가 생겨 자라나게 되고 어느 날 태어나게 되면, 어버이의 제2의 육신이 되고, 동시에 그릇이 되는 것이다. 그것이 아들과 딸이다.

여기에 석가모니부처님과 그의 제자들, 그리고 그 후 선사(禪師)들의 깨달음으로 이르는 한 가지 공통된 법칙이 흐르고 있다. 찰나에 사라지는 사연은 제하고, 오직 법칙만을 살펴보자.

석가모니부처님께서 아버지가 되어 제자들인 어머니에게 깨달음을 담아 주시니, 제자들 속에서 깨달음이 무르익어, 어느 날 불경이라는 아들로 태어나게 되었다. 그 불경은 다시 중생이라는 딸들에게 읽혀져, 다시 선사들의 깨달음이 무르익게 됨으로써 선어록이 태어났다. 후에도 불경은 계속 남아 '진아'를 그리워하는 제자들에게 그 씨앗이 되어줌으로 인해, 지금까지 크고 작은 깨달음이 계속 태어나게 되는 이치가 되었다.

그러니 결국은 석가모니부처님의 아들인 불경은 육신과는 달리 오랜 세월 동안을 중생이라는 자궁의 빈 그릇을 채워주고 있었다는 것이다. 성경도 그 견해와 깊이가 비록 다를지라도, 이 법칙을 벗어나지는 못한다. '일체법은 두 가지일 수 없는 것'이 곧 진리이기 때문이다.

만약 석가모니부처님께서 먼저 불경을 집필하셨다면 그 시간에 제자들은 없었을 것이고, 제자가 없다면 부처님의 깨달음을 인정하고 증명할 존재가 없었을 것이며, 그 이후에는 아무도 그 책을 읽으려고 하지 않았으리라는 것이 당연히 이치다. 스승의 깨달음을 체험하고 실감해 본 존재의 자취가 없다면, 누구나 허무맹랑한 유언비어가 아닐까라는 의심부터 할 것이기 때문이다. 지금도 불가의 모든 스승들이 불경을 통해 깨달은 바를 제자들에게 알려주고 확인하게 하니, 제자들도 비로소 불경을 믿고 따르며 진리라는 사실에 감동하게 되는 것이다.

깨닫는다는 것은 일체중생의 공통된 과제인 생사고뇌를 벗어남이다. 오직 석가모니부처님만이 그 과제를 풀어냈다. 그러나 물질에 대한 오해를 풀지 않으면 생사의 모습은 누구에게나 있는 당연한 것으로 보일 수밖에 없다. 그렇기에 물질로 이루어진 몸을 자기로 삼고 있는 중생은 스스로가 반드시 죽는다는 어이없는 결론을 내리고, 그 믿음으로 하여금 항상 놀라는 지병을 가진 채 살아가는 것이다.

석가모니부처님께서는 물질은 마음 끝에 따르는 한낱 환영에 불과하다는 것을 깊이 깨닫고, 실제의 자기란 곧 마음이며, 마음은 육신을 버리거나 갖거나 언제나 생사를 초월한 허공처럼 변화하지 않는 오묘한 것이라는 사실을 깨달았기에, '본래 생사를 두려워하던 마음에는 생사가 없었지만, 오해함으로써 두려워하는 마음이 되있음'을 알아내었다. 그러나 실제로 물질의 실체가 어떤 것인가는 말로만 해서 되는 것이 아니었기에, 삶의 모습을 통해 확연하게 보여주었던 것이고, 그로 하여금 제자들은 석가모니부처님께서 열반에 드시는 모습을 보았어도 '석가모니부처님께서는 죽었다'라는 어리석은 말을 하지 않았던 것이다.

지금도 마찬가지다.

실제에 있어서 보면 몸이란 이미 죽여서 먹은 음식의 화합일 뿐이니 '나'라고 할 것도 아니고, 살고 죽는다는 개념도 가당치 않은 '물질'이다. 그러나 그것이 움직이지 않게 되고 분해되기 시작하여 제자리로 돌아가는 모습을 보면서 죽었다고 말하니, 소승이 아무리 '나는 죽지 않는다'라고 말했다 하더라도, 그리고 그렇게 분명히 깨닫고 마음을 나로 삼았기에 두려움 없이 흐르다가 다시 몸을 얻기 위해 떠났다 해도, 소승의 마음을 전수받지 못한 자들은 소승의 남겨진 육신을 보고 죽었다고 할 것이다. 마치 뱀이 벗어놓은 허물을 보고 뱀이 죽었다고 말하는 자들처럼, 그리고 나방이 되어 날아가고 남게 된 누에고치를 보고 누에는 죽었다고 생각하는 자와 같이…

그러므로 불경을 쓰는 것보다 중요한 것은 제자를 키우는 일이고, 또한 우주의 이치상 당연한 것이며, 후대에 실제의 스승들이 존재하게 하는 방법이었다. 그리고 그것은 부모가 자식을 태어나게 하여, 대를 이어가는 것과 조금도 다름없는 법칙이었다는 것을 깨달아야 하는 것이다.

53

부처님의 손을 도라면수(兜羅綿手)라고 표현하는 이유가 무엇인가요?

부처님께는 일반 중생이 갖추지 못한 32상(相)이 있었다고 합니다. 제가 듣기로는 그 각각의 이름에 다른 의미가 있다고 하는데요, 경전에 보면 부처님 손에 대한 묘사를 보면 도라면수라는 표현이 자주 등장합니다. '부처님께서는 도라면수 같은 손을 뻗어…' 도라면수 같은 손은 어떻게 생긴 손을 말하나요? 그리고 어떤 의미를 가지고 있는 것인가요?

도라면수(兜羅綿手)

 '도라면'이란 '도라(兜羅)'라고 하는 열매의 가는 실로 만든 '면(綿)'을 말함이니, 고운 솜을 뜻한다. 또 한자를 그대로 표현하면 '그물처럼 얽혀진 솜으로 된 두건이나 투구'라는 말이기도 하니, 이 두 말에서 상통하는 의미는 '세세한 실이 엉킨' 솜이라는 것이다.

불경에서 손[手]이 상징하는 것은 '생각'이다. 즉 '정신적 헤아림'을 말한다. 또한 불경에서는 물질의 실체를 '공한 정신의 작용'일 뿐이라고 본다. 그리고 사실이 그렇다.

모든 물질은 정신에만 존재하는 것이지, 정신을 벗어나 그 객관적인 실체를 찾을 수 없다.

예를 들면 물[水]이란 수소와 산소가 결합된 것이지만, 그 둘은 모두 원소기호이고 허공의 한 성분이기에 단지 이름일 뿐이라는 말과 같다. 허공은 아무리 합해도 도로 허공이어야 하지만, 단지 정신의 감각 능력에 물(H_2O)로 보이게 되는 것이다. 꿈의 세계에는 물질이 없음에도 불구하고 착각에 의해 정신은 꿈속에서 물질을 실감 나게 느낀다. 즉 정신에는 허공의 화합을 물질로 느끼는 능력이 본래 갖추어졌다는 말이다. 그러므로 불경에서는 '손'을 물질적인 손으로 보지 않고, '정신 가운데 헤아리는 능력'으로 표현을 하는 것이다. 결국 불경의 손은 '생각'을 말한다. 그러니 '도라면'이라고 하는 '솜'으로 이루어진 '생각'을 표현한 것이 곧 도라면수라는 말이다. 그리고 이 생각의 껍질을 '투구'나 '두건'이라 하였으니, 곧 '두뇌'를 가리켰음을 깨달을 수 있다.

불경에서는 부처님의 손을 '도라면수'라고 표현하는데, 부처는 곧 깨달음[覺]을 뜻하므로, '깨달음'이란 '도라면'과 같다는 것을 알려주고 있다. 즉 솜과 같이 세밀하게 얽히는 능력을 가진 것이 깨달음이라는 말이다.

일체의 물질이 공함을 깨닫고 나면, 오직 깨달음[佛 = 覺]만으로 얽힌 것이 삼천대천세계이며, 삶이며, 인간이었음을 알게 된다. 이 깨달음 자체란 '정신의 알아차림'을 말하는 것이고, 정신이란 허공처럼 보이지도 만져지지도 않는 것이므로, 허공과 같은 정신이 만든 정신세계가 이곳이고, 삶이며, 천상이며, 삼천대천세계이니, 혹 지옥이라 할지라도 역시 정신이 빚어낸 세계일 뿐이다. 그리고 정신은 죽고 사는 것이 아니니, 결국 물질이라는 것이 정신의 움직임인 생각에만 존재하듯, 생사(生死)라는 것도 오직 생각에만 존재하는 환상임을 깨닫게 해주는 것이다. 이것을 이름하여 '꿈'이라고 하니, 『금강경』의 마지막 장인 「응화비진분(應化非眞分)」에서 '일체법'이란 꿈과 같은 것[7]이라고 결론짓는 것이다.

7) '일체법'이란 꿈과 같은 것
一切有爲法 如夢幻泡影 如露亦如電 應作如是觀
일체의 있다고 하는 법이란 꿈, 환영, 비눗방울, 그림자와 같고 이슬과 같으며 역시 번개와 같기 때문이니 이와 같은 관념을 지어 상응해야 하는 것이다.
　　　　　　　　　　　　　　　　　　　　『금강반야바라밀경』「응화비진분」

그러므로 '도라면수'는 '부처의 손'이고, '부처의 손'은 '생각'이며, '생각'은 '삶'이라는 것을 이루는 재료이니, 자기만의 '삼천대천세계'를 건설하기도 하고, 물질이라는 것이 실제로 있다고 착각하기도 하며, 그것으로 몸이 있다고 오해하여 '생사(生死)'를 이루게 됨을 알려주고 있다. 본래 있지도 않았던 허공에서 중생의 살고 죽는다는 무명이 드러나게 되는 원리가 바로 '도라면수'의 능력이었던 것이다. 그리고 '부처'에서 '생사'에 이르기까지 모든 차별의 요인 역시 '도라면수' 하나의 차이였음을 알 수 있는 것이다.

54

불교에서는 꿈을 어떻게 정의하나요?

불교에서는 꿈의 정의를 어떻게 내리고 있나요? 사람들은 꿈을 굉장히 중요하게 생각하는 듯합니다. 돼지꿈을 꾸면 복권을 사기도 하고, 심지어는 이사하는 날이나 결혼하는 날까지 결정하니까요. 꿈이라는 현상이 자아의 투영이라는 말은 들었는데, 실감이 나지 않습니다. 꿈에 대한 모든 설명을 듣고 싶습니다.

꿈의 실체

 과거를 기억하는 것은 사실 지나간 추억을 실제로 있었던 것처럼 착각하고 있는 것이다. 그러나 우리의 기억에는 이미 사라진 일들이 남아 있는 듯 느껴지니, 지난 일에 대한 회한과 원망, 그리움 등으로 고통받거나, 사라진다는 것에 대한 공포로 인해 미래를 걱정하게 된다.

그러나 지난 일이라는 것을 자세히 살펴본다면 '누가, 언제, 어디서, 무엇을, 어떻게, 왜, 그리고 누구와'라는 범주를 떠날 수 없다. 따라서 추억의 정체를 파악하기 위해서는 우선 '누구'라는 것에 대한 명확한 정의가 있어야 할 것이다.

몸을 말한다면 음식물이 축적된, 그리고 머지않아 변하여 없어지는 허망한 것이며, 생각이라는 것이 몸을 떠났을 때에는 스스로 움직일 수조차 없는 사대(四大 = 地, 水, 火, 風)의 화합일 뿐이다. 그러니 몸을 이름하여 '누구'라고 한다면, 흙이 뭉쳐진 것을 '돌'이라 이름하는 것과 같아, 따로 '누구'라는 개체를 인정해 줄 필요가 없는 것이다.

현실에서도 그러하거늘, 현실의 그 몸마저 있지 않은 상태인 꿈속에서는 더더욱 '누구'라고 할 것이 없음에도, 실감 나게 인식되는 현상은 지금까지 몸이 사람이라고 착각해 왔던 허망한 오류인 것이다. 그것이 아침에 일어나면 어디에도 존재하지 않던 꿈속의 기억을 갖게 되는 이유이다. 이는 본래 자성의 깨달음이 허상을 인정함으로써 허망하게 달려 나온 결과이다.

불멸 *1*
IMMORTALITY

그러므로 현실과 꿈은 따로 떨어진 것이 아니며, 하나로 연속되는 오류의 흐름임을 알 수 있다.

또 '언제'라는 의미도 역시 실재하는 것은 아니다. 때를 말하는 것이지만, 어떠한 기준점이 있어야 그 기준점으로부터 계산하여 과거나 미래를 상정할 수 있기 때문이다. 그러나 이미 현재라는 것은 관념 속에서만 존재하는 것이기 때문에 잡아 세울 수가 없다. 눈을 깜빡이는 찰나도 그 자리에서 과거로 사라지니, 어디까지가 과거이며, 어디까지가 미래이겠는가? 그러니 우리가 과거를 생각하는 것은 이미 허망한 과거에 머물러 있는 것이며, 환상에 빠져 지금을 잃고 있는 것일 뿐이다. 마찬가지로 꿈을 꾸고 있는 순간들도 인생이라는 시간은 흘러가고 있음에도 허망한 과거에 빠져들어 번뇌만을 쌓아가고 있다.

'어디서'라고 하는 장소의 표현도 그와 같아서, 기준점이 있어야 방소(方所)가 있을 터인데, 이미 '여기'란 정의할 수 없다. 어디까지가 여기인가? 또 어디까지가 저기겠는가? 동쪽이 정해질 수 있다면 서쪽도 있겠지만, 이곳에서 동쪽이라면 그 동쪽에서는 이곳이 서쪽이 되는 것이니, 동, 서, 남, 북 또한 상대적이고, 허망한 관념 속에만 존재하는 것이다.

'무엇을'이라는 말은 인간을 포함한 사물이나 생각, 또는 관념을 이야기하는 것이다. 즉 말하려는 대상이 '그것', '저것'하는 그 '무엇'이다. 그렇다면 사물은 무엇일까? 흙, 물, 불, 바람에 의지하거나, 그 네 가지로써 이루어지지 않은 것이 없으니, 결국 조금씩 혹은 급하게 변하여 사라지고, 실제로는 '그것'이라 일컬을 수 있는 정지된 상태가 없으므로 '무엇'이라고 말할 것이 아니다.

0에서 시작해서 10에서 끝나는 어떤 것이 있다면, 이는 0에서 태어나 10에서 죽었다고 하는 말과 같은데, 1부터 9 가운데 과연 어느 것을 '그것'이라 해야 하는가. 변하여 사라지는 것은 멈추어져 있는 시간이 없으므로 그것이라고 말할 수 없다. 그러면 생각이나 관념이라 일컬어지는 것은 어떤 모양, 어떤 색을 하고 있으며, 얼마만 한 크기를 하고 있나, 또 그것(생각)이 있는 곳은 어디인가를 말해보라.

지금까지의 모든 것이란 이와 같이 허망하게 있는 듯 느껴질 뿐, 그 또한 진실한 것은 아니었다.

만약 생각할 대상이 사라져 버린다면 정신이 있어도 무엇을 생각하겠는가? 그러므로 생각이라는 것은 대상과 같이 존재하는 현상으로 진실한 것이 아니라는 사실을 알아야 한다. 그러면 이제 어떠한 것을 '무엇'이라 하겠는가? 현실에서 이렇게 속고 있었다면 꿈은 무엇이라 하겠는가? 결국 현실이 연결되고 있음을 알 수 있으니, 현실과 꿈은 둘이 아니라, 똑같은 허상이었음을 깨달아야 한다.

이제 '어떻게'라고 하는 과정, 또는 방법, 나아가서는 이치에 대해 알아보겠다. 지금까지 살펴본 누가, 언제, 어디서, 무엇을 중에는 실제로 존재하는 것이 없었으니 그 허망한 것들의 변화하는 과정을 다시 언급한다는 것은 어리석은 일이다. 하지만 다시 한번 자세히 설명하자면, '과정'이란 변화하는 것이고, '방법'이란 변화시킬 수 있는 생각을 말하는 것이며, 이치 또한 눈이나 감촉으로 보거나, 느낄 수 있는 것은 아니다. 그러니 현실에서의 '어떻게'나, 꿈에서의 '어떻게'는 차원이나, 처소(處所)가 이미 다른 것이 아니었다.

마지막으로 '왜'라는 것도 역시 허망한 생각의 작용을 말하는 것일 뿐, 이유라는 것은 꿈에서든 현실에서든, 관념적이고 피상적인 허구일 뿐이다. 다시 말해 쇠가 녹이 슬어서 사라지고, 비가 내리고, 해가 뜨고, 낙엽이 지고, 죽어가는 것이 이유가 있어야 하는 것은 아니며, 그렇게 되는 것이 잘못된 것도 아니다. 그것이 곧 참다운 이치라는 것을 알아야 한다. 허망함이든 진리든 우리가 생각하고 움직이는 모든 것이 이미 꿈과 다름이 없다면, 꿈을 꿈으로 보듯, 현실이라는 꿈도 꿈으로 보아, 어리석음에서 벗어나는 것이 진실하게 꿈을 해몽하는 것이다.

한편 미래를 예견하는 꿈도 그와 다르지 않다. 과거, 현재, 미래가 존재하지 않는다면 미래는 내가 믿는 대로 되는 것이고, 스스로 생각을 지어서 인정하는 것이니, 만약 꿈을 믿어서 후에 꿈과 같은 일이 생겼다 하더라도, 그것은 꿈이 맞는 것이 아니라, 허망한 꿈과 허망한 생각인 현실이 일치한 것에 불과하다. 지금이란 곳에서 과거를 생각한다면 이미 지금은 사라져 과거만 있게 되고, 또 지금이란 곳에서 미래를 생각한다면 역시 지금은 사라지고 그 자리가 이니 미래가 된 것이다. 그러므로 꿈에서 미래를 안다는 것은 단지 허망한 분별일 뿐이다.

분별하는 허망한 생각으로는 생멸이 있는 것 같지만, 분별이 끊어진 자리에서는 몸이 내가 아니니, 죽을 수도 없고 태어날 수도 없는 그 마음만이 진실한 내가 되는 것이다. 이제 움직임이 없는 허공과 같은 마음으로 분주하게 움직이는 듯한 허망한 세계를 바라본다면, 늙고,

죽고, 걱정하고, 슬퍼하고, 고통스러워하는 것이 마치 편안한 꿈을 꾸는 것과 조금도 다름이 없음을 보게 될 것이다. 또한 현실이라는 꿈속에서 또 하나의 꿈을 꾸었듯이, 어차피 꿈이라면 어질고 착하며 용맹스럽고 정직한 꿈을 꾸어, 악몽과 같은 지옥으로부터 벗어나는 위대한 성인인 대도사가 되는 것도 결코 어려운 일은 아니다.

꿈속에 무슨 죄가 있으며, 어떤 유혹이 존재하겠는가? 또 화를 내어서 무엇하겠는가? 꿈을 꿈으로 알 때, 바로 지금부터 극락세계가 시작됨을 절감하게 될 것이다.

55

깨달음의 경험은 이런 것인지요?

부처님이란 단지 전교 일 등을 하신 모범생이시고, 우리 중생은 부처님처럼 전교 일 등을 하기 위해 그분의 마음가짐과 행동 하나하나를 배우려는 사람을 말하는 것 같습니다. 그래서 제 마음속 깊이 자리 잡고 있는 사리사욕을 버리고 어떻게 우주의 흐름에 나를 맡길까 하는 고민을 해왔습니다. 그런 고민을 하던 중 이상한 경험을 하였는데, 이것이 저에게는 큰 충격이었습니다. 하루는 눈을 감고 못된 생각을 하는데 아주 아름다운 여성이 보였습니다. 그 모습에 감탄하자마자 그분의 모습은 점점 흉측하게 변하고, 저는 깜짝 놀라 무서워 눈을 떴습니다. 그리고 다시 눈을 감았습니다. 이번에는 몸이 거대하고, 얼굴의 형태가 없으며 온몸은 까맣고 온 천지는 빨간색뿐이었습니다. 이 일을 당한 후로 잡념이 사라진 것 같습니다. 혹 이런 것이 깨달음의 경험인지요?

깨달음도 얻을 수 있는 것이 아니다.

중생에게는 공통된 허점이 있다. 너무도 힘든 꿈을 꾸면서 꿈인 것을 알려고 하지 않는 것이며, 꿈을 꾸고 나서 꿈풀이를 하려고는 하지만, '꿈이란 무엇인가'라는 근본적인 의문을 해결하려 하지는 않는 것이다. 그러므로 인생길을 가면서도 '누가' 가는 것인지, '왜' 가는 것인지, 어느 방향으로 가야 하는지, 나는 지금 어디에 서 있는 것인지 등을 전혀 알지 못한 채, 무작정 무엇이든 하려고만 하게 되는 것이다.

무엇인가 이상한 것이 보였다면(불빛, 화난 얼굴 등) '그것이 무슨 의미인가'만 알려고 하지 말고, 과연 '보이는 현상'이란 어떠한 이치에 의하여 생겨나게 되었는지를 알려고 해야 한다는 말이다. 일체중생은 모두 세상을 느끼기에 그 속에서 모든 사연을 지으며 산다. 따라서 '세상이란 과연 어떤 이치에 의하여 드러난 것일까?' 그리고 '나와 세상과의 관계란 과연 어떠한 것인가?'라는 화두를 가장 먼저 해결해야 하는 것이다. 그래야만 무엇을 하든 고통스럽지 않은 '지혜의 눈'이 생겨나게 되기 때문이다.

석가모니부처님께서는 이렇게 설법하셨다. '모든 것은 공(空)하므로 없는 것이다. 그렇다면 나도 공하고, 말도 공하며, 한다는 것도 공하니, 나는 아무 말도 한 것이 아니다.' 이것은 말을 해놓고 말을 하지 않았다는 근거 없는 주장이 아니다. 일체가 공하다는 말씀을 간절하게 전하고자 하신 것이다.

세상이 없다면 나도 사라진다. 그리고 나와 세상이 없다면 모든 의미, 즉 사랑, 그리움, 미움, 증오, 분노, 슬픔, 기쁨, 질투, 음모, 탐욕 등도 있을 수 없다. 다시 말하면 세상의 색깔이 모두 사라지면 나의 눈은 사용할 곳이 없으므로 무용지물이 될 것이고, 그렇다면 색을 보며 갖던 생각, 즉 아름답다, 더럽다, 좋다, 다시 보고 싶다, 징그럽다, 불쌍하다, 갖고 싶다 등의 생각은 생겨날 수 없다는 말이다. 이것이 둘로 나 눌 수 없는 이 세상과 나와의 관계이다.

한편 세상을 느끼려면 '나'는 허공처럼 공해야 한다. 마치 세상을 비추는 거울에는 본래 아무런 그림이 없듯이, 세상의 모든 색을 흰색은 흰색으로 청색은 청색으로 분명하게 가려 보려면, 내 눈에는 색안경이 끼워져서는 안 된다. 또 '이명' 또는 '귀울림 현상'이 있으면 바깥의 소리를 잘 들을 수 없게 된다. 그러므로 정상(正常)적인 귀에는 본래 아무런 소리가 나지 않아야 모든 소리를 잘 들을 수 있다는 이치를 알 수 있는 것이다. 이렇게 눈에는 색깔이 없고, 귀에는 소리가 없기에 세상의 색깔을 느낄 수 있고, 세상의 소리를 들을 수 있다.

즉 '세상'이 '있는 것'이라면 '나'는 '없는 것'이기 때문에 지금처럼 세상이 느껴지게 된다는 것이니, 본래 '나'라는 '감각'은 '투명 인간'과 다름없는 것이다.

또한 이 여섯 가지 감각[眼耳鼻舌身意]에 느껴지는 것이 세상이므로, 여섯 가지 감각을 제하면 세상의 존재는 어디에서도 확인할 수 없다. 즉 눈에 보이지 않고, 귀에 들리지 않고, 냄새도 없으며, 맛도 느껴지지 않고, 만져지지도 않으며, 아무런 의미도 없다면, 그것은 있는 것이 아니라는 말이다.

그러나 세상이라는 여섯 가지(색, 소리, 냄새, 맛, 감촉, 의미 - 六塵)의 실체는 없다. 색은 빛에서 비롯되므로 빛을 손에 쥘 수 없듯, 색도 손에 들 수 없다. 빨간 색종이가 있다면 종이는 손에 쥘 수 있지만, 색깔만을 얻을 수는 없고, 단지 눈에 보기만 할 뿐이라는 말이다. 그리고 소리 역시 생겨나는 듯하지만, 찰나를 견디지 못하고 사라져 버린다. 그러므로 소리의 실체는 없으나 단지 귀에만 들리는 듯 하는 환상과 같은 것임이 분명하다. 냄새, 맛, 뜻(의미)도 역시 그와 같지만, 감촉은 마치 있는 것으로 착각하기 쉽다. 눈을 감고 만져도 느껴지기 때문이다. 그러나 역시 그 실체는 없다. 얼음은 차갑고 단단하기에 있다고 느끼는 것인데, 차갑고 단단하다는 그 '느낌'은 손에서 나온 것인가, 아니면 얼음에서 나온 것인가. 만약 손에서 나왔다면 손은 언제나 차갑고 단단한 느낌이 나올 수 있다는 것이니, 얼음을 만지지 않아도 차가움을 느낄 수 있어야 하는데, 그와 같은 일이 일어날 수 있겠는가. 만약 얼음에서 나온 것이라면, 그 느낌은 얼음이 느껴야 하는 것이지, 내가 느낄 수 있는 것은 아니다. 또한 차갑고 단단한 '느낌'이 얼음과 손이 만나 생겨났다면, 차갑고 단단함은 얼음도 아니고, 손도 아닌 것이니, 허깨비와 다를 바 없다. 그러므로 얼음이란 단지 생각일 뿐 그 실체는 없으며, 얼음의 실체란 물과 찬 공기가 합해진 것이다. 또한 물은 수소와 산소가 합해진 것이며, 산소란 본래 허공의 한 가지고 수소도 역시 그와 같으니 '수소라는 허공'과 '산소라는 허공', 그리고 '차가운 허공'이 합해진 것을 곧 얼음이라고 했던 것이다. 따라서 그 모

불멸 1
IMMORTALITY

두는 허공이고, 허공은 있다고 할 수 없으므로, 물질의 실체는 '공(空)'이라 하지 않을 수 없다.

이렇게 세상도 공하여 실체가 없고, 그 세상을 느끼는 감각도 맑고 투명하여 실체가 없으니, 그 사이에서 일어나던 모든 의미란 과연 무엇이었을까. 무엇이 진실하기에 믿고, 사랑하고, 미워하며, 분노하고, 탐욕하며, 싸우고 죽이는가.

'불도'란 이와 같이 세상의 실체를 혜안(慧眼)으로 바라보고 관조하여 일체의 실체를 통달하고, 실제에 맞게 순리와 하나가 되어 참다운 자유를 누리는 주인공의 길인 것이다. 그러므로 불이란 중생이나 인간이 아니기에 따뜻하고 포근하게 안아주는 것도 아니고, 가난하고 병든 자를 구해주는 이도 아니며, 불국토를 장엄해 주는 초월자도 아닌 허공의 법칙이고, 참다운 이치[眞理]일 뿐이니 절대자나 신으로 착각해서는 안 된다. 그리고 '도'란 실체가 없는 마음으로서의 '나', 즉 '투명 인간과 같은 마음'이 흐르는 것이니, 가야 하는 길, 가지 말아야 하는 길, 옳은 길, 그른 길, 사람의 길, 짐승의 길 등이 아닌, '정신의 무한한 흐름'이라는 것을 알아야 하는 것이다.

56

공(空)의 가르침을 주십시오.

저를 비롯한 모든 사람들은 어찌하여 공한 것 때문에 희로애
락 하는 것입니까? 왜 사람들은 이런 모든 의문들을 뒤로 하
고 멋대로 살려 하는지 모르겠습니다. 만약 불법을 배우지 않는다면 그들
은 앞으로 어떻게 될까요? 제게 공(空)의 가르침을 주신다면 나 자신을
깨끗이 하고, 밝고 선하게 살 수 있을 것 같습니다.

자증법상(自證法相)

그대는 천상이라는 곳을 어떻게 생각하고 있었는가. 그리고 꿈이라는 세계의 재질은 무엇으로 되었다고 생각했었는가. 나아가 없다고 할 수 없는 우리의 정신, 생각, 마음 등은 어떠한 재질로 이루어졌다고 생각하는가. 이 모든 것들의 재료는 실체가 있는 것이 아니라는 사실을 알 수 있을 것이다. 빛과 소리와 같이 일체의 재질이란 논할 수 없는 것으로 이루어진 것이다. 이것이 공(空)한 모습이다. 본질은 그림자처럼 잡을 수 없는 허망한 재질이지만, 허망한 육진이 모이면 그것을 '유위법'이라고 하는 것이다.

그러나 지금 이렇게 유위법으로 실감 나는 것은 기억의 법칙일 뿐, 사실 한 찰나에 하나밖에 느끼지 못하는 것이 마음의 법칙이다. 시간이란 길게 흐르는 것이 아니기 때문이다. 십 년 전을 기억하려 해도 '지금' 해야 하고, 십 년 후를 상상하려 해도 '지금' 하는 것이며, 앞의 것을 느낄 때도 '지금'이기 때문이다. 눈앞에 벌레가 기어갈 때도 '지금'이며, 나무가 자라나는 때도 '지금'이다. 이것이 신실한 시간이고, 진리가 담겨진 공간이 있는 때이다. 어제 있었던 일은 이미 사라진 일이므로 실감 나지 않고, 내일 있을 일도 아직 도래되지 않았으니 실감 나지 않는다. 이처럼 꼬집어서 아픈 가장 진실한 시간은 바로 '지금'이다. 그렇기에 '실제'라고 하는 것이고, '실제'의 이치, 즉 '지금'의 이치를 '진리'라고 하는 것이다. 그러므로 진리를 찾을 곳은 '지금'이었고, 불교의 가르침을 '찰나의 가르침'이라고 한 것이다.

지금의 이치를 통달했다면 더 알아야 할 것이 없다. 그러나 '지금'을 잡으려 하면 절대 잡을 수 없다는 것을 깨닫게 된다. 잡으려는 순간 벌써 과거로 사라져 버리고, 이 마음이 없다면 아니 정신이 없다면, '지금'을 느낄 수도 없는 것이니, 결국 '지금'은 '정신'인 것이지만, '정신'이란 어느 곳에 있는 물질이 아니기 때문이다.

이와 같은 실제의 모습을 관조해 보지 못한 중생은 이치적으로 있을 수도 없는 유위법을 무작정 '있다'고 생각하며, 어리석은 저울질을 하기에, 스스로 돌아설 수 있는 가망성이 너무도 희박하다. 아니 불가능하다는 표현이 오히려 가깝다. 이 세상이란 실제로 있는 것이 아니라 꿈이 꾸어지는 법칙과 마찬가지로 정신의 끝에 드러나는 환상적인 현상일 뿐임을 모르고, 그 환상을 보며 지금까지 얻어온 기억, 즉 학습한 바로서 계속 저울질을 하게 되기 때문이다. 다시 말해 지금까지 자기가 있다고 믿었기에 남도 있다고 믿고, 나아가 모든 것이 있다고 믿던 것이 바로 현재의 저울이 되는 것이다. 그 저울을 빼놓으면 기억이 모두 사라져 '무뇌아'와 같으므로, 그 망가진 저울을 자기로 믿으며 세상을 평가하는 수밖에 없는 것이다.

사실은 이것도 여래(如來)의 법칙이기에 잘못된 것은 아니다. 그러나 아무도 자기의 몸을 가지고 사후세계로 가지 못하듯, 이 세상의 티끌 하나도 가지고 갈 수 없지만, 오직 하나 기억만은 사후세계로 가지고 가니 큰 문제가 아닐 수 없다. 쉽게 말하면 기억이라는 자기만의 어리석은 저울을 들고, 염라대왕 앞으로 가게 된다는 말이다. 그러고는 심판을 받고, 그에 따른 내생을 맞이하게 된다.

일 년 동안 자라온 과정을 모아놓은 결과가 모든 '열매'이고, 그 '열매'들은 그해에 자랐던 기억에 의하여 크기가 작아지기도 하고, 커지기도 한다. 잘 자란 열매, 즉 환경이 좋았던 열매는 다음 해에도 건강하게 자라지만, 그늘지고 폭풍우에 시달리며 양분 없는 땅에 뿌리를 내렸던 나무의 열매는 작고 쇠약하게 자랄 수밖에 없다.

마음의 이치도 자연의 이치와 조금도 다르지 않다[自證法相 - 스스로 깨달은 바가 곧 자신의 모습으로 드러나게 되는 것이다].

어리석은 분별은 악한 마음을 만들어내는 것이 당연한 것처럼, 염치 없는 행동을 하며 쌓은 기억의 열매는 '지옥'일 수밖에 없으며, 벌레와 짐승들처럼 지혜 없이 오직 목숨에 대한 집착만 가지고 살아가는 것과 다름없으니, 미래가 불 보듯 명확히 보이는 것이다. 그러므로 석가모니부처님께서 성도 후 고민하신 것이다. '열반에 들 것인가. 아니면 교화를 할 것인가?'

그대는 이번 생애에 처음 불도를 대한 것이 아니다. 그러므로 이렇게 인연이 닿은 것이다. 인연이란 억지로, 또는 우연히 오지 않는다. 자기가 걸어온 단 한 걸음도 어긋나지 않게 그 결과를 맞이하게 되는 것이다. 예를 들어 그대가 어느 날 감기 몸살에 걸려 누워있게 되었다면 당시의 불편함을 원망하기도 하겠지만, 그날 누워 있었기에 우연한 사고를 당하지 않을 수도 있었다는 것이다. 그러나 이제 모든 과정을 업대로 무사히 보내고, 드디어 석가모니부처님의 제자로 서게 되었다. 그것은 그대가 지나온 모든 걸음이 이 인연을 위한 것이었음을 알 수 있는 것이다.

모든 중생은 내 마음 안에 있다. 그러므로 '내 안의 남'인 것이다. 역시 그러하기에 그대가 성불한다면 그대 안의 모든 중생이 성불하는 것과 다름없다. 물론 이미 일체중생이 부처로 이루어진 것이지만, 아직 그들은 그것을 모르고 있으니, 안타까워하는 말이다. 그들이 마음에 걸리기에 승려는 승려끼리 어울려 사는 것이다. 공부하는 도반들에게 눈을 돌리고 정진한다면, 곧 모두가 편안해질 것이다.

57

선문의 격외구 '구구는 팔십일(9 × 9 = 81)'

선문의 격외구로 쓰이는 용어 중 '구구는 팔십일(9×9 = 81)'이 라는 것이 있습니다. 이는 있는 그대로가 곧 진리라는 뜻으로 알고 있습니다. 하지만, 금강경의 '제상비상(諸相非相)'에 비춰보면, '9× 9는 81이 아니다', 또는 '1 + 1 = 2가 아니다'가 되어야 합니다. 즉 나는 나가 아니요, 산은 산이 아니요 라고 한 것과 같습니다. 나라는 것이나, 산이란 것은 수시로 변하니 '제상비상'의 법에 쉽게 적용되지만, 이 수식은 왜 예외로 남아 있는 것인지 모르겠습니다.

식(수학)이 만고의 진리라면, 불법도 필요 없이 수식을 진리로 삼으면 되지 않을까요? 숫자에 대한 상(相)은 고정불변인 것 같으니 어찌해야 합니까? 이것도 고정관념으로 생각하여 타파해야 하는 것입니까?

9 × 9 = 81은 9 × 9 = 81이 아니다[非]

이 세상은 홀로 존재하는 것이 아니다. 세상의 모든 것은 단일하거나 순수하지 않고, 화합된 것이다. 화합된 것은 자성이 없다. 즉 세상 만유는 사대(지, 수, 화, 풍)의 화합이고, 사대는 또다시 사대의 화합이다. 흙에도 흙을 비롯하여 수분과 온도와 공기의 성분이 이미 화합되어 있고, 물에도 흙의 성분이 있으므로 눈으로 확인되며, 불의 성질이 있어 감촉으로 온도를 느끼고, 바람의 성분이 있어 끓으면 공기 방울이 팽창되어 기포를 생성한다. 순수한 물이라고 해도 수소와 산소가 화합된 것이므로 예외가 없다.

이와 같이 일체는 육진(색, 소리, 냄새, 맛, 감촉, 뜻)의 화합이고, 육진은 다시 육근(눈, 귀, 코, 혀, 몸, 의미)과 화합되어서 드러나게 된다. 색이 있어도 눈이 없다면 색의 존재는 입증되지 않는다. 그리고 눈도 세상의 모든 색이 사라지면 무용지물이 된다. 둘이 화합되어야 비로소 보인다는 인식이 생성되고, 색깔의 세계가 드러나게 되는 것이다. 소리도 귀와 화합이 되어야 소리의 세계가 성립되고, 나머지 역시 그와 같다.

한편 그 모든 육진은 찰나적으로 생멸하므로 얻을 수 없는 것들이다. 생겨나는 근거지도 없고, 감추어지는 창고도 없으니 환상일 뿐이다.

그러나 육진과 짝을 이루는 육근은 환상마저 아니다. 그것은 개체를 이루는 데 반드시 배대(配對)되는 능력, 즉 음과 양이 공존해야 하는 법칙에 의하기 때문이다. 하나의 자석에 음극과 양극이 있듯, 하나의 구름에도 음양(陰陽)이 있기에, 천둥과 번개가 드러나게 된다. 이와 같이 모든 분자에도 각각 음양이 함께 존재하며, 그것이 뭉치는 힘을 생기게 하므로 개체라는 이름을 얻게 된다.

육진은 환상이지만, 그 육진을 느끼려면 육근 자체에는 육진이 없어야 한다. 육진을 있는 것이라고 말한다면, 육근은 없는 것이 되어야 한다. 색을 즉한 것은 이(눈) 공이다[色卽是空]. 만약 녹색 안경을 썼다면 그 눈으로 보는 세계는 모두 녹색일 뿐, 고유의 찬란한 색은 사라지게 된다. 그러므로 색을 보는 것은 눈이지만, 눈 자체에는 색이 없어야 한다고 하는 것이다. 귀 자체에도 소리가 없으므로 모든 소리를 듣는다. 코와 혀, 그리고 나머지 감각도 이와 마찬가지다. 이렇게 육진을 느끼는 육근은 투명하고 고요하여 확인할 수 있는 것이 아니다.

나아가 물질이라고 하는 환상과 감각기관이라고 하는 청정함이 짝을 이루면 여섯 가지 세계, 즉 육식(六識)을 이루는데, 그 여섯 가지 세계가 곧 인식 기능이다. 허망한 색과 공한 눈이 만나서 만든 자식[子]이 곧 '보인다'는 눈의 세계(안식계)이니, 눈의 세계는 당연히 허망한 것일 수밖에 없다. 마치 암소와 수소가 만나시 지식을 만들면 새끼수가 나오듯, 공한 것들이 만나시 드러낸 것은 당연히 공한 것일 수밖에 없다는 말이다.

그러므로 여섯 가지 공한 세계가 모여진 이 세계는 실제로 공(空)하다. 이것은 가상(假想)도 아니며, 이론으로 끝나는 것도 아니고, 다른 세계를 말하는 것도 아닌, 바로 지금 현실의 모습이다. '나'라고 하던 것의 실체도 또한 이와 같다.

그러나 오른손 없이 태어난 사람에게 오른손을 들라고 한다면 그 손을 올릴 수 있겠는가? 이와 마찬가지로 육식이 이루어질 수 있는 법칙이 본래 없었다면, 육진과 육근이 만나도 육식은 생겨나지 않을 것이다. 그러므로 세계라는 육식은 새롭게 태어나는 것이 아니라, 단지 인연에 의하여 드러나고 감추어지는 것이라는 사실을 알 수 있다.

이러한 관점에서 바라보면, 육진과 육근과 육식은 어느 것에 의하여 어느 것이 생겨나는지 알 수 없게 된다. 즉 육식이 없다면 육진이나 육근에 대한 언급은 존재하지 않는다는 말이다. '보인다'라는 생각이 없다면, 눈이나 색이 '없다'는 말도 있을 수 없는 것과 같다. 따라서 이 세 가지는 하나이면서 셋이고, 셋이면서 하나인 공동운명이다.

또한 셋은 모두가 그 실체를 찾을 수 없으니, 세상은 따로 존재했던 것이 아니고, 단지 셋이 어우러져서 드러나는 꿈과 같은 것이었다.

근(根)이란 정신이 없으면 사라지게 된다. 꿈은 정신 스스로 드러내는 현상이고, 꿈속에서도 육근은 분명하게 작용하고 있으니, 감각기관은 모두 정신작용임을 알 수 있다. 또한 감각기관과 짝을 이루어 하나의 자석처럼 음양을 갖추게 되는 육진이란 정신 밖에 있는 것이 아니고, 정신의 다른 한쪽 편이다. 즉 정신의 한쪽은 양극인 육진이 자리하고, 반대쪽은 음극인 육근이 자리한 것이므로, 그 둘은 정신이라는 자석의 두 극과 같은 것이다.

그러니 하나의 정신 가운데 마주하는[相卽] 능력에 의하여 드러나는 육식[覺]이란 당연히 정신으로 이루어질 수밖에 없다. 세계란 언제나 셋이 어우러진 '삼위일체'다. 그러므로 모든 것은 정신 속의 이름일 뿐이고, 이름은 물질도 아니요, 물질이 아닌 것도 아니며, 정신이 변화하여 드러낸 것이므로, 순수한 정신이라고도 할 수 없는 것이다.

석가모니부처님께서는 『금강경』에서 이것을 '비(非)'라고 이르셨으며, 비(非)는 이름이라고 하셨다[諸相非相 是名諸相].

이 정신 가운데 분명히 흐르는 또 하나의 법칙이 있으니, 그것이 곧 '격별성(隔別成)'이다. 그 격별성은 반드시 순서, 즉 순리에 따르나, 이 모두는 그 무엇도 아닌(非) 정신이라는 이름 가운데 있는 것이므로, $9 \times 9 = 81$은 그대로 정신으로 이루어진 $9 \times 9 = 81$이고, 정신은 꿈을 드러내는 공한 기계이므로 본래 아무런 의미도 없다. 그러나 의미를 만든다. 꿈속에서 온갖 의미를 지어내듯. 꿈에서 아무리 의미를 내어 간절하게 웃고 울어도, 이것은 잘하는 것도 아니고, 잘못하는 것도 아니다. 단지 꿈인 줄 아는 것이 곧 해탈인 것이다.

58

온갖 욕망에서 벗어나고 싶습니다.

저는 중학교에 다니고 있는 학생입니다. 요즘 들어 식욕, 탐욕, 성욕, 수면욕 등이 저를 괴롭힙니다. 이런 생각들이 일어나는 이유는 무엇이며, 어떻게 대처해야 합니까? 아무리 고민해 보아도 이들에게 완전히 빠져나올 수 있는 방법을 찾을 수 없었습니다. 정말 올바른 길을 가고 싶습니다. 도와주세요.

IMMORTALITY 불멸1

욕구와 욕망

 욕구라는 것은 자기와 욕구의 대상에 대한 깊은 고찰이 없었기에 생겨나는 것이다. 참된 자기란 몸이 아니다. 몸이란 참된 자기 즉 정신적 감각에게 세상이 보이듯 드러나는 허망한 환상과 같다. 몸을 이룬 사대(흙, 물, 불, 바람)는 생명이라는 것과는 무관하고, 사대가 섞여 드러나는 육진(색, 소리, 냄새, 맛, 감촉, 뜻)은 실재하는 것이 아니다. 단지 꿈속의 세상처럼 정신에만 느껴지는 것들이다. 색은 눈이 있어야 느껴지는 것으로 맹인에게 색을 설명할 수 없다. 실체가 없기 때문이다. 꿈은 잠을 잘 때만 느껴지듯이 육진은 반드시 육근(눈, 귀, 코, 혀, 몸, 심정)에만 느껴지는 것이다.

그러나 육근은 정신이 없으면 함께 없어지는 것이니, 정신과 다름이 없다. 꿈을 꿀 때 정신으로 듣고 보고 냄새를 맡는 것과 같다.

또한 색을 보려면 눈 자체에는 색이 없어야 한다. 만약 눈에 색이 들어 있다면 색안경을 낀 것처럼 세상이 한 가지 색으로 보일 수밖에 없기 때문이다. 소리를 들으려 해도 귀 자체에 소리가 있다면 귀 밖의 소리를 명확히 들을 수 없게 된다. 즉 눈에는 색이 없고, 귀에는 소리가 없으니, 확연하게 보이고 들리는 것이다. 이렇게 모든 감각기관에는 육진이 없기에 육진을 느낄 수 있는 것이었다.

이러함을 깊이 생각해 보면 자기가 투명 인간과 다름없다는 사실을 깨닫게 된다. 그때에는 잠을 자는 것보다 투명 인간으로서 행동하는 것이 더 즐겁게 느껴지게 된다. 소리는 있는 것이 아니므로 소리를 듣는 것이 더 신기하게 느껴지게 된다는 말이다.

음식이란 허공 같은 나, 즉 정신의 그림자인 몸을 만드는 것일 뿐, 그 실체는 똥과 다름없다. 길바닥에 피가 흥건히 고여 있는 것을 보고 먹고 싶다는 생각이 드는 사람은 없을 것이다. 그러면서도 고기는 좋아하게 되는데, 이것은 고기에 있는 피가 길바닥에 있는 피와 다르다고 생각하는 어리석음에서 비롯된 것이다. 쥐가 차에 치여 피를 흘리고 있다면 어찌 맛있겠다는 생각을 하겠는가. 똥을 입에 집어넣는 일과 같은 것이 음식 먹는 행위라면 그 누가 욕심을 내겠는가. 인간의 몸이란 그런 것들이 모여 만들어진 것이다. 피가 섞인 살, 또는 똥과 같은 음식들로. 그러므로 우리의 몸도 깨끗이 닦지 않으면 더러운 기름이 나오고, 냄새가 나게 된다. 거기에다 이런 몸의 모든 곳에는 크고 작은 벌레들이 수없이 숨어서 살고 있다. 이런 몸을 바라보면서 성적 욕구가 나고, 식욕이 난다는 것은 이치에 없는 일이다. 그것은 몸에 대한 깊은 사유가 없었다는 말이다.

음식이란 단지 몸을 유지하여 진실한 자기를 만드는 공부를 하기 위하여 필요한 양분과 같다. 그러므로 그런 욕구를 없애기 위하여 부처님께서는 부정관(不淨觀)을 닦으라고 하신 것이다.

인간의 몸이란 근본이 해골이다. 그러므로 이성(異性)의 몸을 볼 때는 먼저 해골을 관하고, 다음은 피부의 1밀리미터만 벗겨도 흘러나오는 진물과 피, 그리고 고름 등을 생각하라고 알려주신다. 그와 같은 것을 탐하는 마음은 진정 맑아서 보이지도 않는데, 그 마음에다 깨끗하지 못한 것을 탐하는 어리석음을 칠하는 것은 너무도 억울한 일이 아니

IMMORTALITY 불멸 1

겠는가.

짐승들은 오직 그런 탐욕으로만 살아간다. 인간은 지혜가 있고, 가장 아름다운 자비가 있다. 내가 음식을 탐하면 그만큼 식물이든 동물이든 죽어야 한다고 생각해 보자. 한 끼를 거르면 생선이든 돼지든 소든 닭이든 그만큼 적게 죽어도 된다는 자비심을 일으키는 것이다. 그리고 많은 음식은 결국 몸에 흡수가 되지 않으므로 똥이 되어 창자에 쌓여 있고, 나가기 전까지는 내 몸과 같은 것이므로 내가 똥자루가 되는 것이고, 이성의 창자 속에도 분명히 똥은 엄청나게 들었으니, 역시 똥자루구나 하는 생각을 해 보는 것이다.

이 같은 생각을 하며 참다운 나를 공부하면, 욕구는 저절로 줄어들게 되어 있다.

59

과거심불가득, 미래심불가득, 현재심불가득

'지금'에 대한 법문을 읽다 보니 문득 중국의 주금강이란 사람이 길을 가다 노파에게 '과거심불가득 미래심불가득 현재심불가득인데 어느 마음에 점을 찍겠는가?'라는 질문을 받고 당황하였다는 일화가 떠올랐습니다. 예전부터 과연 어떻게 대답해야 할까 하는 궁금함이 있었는데 스님의 깊은 법문을 보다 '나'는 항상 '지금 여기'에만 있지 않나 하는 통찰이 생겼습니다. 과거도 미래도 기억과 생각 속에만 존재할 뿐, 현재조차도 찰나의 번갯불처럼, 시냇물처럼 흘러버릴 뿐이란 생각이 들었습니다. 즉 착각하는 자에게만 윤회는 존재한 것이라고 느꼈습니다. 몸이라는 껍데기와 동일시하는 그 무엇, '나라는 한 생각'이 에고(ego)를 만들어내고 계속 착각된 생각을 하지 않는다면 나는 항상 '지금 이 순간'이란 현존에만 있지 않을까요?

일체의 기준인 '나'

나란 일체의 근본으로 기준점이 되는 것이다. 거리를 생각할 때나 시간을 생각할 때, 그리고 세월이나 옳고 그름, 좋고 싫음의 기준은 항상 '나'이다. 만약 '나'가 없다면 그 모든 생각은 이루어질 수 없다. 시간은 내가 숨 쉬는 지금이 기준점이 되고, 장소도 내가 존재하는 '여기'가 기준이 된다. 일체중생 모두 자기가 기준이 되기에 각각일 수밖에 없다. 그러므로 다투기도 하고, 한편으로는 이미 하나이면서도 다시 하나가 되려는 어리석음으로 결혼이나 동맹을 맺지만, 그 순간 나와 남이 합해진 '우리'라는 또 다른 의미로 마음의 걸림이 늘어나게 된다.

그러나 모든 것은 흐르고, '나'를, '지금'을 스쳐 기억으로 사라지지만, 기준점은 사라지지 않는 영원한 것이며, 과거나 미래, 타인, 세상이라는 모든 것은 바로 기준점에 들어 있으므로 '지금의 나' 속에만 있는 것이다. 과거도 지금의 이 생각 안에 있고, 미래도, 세상도 마찬가지다. 이것이 왕의 마음이다. 그러나 그마저 실체는 없으니 무너질 수 없는 왕이므로 '수미산 왕'이라고 하시는 것이다.

60

이 뭣고의 '이'는 불성을 가리키는 것인지요?

불성이 드러나는 방편으로 화두수행이 좋은 방법이라 하여 상황이 되는대로 실천해 봅니다. 조계종 출판사에서 발간한 『간화선 수행서』를 보면 보편적 화두로서 '이 뭣고'를 제시하는데, '이'에 대한 4가지 전제가 다음과 같습니다.

1. 부모미생전의 본래면목으로서의 '이'

2. 이 몸을 끌고 다니는 '이'

3. 마음도 아니고 마음 아닌 것도 아니고 이름도 모양도 형체도 없는 그것으로서 '이'

4. 보고 듣고 밥 먹고 눕고 일어서는 '이'

제 생각에 좀 더 구체적이고 직접적으로 다가가고 싶어 '판단분별 없이 있는 그대로 사물을 보며 듣고, 어떠한 느낌이든지 그것에 대해 좋다 나쁘다 하고 분별하지 않고 느끼며, 이 몸을 이끌고 다니는 이 뭣고'라는 화두를 정해보았습니다. 여기서 '이'가 지칭하는 것은 근원이라 할 수 있는 불성으로 판단되는데 제 견해가 옳은지 알고 싶습니다. 이상으로 제 글에 대한 스님의 조언과 근본불성인 진여자성이 드러나는 수행법으로 화두수행에 대한 말씀을 듣고자 합니다.

화두수행 '이 뭣고'

이 뭣고, 모두가 어리석은 분별을 부추기는 말일 뿐이다.

부모의 모습이란 육진으로 이루어진 환상이다. 그 환상은 오직 '나'의 감각 안에 들었고, 생각 안에 들었으니, '나' 없는 부모란 따로 있을 수 없으며, 본래면목에서 이 모습이 드러났다면 이 모습도 본래면목의 하나이니, 둘이 아닌 것이다. 그러므로 부모로부터 생겨나기 전의 면목이라는 말은 부모도 있고, 나도 있다는 말인데, 그것은 이미 어리석은 생각이다. 오직 마음이라면, 부모도 마음이고, 나도 마음이며, 찾으려고 하는 마음도 마음이라는 사실을 가르쳐 주어야 하는 것이다.

한편, 여섯 가지 감각에 느껴지는 몸(육진)도 헛것이라고 말하면서, 보이지도 않는 것을 '이것'이라고 가리키는 것 또한 어리석음이다. 마음이 없으면 몸이 없고, 몸이 없으면 마음이 있어도 느낄 것이 없어 잠이 든 상태와 같아지는 관계가 몸과 마음이니, 몸이 없으면 마음도 없고, 마음이 없으면 몸도 없다는 사실을 깨달아야 한다. 그렇다면 몸과 마음이 둘이 아닌 그저 하나의 환상이라고 알게 되거늘, 형상도, 이름도, 형체도 없는 것이 어디에 있다고 '이것'을 깨달으라고 하는가. 또한 육진을 느끼는 것이 육근이나, 육근 자체에는 육진이 없으므로 있다고 할 수 없는데 '이것'이라고 하니 역시 어리석은 말이다.

생로병사로 이루어진 '지금'이 고통스러워 그를 벗어나기 위하여 도를 닦는 것이다. 그러니 이 세상살이 자체, 즉 생로병사가 이루어지고 있는 순간인 '지금'을 통달해야 벗어나든 가지고 놀든 할 터인데, 있지도 않은 것을 찾으라고 가르치니, 알지 못하는 중생이 혼란에 빠지는 것은 어리석은 스승들의 허물이다.

'이것이 무엇이냐'라는 화두를 해결하기 위해서는 세 가지가 어우러진 '지금'을 통달해야 한다. '지금'은 찰나지만 지금이 느껴져야 살아 있음을 알고, 살아 있으니 생로병사도 있는 것이고, 해탈도 있고, 불도도 있고, 부처도 있기 때문이다.

'지금'이 느껴지려면 첫째로, 육진으로 이루어진 세상과 이 몸이 반드시 있어야 하고(만약 없다면 무엇이 살고 어디에서 살며 무엇을 느낄 것인가?), 둘째는 육진으로 이루어진 물질이라는 이름을 느끼는 감각기관이 필요하다(잠을 자면서도 꿈을 느끼는 정신적 감각기관인 육근). 마지막으로 생각할 수 있는 능력이 필요한데, 생각을 이루기 위해서는 인식능력이 필요하다. 이것이 육식이다.

이렇게 세상, 감각, 생각이 어우러진 것을 '지금'이라 하고, 셋 중에 단 하나만 빠져도 '지금'은 사라지니 이 셋이 '지금'의 '3요소'인 것이다. 이 지금이 찰나적으로 연결되는 것을 세월이라고 하고, 세월을 느끼는 것을 인생, 삶이라고 하는 것이니, '지금'의 3요소(십팔계)를 통달하면 삼계(욕계, 색계, 무색계)를 통달하게 되고 초월하게 되는 것이다. 삼계가 모두 지금으로 되어 있기 때문이다.

그러니 삼천대천세계 전체인 삼요소의 관계와 실체를 깨닫는 것이 '이 뭣고'의 목적인데, 셋이 어우러진 가운데 단 하나를 얻으려고 하는 것은 세 가지가 어우러진 지금의 이치를 알지 못하는 무명이다. 하나

불멸 *1*
IMMORTALITY

만 빠지면 아무것도 없다는 사실을 모른 결과인 것이다. 마치 어둠은 싫으니 낮만 존재하길 바라고, 불행은 싫으니 행복만 있기를 바라는 어린아이의 마음보다도 어리석은 것이다. 색과 눈은 필요 없고 보는 마음만 얻으라니… 본래 셋은 떨어질 수 없는 것인데, 떼어놓고 하나만 찾으라고 하는 것은 이치에 맞지 않는다. 이룰 수 없는 허망한 이야기라는 말이다. 이와 같은 말을 듣고 속아 평생을 헛된 수행생활로 보내게 되니, 이 얼마나 안타까운 노릇인가.

한탄을 하지 않을 수 없으나, 이렇게 어리석은 자들의 지옥 놀음도 모두가 환상으로 이루어진 것이니, 다행으로 여기는 바이다.

61

불생불멸(不生不滅), 불구부정(不垢不淨), 부증불감(不增不減)

나라고 하는 몸과 정신적 가치들을 분석해 보니 '항상 끊임없이 흐르고 있을 뿐, 이러한 생각의 흐름과 몸이란 것이 나는 아니구나. 다만 내가 존재한다고 막연하게 믿고만 있었구나. 그리고 그 속에서 계속 허우적거리고 있구나.' 하는 생각이 들었습니다. '공'은 나의 본성이요, 진짜 나는 인간도 아니요, 물질도 아니고, 정신적 작용의 다발 묶음도 아니요. 『반야심경』의 불생불멸, 불구부정, 부증불감이 100% 확연하게 체험되진 못했지만 '나'란 이런 것이라는 윤곽을 잡았습니다. 하지만 아직도 '에고(ego)'에 대한 관념으로 인해 미래에 대한 불안과 두려움도 존재하며, 자신에 대한 보호, 방어본능도 순간순간 작동합니다. 전생의 업인지 몸의 괴로움에서 오는, 남들이 이해하지 못하는 생로병사에 대한 두려움들이 존재합니다. 차츰차츰 불교에 귀의하는 마음은 커지지만, 아직도 풀지 못하는 문제들로 인해 마음이 편안하지 못합니다. 혜가스님은 달마대사를 찾아뵙고 불편한 마음이 공함을 알고 마음이 편해지셨다고 하였는데, 이치로는 당연하나 저의 마음은 아직도 불편한 것이 사실입니다.

업(業)

이와 같은 모든 생각들이 흘러서 사라지지만, 단순히 사라져 버리는 것이 아니라 먼저 기억을 이루게 된다. 그 기억의 분위기들이 모여 다시 평균적 감정으로 간추려지면, 그 감정이 현재 생활의 기분이 되는 것이다. 그것이 업이다. 그리고 그렇게 결산(決算) 되는[業] 시간도 지금이니, 생성되는 시간도 지금이요, 그 업으로 인한 내생의 결과도 지금 받게 되는 것이다. 마치 도둑질을 하면 즉시 가슴이 두근거리고, 한 찰나에 불안한 생을 받게 되는 것과 같다. 그러니 한 걸음 한 걸음이 헛되게 지나가는 것이 아니며, 단 한 번의 실수가 영원히 흐르는 길의 방향을 바꾸는 것임을 알아야 한다. 이렇게 찰나가 중요하고 절실한 것인데, 세상의 중생은 그것을 모르고 있다. 우선 마음을 영원히 편안하게 만들어 놓은 다음, 무엇이든 즐기는 것이 현명한 자의 모습이다. 언제 죽을지 모르는 자는 마치 사형판결을 받고 집행을 기다리는 사형수와 다름없다. 그 입장이란 바로 지옥과 같고, 그런 기분으로 업을 만드는 것은 스스로 지옥을 약속하는 것이다.

어찌 먹고사는 일부터 끝내고 도를 닦겠다고 하는지, 이해가 되지 않는다. 눈이 멀고 난 후 책을 읽겠다고 하는 것이나, 마음이 무명에 덮이고 나서 깨닫겠다고 하는 것이나 무엇이 다른가. 좋은 인연이니, 극치의 복을 얻었다고 생각하고 불경을 손에 꼭 쥐길 바란다.

영원한 사랑

사랑이라는 말은 자타(自他)가 있다는 말입니다.

자타가 있는 상태에서는 진실하고 간절해질 수 없습니다.

자타를 가지고 남을 사랑하는 것은

모두 자기의 생각을 스스로 존중하는 것이고,

그 생각에 만족을 채우기 위해서라는 것을 직시해야 합니다.

내가 사랑하니까

나의 사랑하는 마음을 만족시키기 위해 그를 사랑하는 것입니다.

자식도 나의 것이라는 생각으로 아끼는 것이며

부인을 사랑하는 것도

남편을 사랑하는 것도

자기의 사랑을 만족시킬 수 있는 존재로 사랑하는 것입니다.

꽃을 사랑한다고 꽃의 거름이 되려는 이는 없습니다.

남을 위해 자기가 죽어가는 것을 사랑이라고 한다면,

서로 사랑하라고 하는 것은 서로 죽으라는 말과 다름없습니다.

서로 살려주어야 사랑하는 것입니다.

영원히…

불경에서는 '심왕(心王)'이라는 말을 사용합니다.

오직 마음 홀로 모든 것을 생각하고 결정지어 가슴에 묻어 두고 그것을 바탕으로 자기의 견해를 짓고 말하는 것이기 때문입니다.

일순간도 세워 둘 수 없이 사라지는 인생과 세상을

실제로 존재한다고 판단하고 믿어 가슴에 묻어 두고서

그 견해로 말하고 있는 것입니다.

그러니 마음을 왕이라고 할 수밖에 없습니다.

남이 나의 생각 밖에 있다면 이미 남이라는 생각이 없습니다.

남이 있다고 생각했다면 그 남은 이미 내 생각에 들어온 것입니다.

남이 보인다면 그는 이미 내 눈의 망막에 들어온 것이고

남의 소리가 들린다면

그는 이미 내 귀의 고막으로 들어온 것입니다.

또 남의 냄새가 느껴진다면 그는 이미 내 코에 들어온 것이고

세상 전체가 느껴진다면

이미 세상은 나의 감각인 몸으로 들어온 것입니다.

나아가

세상을 비롯한 모든 남의 색깔(모습)이 사라지면

나의 눈은 쓸데가 없어집니다.

세상을 비롯한 모든 남의 소리가 사라진다면

나의 귀는 쓸데가 없어집니다.

세상을 비롯한 모든 남의 냄새가 사라진다면

나의 코는 쓸데가 없어집니다.

세상 전체가 사라진다면 나의 감각인 몸은 쓸데가 없어집니다.

세상이 없다면 몸이 있어도 있는 줄 모르게 되는 것입니다.

마치 보이고 들리는 꿈이 없을 때에는

내가 있다는 사실도 모르고 잠들어 있는 것처럼…

색이 보이니 눈이 있는 줄 알게 되었고

소리가 들리니 귀가 있는 줄 알게 되었으며

냄새가 나니 코가 있는 줄 알게 되었습니다.

세상이 느껴지니 내가 있게 되는 것입니다.

그러니

세상을 비롯한 남의 색깔은

나의 눈을 존재하게 하는 감사한 존재이고

세상을 비롯한 남의 소리는

나의 귀를 존재하게 하는 감사한 존재이며

세상을 비롯한 남의 냄새는

나의 코를 존재하게 하는 감사한 존재이고

세상 전체는 나의 몸을 존재하게 하는

감사한 존재였던 것입니다.

이제

세상도, 남의 몸도, 나의 몸도, 남의 생각도, 나의 생각도

모두가 하나라는 것을 압니다.

이제 따로 사랑할 이가 없어졌습니다.

아니, 나만 사랑하면 됩니다.

아니, 남만 사랑하면 됩니다.

남은 나의 눈, 귀, 코, 혀, 몸, 생각이 되어 주는 것이고

나는 남의 눈, 귀, 코, 혀, 몸, 생각이 되어 주기 때문입니다.

그러나 이 모든 것은 마음이 없으면 사라지고 맙니다.

이 모든 법칙은 오직 마음에만 있습니다.

그러나 마음은 보이지도, 들리지도, 냄새나지도,

손에 잡히지도 않습니다.

그러므로 사라질 수도 없습니다.

이제 이 영원한 마음으로

나는 너를 이루고

너는 나를 이루며

사랑하는 것입니다.

그것이 진정한 사랑입니다.

62

스님들께서 고기와 오신채를 드시지 않는 이유는 무엇입니까?

스님들께서 고기와 부추 등의 음식을 드시지 않는다고 들었습니다. 이 세상 모든 것이 공(空)하다면 어떤 음식을 드셔도 상관없을 텐데 어떤 이유에서 가려 드시는지 궁금합니다.

오신채와 육식

 수행 중인 자와 수행이 끝난 자는 견해, 즉 소화 능력이 다르다. 어린아이는 독한 음식을 먹지 못한다. 석가모니부처님의 제자들은 춘다의 돼지고기 공양을 받을 수 없었으나, 부처님은 공양(供養)을 받으시고 나머지는 땅에 묻었으며, 그 이후로 마지막 유행[8]을 하셨다.

불경에 오신채와 고기에 대한 구절이 여러 곳 있다. 그러나 항상 그 말씀을 따르는 구절이 있다. 오신채는 다섯 가지 매운맛이 나는 채소로서 이 음식들은 수행 중인 자들에게, 즉 마음을 고요히 하여 스스로의 참모습을 깨닫고[頓悟], 그 깨달아진 마음과 계합(契合)이 되어, 둘의 경계가 사라지는 자리인 묘각(妙覺)의 경치를 향하여, 세밀하고 조심스럽게 돈오의 마음을 간직하고 가는[漸修] 자들에게는 이익이 될 수 없다는 것이다.

육진이 진실하게 느껴질수록 마음은 더 흔들리게 된다. 마음을 가장 많이 흔드는 것은 육진의 집합인 음욕이다. 오신채는 모두 익혀 먹으면 음욕이 발생하고, 날로 먹으면 화(분노)를 일으키는 성질을 가지고 있다. 음욕은 육진을 가장 진하게 느낄 수 있게 하여, 먹으면 먹을

8) 마지막 유행
물론 세상과의 인연을 끊는 인연을 지으신 것이다. 그러나 다음 세상으로 떠나시기를 약속해서 가신 것이지 중생처럼 죽은 것이 아니라는 것을 알아야 한다. 그것은 이미 두 번이나 유수행(생을 지연시키는 행)을 하신 면을 보면 알 수 있는 것이다.

수록 본성을 잃는 술과 같이, 본래의 자기를 잊게 한다. 또한 육신의 건강을 해치니 육신에 대한 생각을 강하게 일으키게 하고, 그에 따라 수행생활에 고통을 주므로 마음이 흔들리게 되는 것이다. 분노 역시 모든 것이 허망하다는 생각을 잊지 않고는 일어날 수 없음에도 불구하고, 음식에 의하여 분노가 일어나 출가한 목적이 깨진다면 얼마나 억울한 일이겠는가. 그러므로 피하게 하셨던 것이다. 고기도 역시 악한 마음을 갖게 만든다. 고기의 피는 생명의 전달자라고 보아야 한다. 정신과 육신이 둘은 아니지만 그 양쪽을 교류하게 하는 중매자의 역할을 한다는 말이다. 그러므로 감정이나 분노, 탐욕, 애욕 등이 모두 섞여 있는 고기를 빼앗아 먹었다는 기억을 심어간다면, 최면을 걸듯 '남을 죽여 그것으로 나의 몸을 건강하게 만들겠다'는 악업을 쌓는 것과 같다. 이러한 이유로 오신채를 피하게 하신 것이다.

그러나 이와 같은 말씀을 하시면서도 언제나 '나는 고기를 있다고 말한 적이 없으며, 그러니 먹지 말라고 말한 적도 없다', '고기에는 다섯 가지 깨끗한 것이 있는데, 죽음을 보지 않은 것, 나를 위해 죽였다고 듣지 않은 것, 그런 의심도 안 되는 것, 스스로 죽은 것, 다른 짐승이 먹다 남은 것이다.'는 가르침을 놓치지 않으셨다. 이 모든 말의 핵심은 자타가 있다면 남을 먹지 말아야 하며, 생사가 둘이라고 믿어진다면 역시 죽여서도 안 된다는 것이다. 자기가 허공과 같다면 남이라는 생각도 없을 것이니, 스스로를 위하여 먹지도 않겠지만, 남을 죽여 먹는다는 생각도 있을 수 없는 것이다. 꿈속의 일은 실재가 아니기 때문이다.

불멸 IMMORTALITY 1

만약 사무치는 깨달음이 없으면서도 억지로 그런 마음을 짓는다면, 그것은 이미 탐욕이 있는 마음이고, 악한 마음인 것이다. 그러므로 이름하여 자격이 없다고 말하는 것이다. 나와 남이 없어지면 모든 면에서 걸림이 있을 수 없다. 오직 환(幻)이라면 업장(業障)도 환상임을 깊이 느끼게 되기 때문이다. 지옥이 보여도 환상임을 잊지 않을 수 있고, 이승에서 또한 아무리 힘든 일이 다가와도 환상임을 잊지 않을 수 있다면 그 무엇도 상관할 바 없는 일인 것이다. 살인을 하고 사형을 당해도 그것이 아무렇지 않은 자라면 그렇게 하겠지만, 생사를 진실하게 믿고 있다면 아직 살생할 자격이 없다는 말이다.

오신채나 고기뿐만 아니라 일체의 실체를 통달하지 못했다면, 사실 어떤 행(行)도 옳은 것이 아니다. 수렁에서는 움직이면 움직일수록 더욱 깊이 빠져드는 것과 같다. 그러므로 일체를 통달하여 하나로, 오직 텅 빈 정신 하나가 홀로 놀고 있음에 계합되는 것이 이 세상에서 가장 먼저 해야 할 일임을 알아야 하는 것이다.

63

수행을 해도 예전의 나로 자꾸 되돌아옵니다.

얼마 전부터 참선을 하고 있는 재가불자입니다. 처음 시작할 때에는 1시간도 힘들더니, 요즘은 2~3시간은 쉽게 앉아 있습니다. 참선을 하는 동안 '정말 모든 것이 공한데 나의 욕심으로 모든 업과 인연 생겨나는구나' 또는 '모든 사람들의 마음이 이미 대승이었구나' 하는 등의 사유를 하면 드디어 내가 어떤 경계에 도달했다는 느낌을 갖게 됩니다. 이와 같이 거대하고 깊은 마음으로 잠들지만 아침에 일어나면 모든 것이 참선하기 전과 같은 중생심으로 돌아옵니다. 아침마다 허탈함에 빠져 하루 종일 힘듭니다. 온 세상을 껴안을 수 있는 크고 따스한 마음은 어디로 갔는지, 요즘은 잠들기도 무섭습니다. 어떻게 하면 좋을까요?

불멸 1
IMMORTALITY

모래 위의 성

 그것이 바로 모래 위의 성이다. 이치가 없는 깨달음은 그렇게 무너지게 되고 마는 신기루와 같다. 수행자라고 하는 이들도 참선, 좌선, 돈오 등의 한탕주의 욕심으로 깨달음을 추구하고, 불도의 시작에 불과한 '고요함'과 '마음의 공함'을 깨닫고는, 마치 모두 깨달은 것이라 착각하여 생긴 교만함으로 다시는 돌아올 수 없는 외도의 길을 걷게 되는 것이다.

석가모니부처님께서는 왜 팔만 사천의 법문을 설법하셨는가. 지금처럼 '무(無)' 자나 들고 그저 조용히 앉아 있으면 될 것을. 그리고 제자들은 어찌하여 평생 부처님의 법문을 따라다니며 들었는가. 돈오하면 그만이지 무엇을 더 얻겠다고.

마음이 공한 것은 어린아이들도 금방 알 수 있다. 문제는 다음 단계다. 공한 마음이 왜 몸에 매여서 이렇게 헤매게 되는 것인가. 몸은 과연 필요 없는 것인가. 몸과 마음의 관계는 무엇이며, 몸이 없는 삶은 있을 수 없는데, 왜 공한 마음만을 찾으라 하는 것인가. 꿈은 몸이 없어도 꾸어질 것이라고 믿는다면 깨달은 사들은 왜 떠나지 않는 것인가. 꿈은 내 마음대로 꿀 수 있는가. 그렇지 않다면 몸이 있어야 할 것인데 과연 몸은 어떻게 다루어야 하는가. 그리고 천상의 몸을 받으려면 어떻게 해야 하는가. 만약 내생을 마음대로 할 수 없고 이번 생애만을 행복하게 지내려 도를 닦는다면, 돈을 버는 것이 오히려 현명한 것은 아닐까.

이와 같은 의문을 모두 나열하려면 팔만 사천 가지를 써야 한다.

깨닫는다는 것은 일체를 통달하는 것이다. 일체를 통달한다는 것은 온 우주와 마음의 이치, 그리고 과거와 현재 미래의 일과 이치를 모두 통달하는 것이다. 그리고 욕계, 색계, 무색계와 중생이 윤회하는 육도를 모두 통달하는 것이다. 그리고 나머지 인생은 그 통달한 마음을 가지고 해탈자로서 생사의 두려움을 벗어나 중생을 교화하며, 수행에 해당하는 삶을 살아가는 것이니, 그렇게 헤아릴 수 없는 세월을 가다 보면 부처에 도달되는 것이라고 『법화경(法華經)』에서 말하고 있지 않은가.

마음이 공함을 깨닫는 것은 불도의 시작에 불과하고, 몸이 허망하다는 사실을 완전히 깨달아 당장에라도 몸을 버릴 수 있는 단계가 되어야만 비로소 해탈했다고 할 수 있는 것이다. 나아가 몸과 마음이 하나가 되어 몸이 투명한 마음임을 적나라하게 깨닫고 삼천대천세계의 이치를 통달하면, 비로소 일체를 통달한 보살의 지위에 올랐다고 할 수 있는 것이다.

작은 시작이지만 발심은 된 것이니, 발심도 못하고 본성과는 반대로 멀어지고 있는 어리석은 중생과는 비교도 할 수 없는 위치에 있는 것이고, 겨우 마음의 공함을 알아놓고 다 안 것인 양 남과의 논쟁만 일삼으며, 다시는 공부할 생각을 하지 않는 자들과는 더 비교할 수 없는 위치에 있는 것이다. 그러니 절대 물러설 생각 말고, 차분히 공부해 나가면 그때그때의 깨달음에 합당한 해탈감을 얻을 수 있게 되고, 어느덧 물러서지 않을 불퇴전의 마음을 이루게 될 것이 분명하다.

64

고통에서 벗어나고 싶습니다.

저라는 인간은 속물인가 봅니다. 상속의 문제로 형제들과 심히 다투고, 아버지의 본뜻을 알지도 못하면서 그분을 속물로 만들어 욕을 해버렸습니다. 큰 죄를 지은 죄책감에 심히 괴롭습니다. 제 마음을 한순간에 잃어 지금 제 몸과 마음은 초토화되어 쓰러질 지경입니다. 무엇을 깨우치고 다스려야만 이 고통에서 벗어날 수 있을까요?

고통에서 벗어난다는 것

 온 우주는 그 크기가 아무리 방대하다 해도 그것을 알아주는 이 정신'이 없으면 규모는커녕 그 존재조차도 인정받을 수 없는 하찮은 것이다. 즉 꿈은 아무리 화려할지라도 꿈을 지어내는 정신에 비하면 한 조각 뜬구름에 불과하다.

그러니 마음의 거대함과 오묘함을 먼저 깨달아야 한다. 우주가 크고 찬란하다 해도 허공과 같은 정신에 갖추어져 있는 '감각'과 '기억', 그리고 '대소(大小), 경중(輕重)을 가리는 분별력'과 '그렇게 분별 되는 것에 대한 믿음, 즉 속고, 오해하고, 이해하고, 현명해지는 마음의 판단 의지력'에 비하면 아주 작은 한 조각의 구름이며, 이 정신에만 인정되는 환상들이라는 것이다. 하룻밤 사이 열 가지 꿈의 세계가 펼쳐져도 절대 줄어들지 않는 정신의 위대함은 끝이 없다. 그러나 문제는 본래 마음에 갖추어져 있는 위대한 '믿음의 능력'에 의하여 꿈이 실제로 있다고 속아, 떨며 도망치거나 쫓아가 죽이려고 하는 어리석음을 계속해서 기억에 쌓아간다는 것이다.

너무나 실감 나게 속는 것은 마음의 완벽한 능력 때문이다. 그러나 꿈속의 일이 아무리 실감 나게 슬프고 괴로워도 꿈속의 일은 어디까지나 꿈일 뿐이다. 이 현실이라는 곳도 그와 같아 정신이 없다면 세상이라는 것도 있을 수 없다. 꿈은 정신이 없다면 드러날 수도 없고, 또 정신이 느끼지 않으면 있다고 할 것도 아닌 허깨비로 이루어진 것이듯, 현실 또한 조금도 다름없다.

황금이 앞에 있다는 것은 누런색이 있다는 것이나, 색은 눈이 없으면 그 존재를 확인할 바가 없는 빛의 소산일 뿐이다. 불을 끄면 자취도 없이 사라지는 환상이다. 금을 가만히 둔 채 금색만을 가져갈 수는 없으니, 일단 눈에 보이는 황금은 허상일 뿐이라는 것이다.

또한 만져지는 것이 황금이다. 여기서 한 가지 의문을 던질 수 있다. 만져진다는 느낌이 있음으로 하여 존재를 인정하게 된 것이라면, 만져진 느낌은 금에 의한 것인가, 아니면 손에 의한 것인가? 손이 없다면 만져지는 느낌이 없고, 역시 금이 없어도 만져지는 느낌은 있을 수 없다. 그러므로 만져지는 느낌은 둘이 만나서 생겨난 것이고, 둘 사이에서 생겨난 것이므로 자성이 있을 수 없다. 화합된 것은 그 실체가 없다는 것이다. 마치 두 손을 마주쳐서 생겨난 박수 소리는 있는 것 같지만 그 실체가 없듯, 중간에서 생겨난 것은 환상과 같고, 허깨비와 같다.

그러므로 황금이라는 의미는 오직 마음에서 내린 정의였다는 것을 알 수 있다. 그러나 마음이 이미 찾을 수 없는 허깨비와 같고, 있는 듯하면서도 볼 수 없는 바람과 같은 것이니, 황금은 어떤 것이겠는가.

황금은 이름이다. 가장 아름다운 금속이라는 이름이다. 화학기호 Au라는 이름이다. 금을 쪼개면 분자가 되고, 분자는 원자가 되고, 원자는 전자가 되며, 전자는 빛이 되지만, 빛은 0.1초도 견디지 못하고 사라지므로, 금이란 결국 환상의 화합임을 알 수 있게 된다. 이것은 가상을 해보자는 것이 아니라, 현재의 사실을 밝힌 것이다. 현실은 바로 이와 같은 이름들뿐이다. 그러나 이 이름들을 두고, 보이지도 않는 마음이

다툰다. 그렇게 하면서 투명 인간과 같은 마음은 꿈과 같은 물질로 이루어진 몸으로 바뀌어 간다. 이것이 환상과 같고, 마음이 없이는 그 존재마저 있다고 할 수 없는 물질에 속은 어리석음이다. 자기가 만들고, 자기가 속는 것이다. 마치 꿈에서처럼. 모든 과학자들과 중생은 현실이라는 환상이 자신이 만들어낸 작품임을 알지 못한다.

물(H_2O)이란 수소(H)와 산소(O)의 화합물이지만, 수소도 허공이고, 산소도 허공이니, 허공의 화합인 것이며, 허공의 화합은 결국 허공이지만, 단지 정신의 감각능력에 의하여 물로 보이게 되는 것이다. 꿈은 허공이지만, 정신에 의하여 보여지는 것과 같다. 그러므로 정신의 능력이 위대한 것이지, 물질이 위대한 것이 아니라는 사실을 알아야 한다. 몸은 실체가 있는 것이 아니다. 마음이 그 실체를 인정하는 것이지만, 마음은 물질처럼 나타나지도 않는다.

인간은 없다. 물질인 몸은 정신이 없으면 당장 땅에 고꾸라져버리는 음식물의 덩어리일 뿐, 인간이라고 할 수 없다. 정신 또한 인간이라고 할 것이 아니다. 바람과 같이 그 실체가 없기 때문이다. 음식은 본래 죽어 있는 물질이고, 바람은 산다고 말할 수 없는데, 과연 누가 죽고 누가 사는 것인가? 그러므로 물질(몸)을 자기로 삼은 어리석은 마음에만 사람이 있고, 생사가 있다는 것을 알아야 한다.

생사의 아픔과 생사의 두려움보다 더 심각한 것은 없지만, 실제를 보면 그것은 착각에서 비롯된 오해였을 뿐 어떤 것도 아니다. 꿈에서 깨어나면 아무리 고통스러웠던 일들도 순간에 사라지듯, 오해만 풀리면 찢어지는 가슴도 편안함을 되찾는 것이다. 이것을 '돈오'라고 말하

IMMORTALITY 불멸 1

고, 이렇게 편해진 마음을 '해탈심'이라고 한다. 생사의 숙제를 들고 궁성을 넘으신 석가모니부처님께서 얻은 것이 무엇이겠는가. 바로 오해를 풀고, 생사에서 벗어난 것이다. 이 해탈심은 찰나에 얻은 것이므로 곧 사라진다. 그러므로 지속되게 하는 수행이 필요하다. 항상 투명하여 보이지도 않는 마음이 '나[我]'라고 하며 살고 있다는 사실을 잊지 않는 것이다. 이것을 수행이라 하고, '점수'라 한다.

이제 아픔이 있는 곳을 보라. 그 자리를 생각해 보라. 그리고 그것들의 실체를 쳐다보라. 그리고 그것들이 보이지 않는다면 다시 그것들을 찾고 있던 마음을 쳐다보라. 만약 그 마음도 없다면 아픔도 없고, 없다는 것을 아는 이 마음도 없으니, '나'라는 것은 없으면서도 이렇게 꿈을 꿀 수 있었다는 것을 깨달으라. 그리고 이 없는 '나'는 사라질 수도 없으니, 실제와 같이 완벽한 꿈을 영원히 꿀 것이라고 생각해 보라. 이것이 전화위복(轉禍爲福)인 것이다. 아버지에 의하여 얻은 영원한 삶이라는 말이다. 이제야 아버지의 한을 풀어 드리게 된 것이다. 영원히 죽지 않는 자식을 만들어 주는 부모가 가장 위대한 부모다. 아무리 좋은 옷과 음식을 주어도 죽는 자식을 낳은 부모는 초라한 부모다. 그러나 그대의 아버지는 석가모니부저님과의 위대한 인언을 맺어주고 가신 것이다.

65

원인으로 시작하여 원인으로 끝난다.

불교 서적에서 모든 일은 원인으로 시작해서 원인으로 끝난다는 구절을 보게 되었습니다. 보통 원인으로 시작해서 결과로 끝맺는 것이 아닌지요? 자세히 알 수는 없지만 '윤회'의 개념을 설명하고 있는 것 같습니다. 어떻게 해석해야 할지 모르겠습니다. 스님께 도움을 청합니다.

상주법(常住法)의 의미

 『원각경(圓覺經)』 각각의 장(章)마다 보살들이 법문을 청하는데, 그 청문(請問)의 끝에는 항상 종이부시(終而復始)라는 문구가 나온다. 이 말을 그대로 번역하면 '끝은 다시 시작이다'라는 것이고, 이는 연속된다는 뜻이다. 그러므로 보살 청문의 끝은 석가모니부처님의 답문(答問)을 듣기 시작하는 것이기도 하고, 석가모니부처님의 답문이 시작되는 것이기도 하다는 말이다.

소리가 끝난 것은 고요의 시작이고, 고요의 끝은 다시 소리의 시작이다. 즉 윤회의 법칙을 말하는 것이며 영원한 법칙을 말하는 것이다. 숨을 쉴 때, 나가는 숨이 끝나면 들어오는 숨이 시작된다. 그리고 들숨이 끝나면 다시 날숨이 시작된다. 그러므로 들숨은 날숨의 원인이지만 그 끝은 날숨의 시작이고, 날숨은 들숨의 시작이니 다시 들숨의 원인이 되는 것이다.

이것이 원인으로 시작해서 원인으로 끝난다는 말이다. 즉 태어남은 죽음의 원인이지만 죽음은 나시 태어남의 원인이 되니, 죽음의 원인(태어남)으로 시작해서 태어남의 원인(죽음)으로 끝난다는 것이나. 이것은 염주의 모양과 같다. 한 알이 끝나면 그 끝은 다시 다음 알의 시작이 되는 것이고, 다음 알의 끝은 그 알의 끝이면서 다시 다음 알의 시작이 되어, 영원히 돌아가게 되는 '상주법'을 의미하는 것이다.

66

물질이라는 것의 의미

불교에서는 육감(六感)으로 인지하는 모든 현상계가 공(空)이라 말하는데, 물질은 허망한 '공(空)'이라고 하는 것보다 '유한(有限)'하다고 보는 것이 옳지 않을까요? 만약 물질이라는 것의 존재 의미가 진리와 동떨어지고 하찮은 것이라면 왜 세계는 끊임없이 공과 색을 순환하며 나타나고 있으며, 진리를 추구하는 마음보다 물질을 탐지하는 감각기관이 더욱 발달하였을까요? 그렇다면 진리를 탐구하는 명상과 같은 수행을 하기 위해서는 감각기관을 좀 더 발달시켜야 하는지요? 단지 현상계의 세상은 마음의 수련장이고 시험 무대일 뿐이라는 것인지 궁금합니다.

물질과 감각

 물질이란 감각의 능력 없이는 그 존재를 증명할 수 없는 원소 기호에 불과한 이름일 뿐이다. 객관적으로 본다면 허공의 화합이고, 주관적으로 말하면 정신의 감각능력 끝에 드러나는 꿈과 같은 것이다. 수소와 산소는 허공의 성분이므로 아무리 많은 양을 섞거나, 어떤 방법으로 화합시킨다 해도 역시 공일 수밖에 없는데, 어찌 물(H_2O)로 느껴지는 것이며, 더욱이 꿈은 물질로 이루어지지 않았음에도 물질이 아닌 정신 안에 드러나, 현실과 구별되지 않을 정도로 실감 나는 것일까.

정신의 감각이 깨어나게 되면 허공으로 이루어진 산하대지(山河大地)가 업장에 따라 드러나게 된다. 세상의 색이 사라지면 눈을 어디에 쓰는지조차 알 수 없게 되고, 또 색은 그대로 있지만 본래 눈이 없었다면 다른 사람이 아무리 색을 자세히 설명해 준다 해도 알아듣거나 상상할 수 없으니, 이 둘은 불가분의 관계다. 정신이 없으면 꿈이 나타날 수도 없고, 꿈이 나타나지 않으면 잠을 자고 있다는 생각이나, 내가 있다는 생각을 할 수도 없는 수면상태와 같다. 그러므로 물질이라는 것은 정신의 감각능력에만 느껴지는 환상일 뿐, 어떤 것도 아니다.

그리고 정신의 감각능력이란 그 끝에 드러나는 환상이 사라졌을 때 사용할 곳이 없어지고, 이때는 감각 자체가 있다고 볼 수도 없으니, 이 둘은 모두 한 덩어리라는 사실을 깨달을 수 있다.

그런데 질문자는 감각의 발달이 물질에 대한 집착 때문이라 하였다.

이는 그만큼 물질이 내 정신 밖에 있다는 어리석은 믿음이 강하다는 말이고, 그렇기 때문에 작은 몸을 자기로 삼고 윤회하는 중생이 되는 것이다. 하나의 자석인데도 양 끝은 음극과 양극으로 나누어져 있고, 다시 그 자석을 반으로 잘라도 역시 양 끝에는 음극과 양극이 자리 잡고 있듯, 이 정신에는 '보이는 것(견정)'과 '보는 것(식정)'이 본래 갖추어져 있다. 나아가 그 사이, 즉 중간에는 '지혜'라는 것이 정신의 능력으로 본래 갖추어져 있어 양쪽을 오가며 분별을 하게 되는데, 그것이 '물질이 공한 것이냐?' 아니면 '유한한 것이냐?'라고 의문을 품기도 하고, '공한 것이기도 하고 유한한 것이기도 하니 이렇게 생각하는 정신의 장난일 뿐이구나'라고 생각하기도 하는 것이다. 이렇게 견정과 식정 사이를 오가는 지혜가 곧 생각이다. 그리고 이 셋을 합하면 정신이라고 하는 것이고, 나라고 하기도 하며, 세상이라고도 하고, 지금이라고도 하며, 부처라고도 하는 것이다[阿耨多羅三藐三菩提].

꿈은 있다고 할 수도 없다고 할 수도 없으니 환상이라고 하고, 환상이기에 유한하거나 무한하다고 할 것도 아니고, 태어난다거나 죽는다고 말할 수도 없다. 그러므로 공하다고 하는 것이다. 그리고 꿈은 정신에서 나오는 것이니, 정신은 공한 것마저도 아니라는 사실을 알아야 한다. 즉 꿈을 꾸기 이전에는 수면 시간으로 무심의 상태지만, 꿈이 드러나면 공한 마음이 되어 움직이기 시작하는 것이니, 꿈의 이전인 정신은 무심이라는 말이고, 무심은 '있는 것이 아닌 마음'이라는 말이지만, 있는 것이 아닌 마음이라는 생각도 없으니 '무(無)'라고 해야 하는 것이다.

거대한 윤회의 법칙에 대해 여쭈어봅니다.

물질은 한 자루 초와 같고, 종교계에서 말하는 '영적 존재'라 하는 것은 초가 연소하며 흩어져 버리는 따스한 열기와 빛이라 생각됩니다. 제가 생각할 때 인간의 죽음이라는 것은 외부의 힘에 의해 꺼지거나 스스로 연소해 버린 한 자루 초와 다를 바 없습니다. 육신은 썩어 분해되면서 세상과 뒤섞이고, 영혼도 육신과 더불어 세상의 다른 생명들에게 빨려 들어가고. 영혼이 뿌리박고 있었던 육신이 흩어지니 영혼도 반대 과정으로 흩어지는 것이 당연한 법칙 아닐까요? 만약 그렇지 않다면 영원불멸, 영원불변하지 못한 나의 역사와 기억이 흩어지지 않는 그 무언가에 의탁하여 존재할 수 있는 것인지요? 그럴 수 없기에 '나'라는 것은 없는 것[無我]이라 표현되고, 육신이든 영혼이든 흩어져 세상에 뒤죽박죽 섞여 버리니 이 세상 모두 하나라고 하지 않았을까요? 하나의 생명이 탄생하고 개체로 구성되어 눈에 불을 켜고 살아가다 또다시 다른 생명의 출발 재료로 산화하는(죽음) 과정을 반복하니 영혼 또한 똑같이 다른 생령(生靈)의 밑거름이 되지 않겠습니까? 혹 이것을 '윤회의 고리'라 하지 않는지요? 이 거대한 법칙의 힘은 어디서 오는 것일까요?

윤회의 근본 법칙

꿈이 사라지는 것을 흩어지는 것으로 보고, 그 흩어진 꿈은 다시 남이 꾸는 꿈의 재료가 되어줄 수 있다고 생각하고 있다. 그리고 어제 악몽을 꿀 때의 괴로워하던 내가, 오늘 즐거운 꿈을 꿀 때는 '또 다른 내'가 되어 즐거워한다고 생각한다. 그러나 결코 그렇게 될 수 없다.

'나'라는 그 기분은 절대 변하지 않고, 단지 사연이나 견해만 변하는 것이다. 마치 바다 전체의 느낌이 '나'라는 기분이라면 모든 파도에게도 '나'라는 기분은 있되, 단지 모양이나 크기만 다른 것과 같다. 이와 마찬가지로 허공과 둘이 아닌 정신이라는 바다에 파도와 같은 중생이 생겨나면 모양이나 크기가 다른데, 그것은 전생에 쌓은 업에 따라 달라지지만, 몸이라고 말하는 파도도 역시 정신의 바다로 이루어졌기에 결국은 허공과 다르지 않은 마음이다. 그러므로 기억이나 감정은 달라도, '나'라고 하는 기분은 불변함을 깨달아야 하는 것이다. 어린 아이가 학교에 가서 학습을 하면 그것이 기억이 되므로 유식한 자기가 되기도 하고, 점점 자라나 키가 커지면 어른이 되고, 늙으면 노인이 되고, 또 그사이에 잠이 들어 생각이 끊어지기도 하고, 기절하여 정신을 잃기도 하는데, 어찌 '나'라는 감정은 달라지지 않을까.

'나'라는 마음은 절대 달라질 수 없다. 물질은 사라지고, 물질을 보고 들음으로써 인식되었던 기억도 사라지지만, '나'라는 정신의 근본 기분은 본래부터 없어질 것도 없었으므로 사라질 수도 없다. 물질도 단

불멸 1
IMMORTALITY

지 꿈과 같이 정신 끝에 나타나는 환상이므로 늘어나거나 줄어드는 것이 아니고, 마음도 허공과 같아 늘어나거나 줄어드는 것이 아니다. 허공을 아무리 조금 떼어내도 허공이고, 떼어낸 허공도 허공 속에 있다. 또한 사람이 아무리 많아져도 허공의 밀도가 높아지지 않고, 사람들이 전쟁을 치러 죽었어도 허공의 밀도는 변함이 없으니, 사람이 곧 허공이고, 정신이 곧 허공이다. 지구를 부수면 티끌[塵]인 분자가 되고, 분자가 부서지면 미진(微塵)인 원자가 되고, 원자가 부서지면 극미진(極微塵)인 전자가 되고, 전자가 분해되면 인허진(隣虛塵)인 빛[光]이 되고, 빛이 찰나에 사라지면 허공이 되는 것이다.

그러므로 허공이 합해져 이루어진 것이 곧 지구이며, 허공을 지구로 감지하는 것은 오직 정신뿐이니, 우주가 곧 마음의 법칙[心法]이고, 불법이라는 것을 깨달아야 한다. 이와 같은 법칙을 알아야만 허망한 마음이 사라지게 된다. 몸이 허망하든 그렇지 않든, 마음은 본래 있다고 할 바가 없으므로 없어질 수도 없는[不生不滅] 영원한 것이기 때문이다. 이렇게 마음이 있으면 꿈을 꾸게 되고, 꿈을 꾸면 반드시 내가 있게 되니, 무엇이 허무하고 슬프겠는가.

몸이라는 물질이 이렇게 '이미' 가질 수 있는 것이 아니라면, 이제 정신으로 이루어진 '허망하다'는 생각, 또는 '슬프다'는 생각은 어떤 것인지 바라보라. 그것은 환상처럼 드러나는 물질조차도 아니지만, 실감 나게 논다. 모두가 정신의 놀음이었음을 알면, 이것이 곧 해탈의 문을 찾은 것이다.

68

무조건적인 믿음만이 진리인가요?

끊임없이 일어나는 의문을 누르며 무조건 믿으라 하는 것이 종교에서 말하는 진정한 진리인가요? 또 스승이나 서적을 통해 배우지 않고 명상수행만 하더라도 인간 내면에 잠재된 진리를 완성시킬 수 있습니까? 그럴 수 없다면 소주천, 대주천, 또는 수다원과 이상을 얻었다는 사람은 다 거짓인가요?

선지식의 중요성

 자기의 본래 모습을 깨닫는 것이 도를 이루고 부처를 이루는 것이다. 앞에서 말했듯 자기가 곧 세상이고, 부처이고, 보살이며, 삼천대천세계이기 때문이다. 하늘 위나 땅에 오직 '나'만이 홀로 존재한다는[天上天下唯我獨尊] 것은 곧 하늘도, 땅도 모두가 '나'라는 사실을 알려주시기 위한 말씀인 것이다.

이 사실이 확실하다는 깨달음이 오면 더 이상 바랄 것이 없는 무원해탈의 경지가 된다. 정신은 빛과 같이 앞으로만 가게 되니, 그 끝은 어둠일 수밖에 없다. 그러나 거울을 만나면 빛은 자기를 향해 되돌아간다. 그때 그곳에는 어둠이 아닌 밝게 빛나는 나를 발견하게 된다. 이처럼 거울이 되어 주는 스승만 있다면 당연히 깨달을 수 있으니, 『금강경』에서도 반드시 선지식을 만나야 한다고 설하신다. 그러므로 가장 위대한 방법으로 무아의 경지까지 이끌어 주시는 스승이 바로 석가모니부처님이라 믿는다면, 불경을 공부하는 것보다 위대한 수행은 없음을 알 수 있을 것이다. 불경이 아니었다면 해탈이나 열반이라는 말조차 전해지지 않았을 것 아닌가.

69

우주는 어떻게 시작되고, 앞으로 어떻게 될까요?

저는 어렸을 때부터 천문학에 관심이 있었습니다. 얄팍한 천문학 지식을 가지고 우주에 대한 갈증만 더해가던 중 우연히 불교 입문서를 접하게 되었고, 인터넷을 통해 불교를 알아가며 희열을 느꼈습니다. 그동안의 궁금증을 해결하고자 우주의 기원에 대해 말씀하신 『기세경(起世經)』, 『대루탄경(大樓炭經)』⁹⁾을 구입했지만, 다가서기 어려운 책입니다. 우문이지만, 우주는 어떻게 시작되었고, 앞으로 어떤 길을 걷게 될까요?

9) 『기세경(起世經)』과 『대루탄경(大樓炭經)』
세계의 성립과 괴멸(壞滅)에 대해 설하고 있다.

우주의 시작과 끝

 우주의 실체를 보자.

우주가 홀로 존재하는가. 물질의 조합이 우주라고 한다면 물질은 홀로 존재하는 것이 아니다. 모든 것은 홀로 존재하는 것이 아니기에 일체(一切)라고 말한다. 일(一)이란 모든 것[切]을 보는 주체이고, 모든 것이란 하나인 '나'를 존재하게 하는 법(法)이다. 즉 일은 모든 것을 감각하고 있으니 우주를 느끼고, 우주의 실체를 인정하는 놈이고, 체(切)란 감각을 존재하게 하는 모든 것을 말한다.

눈은 온갖 색깔의 실체를 인정하는 주체다. 그러나 색깔은 눈이 없는 자에게는 영원한 수수께끼인 빛의 산물이다. 그러므로 색이란 오직 눈에 의해서만 그 존재가 부여될 수 있는 허망한 것임을 깨달아야 한다. 그러나 허망한 색이 모두 사라지면 이제 눈은 무엇에 쓸 것인가.

거울 자체에는 아무런 그림이 없듯, 눈에도 모든 색이 없다. 그러니 아무것도 비추어지지 않은 거울은 벽이나 허공이라고 생각하게 되고, 세상을 보고 있지 않을 때에는 눈이라고 인식할 수도 없는 것이다. 이 투명한 거울은 '하나'지만, 거울 속에 든 그림은 수없이 많다. 마찬가지로 눈은 하나지만, 눈에 비추어지는 그림은 수없이 넓은 우주이며, 마음은 하나지만, 모든 생각을 가지고 있다. 그러나 눈이 사라지면 우주가 사라지듯, 잠이 들면 생각이 사라지고, 동시에 마음이라 할 것도 사라진다.

따라서 눈이 없으면 색의 존재가 무너지고, 색이 없으면 눈의 존재가 무너지게 되니, 눈과 색은 불가분의 관계다. 이것이 일체(一切)라는 말의 심오한 뜻이다.

이와 같이 물질의 실체란 오직 감각과 짝을 지을 때만 있는 듯하고, 짝을 지으려면 라디오 채널을 맞추듯 서로 통해야 한다. 즉 끊어져 있던 전화선이 번호를 입력함으로 인하여 그 번호의 선과 연결되어, '하나'가 되면 통화할 수 있게 되는 것과 같다. 그러므로 '보였다면' 눈과 색은 서로 통(通)해 짝이 되었다는 것이고, 눈이 물질에 관심을 두어 주시했다는 말이 된다. 이때 눈과 색은 둘이 아니다. 허공이 눈과 물질을 이어주기 때문이다. 허공은 맑고 투명하여 칼로 자를 수도 없으므로 마주하는 서로를 이어주는 특징을 가지고 있다는 것을 알아야 한다. 자석의 한끝은 양극(+)이고, 다른 한끝은 음극(-)으로 서로 상극되는 성질을 가지고 있으나, 한 덩어리인 것과 같다. 이것이 곧 '짝'을 이룬 '하나'의 모습이다.

눈이 꽃을 보았을 때 벽이 가로막는다면, 허공이 끊어진 것이므로, 보이지 않게 된다. 그러나 그 벽에 구멍을 내어 허공을 통하게 하면, 눈과 꽃은 다시 이어져 보이게 된다. 통해진 허공에 의하여 꽃과 눈이 하나가 되기 때문이다.

그러나 눈이 색을 보려면 눈 자체에는 색이 없어야 한다. 만약 색이 있다면 눈병에 걸린 것이다. 눈병에 걸렸을 때는 세상이 잘 보이지 않지만, 건강한 눈은 모든 색을 확연히 구분하여 볼 수 있으니, 본래의 눈에는 아무런 색이 없다는 사실을 미루어 알 수 있는 것이다. 이렇게 아무런 색이 없는 눈과 하나가 된 세상의 색깔들은 그 실체가 있을 수 있을까?

세상의 물질은 여섯 가지 특징을 제외하면 있다고 할 것이 없게 된다. 우주에서 색, 소리, 냄새, 맛, 감촉, 뜻을 빼고 나면 무엇이 또 남겠는가? 이 여섯 가지가 우주를 이루지만, 색은 눈 때문에 보이는 것인가. 아니면 색 때문에 보이는 것인가를 생각해 보라. 소리는 귀 때문에 들리는 것인가, 아니면 소리 때문에 들리는 것인가? 나아가 냄새와 코, 맛과 혀, 감촉과 몸, 뜻과 의미는 어떠한가? 모두가 둘이 통하여 하나가 되었기에 생겨나는 것이다.

그리고 보인다는 것이 없다면 눈이 있겠는가, 색이 있겠는가? 또 들린다는 것, 냄새난다는 것, 맛이 난다는 것, 만져진다는 것, 의미가 있다는 것들은 또한 어떠한가?

이 실체가 없는 세 가지, 즉 여섯 가지 감각인 육근, 감각의 대상으로 여섯 가지 세상의 특징인 육진과 그 육진과 육근이 상통해서 이루어진 여섯 가지 인식인 육식이 모여 우주를 이루고 있다는 것을 깨달아야 한다. 이것을 열여덟 가지로 이루어진 세계, 십팔계라고 한다.

물질은 모두 허공의 성분으로 이루어졌다. 그러나 오직 감각에 의해서 그 존재를 인정받는다. 수소는 허공에 있고, 산소도 허공의 성분일 뿐이니, 이 둘을 합해도 역시 허공이어야 하지만, 감각의 앞에는 물로 보이게 되는 것이 그 증거다. 물질은 공(空)하지만, 감각은 '있음[有]'으로 둔갑시키고, 그것을 다시 느낀다. 꿈은 물질이 아니지만, 정신의 감각능력이 꿈을 '실제'로 둔갑시켜 느끼게 한다. 이 세상도 꿈과 똑같은 원리에 의해 실제로 존재하는 것처럼 느끼게 되는 것이다.

나무는 찰나마다 크고, 머리카락 역시 일 초도 쉬지 않고 자란다. 그러므로 어떤 찰나든 나무의 모습이나 머리카락의 길이는 변하고 있는 것이다. 이렇게 변화할 수 있는 것은 환상이기 때문이다. 잠시도 정지하지 않고 변화해, 일 초 전의 것은 시간과 함께 영원히 사라져 버린다. 촛불이 타고 있으면 길이가 줄어들고, 쉬지 않고 초의 길이는 변한다. 그리고 일 초 전에 있던 초는 세월과 함께 영원히 돌아올 수 없는 곳으로 사라졌다.

꿈은 깨고 나면 즉시 사라진다. 중생의 삶도 뒤돌아보면 일 초 전의 인생이라 할지라도 이미 사라져 증명할 수가 없다. 모두가 꿈이다. 물질도 꿈이고, 인생도 꿈이며, 사연이나 세월도 모두 꿈이다. 그리고 모든 꿈은 단 하나의 마음이 만들어 낸다. 따라서 마음이 없으면 감각이 사라진다. 감각이 사라지면 물질도 사라진다. 감각과 물질이 없으면 생각할 거리가 없어진다. 그러므로 십팔계는 한 뭉치다. 서로 떨어질 수 없는 마음인 것이다. 그러나 마음은 물질이 아니기에 사라질 것도 아니다. 단지 작용이 쉬게 될 수는 있다. 잠드는 것이 바로 그것이다. 그러나 언제든지 깨어나게 되어 있다. 마음은 생겨나도 그 모습이 없으며, 쉬어도 그 모습은 없다. 그러므로 영원히 끊어지지 않는다. 그렇기에 지겹든, 괴롭든, 즐겁든, 삶은 계속될 수밖에 없다. 마치 꿈이 자기 의사와 상관없이 꾸어지듯, 문득 정신 차려보면 어느새 세상에 살고 있다는 것을 알게 된다. 그러므로 죽고 사는 것은 잠들고 깨어나는 것과 같고, 꿈을 꾸다 다시 잠 속으로 빠져드는 것과 다름없다는 것을 깨달아야 한다.

이 사실을 깨닫고 나면 처음으로 생사의 고통스러운 의미로부터 벗어나게 된다. 이제 모든 괴로움은 끝난 것이다. 모두가 꿈속의 일이니 심각하게 괴로울 것이 없기 때문이다. 그저 여유롭게 즐기면 그만이다. 밥을 먹기는 어렵지 않다. 인간보다 어리석은 짐승들도 어디서든 먹이를 구해 먹고산다. 좀 더 인간적이고 싶다는 오만함만 버린다면, 그리고 오직 생존(生存)만을 해결하려 한다면 전쟁도 필요 없고, 범죄도 필요 없어진다. 만약 자연재해라는 이름으로 기아(饑餓)의 꿈이 온다면 그대로 다음 꿈을 기다리면 된다. 이것이 천상의 삶이고, 꿈으로 이루어진 세상에 사는 천인(天人)의 마음이고, 깨달음이다.

우주는 정신이 만들어낸 꿈이다. 이 꿈에는 모든 환상이 존재한다. 그리고 환상은 생겨나고 사라지는 모습을 드러내지만, 환상을 보는 정신은 변화하지 않는다. 변화를 느끼는 것은 변화하지 않는 것이다. 기차는 오고 가지만, '기찻길'은 움직이지 않는 것과 같다. 이렇게 움직임이 없는 것과 움직이는 것이 서로 만나 꿈을 이룬다. 이 전체가 곧 마음이다. 마음이 하는 짓이 곧 깨달음[覺]이다. 깨달음이 존재하는 자리가 허공이고, 부처며, 마음임을 깨닫는다면 이 우주가 사라지는 것은 곧 꿈이 사라지는 것이고, 꿈은 사라져도 마음은 사라질 수 없는 것이므로 다시 꿈을 꾸게 된다는 사실을 알 수 있다.

아무런 염려 없이 지내는 것이 가장 중요한 일이다. 이 꿈에서 염려하느라 꿈인 것을 깨닫지 못하면 당장 불행한 것뿐만 아니라, 다음 꿈은 더욱 환상인 것을 알아차리기가 힘들게 되고, 더 실제라고 느끼게 됨으로써 죽을까 겁먹고, 쫓기고, 슬퍼하며, 끝없는 악몽을 꾸게 되는 결과가 생겨나기 때문이다.

시간은 오직 '지금'뿐이다. 이 지금이라는 찰나만이 실제다. '똑딱'이는 시계 소리가 '딱' 소리도 오기 전에 '똑' 소리는 사라지고, 다시 '똑' 소리가 오기도 전에 '딱' 소리도 사라져 버린다. 그러니 '지금'의 모든 것은 찰나에 과거로 사라진다. 육신도, 생각도, 세상도 그와 같다. 그러나 과거도, 미래도, 모두 '지금'에서 상상하고 추억하는 것이기에, 이 '지금'이 마음이었다는 사실을 깨달아야 하고, 오직 '지금인 마음'만이 실제로 존재하는 시간이라는 것도 깨달아야 한다. 그리고 이 진실한 찰나적 지금을 행복해해야만 과거인 추억도 행복으로 쌓이고, 그 기억으로 행복한 꿈을 꾸는 것이다.

'지금만 마음의 꿈임을 잊지 않는다면 영원히 천상에 사는 것'이라는 말을 기억하라.

IMMORTALITY 불멸 1

거리에 나가면 여기가 거리라고 생각하기 전에 그것을 생각하는 마음의 자리가 여기임을 알라.

스님들께서 몇 번씩이고 말씀해 주시는 육근과 육진과 육식에 대하여 생각하고 관찰한 견해를 말씀드리오니 올바르게 가고 있는지 보아주십시오. 육근과 육진 사이에서 육식이 일어난다는 것은 누구라도 쉽게 이해가 가는 것이기에 육근과 육진에 대하여 생각했습니다. 육근이 공하고 육진 또한 공하다는 것은 이해가 갔습니다. 그런데 육근이 없으면 육진도 없다는 것을 아무리 읽어도 머리로는 이해가 되는데 크게 와 닿지 않았습니다. 내 감각이 없더라도 색이나 소리는 여전히 존재하고 있질 않은가 싶었습니다. 그러다 문득 귀[耳]와 소리[聲]의 관계에서 해답을 찾을 수 있었습니다. 소리는 다만 공기의 진동 상태일 뿐입니다. 그러므로 그 자체로서는 소리가 있다고 할 바가 없습니다. 그런데 귀가 이 공기의 진동 상태와 상응하면 그것을 소리라는 감각으로 드러냅니다. 그러니 귀(듣는 능력)는 마치 움직임 없는 바다가 바람과 만나 파도를 만들어내듯 원래 귀는 드러남으로 존재하지 않다가, 즉 존재하고 있다는 것도 알 수 없는 상태로 있다가 소리와 상응할 때에만 비로소 듣는 감각이라는 것이 파도처럼 일어난다는 결론에 이르게 되었습니다.

그러니까 소리가 없었다면 듣는 감각인 귀는 없는 것이나 마찬가지고, 소리 또한 그것을 소리로써 들어주는 귀가 없다면 공기의 진동 상태일 뿐 존재하지 않는 것이라고 이해되었습니다. 나머지 감각도 이와 같이 관찰해 보니 이해가 잘 되었습니다. 즉 육근은 본래 드러나 있지 않은 것인데(있다고 할 수도, 없다고 할 수도 없는 상태에 있는 것인데) 색성향미촉법과 만날 때에만 있는 듯이 나타나는 것이라고요. 그러고 보면 투명 인간의 비유가 참으로 딱 맞는 것이구나 싶었습니다. 이렇게 육진과 육근의 관계를 정리하고 나니 마치 숙제처럼 이번엔 '거리에 나가면 여기가 거리라고 생각하기 전에 그것을 생각하는 마음의 자리가 여기임을 알라' 한참 전에 읽었던 큰스님의 이 말씀이 갑자기 마음에 걸립니다. 이것은 육진과 육근을 이해하는 것보다 더 어렵습니다. 수없이 눈을 감았다 떴다 하면서 지금 바라보고 있는 것, '지금', 그것을 생각하는 마음의 자리가 '여기'라 되뇌어 보지만 아직 감도 못 잡겠습니다. 가르침을 청합니다.

투명하여 영원할 수밖에 없는 나의 즐거움[常樂我淨]

정진이란 석가모니부처님의 가르침을 모든 일과 모든 대상에 대입해 보고, 그 사실을 잊지 않는 것이다. 누구와 말을 해도 말속으로 들어가서 감정을 일으키는 것이 아니고, 감정을 일으키기 이전에 보이지 않는 마음이, 지금인 이 마음이, 여기를 벗어나지 않는 이 마음이, 대화하고 있다는 생각을 놓치지 않는 것이다.

'오체투지'라는 말이 있다. 몸이라고 하는 다섯 가지를 땅에 던진다는 말이다. 색깔, 소리, 냄새, 맛, 감촉에 대한 생각, 즉 생각의 대상에 대한 의미를 땅에 내려놓는다는 말이다. 그리고 단지 이런저런 의견을 달던 마음인 의근(意根)만을 깨워둔다는 말이다.

잠이 들면 잠이 들었다는 생각도 없고, 생각이 없다는 생각도 없다. 그러니 내가 있다는 생각이나, 없다는 생각도 있을 수 없다. 그러므로 '무념'의 상태가 된다. 그렇다면 무념이란 한 사발의 물이 마르고 말라 어느덧 남은 한 방울마저 다시는 돌아올 수 없는 허공 속으로 사라지듯 아주 끝나는 것을 말하는 것인가? 그와 같은 이치는 아니므로 꿈이 문득(자기라는 의식도 없는 상태이니, 그 무의식인 자기와는 상관도 없고, 평소 자기의 의사와는 더욱 무관하게) 생처(生處)도 없고, 멸처(滅處)도 없이 생겨났다가 사라지는 것이다. 그렇다면 수면상태에서도 무심이 계속 삶의 정보인 기억을 유지시키고 있다는 말이 되지 않는가.

꿈이 생겨나게 되면 '나[我]'도 동시에 생겨나고, 꿈이 사라지면 다시 '나'라는 임시적 마음도 사라져 버리게 된다. 문득 생겨난 꿈속의 '나[我]'와 현실에 처하여 살아가는 '나'는 다른 마음인가? 또 꿈을 꾸기 이전의 마음인 수면상태의 '무심'과 꿈을 꾸며 꿈속의 '사연에 빠진 마음'과 과연 둘인가? 만약 둘이라면 과연 '나'라는 이 기분은 어떻게 일관되게 이어지는 것인가? 마치 그릇의 물이 영원히 사라지듯, 잠이 들 때 '나'라는 마음도 아주 사라진다면, 어떻게 일관된 기억이 유지될 수 있겠는가?

이와 같은 의문을 던져 보았을 때, 본래의 마음은 생각이 사라진 수면상태가 되어도 자아의 기분을 잃지 않고 유지시키고 있다는 것을 알 수 있다. 이렇게 본심은 수면상태와 다름없으니 무심이고, 무심은 있는[有] 마음이 아니므로 무심이라 하는 것이다. 또한 있지 않은 것이라면 사라질 수도 없으므로 영원하고, 영원하다면 아무 때든 꿈이 꾸어지듯 인연이 닿는 대로 끊임없이 생겨났다 사라지게 된다는 것도 알 수 있는 것이다. 문득 구름이 일고, 바람이 생겨남으로써 허공의 존재가 드러나기도 하지만, 고요해진다 하여 다시는 구름이 일 수 없고, 바람이 일 수 없는 것은 아닌 것과 같다. 이 수면상태의 마음이 본심인 것이다.

그리고 깨어나거나 꿈을 꾸는 마음이란 감각이 살아나고, 그로써 분별력이 살아나며, 분별력에 의하여 행동력이 살아나고, 행동력에 인하여 기억이 쌓이게 되어 마치 마음이 있는 것처럼 느껴지는 것이니, 이는 임시로 생겨난 마음일 뿐이다. 달이 없을 때는 강물도 드러나지 않는다. 그러나 초승달이 생겨남과 동시에 물의 모습도 드러나고, 물속의 그림자인 제2의 달도 생겨난다. 이와 같은 법칙으로 육진의 화합인 육신이 생겨나면 그 육신의 그림자가 무심인 본심에 기억을 이루게 된다. 그리고 그 기억이 모인 것을 마음이라고 느끼게 되나, 보름달이 되었다가 그믐달마저 사라지면 강물의 모습과 함께 제2의 달도 사라지듯, 찰나적 생멸을 하며 변화하던 육신이 사라지면서 육진의 그림자인 기억도 사라지게 되고, 그와 함께 마음이라고 하던 것도 사라지게 되니, 이 마음이란 생멸법을 따라 임시적으로 생겨난 제2의 마음이었던 것이다.

그러나 제2의 마음에 의하여 생겨난 기분, 즉 업(業)은 사라지지 않게 된다. 왜냐하면 제2의 마음은 생멸법에 의하여 만들어진 것이므로 사라지게 되지만, 생멸법과 제2의 마음인 기억 사이에서 다시 생겨나게 된 것은 생멸법과 무관하기 때문이다. 예를 들면 자식(생멸법)이 생겨나면 기억에도 자식이 생기고, 그러다 자식을 잃어버리면 자식에 의하여 생겨났던 기억은 시간이 흐르게 됨으로써 서서히 잊히게 된다. 하지만 자식을 잃어서 생긴 슬픔은 생멸법에 의하여 생겨난 것이 아니고, 뜻으로 생겨난 기분이므로 사라지지 않는다. 그것을 이름하여 업(業)이라 하고, 기억은 사라지지만 기분은 업이 되어 흐르게 되니, 석가모니부처님께서는 『금강경』에서 뗏목을 비유하시며 '생멸법이나 생멸법을 인정하는 마음도 따로 있다고 할 수 없음을 깨달았다면, 어찌 있지도 않은 생각을 부둥켜안고 가겠는가?'라고 말씀하셨던 것이다.

무심에서 발생된 생각들을 유심(有心)이라 하지만, 무심이 변화한 것이고, 무심은 없는 마음을 말하는 것이므로 없는 마음은 아무리 변화해도 없는 것이니, 생각이 생겨나고 움직였다 해도 의미 속으로 빠져들지 않는다면 무심과 다를 바 없는 것이다. 유심의 생명은 찰나에 불과하다. 시계의 초침 소리는 일 초 일 초를 알려주지만, '똑'하는 소리는 '딱'하는 소리가 나기도 전에 사라지니, 결국 일 초를 견디지 못하고 사라진다. 나아가 '똑'하는 초침 소리를 헤아린 생각도 기억으로 함께 사라진다. 즉 유심은 모두 기억으로 사라지되, 찰나적 시간도 견디지 못하고 단명(短命)한다는 말이다.

이것이 반복되는 것을 윤회라 하고, 이 찰나에 생멸하는 육진을 몸으로 삼고, 육진이 비추어진 그림자를 마음으로 삼은 채 삶을 이루어간다고 생각하는 어리석은 마음을 생사 윤전하는 중생이라고 하는 것이다.

정신은 물질이 아니다. 그러므로 정신이 산다는 것을 깨닫는다면, 죽고 살 수 없는 존재 아닌 존재가 살아간다는 것을 알게 된다. 이것이 무아의 경지를 즐기는 것이고, '투명하여 영원할 수밖에 없는 나의 즐거움[常樂我淨]'을 즐기는 것이며, 투명 인간의 삶을, 자유로움을 즐기는 것이다.

그러려면 '무심'임을 깊이 깨닫고 느껴보아야 한다. 그러나 만약 무심을 얻으려 한다거나 무심이 되려고 한다면, 수백 겁을 노력해도 절대이룰 수 없다는 것을 명심하라. 무심이 되면 무아가 되고, 무아가 되면 무아를 느낄 수도 없게 되니 이것이 곧 수면상태인 것이고, 무기의 상태가 된 것이기 때문이다. 이렇게 되라고 하는 것이 아니다.

무기와 깨달음의 차이는 꿈도 없는 잠과 천상을 누리는 꿈의 차이다. 본래 아무것도 없는 공한 것으로써 마음이 이루어졌고, 이 마음이 온갖 조화를 부려 삶이라는 것을 꿈으로 만들어가고 있었음을 깨닫고, 그 허공 같은 마음이 지어내는 삶을 즐기라는 것이 석가모니부처님의 '가리킴'이라는 것을 깨달아야 한다. 즉 무심이 되어서는 무심을 느낄 수 없을 뿐만 아니라, 모든 공덕, 즉 부처의 능력이 사라진 것이니, 능력이 없는 돌부처일 따름이다. 단지 마음이 투명하여 있다고 할 것이 아님을 깨닫고, 없는 마음으로 허공의 바람처럼 살아가면, 그것이 스스로에게 갖추어진 공덕을 모두 얻게 되는 방법인 것이다.

이제 그 방법을 확실하게 설명한다.

만약 꿈을 꾸면서 이런저런 사연에 빠진다면, 그것은 찰나에 사라지는 생멸법에 속은 것이니, 옳은 것이 아니다. 잠이 들어서도 안 되고, 꿈속에 빠져도 안 되니, 꿈을 꾸면서 꿈임을 깨닫게 된다면 꿈속의 의미에 빠지는 일은 없을 것이고, 생사를 초월한 꿈속의 자기로서 즐기게 될 것이다. 그러나 꿈을 꾸며 꿈이라는 사실을 알아차리기는 그리 쉽지 않다. 그러므로 바로 이 현실 속에서 해야만 하는 것이다. 백화점에 갔다면 '백화점에 왔다'고 생각하는 그 '생각'을 보아야 한다. 그 생각은 항상 '여기'에 있다. 세상 말로 비유하면 생각은 항상 '머릿속'에 있다는 말과 같다. 산에 가면 '여기는 산'이라고 생각하고, 강에 가면 '여기는 강'이라고 생각을 한다. 어디든 가면 모두 여기라고 느낀다. 그러나 여기란 장소를 말하는 것이 아니고, 생각의 처소를 말하는 것임을 깨달아야 한다. 그 장소를 가리켜 머릿속이라고 하나, 실제로 머릿속에 있는 것은 아니다. 머릿속에는 물질이 들어있고, 정신은 물질이 아니기 때문이다. 단지 그 물질을 통해 허공인 정신이 육신으로 왕래할 뿐이다. 허공의 전파가 라디오를 통해 소리로 바뀌듯, 허공의 정신이 머리를 통해 행동으로 바뀐다. 그러나 정신은 항상 '여기'에 있다. 시간적으로 말하면 항상 '지금'에 존재한다. 그러므로 생활하는 상태에서는 항상 '여기가 어딘가?'라는 생각으로 스스로의 위치를 생각하고, '내가 지금 무엇을 하고 있는가?'라는 생각으로 스스로의 행동 목적을 기억한다.

그러니 사실 생각이란 항상 '여기'에 있고, '지금'에 있기에 상주(常住)하는 것이지, 생멸(生滅)하는 것이 아님을 알아야 '무심'을 느끼게 되고, '지금의 여기'는 사라지는 것을 느끼는 고정된 자리이기에, 생사와는 무관함을 깨닫게 되는 것이다. 마치 어둠과 밝음, 바람과 먼지가 세월을 따라 지나가도 허공은 조금도 달라지지 않듯, 모든 장소와 시간, 그리고 똑딱이는 초침 소리를 헤아리는 생각은 변화하여 사라지지만, 그것을 깨닫는 정신 자체는 달라지지 않으니, 이것이 곧 무심인 것이고, '여기'이며, '지금'이고, 의미에 도달되기 이전의 생각 자체다.

그러니 남들과 대화를 하더라도 스스로가 '무심'임을 깨달아, 말을 하면서도 투명한 생각으로 사연을 지어내고 있음을 놓치지 않고, 걸으면서도 투명한 정신이 걷고 있다고 생각을 한다고 생각하라는 것이다. 마치 거짓말을 할 때 겉으로는 아무리 실감 나게 거짓말을 하더라도 마음속으로는 거짓말을 하고 있음을 놓치지 않고 알고 있듯, 똑같이 생활을 하되 항상 '무심'이 이 모든 짓을 하고 있다는 깨달음을 놓치지 말라는 말이다.

무심이 움직여 일어나면 생각이 되고, 생각은 이런저런 사연을 이룬다. 그러나 아무리 일어나서 움직여도 항상 '지금'이고, '여기'에서 생각한다. 과거도 '지금' 생각하고, 미래를 상상해도 그 시간은 '지금'이다. 그리고 답답한 '방(房)'에 있어도 정신은 '여기'에 있으면서 정신 끝에 비치는 색깔, 소리, 냄새, 맛, 감촉이 느껴지는 '방에 있다'고 '생각'하며, 넓은 바다에 떠 있어도 정신은 '여기'에 있으면서 단지 '바다에 있다'고 '생각'을 한다는 말이다. 이렇게 생각하는 놈 자체가 항상 '여기'이고, '지금'이니 그놈을 보라는 말이다. 무심에서 비롯되어 일어난 생각이지만, 이 사실을 깨닫고 있다면 아직 무심과 다를 것이 없다. 아직 오체(五體)로 변화되지 않았기 때문에, 즉 미혹함으로 빠져들지 않았기 때문이다. 이것이 '선재선재(善哉善哉)'라는 『금강경』의 구절이다. 대부분의 번역자들이 '착하고 착하도다'라고 번역을 하기에 그 깊은 뜻을 이해하지 못하는데, 본래의 뜻은 '무심의 자리에서 일어난 꿈은 역시 허망한 것이므로 무심과 다를 것이 없고, 허공에서 일어난 바람은 허공이 일어난 것이니 허공과 다를 바가 없는 것이며, 선한 마음에서 비롯된 마음이 슬프다고 생각해도 선한 마음으로 이루어진 슬픔이니, 선한 마음과 다름이 없다는 것이다'라는 뜻으로, '선에서 비롯되었으니 시작을 해도 선하도다'라는 의미를 담은 말이다.

또한 '여기'에서 일어난 생각으로 '저기'를 생각한다 해도 역시 생각하는 자리는 '여기'이니, 근본자리를 떠난 적이 없이 자리를 떠나지 않고 일어난 것이므로, '자리를 따른 채 일어난다[卽從座起]'라는 말로 표현하는 것이다.

수십억 겁을 생각하며 지나왔어도 결국 그 생각은 '지금의 여기'를 벗어난 일이 없고, 죽고 산다고 생각하여 두려워하고 기뻐한 것이 수미산을 덮어도, 무심이 일어서 무심이 존재하는 '지금의 여기'에서 허공같은 생각으로서 움직인 것이니, 사실은 움직인 적이 없다.

그러므로 「법성게」에서는 '모든 생각은 움직인 적 없이 본래 고요한 것[諸法不動本來寂]'이라고 하였고, '옛적으로부터 오는 동안 움직인 적이 없는 것을 이름하여 부처라고 한다[舊來不動名爲佛]'라고 하여 본래 움직이지 않는 것이 마음이고, 그 이름을 부처라 한다고 설명한 것이다.

71

깨달으면 모든 것을 알게 되나요?

모든 물질의 본래 재료는 '빛'이라는 말이 여기저기서 들려옵니다. 이것은 물리적 접근을 통해 아는 것인지요, 아니면 수행을 통해 그런 경계가 드러나는지요?

이치를 통달하는 지혜

참선이란 고요한[禪] 마음으로 나란한 셋을 직관하는 행을 말한다. 즉 자타를 벗어나 오직 자신인 마음과 만유와의 이치적 관계를 통찰하는 것이다. 그러므로 무작정 앉아 있음을 참선 수행이라고 한다면 이치를 헤아릴 수 없는 돌부처와 같은 무기(無記)를 이루려는 것과 다름없는 어리석은 행이 되고 만다.

'나'란 마음이 없으면 단지 물질에 불과하니 반드시 정신, 또는 마음이라고 하는 것을 빼놓을 수 없다. 그 마음은 색, 성, 향, 미, 촉이 없어 감각으로 찾을 수 없는 공한 것이므로 비물질인 것이다. 그러나 이 둘은 서로 떨어져 있다고 볼 수 없다. 몸이 없다면 마음의 존재를 드러낼 방법이 없고, 마음이 없다면 몸을 느낄 수도 없으며, 또한 마음이 없으면 몸은 금세 본래 있던 자리를 찾아가게 된다. 뼈와 단단한 손톱 등은 흙으로, 땀과 오줌 등의 액체는 물로, 체온은 허공의 온도로, 호흡은 바람으로 흩어져 버리게 된다. 호흡과 음식을 통해 이루어진 몸이란 본래는 '나'라고 볼 수 없는 것이었지만, 몸을 이루고 나면 마치 맹인의 지팡이처럼 마음의 도구가 되어준다. 그러므로 이 둘의 관계는 상호 불가분의 관계라는 것이 확연하다. 이때 몸과 어우러진 마음이란 물질과 불가분의 관계이므로 곧 감각을 가리킨다. 감각이 없다면 자기의 몸이 있다고 느낄 수 없기 때문이고 세상의 물질을 느낄 수도 없기 때문이다.

한편 물질은 쪼개지는 특징이 있다. 이것은 물질이란 작은 요소들의

불멸 *1*
IMMORTALITY

화합이라는 증거다. 본래 하나라면 허공처럼 절대 깨지거나 쪼개지지 않을 것이다. 이 쪼개진다는 사실을 보고, 계속 분해한다면 점점 작아지리라는 것도 쉽게 추측할 수 있다. 그렇게 계속 부수고 또 쪼갠다면 결국 어떻게 될까? 이것은 물리적인 실험을 통하지 않아도 얼마든지 알 수 있다. 물질은 점차 물과 같이 미세하게 분해될 것이고, 더욱 분해하게 되면 마지막에는 허공과 섞일 것이다. 그렇다면 감각은 무엇을 느낄 것인가. 그리고 감각은 무엇을 하고 있었는가.

감각이란 단지 물질을 비추고 있었다. 마치 빛과 같이.

그러므로 물질이 드러나게 되었고, 그들이 허공으로 사라지기 직전까지 감각은 비출 것이 남아 있었다. 즉 느낄 것이 있었다는 말이다. 그러나 모두가 사라진 이제는 무엇을 할 것인가. 캄캄한 밤하늘에 빛을 비추면 무엇이 보이겠는가. 아무것도 비추어지지 않기에 비추는 빛의 밝기를 잘 알 수 없게 된다. 만약 허공에 등불 하나만이 덩그러니 떠 있고 등불이 비출 어떠한 물건도 없다면 그 빛은 등불을 벗어나는 순간에 곧 어두워져 그곳에서 빛이 발산되고 있음을 느낄 수 없게 된다. 같은 예로 검은 밤하늘에 밝은 달이 떠 있는 것을 보면 달외 주변은 달의 빛이 밝힐만한 물체가 없으므로 달만이 한하게 빛날 뿐, 주위의 허공은 역시 검은 색인 것과 같다.

허공에 비추어진 빛이란 비출 것이 없으므로 곧 어두워진다. 빛이 반사될 것이 없기 때문이다. 그러므로 물질의 맨 마지막이란 찰나마다 증발해 버리는 물[水]처럼 미세한 성분만 남을 것이고, 이것을 현대과학에서는 원자라고 말하고 있다.

원자가 더 분해되어 사라지게 되면 결국 남는 것은 물질을 보던 빛뿐이다. 다시 말해 물질을 느끼던 감각만 남게 된다는 것이다. 그러나 물질이 사라지는 순간에만 빛이 존재할 뿐, 티끌이 사라진 이후에는 더 이상 비출 것이 없으므로 빛의 존재도 확인되지 않듯이, 물질이 사라진다면 감각 자체도 사라지고 만다. 마치 세상의 소리가 모두 사라지면 듣는 능력도 사라져 귀의 존재를 느낄 수 없는 것과 같다. 따라서 물질은 감각과 만났을 때에만 존재하는 것이니, 물질이란 감각과 허공의 성분이 화합된 것이라는 결론에 이르는 것이다. 이렇게 참구하는 것이 올바른 참선이다.

여기에는 나와 남과의 이해관계도, 생사의 의미도 없다. 단지 세상에 있는 모든 것에 대해 궁리(세상의 사물과 이치를 깊이 연구함)할 뿐이다. 그러므로 이 궁리하는 것을 하나 더 추가시켜야 비로소 이 세상의 '모든 것'이 된다. 즉 물질과 물질을 느끼는 감각과 그리고 이 둘을 궁리하는 생각이 이 세상의 전부인 것이다.

결국 몸이라는 물질도 공한 성분으로 이루어졌지만 단지 감각이라는 빛에 의하여 있는 듯 느껴지는 것이니, 꿈과 같은 환상임을 인정하게 된다. 그리고 감각이란 공의 성분인 물질이 없으면 비출 것이 없으니 확인할 수 없는 빛과 같아 있다고 볼 수도 없으므로 역시 공한 것이다. 이제 그 둘이 이미 공함을 알았다면, 그 사이에서 궁리하던 능력은 더 이상 무엇에 대해 생각하겠는가. 궁리할 것이 없다면 궁리하는 놈은 어디에 남아 있을 것인가. 또한 처음에는 어디로부터 비롯되어 나타난 것인가.

물질과 감각이 사라지면 궁리하던 놈도 사라지니 그 둘 사이에서 나타난 것이었음을 깨닫게 된다. 그러나 그 둘이 사라진다면 저절로, 당연히 궁리하는 놈은 사라지게 되는 것이다. 마치 강을 건너고 나면 더 이상 뗏목이 필요하지 않은 것과 같다.[10]

그러므로 궁리능력(窮理能力)도 역시 비출 것이 없으면 스스로도 사라지게 되는 감각의 운명과 다름없다. 물질이 사라지면 감각도 사라지고, 감각이 사라지면 궁리도 사라지게 된다.

물질은 감각이 없으면 존재성을 인정받을 수 없다.

감각능력은 물질과 감각능력을 궁리하는 생각이 없으면

존재할 수 없게 된다.

잠이 든 것처럼

이제 온 우주에는 실체를 가지고 남은 것이 없다.

이제 무아가 무엇인 줄 안다.

이제 마음이 무엇인지 깨닫는다.

10) 뗏목의 비유

어떤 어리석은 이들이 『금강경』의 뗏목 비유에 대해 설명하기를 '강을 건넜으면 불경도 버리라는 뜻이다'라고 말하는 것을 여러 번 보았다. 정말 어리석은 말이다. 불경은 버릴 수 없는 것이다. 불경이란 이 꿈을 이루어내는 정신을 말하고, 세상을 말하며, 삶을 설명하는 것이기에 진리라고 한다. 이것은 책이 아니다. 이것은 이치일 뿐이다. 그런데 어찌 불경을 버리라 하고, 그와 같은 기이한 상상을 하며, 또한 두려움도 없이 어처구니없는 궤변을 퍼뜨려 무고한 중생을 더욱 우매하게 만들 수 있는가.

그리고 환희에 찬다.

없는 것이 이렇게 놀고 있었기 때문이다.

공연히 생사를 걱정하고 있었다.

무엇에 근거를 두고 걱정하고 있었는가.

오직 공한 이 세 가지가 삶이었던 것이다.

그러나 나눌 수도 없다.

공하기 때문이고

한 덩어리이기 때문이다.

이것이 '나'라는 것이다.

천상천하를 꽉 채우고 있는 것이다.

내가 왕이고 내가 주인이다.

깨달은 자만이 홀로 존재한다.

오직 각(覺)이. 오직 불(佛)이.

천상천하유아독존이.

염화미소(拈華微笑)

현실과 자각은 둘이 아니다.
현실이 자각이고 자각이 현실이다.
눈이 색이고 색이 눈이다.
눈에는 이미 색이 들어왔으니 눈이 있는 줄 아는 것이고
색에는 이미 눈이 들어갔으니 색이 있는 줄 아는 것이다.

느낌과 여행을 하며 놀아나는 생각도 둘이 아니다.
느낌이 생각이고 생각이 곧 느낌이다.
그리고 자각이 없다면 생각도 없고
생각이 있다는 것은 이미 자각이 있다는 것이므로
자각 속에 생각이 들어간 것이고
생각 속으로 자각이 들어온 것이다.
힘들다는 것도 그 속에 포함되어 있다.
그 모든 것을 삶이라고 하고 마음이라고 한다.

강의 양쪽 기슭은 강을 제하고 나면 하나의 대지다.
그러나 마음이라는 강이 있음으로 하여금
차안(此岸)과 피안(彼岸)으로 나뉠 뿐이다.
그리고 그사이를 생각이라는 뗏목이 오간다.

차안이라는 텅 빈 감각과 피안이라는 환상의 꿈 사이를…

그러므로 양쪽이 모두 사라지면

뗏목은 남아 있을 수 있겠는가.

나, 사람, 사회, 수명이라는 것은 뗏목을 이룬 생명 없는 나무다.

'지금'이라는 찰나를 순간에 지나치는 생각이다.

지금을 생각해도 생각은 과거로 흘러간 생명 없는 나무가 된다.

그것을 타고 어이없게 실체도 없는 세계를 떠돈다.

제자의 뺨도 있고 스승의 손도 있다면 후려칠 수도 있을 것이나

제자의 뺨이란 감각 앞에 드러난 꿈이고,

스승의 손이란 것도 결국은

끝없는 여행을 하는 허망한 뗏목에 불과하다.

그리고 뺨이란 감각 앞에 드러난 꿈인 것을…

나의 뗏목은 이미 사라진 고목이며

그 고목은 이미 지혜의 불에 태워졌다.

그리고 지혜는 지혜일 것도 없어져 이름만 남았다.

비로소 쉴 수 있는 절호의 기회가 온 것이다.

미소를 지으며 쉬어라. 뗏목이 집어 든 꽃은 꿈일 뿐이다.

염화미소.

72

생각 이전의 상태에서 모든 것을 본다.

요즘 숭산스님께서 지으신 『선의 나침반』이라는 책을 읽고 있습니다. 우주 만물이 생각으로부터 나왔으니 그 우주가 나오기 전의 상태, 즉 생각 이전의 상태에서 사물을 보아야만 진실한 시각을 가질 수 있다고 하시더군요. 그래서 명상을 해보려 앉아 있었습니다만, 숱하게 드는 잡념과 망상에서 도무지 헤어 나올 수가 없습니다. 제가 이미 그 무엇을 바라본다 한들 여태껏 쌓아왔던, 그리고 자라면서 습득했던 많은 습관과 지식들이 뒤섞인 덕분에 정견(正見)을 할 수 없게 되어버렸습니다. 생각을 끊는다는 말만 흉내만 낼 뿐, 이미 내가 생각을 하는지, 하지 않는지 아는 마음의 오고 감이 보이니 어지럽기만 합니다. 생각 이전의 상태에서 사물을 본다는 것이 무엇인지 알려주세요.

생각 이전의 상태[無記]

생각 이전의 상태란 무기(無記)의 모습을 말하는 것으로 수면에 빠진 것과 같다. 물론 깨어 있는 채로 생각이 서 있는 상태가 없지는 않지만[白日夢 – daydream] 깨어 있더라도 생각이 움직이지 않기에 사물에 대한 지각은 있을 수 없는 것이다.

생각이란 마음의 움직임이다. 마음이 움직이게 되는 이유는 감각이라는 레이더(radar)에 무엇인가 감각할 대상이 감지됐기 때문이다. 기억 속에 있는 추억, 현실이라는 찰나에 드러나는 형체, 소리, 냄새 등 육진이 육근과 만나게 되었을 때 생각은 일어나게 된다.

그리고 그 생각이 자신의 의지를 넘어서 주체할 수 없이 번져나갈 때 이것을 번뇌라고 한다. 번뇌의 원인은 육진과 육근의 실체가 있다고 믿는 저변의 무명이다. 그것은 먼저 사대로 이루어진 몸이 있다고 오해했기 때문이고, 다음으로 기억을 보며 마음이 있다고 판단하여 믿게 되었기 때문이다. 중생이 생각하는 마음이란 몸에서 풍겨 나오는 육진이 찰나에 느껴지고 사라지며 만들어낸 허망한 추억의 무더기일 뿐이다. 자식을 잃어 슬펐던 기억, 맛있는 음식을 먹어 행복했던 기억, 아름다운 음악을 듣고 편안했던 기억, 몸에 병이 나 고통스러웠던 기억 등을 모아 놓고는 그것을 '나의 마음'이라고 말하는 것이다.

그러나 몸을 이룬 사대나 기억으로 이루어진 마음의 실체란 어디에도 없다. 흙은 모든 물질이 섞여 있는 표본이라고 할 수 있지만 물질은 단지 원소기호이며, 원소기호는 허공의 한 성분일 뿐이다. 그리고 이 허공의 원소기호는 감각 없이는 존재할 수 없으니, 이 둘이 합해진 것을 흙이라고 말한다. 즉 '감각'과 감각의 대상이며 허공의 성분인 '원소기호'의 화합이 지대(地大)인 것이다. 바로 지구가 지대인 흙의 덩어리다. 이 덩어리의 존재를 인지한다는 것은 보는 시력이 막히고, 청력이 막히며, 손이 막히는 등 감각이 생겨난 모습을 말하는 것이므로 석가모니부처님께서는 지대를 정신의 감각능력인 막힘[塞]으로 결론지으셨다. 즉 지구에는 이미 감각의 능력이 담겨 있다는 말이다. 그러므로 감각이라는 능력이 허공을 모아 물질을 만들었기에 그 능력을 빼면 마치 꿈이 사라지듯 지구도 사라지게 되는 것임을 깊이 느껴보아야 한다.

또한 물 역시 그 흐름을 이름하여 물이라고 할 뿐, 실체는 역시 수소와 산소인 허공이다. 그러나 흙과의 만남으로 인하여, 즉 흙의 능력인 감각과 만남으로 인하여 그 존재를 느끼게 된다. 물속에 흙의 성분인 막힘의 성질이 없다면 감각에 느껴질 수도 없기 때문이다. 색이 탁한 진흙물일수록 더 잘 보이게 되는 것은 그 때문이다. 그러므로 수대(水大)의 실체는 감각과 만나 흐름을 이루는 정신의 능력인 '기억'인 것이다.

불은 허공의 성분으로 뭉쳐진 '화학공식'을 분해하는 힘이니 물질을 본래의 자리로 돌려보내는 작용을 말한다. 불이 물질을 태우고 있을 때, 물질을 제거하면 불은 사라진다. 또 물질을 모두 태워 분해한 후에도 불은 사라진다. 더 이상 분해할 것이 남아 있지 않기 때문이다. 그러므로 흙의 감각능력이 허공의 성분을 느낌으로써 그 허공의 성품에 '물질'이라고 이름하는 '존재성'을 부여했다면, 불의 능력은 다시 물질을 분해하는 분별능력이라고 해야 할 뿐 그 실체는 없다. 그러므로 화대(火大)란 정신의 분별능력을 가리키는 것이다. 수행자는 이 불의 능력을 올바로 사용하여 참선을 하게 되니, 곧 세계를 참구, 궁리하는 것이다. 여기에는 분노나 자타가 있어서는 안 된다. 이것은 탁한 불이므로 오히려 그을음을 낼 뿐이기 때문이다.

이렇게 궁리하여 깨달아진 바가 있다면 이제 풍대(風大)가 믿음을 내어 자유로운 해탈행(解脫行)을 하게 된다. 사실 바람이라는 것도 공(空)의 흐름에 지나지 않는다. 바람은 허공의 움직임이므로 눈에 보일 수 없으나, 바람 속에 흙이 들면 그 움직임을 볼 수 있고, 정신적 흙의 능력인 감촉이 있음으로 인하여 바람의 존재가 느껴지게 되는 것이다. 그러므로 바람은 실체가 없는 불과 물의 관계로 일어나는 허공의 기운일 뿐, 그 실체는 역시 공하다는 것을 알 수 있다. 즉 대기 온도의 차이는 열과 물에 의한 것이기에 그로 인해 바람이 일고 비가 오는 것이며, 정신적으로는 분별과 기억의 사이에서 믿음과 의지의 행(行)이 일어나게 된다는 말이다.

이렇게 사대 자체는 허공의 힘이며, 마음의 능력일 뿐이다. 그러나 허공과 마음은 나눌 수 있는 물질이 아니므로 오직 마음의 능력이라고 깨닫게 되는 것이다. 단지 본래부터 마음이라는 것에는 물질이라는 모습으로 드러나는 사대와 그것을 느끼는 사온(四蘊)이 상즉하여 마주하기에, 정신과 물질이라는 두 가지 모습이 느껴지게 될 뿐이다.

그러므로 몸이라는 것의 실체는 '나'라고 할 것도 없는 공한 환상이며,

본래는 밥상 위에 있던 음식을 옮겨다 쌓아놓은 화학 공식에 불과하다는 것을 간절하게 관(觀)해야 한다. 나아가 이 물질이라는 몸이 허망하다면 이 물질이 풍기는 육진은 더욱 환상과 같을 수밖에 없음을 잊지 말아야 한다. 육진은 찰나에 사라지고 드러나는 것이며, 감각에만 존재하지 단 하나도 실제로 구할 수 있는 것은 없다. 모두 찰나마다 변화하다가 사라지는 것으로 감각이 없으면 증명할 수도 없는 꿈과 같은 환상이다. 마치 꿈속의 세상을 이룬 육진과 다름없다.

이 육진은 찰나에 사라지며 기억이 되는데, 이때 중생에게는 묘하게도 그 기억이 마음이라는 것으로 느껴지게 된다. 마치 벽돌로 네 벽을 쌓으면 어디에도 없었던 실내 공간이 생겨나듯, 육진은 사라지지만 기억이 남게 되면 그 기억은 벽과 같은 울타리를 이루게 되고, 그 안에 저절로 '나'라는 감정이 생겨나게 되는 것이다. 그러나 다시 벽을 허물면 실내 공간도 사라지듯이 기억이 모두 사라지면 '나'라는 자존심도 사라지게 되므로 중생이 말하는 마음이란 찰나밖에 견딜 수 없는 허망한 육진에 의하여 생겨난 기억을 말하는 것임을 알아야 한다. 그것은 기억이 있는 동안만 가지고 있는 허망하고, 임시적인 마음일 뿐이다. 그것은 '진실한 나'도 아니고 '진실한 마음'도 아니다.

진실한 물질이란 허공이며, 허공보다 더욱 진실한 물질이란 진공이라는 사실을 잊어서는 안 되며, 진실한 마음이란 자존심이 남아 있는 기억이 아니고, 백일몽에 젖어있는 무기의 마음도 아니며, 잠이 들어 일체의 분별이 사라진 상태처럼 생각으로는 절대 깨달을 수 없는 것이라는 사실을 알아야 한다. 이 마음을 여래장(如來藏)이라고 한다.

아직 일어나지 않고 숨어있는 마음이기 때문이다. 그러나 이 마음은 아무것도 느끼거나 깨달을 수 없는 마음인 '생각이 생겨나기 이전의 마음'이고, 무기(無記)의 마음이며, 마음의 본래 능력이 숨겨져 있는 상태이므로 아무런 공덕도 없는 것이다. 다시 말해 해탈심도 깨달음도, 그리고 없다는 것까지도 없다. 아무런 기억할 바가 없기에 시체와 다름없으므로 '나타낼 수 없는 마음[無記]'이라고 하는 것이다. 이것은 꿈도 없는 수면상태이며, 움직일 수 없는 돌부처의 마음이다. 그러므로 생각이 생겨나기 이전에서, 무기의 상태에서, 수면상태에서 사물을 보고 진실한 시각을 갖는다는 말은 석녀의 아이를 구하려는 것과 같고, 토끼의 뿔을 찾는 것과 같으며, 앞니의 털을 보려는 것과 같은 것이다. 그와 같은 이치는 없다. 그저 허망한 말장난에 불과하다.

단지 물질 이전의 상태를 생각해 보고, 생각 이전의 상태를 상상해 보고 나면, 물질이나 생각의 재질이 무엇이며, 상태가 어떤 것이었는지를 알게 되니 몸이나 자존심[四相]에 집착하던 자신의 생각이 얼마나 어리석었는지를 깨닫게 된다. 그제야 비로소 이 모든 것을 바라보던 생각, 즉 이 글을 읽으며 지금까지 가지고 왔던 생각의 어리석음을 느끼게 된 생각만이 남게 된다. 이 생각이 곧 『금강경』의 뗏목이다.

몸도 마음도 얻을 수 있는 것이 아니며, 실체가 없으므로 사라져도 사라지는 것이 아님을 깨달았다면 그것을 궁구, 참구, 참선, 궁리해 온 분별능력은 어찌 실체가 있을 수 있겠는가. 또한 몸과 마음은 이미 생사를 초월한 것이며, '나'라고 할 것이 아니므로 '무아'임을 깨달았는데 또 무엇이 남아서 생각을 지어가며 궁구하겠는가. 그러므로 뗏목은 버리는 것이 아니고, 저절로 사라지게 된다는 사실을 깨달아야 한다. 즉 이와 같이 깨달으면 저절로 번뇌는 사라지게 된다는 말이다. 그 깨달음은 생각이 일어나기 이전의 상태에서 볼 수 있는 것이 아니다. 번뇌하는 그놈을 가지고 다시 물질의 실체를 본 것이고, 번뇌하는 그놈을 가지고 다시 번뇌하던 놈을 쫓아낸 것이다. 물질을 모두 분해하고 나면 불도 저절로 사라지듯.

땅에 걸려 넘어진 자는 땅을 짚고 일어나야 하며, 분별하는 능력에 의하여 번뇌하게 된 자는 분별하는 능력으로 번뇌에서 벗어나야 한다. 그러므로 '무심해지라'거나, '무념으로 들어가라'라고 가르치는 자나, '본심을 찾으라'거나, '진아를 찾으라'라고 말하는 자들은 모두 그럴듯한 자기의 번뇌를 알려주고 있을 뿐이다. 그 역시 분별하는 능력으로 말이다.

73

업이란 결정된 길을 만들게 되나요?

'업이란 자기가 한 행위만큼 그 결과를 받는다는 것이다. 즉 나쁜 짓을 한 사람은 악업으로 인해 고통받고, 선한 행위를 한 사람은 선업으로 인해 행복해진다.' 이것이 제가 생각하고 있는 업의 정의입니다. 그런데 업을 관장하는 어떤 힘이 있어 윤회를 하고, 고통과 즐거움을 받게 되는 것인지요? 만약 양심, 증오와 같은 것들이 마음 깊이 새겨져 후생을 또다시 그 고통과 함께해야 한다면 그것보다 끔찍한 일도 없을 것 같습니다. 마치 물이 한번 흘러간 자리는 계속해서 물이 흐르려고 하듯 마음의 깊은 골은 그 사람의 업이 되어 하나의 물줄기를 만들어버리는 것 같습니다. 잘못된 점을 지적해주십시오.

업과 윤회

정신을 차리고 있는 모든 시간 동안은 당장의 육진(색, 소리, 냄새, 맛, 감촉, 뜻)이나 과거의 육진인 추억 속의 육진, 또는 미래의 육진인 상상의 육진을 인식하게 되는데, 인식과 동시에 대부분이 기억 속으로 저장된다. 이것이 식(識)의 작용이다. 이 기억들은 시간의 흐름에 따라 강력하게 인식됐던 것들을 제외하고는 영원히 사라지게 되는데, 그사이에 마치 평균 점수를 내듯 기억들의 경치가 심정(心情)의 상태를 구성하게 된다. 이 평균적인 심정 상태를 이름하여 '업(業)'이라고 하는 것이다.

만약 슬픔이 100만큼 기억되고, 기쁨이 10만큼 기억되었다면 전체적인 심정은 90 정도의 슬픈 심정이 되어, 그 기분으로 살아가게 된다는 말이다. 그러므로 그간 쌓아온 업의 색깔이 그 반대인 사람과는 판이한 분별을 하게 되므로 모든 일에 있어서 기쁨보다는 먼저 슬픈 견해를 가지고 바라보게 된다. 이와 같이 한평생 모은 업의 평균 점수가 다시 다음 생으로 이어지는 근거가 되는 것이다.

식물은 사는 동안의 과정을 씨앗에 넘겨 다음 생의 근거가 되도록 하지만, 감정이 있는 동물은 모두가 인식의 평균 점수인 심정을 씨앗으로 하여, 이곳에서 몸과 인연이 끝나게 되면 다음의 몸을 받기 위하여 49일간 원초적인 자기의 세계인 마음의 세계를 여행하게 된다. 이 여행을 '중음여행', 즉 '사후의 심판'이라고 한다.

매 찰나가 모이면서 그때마다 평균의 업이 생기고, 그것이 일생이 되어 마지막의 심정을 가지고 다음 생을 향하여 떠나게 되니 욕심이나 어리석음으로 다른 이들을 부려 돈을 모은다 하더라도 오직 그 욕심으로 이루어진 업만을 가지고 갈 뿐, 물질은 단 하나도 가지고 갈 수 없는 것이다. 그러므로 단 한 순간도 업의 눈을 피할 수 있는 시간은 없다.

이 '중음여행'의 과정 동안 앞에서 살며 쌓아온 심정으로 방향을 결정하며 방황하다가, 마지막 날 드디어 마음에 가장 이끌리는 자궁으로 조급히 숨어들게 된다. 비록 자궁에는 아무런 표시가 있을 수 없지만, 게으르고 우둔한 심정이 삶의 대부분을 차지하고 있었다면 자기도 모르는 사이에 소의 자궁으로 향하게 되고, 개의 성품과 비슷한 견해를 가지고 심정을 지어왔다면 역시 개의 자궁으로 마음이 끌리게 될 것이다. 이와 같은 이치로써 업의 결과는 반드시 나타나니, 그 무엇보다 지극히 공정하고 평등한 심판을 받게 됨은 두말할 나위가 없다.

물론 49일이 평범한 여행이라면 마지막 날 급하게 자궁으로 숨어들지는 않을 것이다. 그러나 처음 일주일 동안에만 화려한 세계를 보게 되고, 그 후로는 점차 더 무섭고 험한 모습을 마주하게 된다. 사실 이것은 자신의 내면에 감추어진 악한 심정의 투영이므로 결코 남이 아니지만, 불도를 닦지 않은 이들은 그것이 곧 자신의 모습임을 알아차릴 수 없기에 당황하여 도망 다니는 49일을 보내게 되는 것이다.

이렇게 끊임없이 몸을 버리고 또 새로 받는 주인공은 과연 무엇이며 누구이겠는가? 이것이 '마음'이며, 이것이 바로 '나'이다. 영원히 죽을 수 없는 것이다. 몸은 태어나고 사라지지만, 이 영원한 '나'는 심판을 받을지언정 태어나지도 죽지도 않기에 불생불멸이라고 하는 것이다. 이것이 윤회의 이치이다.

윤회를 벗어난다는 것은 내가 몸이 아니라는 것을 깨닫는 것이다. 그리하여 항상 생사에 대한 두려움도 없고, 그러므로 살려는 욕심으로 남을 죽이려는 악한 마음도 일으키지 않는다. 또, 보이지 않는 마음을 자기로 삼고 살게 되니 남의 눈치를 볼 일이 없으므로, 자유로운 식(識)을 쌓게 되어 다음 생의 육신을 받지 않는 업을 만들게 된다. '나는 몸이 아닌 마음이다'라는 식이 쌓이면 그 식으로 업을 만들게 되므로 업의 '보(報)'인 몸을 받되, 피고름이 가득한 육신이 아니라 생각으로 이루어진 환상의 몸을 받는 것이다. 마음이란 있는 것도 아니고 없는 것도 아니므로, '업보' 역시 무지개와 같은 환상으로 만들어질 수밖에 없는 것이 이치이기 때문이다.

도(道)를 닦는다는 것은
바로 지금의 인생길[道]을 자유롭게 만드는 것이고
내생의 길[道]은 더욱 환상적으로 만들어
영원히 생사의 윤회를 끊는 것이다.
이와 같은 모든 법칙을 '깨달음의 법칙'인 '부처[佛]'라고 하니
'불도(佛道)'를 닦는 것이 이 생애에 있어 가장 시급하고
또 실속 있는 삶이라는 것은 아무리 강조해도 과하지 않다.

불도를 닦고자 하는 이에게

그렇게 지치도록 힘겹게

돌아서지도 못할 길을 가야만 하는가.

단 한 번의 되돌이표도 없는 매정한 세월 속을…

항상

놀라며, 걱정하며, 포기하며,

그래도 앉아 있을 수 없는 인생.

죽을 것인가.

아니면 생명의 고삐에 끌려 발자국을 떼어놓을 것인가.

더 이상 갈 수도 없는 마음이지만 주저앉을 수도 없다.

사랑하는 이들이 떠나간다.

어버이가

삼키고 싶은 새끼가.

나보다 더 사랑하는 이들을 보내야 한다.

그리고 나도…

약속도 없이.

어차피 깨어날 꿈이라면 어찌 꾸어지며

어차피 사라질 인생이라면 어찌 시작하며

끝이 날 길이라면 왜 가야 하는가.

어찌 나의 의사와는 상관도 없이 사라져 가야 하는가.

어디로 가는지… 이 길의 끝은.

왜…

생로병사가 무엇인가.

과연 무릎을 꿇어야만 하는가.

이렇게 생각하는 '나'는 누구인가.

아니 생각은 누구인가.

누구는 누구인가.

과연 풀 수 없는 수수께끼인가.

세월은 어디서 오고 어디로 가는가.

과연 붙잡을 수 없는가.

병고에 떠는 어미가 병고로 헐떡일 새끼를 낳는 이유는 무엇이고

죽을 어미가 죽을 새끼에게

뼈를 갈아 먹이며 살리는 이유는 무잇인가.

과연 이대로 어처구니없이 슬퍼야만 하는가.

석가모니부처님께서는 왕궁을 떠났다.

화려한 생활과

사랑하던 이들을 두고.

아니 간절히 사랑하고 있는 이들을 남겨놓고.
부모 친척, 그리고 처자식을.

온 중생의 무기력한 처절함을 홀로 책임지기 위해
맨발로 가시밭길을 걸었다.
그리고 결국 극락정토를 가지고 돌아왔다.
온 중생의 의심 어린 눈 속으로.

그러나 나는 믿었다.
그리고 나는 느꼈다.
그 님의 환희를.
그 님의 성스러움을.
그 님의 세계를…

74

혼자만의 의미로 슬퍼했습니다.

어느 날 차를 타고 가다 나무를 보았습니다. 정말 크고 웅장한 나무였습니다. 그런데 어떤 사람들이 그 나무에 달린 열매들을 모두 떨어뜨리고는 킬킬 웃는 것입니다. 차를 타고 있어 어떻게 할 수도 없었습니다. 그리고 속으로 저는 '저 멋있는 나무를 왜 괴롭힐까?'라고 생각했습니다. 그때 문득, 나무는 아무런 고통도 호소하지 않는데 혼자서 의미를 짓고 있다는 생각이 스쳐 지나갔습니다. 모든 것은 오직 마음의 작용일 뿐이었습니다. 제가 잠깐 사이 깨달았던 것이 부처님의 가르침과 일치하는지요? 그리고 한 가지 더 궁금한 것이 있습니다. 화두는 마음을 모으기 위한 일종의 방편이 아닌가요? 그런데 어느 책에서 '화두를 깨친다'라는 표현이 있었습니다. 이는 어떤 뜻이죠?

일체유심조(一切唯心造)

'나는 나무를 사랑하는데 왜 저 사람들은 나무를 훼손하는가?'라는 생각을 하며 핀잔을 주고 싶은 심정이 들었으니 이것은 착한 마음에서 작지만 정의로운 분노가 일어난 것이다. 하지만 이 마음이 곧 번뇌에 싸인 마음이다.

크게 본다면 이라크에서 세계무역센터 건물을 자살 테러한 것도 아닌데, 미국은 증거도 없이 이라크를 지목해 화학무기를 제조하여 세계를 위협하고 있다는 낭설을 퍼뜨렸고, 테러와는 관계도 없는 이라크를 공격하여 아이로부터 노인에 이르기까지 수없는 양민을 살상하였다. 이것을 본 세계인들은 모두 셋으로 나뉘었다. 그래도 미국을 옹호하는 사람들, 또는 그들의 잔혹함을 지탄하는 사람들, 아니면 그저 바라만 보는 사람들. 역시 미국인들도 이렇게 셋으로 갈라졌다.

여기서도 분노는 일어난다. 큰 분노나, 작은 분노나, 분노는 역시 분노일 뿐이다. 그것이 중생의 과보를 어리석음으로 몰고 가는 원인이 되는 삼독의 하나이니, 이 분노에 끌려 들어가서는 안 된다. 그렇다면 생사의 원인이 되는 삼독인 탐, 진, 치의 원인은 무엇인가. 그것을 알아야 생사의 밧줄을 끊고 영원히 죽지 않는 자유를 누릴 것이 아닌가. '나는 나무를 사랑하는데, 저 사람들은 왜 나무를 훼손하는가?'라는 것은 자기의 생각이다. 그리고 그 생각하는 능력이 없다면 자기는 없어진다. 아니, 없어진 것도 모른다. 마치 돌이 되어버리는 것과 다름 없다.

불멸 *1*
IMMORTALITY

그러므로 생각만 생기지 않는다면 자존심이 상할 일도 없고, 남의 것을 탐낼 일도 없으며, 분노가 일어날 일도 없다. 그렇다고 죽어버리면 된다고 생각한다면 더욱 어리석은 일이다. '윤회'란 어떤 육신의 모습이 되었든 끊임없이 새로운 모습을 받게 되는 법칙이기 때문이다. 만약 분노에 의하여 자살을 했다면, 죽음을 택할 정도의 극심한 분노가 마지막의 기억이 되므로 다시 태어날 때는 그 분노로 근본을 삼게 될 것이니, 이것은 오히려 크게 자기를 추락시키는 일이 되고 만다. 본래는 죽을 수 없기 때문이다.[11] 아무리 큰 구름도 결국은 사라지고 쾌청한 하늘이 되지만 반드시 머지않아 다시 생겨난다. 그러므로 구름이 완전히 사라지는 법칙이란 있을 수 없듯이, 중생의 몸도 그와 같아 죽는다는 것은 잠시 잠이 드는 것과 다름이 없는 것이다. 어디에도 죽음은 없다. 영원히 해가 뜨고 지는 것을 반복한다면 이것은 해가 뜬다고 말해야 하는가, 아니면 진다고 말해야 하는가. 단지 윤회하는 것이다. 끝없는 반복일 뿐이다.

그렇다면 이제 생각이 생겨나는 이유와 이치에 대해 생각해 보자.

생각은 감각이 없으면 할 일이 없어진다. 즉 보이는 것, 들리는 것, 냄새나는 것, 맛이 느껴지는 것, 만져지는 것, 의미가 느껴지는 깃들이 없다면 번뇌든, 탐욕이든, 분노든, 어리석음이든, 모든 생각은 생겨날 수 없다.

11) 본래 죽을 수 없다
분노는 생각이고 생각은 정신이며, 정신은 물질이 아니므로 칼이든 불이든 어느 것으로도 망가뜨릴 수 없는 것이다. 그러므로 역시 죽을 수 없는 것이다.

감각은 색을 보는 것이고, 소리를 듣는 것이며, 냄새를 맡는 것이고, 맛을 느끼는 것이며, 감촉을 느끼는 것이고, 뜻을 느끼는 것이다. 이 느끼는 것이 곧 감각이 하는 일이다. 진동측정기는 스스로에게는 진동이 없어야 정확한 진동을 측정할 수 있고, 저울은 스스로의 무게를 제외하고 영점(0점)인 상태가 되어야 올바른 무게를 측정할 수 있듯이, 감각능력도 그 스스로에게는 감각될 것이 없어야 한다. 눈으로 색을 보려면 눈 자체에는 색이 없어야 하고, 소리를 들으려면 귀 자체에도 소리가 없어야 하듯 모든 감각 그 자체에는 느껴지는 대상이 없어야 대상을 확인할 수 있게 된다. 이렇게 보면 감각은 허공과 같음을 깨달을 수 있다. 그러니 세상의 모든 소리나 색이나 냄새 등을 느끼는 것이 '나'라면 나는 허공과 같은 '투명 인간'이라고 해야 한다. 이 투명 인간은 정신과 같다. 정신이 없다면 감각도 없어지게 되기 때문이고, 아무것도 모르고 자다가 세상이 보이고 들리면, 즉 감각이 깨어나면 정신도 생겨난 것이기 때문이다. 정신과 감각은 둘이 아니다. 이와 같이 정신이란 죽고 사는 것이 아니니 감각도 죽고 사는 것이 아니므로 이미 생사를 초월했다고 말하는 것이다.

감각은 여섯 티끌[六塵]만 없으면 일어날 수 없다. 색이 없으면 눈이 있다는 것도 알 수 없고, 소리가 없으면 귀가 있다는 것도 알 수 없다. 그러므로 육진이 없으면 감각도 사라지고, 감각이 사라지면 탐, 진, 치도 사라지게 된다. 이때는 생사도 사라지고 윤회도 사라지니 영원히 죽지 않는 존재가 될 것이며, 죄를 짓지 않는 신과 같아질 것이다. 그러나 여기서 자세히 생각해 보아야 할 것이 있다.

불멸 *1*
IMMORTALITY

꿈에도 여섯 가지가 다 들어 있다. 색깔이 있고, 소리가 있으며, 냄새와 맛 등이 모두 있다. 그러므로 실제인 양 고통도 느끼고, 무섭기도 하다. 그리고 색이 없으면 눈이 있다는 것도 알 수 없고 소리가 없으면 귀가 있다는 것도 알 수 없으니, 꿈속의 육진인 색, 소리, 냄새, 맛, 감촉, 뜻이 없다면 육근인 눈, 귀, 코, 혀, 몸, 의미라는 감각도 사라지게 된다는 것을 알 수 있게 된다. 이것은 무엇을 말하는 것인가.

빛이 없으면 색이 사라지고, 색이 없다면 빛도 없는 것과 다름없다. 그러므로 색과 빛은 같은 것이라고 말한다. 색의 근원은 빛이라는 말이다. 우리의 정신은 빛과 같다. 그리고 우리의 감각도 빛과 같이 모든 것을 깨닫는다. 마치 불빛처럼 모든 것을 알아차린다. 정신으로 이루어진 감각은 빛과 같은 것이다.

꿈도 정신의 작용으로만 드러나는 현상이다. 그러나 꿈속에도 육진은 있다. 꿈은 물질이 아닌데도 똑같이 느껴지기에 속는 것이다. 물질을 연구한 아인슈타인도 결국은 말하기를 '물질은 내가 볼 때만 있는 이유가 무엇인가?'라는 의문을 남겼다. 석가모니부처님께서는 꿈을 꾸는 원리와 똑같이 마음이라는 정신이 모든 것을 느낄 뿐이라고 말씀하신다. 그러므로 일체유심조라고 하는 것이다. 일체는 오직 마음의 조화라고.

이렇다면 이제 이 세상에 남은 것이 없다.

단지 마음뿐이다. 물질도 마음이고 감각도 마음이고 생각도 마음이다. 이 마음이 홀로 놀고 있는 것이라는 말이다. 이것이 꿈이 아니고 무엇인가.

이것을 알고 나면 더 알 것이 없다.

그 세 가지를 제하면 세상에는 남을 것이 없기 때문이다.

화두는 '이 세상'과 이 세상을 느끼는 '이 감각'과 그리고 '이 세상과 감각은 무엇인가?'라고 묻는 '그 생각'을 합해놓은 것이다. 이 세 가지를 다 알고 나면 화두도 사라지고, 나도 사라지고, 세상도 사라지며, 일체의 번뇌나 생사도 사라진다. 단지 그렇다고 깨달은 보이지 않는 정신만 남게 된다. 이 '깨달음 혼자서 사는 것이었음'을 깨닫게 된다. 이것은 이미 불경에 자세하게 설명되어 있으므로 따로 어리석게 화두를 들 것도 없다. 강아지가 화두를 들면 사람이 되겠는가. 우선 사람이 되어야 한다. 그러고 나서 사람이 무엇인가를 공부해야 한다. 이와 같으니 무조건 화두를 드는 것이 아니고, 스승을 찾아 묻고 방향을 얻어서 공부해야 하는 것이 순서이고, 세월을 헛되이 버리지 않는 최선의 길이 되는 것이다.

75

무도(武道)로써 흔들리지 않는 마음을 유지해 가고 있습니다

저는 무도로써 잘못된 관념들을 제거하고 있습니다. 특히 두려움, 자존심, 애증, 화와 같은 감정들로부터 자유롭기 위해 항상 스스로를 관하려 애씁니다. 그 결과 이 모든 관념들은 '나'가 있기 때문에 존재한다는 사실을 알게 되었습니다. 그리고 그 '나'는 벗어나야 할 것이 아니라 함께 가야 할 것이라는 어렴풋한 느낌도 가지고 있습니다. 몸에 구속되지 않은 상태가 무도가의 최상승 경지이듯, 무엇이든 바보같이 참는 것이 아닌, 어떤 것에도 구속되지 않은 마음의 상태를 유지하는 것이 수행자의 올바른 길인 것 같습니다. 저의 이런 수행법이 혹 이치에 맞지 않거나 잘못된 길로 가는 것은 아닌지 조언 부탁드립니다.

바람과 같은 삶, 자유

 나는 없다. 그것을 먼저 수행해야 한다. 그것이 자기를 관하는 것이다.

그제야 모든 관념이 저절로 사라지게 된다. 화약에 불을 붙이면 화약이 점점 사라지게 되고, 어느덧 모든 화약이 사라지고 나면 태울 것이 없는 불도 저절로 꺼지듯, 몸과 마음의 '나'라는 양단이 모두 사라지면 그 사이에서 생겨난 관념도 사라지게 된다. 그곳에는 이미 몸이 없으니 구속이라는 관념도, '무도인(武道人)'이라는 이름도 있을 수 없다.

또한 '최상승의 경지'란 '허공의 바람과 같은 것이 자기였음을 깨닫고 그 무아인 자기로서 바람결처럼 흐르는 것'을 말하는 것이다. 그러므로 흐름만 있는 것이지 최상승의 의미는 사라진 것이어야 한다. 슬픔이나 분노도 없고, 어떤 노력을 할 주체나 대상도 없으니 이미 수행은 끝이 난 것이다. 그렇게 나아가는 것이 곧 진실하고 어긋남이 없는 수행이라 할 수 있다.

삶의 주인공은 삶일 뿐이다. 삶을 살아가는 개체란 존재하지 않는다. 삶의 주인공이 따로 있어 그 주인공이 펼치는 연극을 삶이라고 말한다든지, 삶 속에 포함된 주인공이 삶을 살아 나간다는 생각은 어리석은 착각이다. 주인공이 없다면 삶도 없기 때문이다. 그러므로 주인공이 곧 삶이고, 삶이 곧 주인공이다. 만약 주인공이 바람이라면 삶도 바람이고, 바람 같은 허공의 움직임이 삶이라면 이것을 이름하여 '아란나행(阿蘭那行)'이라고 하는 것이다.

불멸 1
IMMORTALITY

76

한순간도 정지해 있지 않은 나

스님의 말씀을 음미하며 제가 바르게 가고 있는지 한참을 되돌아보던 중 '나 없음을 먼저 수행하라'는 뜻에 대해 다음과 같이 사유해 보았습니다. 여기 지금 관념에 휩싸인 나, 그것은 어제의 나가 아니고 닥쳐올 나가 아니다. 끊임없이 흘러가는 이 마음, 한순간도 정지해 있지 않은 바로 이것. 그러므로 '나'란 오직 지금 이 순간뿐이고, 이 순간은 늘 지나가니 무아이다. 그렇다면 계속해서 흘러가는 '이것'을 직시하라는 말씀인가요?

지금을 이루는 법칙

지금이란 홀로 존재하는 것이 아니다. 지금이란 것을 증명하는 '느끼게 하는 것'과 '느끼는 것'이 마주하고 있는 것이다. 따라서 지금이란 '보인다'는 생각(감각)이 존재하는 시간이다. 그리고 이 보인다는 생각이란 색과 눈이 만나서 생겨난 인식이므로 보인다는 것이 없으면 마치 잠이 든 상태와 같아, 지금도 사라지고 눈도 사라지며, 색이 있다고도 말할 수 없게 되는 것이다. 이것으로 지금은 둘이 존재함으로써 이루어진 찰나라는 것을 깨달을 수 있다.

그러나 이 둘은 서로 같을 수 없다. 하나는 찰나에 사라져 기억으로 떠나가는 생멸법이며, 다른 하나는 그 생멸하는 법을 느끼고 있는 감각인 상주법이다. 즉 번개는 찰나에 사라져 기억으로 가는 것이고, 감각은 그 번개를 따라가지 않고 계속 지금에 있기에 다음에 오는 두 번째 번개를 다시 느낄 수 있는 것이다. 그러므로 사라지는 지금을 바라보며 나라고 한다면 죽고 사는 것이 자기라고 느끼게 되고, 찰나마다 생멸함으로써 변화하는 육진인 몸을 '나'로 삼는다면 나는 곧 생사에 처하게 된다는 말이다. 그러나 반대로 사라지는 생멸법을 느끼는 감각을 자기라고 생각한다면 영원하고 투명한 허공이 내가 된다. 귀에는 소리가 없기에 소리를 듣듯이, 감각은 감각의 대상을 가지고 있지 않기 때문에 투명하다고 말하는 것이다. 따라서 몸을 느끼고, 찰나의 번개를 '느끼는 마음'을 자기라고 깨달아야만 생사를 초월한 '나'가 된다.

IMMORTALITY 불멸

77

고통을 이겨내는 방법을 가르쳐 주십시오.

제가 초등학생 때 학교에서 선생님께 벌을 자주 받았습니다. 그때마다 고통은 아주 평범한 느낌이라고 자기 암시를 주었는데, 그 시간을 견디기에는 나름대로 효과가 있었습니다. 고통이 아니라 단지 느낌이 될 뿐이었기 때문입니다. 고통이란 것도 결국은 마음속에 있었던 걸까요? 그런데 문제는 견디기 힘든 고통이 다가왔을 때입니다. 고통이 너무 커 실신하기도 하니까요. 고통이란 심리적인 것에 국한된 것인지, 아니면 아픈 것은 아픈 것으로 놔두어야 하는지 궁금합니다.

고통(苦痛)

눈에 병이 나면 아무것도 없는 허공을 바라보는데도 그 앞에 솜사탕 같은 것이 보이게 된다. 만약 그것이 눈병으로 인하여 생겨난 환상이라는 생각이 분명히 있다면, 그것으로 하여금 짜증이 생기지는 않을 것이다. 그러나 어느새 그것이 실제로 있다고 생각하기 시작하고, 그것에 대하여 마음을 놓지 못하게 되면(집착) 울화가 생겨나기 마련이다.

이 환상은 보는 시각의 능력이기도 하며 허공의 능력이기도 하다. 만약 눈꺼풀을 열지 않았다면 허공과 마주한 것이 아니고, 허공과 마주하지 않으면 그 환상은 생겨나지 않기 때문이다. 그러므로 환상이 생기는 것은 눈의 능력 때문만은 아니라는 것을 알게 된다. 곧 허공의 능력이기도 하며, 감각의 능력이기도 하다는 것이다. 이 두 가지 능력에 의하여 그 사이에서 환상이 생기게 된다. 역시 보이고, 들리고, 냄새나는 등의 여섯 가지 인식[六識]은 감각의 대상과 감각의 능력 사이에서 생겨나는 것이다.

중생은 눈병(전생에 무명으로 지은 업에 의하여 얻게 된 보의 결과)에 걸린 눈과 허공의 만남에 의하여 드러나게 된 환상에 집착하다 보니 그것이 짜증을 만들므로 그저 '보이는 것'이 아닌, '고통'이 되는 것이다. 일체의 육신에서 오는 고통도 역시 그 법칙으로 이루어지는 것이다. 어머니의 잔소리가 나중에는 고통으로 느껴지는 것과 같다.

정신은 언제 생겨난 것이라고 말할 수 없는 것이다. 왜냐하면 물질이 아니기에 이루어진 형태도 없고, 드러나는 소리도 없기 때문이다. 어떤 것이 아니므로, 그리고 어떤 것이 되기 시작한 것도 아니므로 무시(無始)라고 하는데 그것이 여기에 도달되어 있다[以來]. 이것이 무시이래(無始以來)의 정신이다. 이렇게 오랜 세월 동안 환상을 바라보며 그것에 신경을 쓰다 보니[執着] 이제는 어느새 너무도 고통스러운 감각이 되어버렸다. 지금 당장은 아무렇지도 않게 바라볼 수 있지만, 그 습(習)은 쉽사리 녹아내리지 않는다. 그러므로 되돌아가는 시간이 필요한 것이다. 이것이 깨달음으로 교만해질 수 없는 이치이다. 깨달았다고 밥상 위에서 똥을 싸는 어리석은 깨달음의 흉내를 낼 수는 없는 것이다. 그대로 달려 나온 만큼 백천 겁을 되돌아가야 한다. 그러므로 석가모니부처님께서는 『법화경』에서 이미 돈오를 한 제자들에게 수기(受記) 내리시기를 수백만억 제불(諸佛)을 모신 후, 부처를 이루리라고 말씀하시는 것이다.

중생의 고통도 끊임없는 수행으로 그와 같이 차츰 엷어져 어느 날 본래의 정신으로 돌아가게 된다. 그러나 오늘의 이 고통이 오직 정신으로 이루어졌음을 깨닫지 못한다면, 돌아가는 길에 들어선 것이 아니므로 이 고통이 끝날 날은 아예 기약도 할 수 없으며, 더욱이 수기를 받는다는 것은 있을 수도 없다. 축생이 된 후에 다시 인간이 되기란 거의 불가능할 정도로 어려운 법칙이라는 말이다. 따라서 지금부터 이와 같은 이치를 깨닫고 고통이 올 때마다 고통의 실체는 공한 것이라는 기억을 각인시킨다면, 다시 태어날 때에는 저절로 고통이 엷어진 곳을 만나게 될 것이다. 인간의 윤회에 있어 그 씨앗이 되는 것이 바로 기억이기 때문이다.

환상임을 깨닫는다는 것은 현생만 행복한 것이 아니다. 이생의 깨달음은 즉시 기억을 이루고, 이 기억대로 그곳에 맞는 세계에 다시 태어나게 되기 때문이다. 그러나 이 작업을 미리 하지 못하고 떠났다면, 자손이 천도재를 한다고 해서 과연 살아서도 배우려고 하지 않던 고집이 갑자기 꺾일 수 있겠는가.

 수행자는

 나의 모든 어리석은 깨달음과 실감 나는 고통은

 당연한 것이라고 생각한다.

 반드시 그렇게 했기에

 지금 이와 같은 결과가 있는 것이라고 생각한다.

 원인 없는 결과가 어디에 있겠는가.

 그러므로 내가 원하는 미래를 지금 실천한다.

 최소한 상상이라도 한다.

 지금을 천상이라고 확실하게 보는 것이다.

 이것이 깨달음이다.

 비록 수행자의 고통스러워하는 모습을 바라보는 중생이

 '깨달은 자와 깨닫지 못한 자가 다를 것이 없다'는 비난을 한다 해도,

 내생을 위대하게 만드는 법칙을 아는 자와

 내생을 망치는 자의 차이를 아니

 그저 웃을 수밖에 더 있겠는가.

78

보호임지란 무슨 뜻인가요?

깨달은 후 그것을 지키기 위한 특별한 노력을 말하는 것인지, 마음으로는 깨달았지만 그것이 행함으로 옮겨지기는 아직 몸에 밴 오랜 습관이 남아 있기에 깨달은 마음과 행함을 일치시키기 위한 수행을 말하는 것인지 잘 모르겠습니다. 제가 아직 걸음마 단계라 쉽고 구체적인 설명을 해주셨으면 합니다.

보호임지(保護任持)

 돈오(頓悟) 후 점수(漸修)를 하는 것이 돈오점수(頓悟漸修)의 말뜻이다.

돈오를 하는 것은 그리 어렵지 않다. 불에 덴 듯 처음으로 자신과 세상의 실체가 모두 없다는 것을 깨닫는 것이니, 오랜 시간이 필요하지 않으므로 돈오라고 한다. 그러나 다시 습으로 돌아가는 것을 부여잡기란 그리 쉬운 일이 아니다. 주위에서 가만히 놓아두지 않기 때문이다. 세간에서는 점수하기가 그리 쉽지 않다. '아! 나는 공한 마음이며, 물질은 이 마음의 한쪽 끝에 드러나는 꿈과 같은 허망한 환상이구나'라고 공관(空觀)을 했다 해도, 쉼 없이 상대해야 하는 존재들은 모두 있음으로 치우친 중생이기에, 그들을 자주 접하다 보면 어느새 다시 있음 속으로 빨려 들게 된다는 말이다.

여기에도 기억의 법칙이 그대로 적용되기 때문이다. 식탁 위에 있던 음식은 내가 아니었지만 내가 먹고 나면 내 몸을 이루고, 칠판에 있던 지식은 선생님의 지식이었지만 이해하고 나면 나의 지식이 되며, 어머니의 견해였으나 그것이 기억되면 나의 견해가 되는 것과 같은 법칙이다. 마치 거울 앞에 꽃이 있으면 거울 속에도 꽃이 있게 되고 본래 텅 빈 거울은 사라지게 되는 것과 같다. 그러므로 순식간에 빨려 들게 된다는 것이다.

'살얼음을 밟듯 하라'는 말은 점수를 해나가는 경치를 말한다. 깨달은 바를 놓치지 않고 지키는 모습이다. 그를 위해서 될 수 있는 한 많은

불멸 1
IMMORTALITY

시간을 홀로 지내며 일체가 공함을 관조하는 아란나행을 계속해야 하고, 아니면 누구를 만나더라도 상대를 대하는 자기는 감각이기에 투명 인간과 같다는 사실을 잊어서는 안 되는 것이다. 이것이 깨닫기 전까지 가지고 있던 무명을 깨달음으로 바꿔 가는 과정이다. 탁한 업을 맑히는 작업이라는 말이다. 처음에는 하나의 맑은 힘이 업을 맑히지만, 그것이 다시 기억이 되니, 다음은 둘의 맑은 힘으로 업을 맑히며, 둘은 다시 기억 속의 둘과 합해져 넷이 기억되고, 넷으로 업을 맑히면 어느새 그만큼 탁한 업은 줄어들어 힘이 없어지고, 맑은 업은 곱에 곱을 하면서 강해지니, 처음이 힘들 뿐 시간이 가면 갈수록 자연스럽게 깨달음의 견해를 가질 수 있게 되는 것이다.

그러나 세상을 대하다 보면 어느새 있음으로 빠져든 자신을 발견하게 되니, 함께 생활하면서도 철저히 점수해 나갈 수 있는 방편이 필요하다. 처음의 깨달음을 잊지 않고 중생을 대하는 가장 좋은 방법을 든다면, 마치 '거짓말을 할 때처럼 하라'는 것이다. 거짓말을 하는 사람은 자기의 모든 말이 거짓이고, 남을 속이고 있다는 생각을 가슴 깊이 가지고 있다. 어느 누가 거짓말을 하면서 그 거짓말이 사실이라고 착각을 하며 진실을 말하고 있다고 생각히겠는가. 거짓말을 하며 거짓말하고 있다는 사실을 깨닫고 있듯, (일체가 공한 것인 줄을 알면서) 마치 모든 것의 실체가 있는 것처럼 속은 양, (나는 마음이면서) 겉으로는 몸인 것처럼 말을 하고 있다는 사실을 깊이 느끼면서 말하라는 것이다.

그렇게 되면 '진실은 따로 있다는 생각'이 먼저 기억되고, 상대방의 말이 어리석다는 견해도 기억되기에, 절대 그들과 같아질 수 없게 된다. 이렇게 함이 세간에서 쉽게 '보호임지'하는 방법이며, 점수하는 방편이 되는 것이다.

79

불경의 내용을 알지 못해도 독경을 들으면 편안해질 수 있나요?

오늘 학교에 가는 길에 어느 아주머니께서 염불을 듣고 있었습니다. 저도 염불을 들으니 기분이 좋아졌는데, 그 순간 '염불은 왜 들을까?' 하는 의문이 생겼습니다. 불교는 가르침을 받아서 깨달음을 얻는 것인데 독경 소리에선 아무런 가르침도 얻지 못한 것 같았습니다. 그것을 들으면 마음이 편안해진다는 사람들이 있는데. 그 말을 거꾸로 생각해 보면 듣지 않으면 불편하다는 뜻과 통합니다. 지난번 '正(정)'에 관한 가르침을 받았을 때 바르다는 것은 '모든 것을 아무런 뜻도 부여하지 않고 있는 그대로 보는 것이다'라고 이해했습니다. 그러니 염불을 들으면 편안해진다는 것은 '염불'이라는 소리에 속하는 육진에 '편안하다'라는 의미를 부여한 것이므로 이치에 어긋난 일이라고 생각됩니다. 염불은 무엇이며 염불을 듣는 이유는 무엇입니까? 가르침을 부탁드립니다.

염불(念佛)

그렇다. 찰나에 사라지고 있는 육진에 의하여 편해진다고 생각하니, 육진이 사라지면 편하다는 생각도 사라지므로, 세상이 사라지면 그것을 바라보는 나도 죽게 되는 것이다.

염불(念佛)이란 부처의 실체를 깨닫고, 그 부처를 생각함을 반복하여 마음 깊이 기억시키는 것이다. 그러므로 사실 독경이라는 말과는 약간의 차이가 있다. 즉 불경을 읽는 것을 독경이라고 한다면, 불경을 읽으며 불경 속에 들어 있는 내용을 이해하여 깊이 외우는 것을 염불이라고 한다는 말이다.

부처란 간단히 말하면 깨달음, 즉 각(覺)을 말하는 것이고, 깨달음이란 홀로 일어나는 정신현상이 아닌 세 가지 요소의 조합이다. 비유하면 총소리를 듣고 깜짝 놀랐을 때 그 놀라는 현상은 깨달음의 작용인데, 그 깨달음은 근거 없이 생겨난 것이 아니라, 소리(육진)와 귀(육근)와 총소리라고 느끼는 인식(육식)이 있었기 때문인 것과 같다. 여기에 '나는 죽는 것'이라는 의미의 업이 전제된 육식이므로 찰나에 '깜짝'하는 깨달음이 일어났던 것이다. 그중 하나만 사라져도 깨달음은 일어나지 않으므로 깨달음이란 반드시 이 셋이 모여야 이루어진다는 것을 알 수 있게 된다. 그렇다면 세상을 이루고 있는 육진과, 그것을 느끼는 감각의 능력인 육근과, 기억의 업을 가지고 나름대로 인식하는 육식, 이 십팔계가 모두 모여야 깨달음을 이루게 된다는 것이니, 역으로 깨달음은 십팔계를 모두 가지고 있다는 말과도 상통한다.

불멸 1
IMMORTALITY

그리고 이 세 가지를 빼고 나면 이 우주 자체도 사라지게 되니, 우주 자체를 가지고 있는 것이 각이며, 우주가 이루어내는 것이 바로 각이기도 하다는 말이다. 결국 우주의 모든 현상과 실체의 이치, 그리고 재질이 곧 각(覺)이고, 각은 불(佛)이니, 불이 우주 전체를 낳은 어버이라는 사실을 깨달을 수 있다. 그러므로 염불을 한다는 것의 진정한 의미는 우주의 실체를 통달하여 이것을 외운다는 뜻이다.

그러나 요즘에는 마치 피리 소리를 듣고 뱀이 고개를 들듯, 불경을 낭송하면 신비로운 일이 일어날 것이라고 생각하는 자들이 많다. 뱀이 피리 소리에 일어나는 것은 소리의 파장에 긴장을 하는 것이고, 중생이 독경 소리에 마음이 편해지는 것은 늘어지는 소리의 파장에 졸음이 오는 것과 다름이 없는 것이다. 소리 자체에는 아무런 힘도 없다. 어리석은 견해로 혼자 의미를 두고 있는 것이다. 깨닫지 못한 채, 불경의 내용을 깊이 이해하지 못한 채, 읽어대는 소리를 듣는 것에는 듣는 자의 분별만 있을 뿐이다. '혹시 저 소리를 듣다 보면 복이 굴러들어 올지도 모른다'는 어리석은 중생의 허망한 번뇌에 지나지 않는다.

80

망자를 위해 보살명호를 외우는 것은 어떤 의미입니까?

저의 어머님께서 며칠 전 세상을 떠나셨습니다. 너무 슬픕니다. 저도 곧 어머님 곁으로 갈 것 같습니다. 절에 가니 그곳에 계신 스님께서 돌아가신 분을 위해 관세음보살, 지장보살을 외우라고 하시는데 제가 보살님 명호를 외우면 어머님에게 도움을 드릴 수 있나요? 또 『지장경(地藏經)』을 수지독송하라고 하셨는데, 수지독송은 어떻게 하는 겁니까?

관세음보살과 지장보살, 그리고 수지독송의 의미

 보살명호 가운데 가장 친숙하게 다가와 있는 관세음(觀世音), 지장(地藏).

보살명호를 부르기 전에 먼저 경을 수지독송한다는 의미부터 명확하게 헤아려야 한다.

보살명호를 외운다는 것은 소리 내어 읽는 낭송(朗誦)을 뜻하는 것이고, 그 뜻을 이해함으로써 저절로 마음 깊은 곳에 자리 잡게 되도록 함을 말한다. 그를 위해서는 먼저 깊은 이해가 있어야 하고, 그다음에 그 견해로서 바라보고, 기억하며, 말해야 하는 것이다. 이것을 불경에서는 수지독송이라고 말씀하신다.

수지(受持)란 '받아 지닌다'는 뜻이니, 불경을 간직하는 것이며, 불경이란 일체중생의 본성(本性)을 말하는 것이므로 종이로 만든 책을 집에 보관하는 것이 아니라, 스스로의 실체가 무엇인가를 깊이 이해하여 마음속에 새긴다는 의미이다. 일체중생은 불성으로서 이루어지기 때문이다. 본성이란 본질적인 성분을 말하는 것이니, 불성이라는 말은 '부처라는 성분'을 말하는 것으로 이해해야 한다.

이제 일체중생이 모두 불성으로 이루어졌음을 설명한다. 자신이 부처의 성분으로 이루어졌다는 사실을 이해해야만 불경을 올바로 수지한다는 말의 의미를 깨달을 수 있기 때문이다.

지구는 허공 속에 있고, 허공은 진공 속에 있음을 본다면, 허공은 진공으로 이루어진 것이고, 지구는 허공으로 이루어졌다는 것을 알 수 있다. 역으로 지구의 물질이 산화되어 극 미립자가 사라지면 허공에 섞이게 되고, 허공의 입자가 더 세분화되면 진공을 이루게 된다는 것도 깨달을 수 있다. 그러므로 분자를 분해한 원자들은 모두 허공의 한 성분이라는 것이 증명되었다. 원소기호나 분자식이 바로 그것이다. 원소기호 1번이 수소지만, 수소는 허공에 있다는 것을 모두 알고 있다. 그리고 원소기호 8번은 산소라고 이름 붙였지만, 역시 허공의 한 성분일 뿐이라는 것도 알고 있다. 이 둘을 합해놓은 물(H_2O)은 허공과 허공이 합해진 것이니 다시 물을 분해했을 때, 허공으로 돌아가는 것이 당연한 이치인 것이다.

모든 물질이 그와 같다. 모든 물질이란 허공의 화합이고, 원소기호의 화합이다. 그리고 원소기호로 표현되는 물질은 허공 속에 녹아 있다. 허공을 태우면 진공이 되기 때문이다. 알코올 솜에 불을 붙여 유리병 속에 넣고 즉시 입구를 손으로 막으면, 병 속의 허공이 타고 진공이 됨으로써 손이 유리병에 붙게 되는 현상이 바로 그것이다. 이렇게 허공을 태워 다시 분해하면 진공이 되니, 허공은 진공으로 이루어진 것이라는 사실을 알 수 있다. 그 누가 거꾸로 지구가 허공을 만들고 허공이 진공을 만든 것이라고 말하겠는가. 그러므로 일체 물질의 본성은 진공이며, 성질은 허공이라는 결론에 도달하게 되는 것이다.

우리의 육신도 역시 그와 같다. 육신은 음식물의 섭취를 통해 만들어지지만, 음식은 물질이고 내가 아니며, 이미 생명도 없는 것이다. 이것을 옮겨다 쌓은 것이 육신인데, 어찌 육신을 '내 것'이라고 할 것이며, '생명'이 있다고 할 수 있겠는가. 또한, 육신의 본질을 살펴보면 단지 허공의 화합이며, 허공은 어떤 것도 아닌 공(空)이기에, 나라고 할 것도 없고, 생명이라고 할 것도 없으며, 있다고 말할 것도 아니고, 없다고 말할 수 있는 것도 아닌 것이다.

그러므로 생사가 있다면 당연히 육신이 아닌, 정신에 있어야 할 것이다. 왜냐하면 인간이란 '물질로 이루어진 육신'과 '허공처럼 보이지도 만져지지도 않는 정신'의 만남이며, 이 둘이 합해져야 살아 있다고 할 수 있기 때문이다. 그러니 육신 자체가 이미 죽고 사는 것이 아니었다면 지금까지 살아온 것은 정신이었고, 명(命)이란 정신이 육신에 깃들어 있을 때를 가리키는 말이었음을 알 수 있다. 결국 인생을 살아가던 주인공은 보이지 않는 '정신'이었던 것이다.

그렇다면 정신이 살아감에 있어 '생(生)'이라고 하는 현상은 무엇을 의미하는가. 허공이 화합되어 물질로 변화되는 것을 이름하여 '생(生)한다'라고 정의한다면, 없던 것이 생겨나게 되는 것을 '생성된다'라고 말하는 것과 같다. 인간의 육신이라는 것의 최초의 물질은 정자(精子)라고 하나, 정자는 처음부터 갖추어져 있는 것이 아니라 성인이 되면서 점차 생겨나는 것이니 본래는 없었던 것이 나중에 새롭게 생겨나게 된 것이며, 그것으로 육신이 이루어지게 되는 것이라면, 생(生)의 근본은 없던 것[無]이었음을 알 수 있다. 그러므로 생겨난 것은 당연히 흐름을 따라 본래의 자리인 없었던 곳으로 되돌아가게 되어 있는 것이다. 허공에서 물이 생겨나 지구에 강과 바다를 이루지만, 어느새 다시 증발되어 허공에 섞이고, 또다시 비가 되어 내리는 현상과 다름없다. 이것이 물질의 생멸하는 특성이다. 즉 생겨난 것은 반드시 사라지게 된다[生者必滅]는 말이다. 그러므로 인간의 육신도 반드시 사라지게 되는 것이 당연한 이치다.

그러나 정신이란 물질도 아니고 애초부터 생겨난 것도 아니기에 색깔도 없고, 소리도 없으며, 맛도, 형체도 없다. 눈에 보이지도 않고, 귀에 들리지도 않으며, 손에 만져지지도 않는 정신이 오직 '산다'라는 생각만을 지어가고 있었을 뿐이다. 그러므로 정신이 살았던 것이라고 할지라도, 정신은 죽을 수 있는 물건이 아니라는 것을 깨달아야 한다. 다시 말하면 정신에도 살고 죽는 생명이란 없다는 말이다.

그렇다면 사는 것, 즉 생명이라는 것이 어디에 존재했다는 것인가.

죽은 시체에게 죽었다고 말하는 것은 아직 몸과 마음이 함께 붙어 있는 다른 존재의 견해다. 또한 살아 있는 자가 아무리 시체에게 살아나 달라고 애원해도 시체는 말이 없으며, 몸에서 떨어져 나간 정신이 '나는 아직 죽지 않았는데 몸이 망가져 더 이상 그것에 머물 수가 없었기 때문에 부득이 밖으로 나왔다'라고 외쳐봐야 소용없다. 육신을 빠져나온 허공과 같은 정신에게는 혀가 없기 때문이다. 따라서 정신 홀로 아무리 말을 해도, 혀와 목청의 소리만을 듣는 인간에게는 들릴 수[理] 없는 것이다.

그렇다면 죽고 산다는 개념은 '물질인 육신'과 '허공 같은 정신'이 서로 만나 있을 때에만 있는 것이라는 말이 된다. 그러나 육신과 정신이 결합되어 있을 때는 아직 살아 있는 것이니, 거기에 죽음이란 없다. 죽은 이는 죽음을 말할 수 없으므로 죽음이 없고, 살아 있는 이는 아직 살아 있으므로 죽음이 없으니, 생사란 단지 생각에만 존재한다는 것을 알 수 있는 것이다. 그러나 생각도 물질은 아니다. 정신의 움직임을 말하는 것이다. 이렇게 물질이 아닌 생각 자체에는 생사가 있을 수 없으므로 생사란 어리석은 망상 속에만 존재함을 알 수 있다. 이렇게 망상으로 산다고 생각하고, 죽는다고 생각하며, 공포와 원망, 슬픔과 고통의 고리를 이어가는 그 마음을 중생이라고 하는 것이다.

이렇게 오해하고 있는 자식을 바라보며 육신을 버린 어버이의 정신이 '나는 죽지 않았다'라고 아무리 외쳐도 그 뜻을 자식이 알 수 있겠는가? 그러니 그 슬퍼하는 자식을 바라보는 어버이의 정신은 자식의 곁을 떠나지 못하여 결국 구천을 떠돌게 되는 것이다. 이것을 귀신이라고 한다. 즉 육신을 떠났으니 정신만이 존재하는 세계로 가야 하지만, 집착을 버리지 못해 인간계의 주위에서 맴돌며 다시 육신을 받지도 못하는 한 맺힌 정신을 말하는 것이다.

그러므로 육신과 정신이 조화롭게 인연되어 있는 지금 도를 닦아야 한다. 이 모두가 불경에 담겨 있는 석가모니부처님의 설법이다.

이러한 말씀을 가만히 듣다 보면 스스로의 실체는 허공과 다름없는 것이라는 사실을 알게 될 뿐만 아니라, 그 허공에 이리저리 생긱하여 오해도 하고 이해도 하는 위대한 능력이 포함되어 있으므로 그 능력으로 하여금 모든 중생이 고통스럽게 살아왔다는 사실도 깨닫게 된다. 즉 자신의 실제 모습은 이해와 오해, 그리고 고통과 행복의 모든 이치를 가지고 있는 허공의 능력인 부처였음을 깨닫게 되는 것이다. 이렇게 깊고 간절히 깨닫는 것을 가리켜 올바로 '불경을 수지'하는 것이라고 말한다.

그리고 석가모니부처님의 가르침이 당연하다고 생각하여 의심이 사라진 사람은 세상을 바라보되 언제나 환상으로 쳐다보고, 생사란 이름뿐이지 실존하는 것은 아니라는 불생불멸의 눈을 가지게 된다. 죽지 않는데 더 이상 무슨 고민이 있어서 두려움이나 비겁함, 또는 죽이고자 하는 악한 마음을 가질 수 있겠는가. 즉 일체의 장애가 사라지게 된 견해로 세상을 바라보게 된다는 말이다. 이렇게 삶에 있어서의 가장 원초적 문제인 생사를 해결하고 나면 아무런 고통도 있을 수 없게 되니, 그 마음을 이름하여 '해탈심'이라고 한다. 이 해탈을 얻은 자만이 '무거래(無去來)', 즉 오고 감이 없음을 분명하게 말하게 된다.

석가모니부처님께서도 중생의 고뇌로부터 시작하여 해탈을 이루셨으니, 이 해탈의 경지는 현실을 떠난 제3의 세계나 죽어서 도달하는 환상의 이데아를 말하는 것이 아니다. 불경에서는 다름 아닌 오탁악세이며, 중생 세계인 이곳이 바로 해탈의 세계라고 끊임없이 설명하고 있다. 그러므로 이곳에서 천상을 보며 천상의 눈으로 세상을 읽는 것[讀], 그리고 그렇게 말하는 것[誦]이 불경에서 말씀하시는 독송의 의미이다.

관세음은 세상에서 이미 들려주고 있는 '무거래', 즉 '생사가 없는 의미'를 잘 관(觀)하는 정신의 능력을 말한다. 세상의 어리석은 중생은 죽겠다, 고통스럽다, 악하다, 선하다 등 무수(無數)한 소리를 드러내지만, 사실을 관찰해 보면 그 소리가 가진 의미는 세상 어디에도 존재하지 않는다는 사실을 곧 깨달을 수 있게 된다. 그러므로 그 이후에는 '세상은 항상 나에게 환상임을 말하고 있다'라는 견해를 얻게 되니,

불멸 1
IMMORTALITY

어떠한 소리를 들어도 그것의 의미는 오직 생각 속에만 들어 있는 환상으로, 소리 자체는 찰나에 사라져 버리는 꿈으로 듣게 되는 것이다. 이것이 관세음보살의 명호를 올바로 수지, 독송함이다.

지장이란 숨겨진 땅을 말한다. 땅이란 허공의 반대이니 허공을 터짐[通]이라고 말한다면 당연히 땅이란 막힘[塞]을 뜻한다. 막힘이란 홀로 존재함이 아니고, 감각과 대상이 서로 부딪친 상태를 말하는 것이다. 즉 눈을 막는 것은 색이고, 귀를 막는 것은 소리며, 코를 막는 것은 냄새고, 혀를 막는 것은 맛이다. 또 몸을 막는 것은 촉감이고, 감정을 막는 것은 뜻이니, 이 여섯 가지 막힘이 곧 땅의 의미인 것이다. 줄여서 말하면 보이고, 들리고, 냄새나고, 맛나고, 만져지고, 의미가 느껴지는 바를 말한다. 이것이 땅의 실체이다. 땅의 실체란 곧 감각이라는 말이다.

감각은 대상을 느끼는 역할을 하니, 역시 홀로 존재하지 않는 것이다. 어떠한 감각도 반드시 그 감각을 일으키게 한 대상과 감각하는 주체가 마주해야 한다는 말이다. 보인다는 감각은 눈과 색이 만났음을 뜻하는데, 이때 그 두 가지는 서로 반대의 성질을 가지고 있다. 예를 들어 태어날 때부터 눈 자체에 붉은색이 심어 있었다고 가정해 보자. 마치 붉은색 안경을 낀 것처럼 세상이 온통 붉은 세상으로 보이게 될 것이니, 흰색이라는 색상을 결코 알 수 없게 될 것이다. 그러나 모든 색을 확연하게 분별할 수 있는 것을 보면 눈은 본래 아무런 색깔도 가지고 있지 않다는 것을 알 수 있는 것이다. 따라서 색을 '있는 것[有]'이라고 한다면, 눈은 '없는 것[無]'이라고 해야 한다. 이것이 감각

현상을 통해 알 수 있는 대상과 주체의 대립적인 관계이다.

세상이 나타나는 것은 여섯 가지 육진(색, 소리, 냄새, 맛, 감촉, 뜻)에 의해서다. 그리고 그것을 느끼는 것은 여섯 가지 육근(눈, 귀, 코, 혀, 몸, 의미)에 의지한다.

육진은 세상의 물질이 드러내는 현상이다. 그러므로 몸에서도 이 육진이 드러나고, 그로 하여금 몸이 있다고 느끼게 된 것이다. 그러나 앞에서 설명한 바와 같이 감각능력이라고 볼 수 있는 육근에는 육진이 없다. 꿈에서도 육진은 실감 나게 나타나지만, 그것을 느끼는 감각은 몸이 아니고 정신이 아니었던가. 그렇듯 감각능력은 곧 정신이므로 색도 없고, 소리도 없으며, 냄새 등등이 있을 수 없다. 만약 귀에 소리가 본래부터 있다면, 다시 말해서 날 때부터 귓속에서 천둥소리가 저절로 들린다면 과연 세상에서 나는 바람 소리를 들을 수 있겠는가. 더욱이 조용하다는 느낌을 맛볼 수는 있겠는가. 세상의 소리가 없다 해도 귀 자체는 항상 시끄러울 테니 말이다. 눈은 색을 보지만 눈 자체에는 색이 없듯이 귀도 소리를 듣지만 귀 자체에는 소리가 없다. 그러므로 육진은 있는 것[有]이고, 육근은 없는 것[空]이며, 육진은 사라지는 것이고, 육근은 공한 것이므로 사라질 수 없는 것이다.

자, 이제 과연 무엇으로 나를 삼을 것인가. 육진은 드러난 것이므로 반드시 사라지니 현상이라고 한다. 그러나 육근은 드러난 것을 느끼는 정신이니 '숨겨져 있는 것[藏]'이라고 한다. 즉 몸은 현(現)이고, 감각은 장(藏)이니, 어느 것을 나[我]로 삼을 것이냐는 말이다. 나타난 현상은 반드시 생멸법을 따르니 생겨나고, 사라짐을 피할 수 없으나,

숨겨진 감각, 즉 숨겨진 땅[地藏]은 공하므로 당연히 삶과 죽음을 벗어나 있는 것이다. 티끌로 만든 육신을 나로 삼으면 온갖 색깔, 소리, 냄새, 맛 등에 갇히게 되므로 곧 감각의 옥인 지옥을 면하기 어렵게 되니 일체중생이 반드시 겪어야 할 생사의 고통은 당연한 이치의 결과였음을 알 수 있다. 반면에 감각 자체를 나로 삼는다면, 만유를 드러내고 느끼는 공한 감각능력이 자기의 본래 모습임을 깨닫게 되므로 지장보살을 친견하는 공덕을 성취한다고 말하게 되는 것이다. 그러므로 지장보살 명호를 올바르게 수지독송하는 것이야말로 본래부터 일체중생에게 생사가 이미 초월되었음을 깨닫게 되는 올바른 수행법이라 할 수 있다.

그러나 어리석은 자들은 나도 '있고', 보살도 '있는 것'으로 보고, 열심히 소리 내어 부르기만 하면 죽어가는 자를 살려주고, 자신을 천상으로 인도하며, 지옥에서 고생하는 자를 구해준다고 착각한다. 그들에게는 이미 나와 남이 있고, 죽음과 삶이 있으며, 지옥과 천상이 각각 실제로 존재한다는 오해가 있으므로 결코 대자유의 법문을 실감할 수 없게 된다.

81

마음이 사라진다는 것은 어떤 경치입니까?

 마음이라는 근원이 있어서 제 몸이라는 현상이 끝없이 드러난다는 말씀을 해주셨는데, 그렇다면 제 마음이 사라지면 제 몸도 사라진다는 것입니까? 제 몸은 단지 현상입니까? 하지만 제 마음이 사라져도 저는 눈으로 보고 손으로 제 몸을 만질 수 있지 않습니까? 그래도 몸은 존재하는 것 아닙니까?

눈이 없으면 오직 나머지 감각의 대상만 느낄 수 있다. 그렇다면 색은 오직 눈에게만 느껴지는 것이다. 만약 눈만 남고 모든 감각이 사라진다면 과연 물질이나 물체가 있다고 할 수 있을까. 아니면 세상이 무지개처럼 보일까. 그리고 눈마저 사라진다면 몸이 모두 사라진 것일 텐데 무엇이 느껴지겠는가.

마음이 사라진다는 것이 정확히 무슨 뜻인지요? 생각이 사라진다는 것과 똑같은 것입니까?

본래 마음을 본 사람도 없고 그것이 무엇인지 말할 수도 없다. 진공을 무엇이라고 설명할 것인가.

잠이 들면 아무런 느낌도 없다. 마음이 없다는 생각도 없다. 만약 마음이 사라진 것이라면 다시 깨어날 수도 없겠지만, 아침에 다시 깨어나는 것을 보면 마음은 없어지지 않는다는 것을 짐작할 수 있다. 또한 맑고 고요한 물은 그 존재를 확인하기가 어렵다. 그러나 물결이 일어나 탁해진 물은 금방 확인이 된다. 생각을 할 때는 마음이 있는 것처럼 느껴지지만, 탁하고 일렁이는 생각이 가라앉으면 마음은 없는 것과 같이 잠잠해진다. 그것이 본래의 마음인 것임을 깨달아야 한다. 허공에 바람이 없으면 허공이 있다는 생각을 못 한다. 그러나 바람이 이는 것을 보고 허공이 아주 없지는 않음을 깨닫는 것이다.

 그렇다면 눈을 떠서 세상을 바라보면서도 바라본다는 생각이 없는것인지요? 매 순간 자각한다는 것이 무슨 뜻입니까?

 물질은 과학적으로 보면 원소기호고 원소기호는 허공의 성분이라는 말이다. 그리고 감각이란 정신의 능력이므로 정신이 없는 혼수상태가 되면 감각을 할 수 없게 된다. 그러므로 감각능력이란 정신의 한 능력임을 기억하라. 그 능력이 몸을 감각한다. 즉 눈알을 보는 것은 정신이라는 사실을 알아야 한다는 말이다. 꿈을 꾸

는 눈이 바로 정신의 눈이다. 그리고 그 정신이 뇌를 통해 눈알로 연결되는 것이다. 맹인에게는 지팡이가 눈이다. 손으로 땅을 만지면서 다닐 수는 없기 때문이다. 그러므로 손 대신 지팡이를 가지고 땅의 상태를 확인하고, 마음으로 보면서 걷는다. 이때 지팡이는 제2의 손이 되어주는 것이다. 손을 길게 만든 것과 같다. 이와 마찬가지로 육신이라는 것은 정신의 지팡이 역할을 하는 제2의 정신인 것이다. 정신은 물질이 아니다. 그리고 물질은 허공의 성분이다. 수소도 산소도 허공이지만 합해지면 빗물이 되고, 거기에 차가운 허공과 합해지면 얼음이 된다. 얼음은 물질이라고 하지만 따져보면 세 가지 허공이 만난 것일 뿐이다. 그러나 그것이 물질이 되는 이유는 정신의 감각능력에 의해서 그렇게 느껴지게 되는 것이다. 꿈에도 물질이 없다. 단지 정신의 감각능력과 기억의 만남으로 인하여 드러나게 되는 것이다. 그러나 실감 나지 않는가.

 제 마음을 바라보는 것은 또 무엇입니까? 지금 질문하는 저는 마음입니까? 꼬집으면 아픈 제 손이 제 마음을 만들어내고 있는 현상일 뿐입니까? 그렇다면 제 마음은 대체 어디서 만들어졌습니까?

 마음은 진공과 같아 느낄 수 없다. 그러나 그 마음의 능력에 기억의 기능이 있다. 그 기능으로 인하여 기억이 마음에 일기처럼 남게 되면, 그 일기장인 추억을 보며 그것이 나의 마음이라고 착각하는 것이다. 만약 모든 기억을 없애서 자기의 이름도 모르고 주소, 성별, 언어, 색의 이름 등을 모두 잊었다면, 과연 마음이라는 생각을 할 수 있으며 자기라는 생각을 할 수 있겠는가. 잠이 든 상태와 다를 것이 없다. 그러므로 기억으로 인하여 마음이 있다고 느끼게 된 것이지, 본심이란 맑은 유리와 같아 그 존재를 확인할 수 없다. 유리는 빛을 반사시키고 그림자를 비춤에도 불구하고 쉽게 확인되지 않기에 '유리조심'이라는 글씨를 써서 붙인다. 그러나 마음은 그 유리마저도 비출 수 있는 것이니 얼마나 맑은 것인가를 알게 된다. 그러므로 유리에 '유리조심'이 붙어 있지 않으면 유리의 존재를 확인하기 어렵듯이, 기억이 적혀 있지 않으면 마음을 확인할 길이 없다는 것이다. 그러니 지금까지 마음을 바라본다고 했던 것은 마음에 있는 분별능력인 생각이 기억을 본 것이었음을 깨달아야 한다. 이 분별 능력은 양(兩)쪽을 본다. 한쪽은 음이며 다른 한쪽은 양이다. 음은 기억한 추억을 보고, 양은 몸이나 세상을 보게 된다. 이것이 현실이라고 하는 것이다. 그러나 물질의 실체가 없으니 현실이라는 세상은 결국 감각의 끝에 나타난 꿈과 다름없다는 사실을 깨닫게 된다.

마음은 물질이 아니지만 감각의 능력에 의하여 물질이라는 것을 느끼는 것일 뿐, 실제로 물질은 없었던 것이다. 그러므로 아인슈타인도 '왜 물질은 내가 볼 때만 있느냐?'고 의문을 남겼다. 물질 같은 환상을 드러내는 것도 정신, 그것을 느끼는 것도 정신, 그것에 확신을 가지는 것도 정신, 그리고 그것을 기억하는 것도 정신이다. 이 네 가지 능력이 모이면 그것을 마음의 깨닫는 능력이라고 하는 것이며, 이것이 곧 세계를 이루고 삶이라는 꿈을 꾸게 되는 것이다. 가만히 생각해 보면 꿈도 이 네 가지 능력으로 만들어지고 있었음을 알 수 있으니, 꿈을 현실이라고 속게 되는 이유가 무엇인지 분명해진다.

이 능력으로 만들어지는 것은 번갯불과 같아 찰나에 사라진다. 그러나 기억의 능력으로 인하여 번개가 쳤었음을 오래 느끼게 되는 것이다. 만약 번개가 짧은 간격으로 연속해서 생긴다면 마치 형광등이 켜져 있는 것처럼 느끼듯, 번갯불이 찰나에 사라지는 것인 줄을 모르게 된다. 따라서 중생의 눈에만 지속되는 것으로 느껴질 뿐, 이 세상의 모든 것은 그렇게 찰나마다 사라지고 다시 생겨나는 생멸을 반복하고 있다. 육신도 찰나마다 생겨나고 역시 찰나마다 사라진다. 그러므로 우리는 늙어가는 모습을 보게 되는 것이다. 그러나 날짜를 정해놓고 한꺼번에 늙는 것이 아니니, 매 찰나마다 세포가 갱신되어 간다는 것을 알 수 있다. 이것이 찰나에 생겨나고 찰나에 사라지는 변화 현상의 모습이다. 이 모든 것이 실제로 존재하는 것이라면 어찌 찰나에 바뀔 수 있겠는가. 모두가 빛과 같은 정신의 작용이기에 찰나의 생멸이 가능한 것이다. 그 아무리 단단하여 쉽게 변하지 않는 금강석이라 해도 모두 변화하는 것은 마찬가지다. 단지 미세하게 변한다는 것일 뿐이다.

그러나 그것을 드러내는 정신은 변화하지 않는다. 흰 눈을 쏟아내는 허공은 흰 눈처럼 생기지 않았듯이, 꿈을 드러내는 정신은 꿈처럼 생긴 것이 아니다. 역시 생각을 드러내는 마음은 생각처럼 생기지는 않앉지만 슬프고 두려운 생각을 만들어내고, 생각은 물질이 아닌 환상이지만 물질이 실제로 있다고 믿기 때문에 허망하고, 실체가 없음에도 불구하고 죽고 삶을 믿는 존재들이 있게 된 것이다.

꿈은 생겨난 것이니 반드시 사라진다. 그러나 정신이라는 마음은 생겨나는 것이 아니므로 사라질 수 없다. 잠을 자도 다시 깨어날 수 있는 이유가 바로 그것이다. 그러므로 마음이란 생겨난 것이 아니니 만들어졌다고 한다면 어리석음이고, 만들어진 것이 아니면 죽을 수도 없는 것이므로 마음은 영원한 것임을 알아야 한다. 이 '마음'을 '나'로 삼는다면 영원히 사라지지 않는 자가 되지만, 꿈처럼 허망하게 드러난 몸을 나로 삼으면 반드시 죽어야 하는 마음이 된다. 아무리 오해해도 그렇게 생각하는 것은 마음이므로 사실은 죽을 수 없지만, 스스로는 죽음이 무서워지게 되는 것이다. 마치 꿈을 꾸는 것은 정신이고, 꿈은 진실이 아닌데도 몸도 아닌 정신이 공포에 떨며 가슴을 오그리고 두려워하는 것과 같다.

스승은 본래 자유인이었음을 알려주기 위해 설법하는 것이다. 이 세계의 부모들은 자신이 죽는 존재라고 믿고 있었고, 자식들을 죽는 것이라고 가르치며 떠나갔다. 그러나 그 어리석음을 깨우쳐주기 위해 스님들이 존재한다. 그러므로 누구나 도를 닦아야 한다. 본래 죽지 않는 것이 죽게 되기 때문이다.

이것이 도를 닦는 가장 큰 이유인 것이다.

82

깨달음을 얻으려는 마음 없이 깨달음과 하나 되는 법문을 부탁드립니다.

깨달음을 구하고자 하는 이라면 깨달음에 대한 집착을 놓기가 참 쉽지 않은데 얼마 전 우연처럼 깨달음에 대한 놓음을 경험한 순간 크게 밝아짐을 또렷하게 느꼈습니다. '깨달음이라는 것은 없다. 그 이름만 그렇게 깨달음이라고 붙여졌을 뿐, 깨달음을 얻으려는 아주 미세한 욕심만으로도 깨달음을 충분히 가리고 있구나. 자기가 사라진 아무런 욕심이 없는 마음이 그저 깨달음인 것을. 우리는 너무 멀게 공부했구나…' 하지만 모두 제 생각일 뿐입니다. 바로 잡아주십시오. 이각큰스님께서 말씀하셨던 '허공을 깨닫긴 쉽지만 허공이 되기는 어렵다' 이 말이 정말 가슴에 와닿았습니다. 어떻게 가야 하나요?

허공 되기

깨달음[覺]이라는 것을 생각하는 중생의 마음을 보면 마치 세상을 이루고 있는 삼라만상 중의 하나인 물건을 찾듯 하거나, 발길이 끊어진 산속에서 얻는 산삼처럼 여기거나, 또는 씀바귀로 만든 꿀을 찾듯 헤매는 모습을 발견하게 된다.

그것은 이 모든 세상이 홀로 우뚝하여 스스로를 감추고 생사를 초월한 채 찰나찰나 깨닫는 깨달음의 작품이라는 생각을 하지 못하는 것이다. 가장 힘든 것은 허공의 무게를 깨닫는 것이고 가장 먼 곳은 '지금'이라는 '여기'며, 가장 깨닫기 난해한 것은 어지러워하고 있는 바로 그 깨달음이다. 깨달음이 지어내는 것이 '생각'이며 '번뇌'인 것을 미처 깨닫지 못한 것이다.

모든 물질은 감각이 아니면 그 실체가 사라진다고 하는 것은 '물질이 곧 감각이다'라는 말과 동의어다. 감각이란 정신의 한 능력이다. 온갖 번뇌의 시초가 되는 깨달음이다. 그러니 그것으로 지어진[作] 모든 것도 당연히 정신이다. 그리고 이 정신이 하는 짓이 곧 깨달음이다. 아니, 깨닫는 능력에 의하여 정신이 있다고 느낀다는 표현이 더 정확할 것이다.

맑은 유리에 '유리 주의'라는 말을 써 놓았을 때, 글씨를 뺀 나머지만 유리라고 생각하는 존재는 없을 것이다. 글씨도 유리다. 그리고 그 글씨에 의해 잘 보이지는 않지만 유리가 있음을 확인한다. 그처럼 번뇌가 없다면 정신이 있는 것을 알 수도 없고, 만유가 없다면 깨달음이 있다는 것도 깨달을 수가 없는 것이다.

삶이라는 전체에, 온 우주 전체에 오직 깨달음 혼자만이 존재한다는 것을 깨닫고 그렇게 깨달은 그 깨달음도 역시 깨달음인 줄 알되, 생사는 깨달음이 지어내는 꿈이었음을 바라보면 미소만 남게 될 뿐이다. 그러므로 가섭이 영산회상(靈山會上 – 정신작용으로써 이루어진 산더미 같은 의미 위)에서 부처님이 꽃을 들었을 때(깨달음이 깨닫는 능력으로써 환상을 지어냄을 깨달을 때) 그저 미소만을 지었던 것이다[拈華微笑].

깨달음의 본성은 수면상태에 든 것과 같다.

깊은 바닷속[海底]과 같다.

그러므로 깨달음의 본성은 없다는 것도 없다.

그러나 하려는 마음(욕심)이 생기면 곧 파도를 이루게 되므로

깨달음이 가려지게 된다.

파도는 자기[我]를 가지게 된 아주 작아진 바다다.

그러므로 파도에 파묻히지 않는다면,

깨달음이 깨달음을 밖으로 찾지 않는다면,

파도(깨달음)로서 놀게 된다.

이것이 의(義) 자의 의미이다.

노닐 양(羊)과 없는 깨달음이[我] 합해진 글자.

'원해여래진실의(願解如來眞實義)' – 개경게(開經偈)를

찰나에 성취하는 것이다.

유식삼십송

有覆無記攝 (유복무기섭) 표시할 수 없는 것을 뒤집어 있음으로 갖게 되면
隨所生所繫 (수소생소계) 생한 바에 따르는 바가 매이게 되지만
阿羅漢滅定 (아라한멸정) 사라짐에 정착한 아라한에게는
出世道無有 (출세도무유) 세간을 벗어남도 닦을 도도 있을 수 없다.

인생을 지어가면서 괴롭고 즐거워하는 것은 마음이지만 마음이란 표시할 수도 없는 것이다. 그러나 중생은 모두 자기가 있다고 생각한다. 물질은 감각 없이는 느낄 수도 없는 전자와 원자와 분자의 뭉치이니 허망한 것이므로, 몸 역시 허공과 다름없고 그것을 느끼는 감각은 정신으로 이루어져 허공과 같으나 꿈을 느끼면서도 실제라고 착각하는 투명한 것이니 그 둘 중에 '나'라고 할 것은 없다.

그리고 내가 있다고 생각하는 그 '생각'도 어떤 것이 아니고 찰나에 스쳐 지나가면 어느새 과거가 되어 기억으로 남는 허망한 '정신의 움직임'인 것이다. '생각'이라는 것이 기억으로 사라지기 선에 잡아보라. 잡으려고 하면 벌써 사라진 것임을 깨닫게 될 것이다.

사실 이 환상과 같은 몸과 감각과 생각을 모두 합하면 '나'라고 할 수 있지만 이 셋 가운데 있다고 느낄 수 있는 것은 몸밖에 없다. 생겨나고 변화하는 것이 보이고 만져지고 소리가 나기 때문이다. 그렇지만 몸은 정신의 감각이 없다면 느낄 수 없는 원소기호에 불과

한 것이다. 이와 같은 몸을 실제로 있는 것으로 착각하여 마음이 생각하기를 '나는 있는 것'이라고 한다면[有覆無記攝] 찰나마다 변하는 몸을 보며 보이지도 않는 마음이 불안해지기 시작한다. 육신이든 물질이든 생겨난 것이란 언제 무너질지 알 수 없기 때문이다. 곧 드러나게 된 몸[生所]을 따라 마음이라는 것[隨所]이 몸에 매이게[繫] 된다는 말이다.

그러나 모든 물질도 찰나마다 색은 퇴색하여 사라지고, 소리는 허공중에 묻히며 냄새는 바람 따라 엷어지며 사라지고, 맛도 곧 음식을 따라 뱃속으로 사라지며, 촉각도 일 초를 못 견디고 맞닿은 것만 떨어지면 사라지고 만다. 그러므로 그 생명력이란 찰나일 뿐이나 말이 찰나인 것이지 찰나의 실체를 얻을 수가 없으므로 모두 다 사라진 것임을 깨달아야 한다. 그리고 그런 물질을 바라보며 '물질은 실체가 있다'고 생각하는 그 '생각'도 역시 찰나에 사라져 과거로 가면 다시는 그 시간을 되돌릴 수 없는 것이다. 일체가 이미 사라진 것들로만 이루어졌으니 오직 기억으로 이루어진 것이 현실이고 삶이라는 결정된 결론이 나오는 것이다[滅定]. 이것을 아는 '아라한(阿羅漢)'에게는 단 한 가지도 사라지지 않은 것이 있을 수 없는 것이다. 그러므로 '세간'도 없고 '세간을 빗어늴 길'노 이미 사라진 꿈과 같을 뿐이다[出世道無有]. 이러한 깨달음이라면 더 이상 도를 얻으려고 하지도 않을 것이며 더 이상 세간을 벗어나려고 하지도 않지만 그대로가 곧 도를 이룬 것이 아니겠는가.

불멸1
IMMORTALITY

83

불상은 왜 발광을 하나요?

절에 갔을 때 어느 신도한 분이 "부처님께서 발광을 하신다!"
라고 했습니다. 그런데 발광하는 것이 그분의 눈에만 보이고
다른 사람의 눈에는 보이질 않는다고 합니다. 왜 그런가요? 그리고 발광
하는 모습을 보게 되면 개인에겐 무슨 좋은 일이 생기나요?

부처님의 발광(發光)

 보인다는 것의 원리를 알아보자. 만약 이치를 모르고 보이는 현상만을 논한다면 마치 눈병 때문에 생겨난 환상을 가지고 왈가왈부하는 것과 같은 것이기 때문이다.

보인다는 이치는 빛으로부터 드러나는 색과 눈이 합해져서 생겨나는 현상이다. 따라서 눈이 없다면 보인다는 경치는 없는 것이고, 빛이나 색이 없어도 역시 그렇다.

그리고 그 둘, 즉 색과 눈의 관계는 상반되는 것이다. 색이 '있는 것'이라면 눈은 '없는 것'이 되어야 한다는 말이다. 만약 눈 자체에 색이 있다면 그것은 눈병에 걸린 것이기 때문이다. 다시 말해 눈에는 본래 아무런 색이 없는 것이고, 그렇기 때문에 세상의 온갖 색깔이 각각 분명하게 느껴지는 것이다. 그런데 이 눈은 허공처럼 맑고 투명하여 있다고 할 수도 없지만, 그 기능은 있으니 없다고 할 수도 없다.

다음으로 색은 앞에서 말했듯, 빛에 의하여 드러나는 것이므로 빛이 없으면 사라진다. 그러므로 색의 본래 재료는 빛으로 이루어진 것이다. 빛이란 느껴지기는 해도 얻을 수 없다. 즉 물질이나 물건이 아니라는 말이다.

이렇게 공한 색과, 허공과 같은 공한 눈이 어우러져 나타나는 '보인다'는 현상도 공하기는 마찬가지이다. 그러므로 이 세상이 진실하고 실답게 있는 것처럼 보이기는 해도 마치 꿈과 같은 허망한 현상에 불과함을 알 수 있다.

이러함을 깊이 깨닫는다면 보이는 것만을 믿고 '왜 그런가?' 아니면 '정말로 그 사람에게는 신비한 무엇인가가 보이는가?'라는 어이없는 번뇌에서 벗어나게 되는 것이다.

지옥에 가지 않을 수 있다고 장담할 사람은 거의 없을 것이다. 그러나 보이는 모든 것은 앞에서 말한 이치일 뿐이므로, 지옥과 천상, 그리고 현재의 일체만유가 환상에 지나지 않는 마음의 작용임을 잊지 않는다면 지옥이 나타나도 그것을 무서워하며 고통받지는 않을 것이다. 이것이 지옥으로부터 완벽하게 벗어나는 방법이며, 역시 일체의 모든 고통에서 벗어 나는 이치이기도 하니 또한 해탈의 방법이기도 하다. 그러니 이러한 깨달음을 가진 사람에게 좋은 일과 나쁜 일이 따로 있을 수 있겠는가?

84

불경을 읽는 이유

불교 공부를 하는 이들은 왜 불경을 읽는 것인지요? 뜻도 모르고 그저 읽기만 하는 이들이 대부분인 것 같습니다. 또 어느 스님은 불경만 읽으면 '말'이나 '문자'에 빠질 수 있으니, 불경에 파묻혀서도 안 된다고 말씀하십니다. 공부를 한 지 얼마 되지 않아 갈피를 잡을 수가 없습니다. 어떻게 해야 삿된 길로 빠지지 않을 수 있을런지요? 또 평소에 화두가 될 수 있는 불경 구절을 가르쳐 주시면 감사하겠습니다.

불경

 깨달음이란 산속에서 구하는 것도 아니고 세간에서 구하는 것도 아니다. 깨달음을 가장 올바르게 얻을 수 있는 곳은 바로 불경이다.

이 세상은 모두가 실체가 없다. 구하려 해도 얻어지는 것은 아무것도 없다. 세상의 모든 것을 요약해 보면 여섯 가지밖에 없고, 여섯 가지를 요약하면 네 가지로 줄여지며 다시 네 가지를 줄이면 결국 하나가 되는데 그 하나가 바로 허공이기 때문이다.

여섯 가지란 색, 소리, 냄새, 맛, 감촉, 뜻이며[六塵] 네 가지란 흙, 물, 불, 바람[四大]을 이른다. 육진은 감각에는 느껴지지만 가질 수는 없다. 색은 빛이 없으면 사라져 버리고, 소리는 생기는 즉시 허공에 묻힌다. 사대 역시 그와 같다.

흙을 조사한 과학자들이 얻어낸 흙의 실체는 결국 원소기호뿐이었다. 역시 물도 H_2O라는 원소기호일 뿐이다. 수소(H)도 공기요, 산소(O)도 공기이니 원소기호 모두가 허공에 있으며, 허공으로 이루어져 있는 것이다.

그러므로 사실상 이 세상은 허공의 세상이고, 세상을 느끼는 몸도 역시 지수화풍의 네 가지를 빼면 아무것도 남는 것이 없으니, 여기가 바로 환상의 세계이며, 천상세계인 것이다. 이렇게 실상을 바로 알아차린다면 어리석은 무명과 오해에서 비롯된 집착과 탐욕과 분노에서 벗어나게 될 수밖에 없는 것이다.

꿈속에서 꿈인 줄을 안다면 무슨 이유가 있어 목숨을 걸고 다투겠는가? 천상세계를 다른 곳에서 구하려 한다면 깨달음이 멀어지게 된다. 여기든 지옥이든, 천상이든, 잠을 자며 꿈을 꾸든, 모든 세계는 환상으로 되어 있다. 이러함을 깨닫는다면 이것이 바로 '참다운 깨달음'이니 '방편'과 '점차'를 필요로 하지도 않는다.

지환즉리(知幻卽離)이니
부작방편(不作方便)이요.
이환즉각(離幻卽覺)이니
역무점차(亦無漸次)라.
- 『원각경』 「보현보살장」

환상임을 알면 곧 (미혹에서) 떠난 것이니
방편을 지어야 할 것도 아니요.
(미혹에서) 떠남이 곧 '깨달음'이니
역시 점차(수행)도 없으리라.

85

삼장법사는 실존 인물인가요?

『서유기』를 읽다 궁금증이 생겨 이렇게 질문을 올리게 되었습니다. 『서유기』에 등장하는 삼장법사는 실제로 존재하는 인물인지, 그리고 『서유기』에서 어떤 주요 역할을 하고 있는지 알려주세요.

서유기(西遊記)

『서유기』는 중국의 '오승은'이 지은 구도 소설이며, 동시에 불경의 깊은 비밀을 비유로 지어낸 이야기이다. 그러므로 서유기에 표현된 장면의 의미를 깊이 살펴보면 숨겨져 있는 심오한 내용을 발견할 수 있을 것이다. 그러나 여기서는 책의 내용을 벗어나 '삼장 법사'라는 말이 무엇인지 설명하기만 하겠다.

삼장법사란 '삼장법(三藏法)을 가르치는 스승'이라는 말이다. 삼장(三藏)의 뜻은 '숨겨진 세 가지'를 말하는 것이고, 세 가지란 세상의 가장 근본인 세 가지를 말하는 것이다. 세상은 돌이나 물과 같은 물질에게 느껴지는 것이 아니라 오직 마음에만 느껴지는 것이므로, 삼장법이란 마음에 숨겨진 세 가지 법, 즉 경(經), 율(律), 논(論)을 말하는 것이다.

마음에는 '흐르는 세월'이 느껴지지만 세월이란 어떤 것도 아니고, 어떤 표현으로도 드러낼 수 없는 것이다. 세월이란 마음의 능력 가운데 분별력과 기억력의 조화로 느껴지게 되는 착각으로서, 분별력이란 산하대지의 변화를 나눌 수 있는 능력이고, 기억력이란 분별된 산하대지가 변화되어 전(前)과는 다르다는 것을 깨닫는 능력이다. 찰나마다 변화하는 모든 것들은 생겨나서 사라지는 '생멸법'을 따르니, 곧 아이가 오늘 더 크게 자라 어제 아이 모습은 사라지고, 오늘의 아이가 다시 생겨난 것과 같은 이치를 말하는 것이다. 이것을 '변화'하는 모습이라 하지만 만약 어제의 모습을 따라 기억도 영원히 사라진다면 변화라는 것은 알지 못하고, 항상 새롭기만 할 것이다. 그러므로 자라나고 변화했다고 느끼려면 찰나에 생기고 사라지는 법칙과 그것을 기억하는 법칙이 어울려야 하는 것이고, 이와 같은 마음의 법칙으로 세월을 있는 것으로 느끼게 되었음을 알 수 있다.

그리고 계율(戒律)이라는 것도 마음에는 양심이라는 이름이나 도의(道義)라는 이름으로 있는 듯하지만, 그 또한 물질이나 일정하게 정해진 규칙이 아니다. 돌에게 욕을 하는 것은 계율에 어긋나지 않지만, 마음을 가진 자에게 욕을 하는 것은 계율에 어긋나는 것이고, 굶는 사람에게 밥을 주는 것은 좋은 일이지만 해충에게 먹이를 주는 것은 나쁜 일이라 하여 계율에 어긋난다고 말한다. 이렇게 보면 선과 악은 정해질 수 없는 것이고, 계율도 정해질 수 없는 것이나, 분명히 정답은 있다.

사람은 사람답게 살고, 짐승은 짐승답게 살아야 한다고 규정지어 놓았지만, 사람과 짐승의 구분은 정해져 있지 않다. 인면수심(人面獸心), 즉 아무리 인자한 사람의 탈을 썼어도 그 마음이 짐승만도 못하다면 그를 사람이라고 해야 하는지, 짐승이라고 해야 하는지 말할 수 없다는 것이다. 그러므로 사람이나 짐승의 근본적인 모습을 보아야 한다. 사람이란 보이는 몸과 보이지 않는 마음이 합해진 것이다. 그리고 마음은 본래 보이지 않으니 허공과 같으므로 생사와는 무관한 것이기에 따로 계율의 지배를 받거나, 계율로 지배할 것이 아니다. 그러나 몸은 생겨나서 사라지는 것으로 생사의 법칙을 따르니 죽여서는 안 되고, 다치게 해서도 안 된다는 것이 일반적인 중생의 관념이다.

그러나 이것은 착각이다. 물질은 허공의 화합물이다. 물은 수소라는 허공과 산소라는 허공이 만났고, 얼음은 그 두 가지 허공에 차가운 허공을 더한 것이지만 모두가 허공일 뿐이니, 합해져도 허공이다. 그러나 업의 안경을 낀 감각 앞에는(중생의 눈에는) 허공이 형형색색으로 드러나므로, 허공이 아닌 것처럼 실감 나게 느껴지게 되는 것이다.

이렇게 사실은 몸과 마음이 모두 허공과 같은 것이고, 그렇다면 꿈과 다름없으니 선과 악이란 의미는 단지 꿈속에서 지어놓은 허망한 약속인 것이다. 이 같은 사실을 모든 중생이 함께 깨닫는다면 인위적인 계율은 필요 없게 되지만, 그것을 모르는 자들에게는 인위적인 계율이 필요할 수밖에 없다.

그러므로 숨겨져 있던 진실한 계율이란 허공의 작용이라는 것이고, 그것을 모르는 자들에게 돌아가는 계율이란 스스로가 허공임을 모르는 만큼 스스로가 있는 것으로 결정지어지는 것이니, 결국 죽고 사는 계율을 선택하게 된다는 것이다. 이것은 결정적인 평등이며, 지혜의 법칙이기에 모순이 없다. 이러함이 마음에 이미 숨겨져 있다. 이것이 인과응보(因果應報)의 법칙이다.

마지막으로 마음에는 전후좌우 상하의 구별이 있지만, 사실 그 모든 것의 기준점을 찾을 수 없으므로 실제로는 어떤 것이라고 단정할 수 없다.

'저것'이란 '여기'에서 말할 때 '저것'이지만, '저기'에서 '여기'를 말할 때는 '여기'가 곧 '저기'로 입장이 바뀌게 된다. 그렇다면 과연 여기가 저기인가, 저기가 여기인가? 이와 같은 법칙이 존재하므로 세상살이가 이루어지는 것이지만, 기준이 따로 나타나 있지는 않다. 세상만유

불멸 1
IMMORTALITY

와 세상만사는 찰나적으로 변화를 하기에 어느 것도 기준이 될 수 없다. 그러나 변화하지 않는 것이 있다. 만약 변화하지 않는 것이 있다면 그것이 기준이 되어야 할 것이다.

변화하는 세월을 느끼는 존재는 변화하지 않는다. 바로 '이 정신', '지금의 이 정신', '이 마음'이 바로 세상의 중심이 된다. 세상의 주인공이라고 하는 마음을 말하는 것이다. 과거도 정신, 즉 마음이 느끼되 바로 '지금' 생각하는 것이다.

미래도 역시 그와 마찬가지다. 또한 저기를 생각하는 생각은 바로 '여기'에 있다. 그리고 그 마음이 외국에 갔다 할지라도 마음은 바로 '여기'라고 느끼고, '지금'이라고 느낀다. '이것'이 정신이고, 정신은 '이것'이다. 이 같은 법칙이 마음속에 있기에 시간과 장소를 느끼며 세상살이를 하는 것이다. 그러나 숨겨져 있기에 온 우주의 중심이 '나'라는 사실을 알지 못하고, 그 마음을 이름하면 중생이라 하는 것이다.

이것이 마음에 숨겨진 공공연한 비밀이다. 그리고 이것을 알려주는 스승을 이름하여 삼장법사라고 하는 것이다. 삼장법이란 마음이며, 마음을 가르치는 자도 마음이니 석가모니부처님과 부처님의 제자도 역시 이러한 삼장법, 삼장법사였던 것이다. 그리고 그들의 실제 옷이란 몸이라는 것을 말하는 것이지, 몸에 걸친 천이 아니다. 왜냐하면 그들은 자기가 마음이라는 사실을 매우 잘 알고 있으며, 그들의 깨달음에는 물질이란 환상과 같아 몸과 옷을 따로 보지 않았기 때문이다. 단지 몸이란 중생이 생각하는 속옷 정도로 생각하고 그 속옷을 가리는 방편으로 의복을 삼은 것으로 부처님의 가사(袈裟)가 바로 그것이다. 그리고 수행자의 모습을 평민과 구별하기 위하여 몸에 걸쳤던 것이다.

이렇게 그들이 하는 일은 삼장을 깨닫고 스스로의 실체를 깨달아 해탈을 얻는 것이고, 그 길을 걷는 가장 큰 이유는 사라질 수 없는 마음은 영원토록 몸이라는 옷을 갈아입으며 흘러가야 하기 때문이다. 이것을 알지 못하면 감추어진 비밀에 의하여 살지만, 죽음을 약속해 놓고 살아가는 사형수와 같고, 우주의 티끌로 추락하는 어리석은 자가 되기 때문이다. 바로 지금.

IMMORTALITY 불멸 1

86

무아(無我)와 상락아정(常樂我淨)의 아(我)는 무엇이 다른가요?

부처님께서는 언제나 무아(無我)를 설(說)하셨다고 생각합니다. 그런데 열반사덕(涅槃四德) 가운데의 아(我)와 내가 없다는 무아(無我)가 어떻게 다른지 고민에 빠졌습니다. 지금은 무아이지만, 깨달음을 얻으면 다시 새롭게 청정한 '나'가 생겨나는 것입니까?

상락아정(常樂我淨)과 무상(無常) 고(苦) 무아(無我) 부정(不淨)

세계란 육진(색깔, 소리, 냄새, 맛, 감촉, 뜻)과 육근(눈, 귀, 코, 혀, 몸, 심정)이 서로 통해 육식(보인다, 들린다, 냄새난다, 맛있다, 닿는다, 의미 있다)이 일어나게 되어 드러나는 경치를 말하는 것이다. 다시 말하면, 세상[六塵]과 자기의 몸[六根]과 자기의 마음[六識]이라고 하는 것이 서로 통하여 나타나는 깨달음이다.

이 셋 가운데 육진은 찰나적 생멸을 하는 특징을 가지고 있다. 또한 육진은 사대(四大 = 흙, 물, 불, 바람)가 화합된 것이므로 자성이 없다. 물질이라는 것이 곧 육진이지만, 물질은 화학기호인 이름일 뿐이다. 수소도 허공이고, 산소도 허공이지만, 그 두 허공의 화합을 물[水]이라고 하는 것이다. 허공은 아무리 많이 섞여도 역시 허공일 수밖에 없다. 그러므로 물의 실체는 허공이지만, 눈의 위대한 능력에 의해 '물'로 드러나는 것임을 깨달아야 한다.

육근은 생멸하는 육진을 비추는 것이므로 마치 거울과 같이 청정한 채 움직임이 없어야 한다. 거울에는 아무런 색이 들어 있지 않기에, 다른 색이 그대로 비춰진다. 이처럼 생멸변화하는 육신(물질 - 육진)으로 이루어진 눈은 생겨난 것이므로 반드시 사라지게 되니 진실한 눈이라고 볼 수 없는 것이고, 꿈을 꾸는 눈이야말로 정신의 눈이므로 생겨난 것(물질)이 아니기에 사라지지도 않을 진실한 눈이다. 이 눈으로 사후세계를 보게 되니, 생멸하지 않는 눈이라고 말하는 것이다. 그러므로 이것을 실제적인 눈이라고 해야 한다.

중생은 눈에 색이 있다고 오해한다. 그러나 사실 눈에는 색이 없다. 만약 눈 자체에 녹색이 있다면 녹색 안경을 쓴 것처럼 세상은 온통 녹색으로 보일 것이다. 그러므로 눈에는 아무런 색이 없다는 것을 알 수 있다. 역시 다른 감각기관도 모두 그러하다.

만약 귀 자체에 소리가 있다면 이명 또는 난청이라는 병에 걸린 것이고, 그렇다면 귀 바깥의 작은 소리를 들을 수 없게 된다. 그러나 정상적인 귀에는 소리가 없다. 적멸한 채 변화가 없는 것이다. 그러므로 육근은 청정(清淨)하다고 말하는 것이며, 변화가 없으니 상주(常住), 즉 항상 머문다고 해야 하는 것이다.

그러나 생각은 변화하는 육진을 느낄 때는 당연히 그를 따라 인식변화를 하고, 육근에 비추어지는 것이 없을 때는 역시 본래의 육근의 모습처럼 인식변화 없이 상주하게 되므로, 육식은 생멸과 상주를 함께 하는 것이다.

또한, 이 육식이란 육진과 육근이 만나 그 사이에서 드러난 것이므로, 그 둘의 성질을 모두 가지고 있게 된다. 하지만 육식은 그 둘 자체를 떠나 새롭게 탄생한 것이므로, 마치 도깨비와 같은 것이라고 보아야 한다. 예를 들어 왼손과 오른손이 마주치면 박수 소리가 나오는네, 그것은 왼손도 오른손도 아닌 '소리'이니, 사이에서 생겨난 모든 것은 새롭게 변화하여 탄생된 허깨비와 같다는 말이다. 그러므로 그것은 실체가 없는, 그저 꿈을 꾸는 것과 같이 허망한 것이다.

이 셋의 관계를 보면 육근이 없으면 육진이 있어도 육식이 생겨날 수 없으므로 '세계'라는 것이 있을 수 없고, 육진이 없으면 육근이 있어도 육식이 생겨날 수 없으므로 역시 '세계'든 '나'든 이러한 느낌은 어디에도 없게 된다는 것을 알 수 있다.

그러나 어떠한 느낌이든, 느낌이 있다면 육진과 육근은 항상 서로 통해 있다는 말이 된다. 만약 그렇지 않다면 눈을 떠도 세계는 당장에 드러나지 않고 마치 전화를 걸듯 회로를 연결해야 할 것이다. 그러나 눈을 뜨는 것과 동시에 육진과 통하게 되니, 사실은 언제나 서로 통해 있는데 단지 눈꺼풀이 그 둘을 차단해 주고 있었을 뿐이다.

이것과 저것이 통한다는 것은 둘이 아니라는 말이다. 우리 집 전화와 다른 집 전화가 서로 통하면 이야기를 나눌 수 있는데, 이때는 이미 회선이 하나로 연결되었기 때문에 통화가 가능한 것이고, 연결된 회로는 끊어진 자리가 없으니 하나가 된 것이다. 이와 같이 육진과 육근은 서로 통해 있으므로 하나라고 보아야 한다. 즉 세상(육진)과 감각기관인 몸(육근)은 서로 통해있다는 말이고 하나라는 말이다.

그러나 그 성질은 다르다. 마치 하나의 자석이지만 양쪽 끝의 성질은 정반대인 음극과 양극이듯이, 육진과 육근도 한쪽은 드러나 있고, 다른 쪽은 드러나는 것을 비추는 거울과 같이 숨겨져 있는 것이다. 즉 한쪽은 생멸하지만 드러나는 성질이고, 한쪽은 상주하지만 드러나지 않는 성질이라는 말이다.

한편 육식은 양쪽의 성질을 모두 갖추었지만 도깨비와 같은 것이므로 그 성질이 변화무쌍한 것이다. 즉 이해를 하기도 하지만 오해를 하기도 하는 능력이 있다는 말이다. 이 능력에 의하여 정신의 수준 차이가 생겨나는 것이다.

IMMORTALITY 불멸 *1*

그러나 이 셋은 수준이 높든 낮든 한 덩어리이다. 그러면서 각각으로 느껴지기도 한다. 이 하나인 셋이 '세상'이고, 시간으로는 '지금'이요, 느낌으로는 '생시'라고 하는 것이며, 이 찰나가 이어지는 것을 '삶'이라고 하는 것이다. 그러나 이 모든 것은 느낌이 없다면, 즉 인식이 없다면 있을 수 없으므로 결국 '육식'이라는 것을 알 수 있고, '육식'이 곧 '나'라는 느낌이라는 것도 알 수 있는 것이다.

그러므로 하나인 셋, 즉 십팔계(육진과 육근과 육식이 합해진 세계)가 곧 '나'라고 하는 것이며, 이 '나'를 제외하고 나면 세상에는 아무것도 남는 것이 없으므로, 오직 세상에는 '나'만이 존재하고 있었다. 마치 꿈을 내가 만들고, 내가 바라보며, 내가 무서워하는 것과 같이, 나 홀로 놀고 있었던 것이다. 곧 십팔계를 제외하고 나면 아무것도 없다는 말이니, '하늘 위든 하늘 아래든 오직 나 홀로 존귀하다[天上天下唯我獨尊]'는 결론에 이르는 것이다.

이렇게 볼 때 상락아정(常樂我淨)이라는 말 가운데 '항상하다[常]'라는 것은 '육진은 찰나에 생멸 변화하지만 그것이 영원히 연속되는 것'을 말하는 것이니, '항상 변화한다'는 말이 된다. 왜냐하면 육진은 육근과 붙어 있으므로 맑고 투명한 육근과 둘이 아니기 때문이다. 즉 색이 없는 눈과 소리가 없는 귀와 냄새가 없는 코 등 아무것도 없는 감각기관인 육근과 통하여 둘이 아닌 육진이란 무지개와 같이 찰나에 생겨나고 사라짐을 반복하는 것이므로 육근의 한쪽 끝에 항상 존재한다는 것을 알아야 하는 것이다. 마치 자석의 양극처럼.

또한 육진의 반대편인 육근은 투명한 것이기에 생겨나지 않았고 사라질 수도 없으니, 영원히 변화하지 않는 것이므로 '항상하다'고 말해야 한다. 그러므로 육진(항상 변화)과 육근(항상 無변화)의 공통된 점은 '항상'하다는 것이고, 이 둘이 항상하니 자연히 육식도 '항상'하게 되는 것이 우주의 법칙이며, 정신의 이치인 것이다. 십팔계가 곧 우주이니 십팔계가 '항상'하다면 우주가 항상하고 '나'도 항상하며, 지옥계가 되었든 천상계가 되었든 그것은 육식의 수준이 달라지는 것일 뿐, '세계'는 항상하다는 말이다. 이것이 사덕(四德)의 하나인 '상덕(常德)'이지만 자기를 육신으로 착각하고, 물질의 실체가 있다고 생각한다면 생멸하는 것을 자기로 삼은 것이므로 생사의 윤회로 빠지게 되는 것이다. 오직 착각 하나 때문이다.

이렇게 영원한 환상이 지속되는 가운데 변화가 무궁무진하므로 이것이 곧 진정한 '낙(樂)'이다. 얻었다가 잃으면 슬퍼지고 다시 얻으면 기뻐지는 중생의 낙이 아니고, '환상의 변화가 영원하다'는 자체가 진정한 즐거움이라는 말이다. 영원히 꿈이라는 사실이 즐거운 것이지, 꿈 속에서의 허망한 이익이 어찌 즐거움이겠는가.

그리고 이미 설명했듯이 '나'를 구성하는 것은 곧 육진과 육근과 육식이니, 삼천대천세계 전체가 '나'이므로 '남'이란 그저 내 안에 느껴지는 느낌이며 이름일 뿐, 그 실체는 환상이었다. 따라서 타인도 나의 정신에 속하는 것이요, 그 실체는 역시 환상이라는 것이고, 환상은 육근의 끝에 항상 따라다니는 그림자와 같은 것이다.

또한 육진이 세상이라고는 하지만, 감각이 없다면 그 실체를 확인할 길이 없으므로 실체란 오직 감각에만 존재하고, 감각은 정신에만 존재하는 것이다. 그러므로 육진은 실체가 없으니 환영(幻影)에 불과하고, 환영은 찰나를 견디지 못하고 기억으로 사라지니 꿈과 같다는 것이다. 이것이 현실이고, 이것이 인생의 실제 모습이다. 즉 잡을 수 없는 무지개처럼 있다고도, 없다고도 할 수 없는 정신뿐이므로 삼천대천세계는 깨끗한 것이다. 꿈속의 똥[便]은 실제로 그 실체가 없는 것이므로 깨끗한 것으로 이루어진 것이다. 꿈인 줄을 모르는 꿈속의 사람은 꿈속의 똥을 더러워하지만 말이다.

이것을 '불세계(佛世界)' 또는 '극락세계(極樂世界)'라고 하는 것이니, 여기가 곧 그곳이며, 차안과 피안은 지혜의 눈에 차이가 있을 뿐이지, 그 세계가 따로 존재하는 것이 아님을 깨달아야 한다.

이 모든 것은 실체가 없다. 꿈도 실체가 없다. 단지 정신의 위대한 작용이다. 정신은 꿈을 만들어내지만 정신의 실체가 없기에 꿈도 허망한 것이다. 역시 정신이 세계를 만들므로 세계도 실체가 없다. 단지 어리석은 의미에 의하여 꿈의 세계가 실제로 죽고 사는 세계로 착각되고 변질되었을 뿐이라는 말이다. 꿈임을 깨닫지 못했기 때문이다.

『금강경』의 마지막 장인 「응화비진분(應化非眞分)」의 '여몽환포영 여로역여전(如夢幻泡影 如露亦如電)'이라는 말은 바로 환상의 세계를 말하는 것이고, 극락세계를 말하는 것이며, 바로 이곳의 실체를 말하는 것이다.

'마치 꿈, 환상, 물거품, 그림자와 같으며 이슬과 같고 역시 번갯불과 같은 곳' 그러므로 사덕(四德)과 사전도(四顚倒)라는 말도 그 실체는 둘이 아닌 것이다.

87

보살이란 무엇입니까?

법당에 걸려 있는 탱화를 보면 보살님은 여성적인 모습으로 그려져 있습니다. 또 절에 오시는 여자 신도들을 '보살님'이라고 부르는 것을 보면 보살은 여성이라는 생각이 듭니다. 하지만 불경을 보면 보살님이라는 분은 깨달음을 얻어 중생을 구하는 스승으로 묘사되어 있지, 여성이나 여자 신도를 가리키는 말이 아닌 것 같습니다. 또 보살님은 생사를 끊고 육도윤회를 벗어난 분이라고 하였는데, 그렇다면 육도의 한 가지인 인간계 역시 뛰어넘었으니 사람이라고 할 수 없지 않나요? 보살님은 사람인지 아닌지, 사람이라면 여성인지 남성인지 궁금합니다.

보살(菩薩)이란

우주적인 면에서 지구를 보면 먼저 지구가 있고, 지구의 겉은 허공이 감싸고, 허공의 겉은 진공이 감싸고 있는 것처럼, 우리 중생의 입장을 생각해 보면 몸이 있고, 몸은 감각으로 감싸져 있으며, 감각은 정신으로 감싸져 있는 것이다.

대부분 중생은 육신으로 이루어진 몸을 감각이라고 생각한다. 그러나 눈을 감고 잠이 들었어도 꿈속의 경치를 바라보는 눈이 있으니, 실제의 감각이란 바로 꿈을 꾸는 감각을 말한다. 육안(肉眼)은 생겨났으니 다쳐서 시력을 잃을 수도 있고, 언젠가는 반드시 없어질 눈이지만, 꿈을 보는 눈은 모습이 없는 것이므로 생겨났다고 볼 수 없고, 생겨난 것이 아니므로 없어질 것도 아니니, 이것을 실제의 눈이라고 해야 한다. 이 눈을 '천안(天眼)', 즉 허공으로 이루어진 눈이라고 하는 것이다. 곧 정신의 눈이라는 말이다. 그러므로 사실 중생에게도 이미 '천안'은 갖추어져 있었음을 알 수 있다.

결국 몸이라는 것을 느끼는 것은 정신의 감각 때문인데, 정신의 감각은 맑고 투명하여 감각하지 않고 있으면 잠이 든 것처럼 있다고 말할 수도 없는 것이지만, 정신이 없다면 감각은 어디에서도 생겨날 수 없으니 아주 없는 것이라고 말할 수도 없다. 불교에서는 이렇게 우주적 관점과 육체적 관점을 하나로 보는 것이다.

지구는 몸, 즉 육신과 하나로 보고(그래서 육신은 땅에 붙는 것이고 정신이 빠져나가면 흙으로 돌아가는 것이다) 허공은 정신의 감각과

IMMORTALITY 불멸1

하나로 보며 진공은 정신 자체로 보는 것이다. 그것을 삼보(三寶), 즉 법신(진공), 보신(허공), 화신(육신)이라고 한다.

또다시 이 삼보를 의인화(擬人化)하여 이름을 붙이면 진공인 법신은 불타(佛陀), 즉 부처님이 되고, 허공인 보신은 보살이 되며, 육신인 화신은 중생이 되는 것이다. 그러나 이 모든 것은 진공인 정신으로부터 드러나게 된 것이므로 모두 맑고 투명한 '공(空)'이라는 것에 이름을 정해놓은 것이라는 사실을 알 수 있게 된다.

물질이라는 것도 알고 보면 모두가 공으로 이루어졌기에 화학기호로 각각 이름을 붙여놓은 것이고, 실체가 없으니 모두가 공의 다른 이름임을 알 수 있는 것이다. 예를 들면 '물'이란 '수소라는 허공의 이름'과 '산소라는 허공의 이름'이 합해지고, 여기에 '천안(天眼)이라는 허공의 이름(허공 같은 정신의 눈)'이 합해진 것이니, 단지 '공이 합해진 이름'이 물이라는 말이다.

이러함을 깨달아 가는 정신의 이름을 처음은 중생, 다음은 수다원(須陀洹), 사다함(斯陀含), 아나함(阿那含), 아라한(阿羅漢)이라 부르고 그 나유을 보살이라고 하는 것이다. 정신에는 사실 남녀(男女)가 없지만 화신, 즉 육신을 실제로 자기라고 보며 공의 화합임을 모른 채 실제로 있다고 생각하는 중생에게는 남녀가 있게 되는 것이다. 이 남녀라는 성별의 근원은 진공[如來, 부처] 속에 들어 있는 음과 양의 기운에서 비롯되는 것이니 부처님은 음과 양을 모두 가지고 있으며, 보살과 중생 역시 마찬가지이다.

허공 속에서 이루어진 구름에도 음양이 있기에 천둥과 번개를 드러내는 것 아닌가. 중생 한 사람을 놓고 보아도 음은 마음이고 양은 몸이며, 마음을 놓고 보아도 과거인 기억은 음이고 '지금'인 세상을 느끼는 분별심은 양이며, 육신을 놓고 보아도 왼편은 음이고 오른편은 양인 것이며, 내장을 놓고 보아도 오장은 음이고 육부는 양인 것이다. 그러니 둘이 하나를 이루는 것이고, 하나 속에는 이미 둘이 있는 것이므로 따로 남녀를 따질 것이 아니고, 그 근본인 정신을 스스로로 삼아온 삼라만상의 이치를 깨닫는 것이 급선무이다. 만약 일체를 통달하고 자기가 본래 부처, 즉 공이었음을 깨닫는다면 죽고 사는 것은 꿈속의 일로 느껴지게 될 것이기 때문이다. 지구가 멸망해도 허공은 아무렇지 않게 다시 지구를 만드는 것과 같다.

이미 모든 중생의 성분, 즉 재료는 육신이든 정신이든 부처로서 이루어진 것이기에 '일체중생본래성불'이라고 하는 것이다. 부처를 이룬다는 것은 따로 수련이나 연마를 통해 이루는 것이 아니고, 본래의 실체를 깨달음으로써 일체가 '공한 부처의 변화'라는 것이 믿어지고, 공한 부처의 변화(세상) 속에서, 공한 부처의 변화(나)로 살고, 그러므로 부처처럼, 즉 공처럼 행(行)함을 말한다. 이것이 행주좌와어묵동정, 항상 참선하는 모습으로 어느새 남녀를 떠나 여래, 즉 부처를 이루는 길이 되는 것이다.

불멸 1

IMMORTALITY

88

우리 마음에서 수미산과 철위산은 어떤 의미입니까?

수미산은 중생이 사는 산이니 저의 끝없는 생각이 있는 곳을 말하는 것 같은데, 철위산은 어떤 뜻인가요? 불교 사전에는 수미산을 둘러싸고 있는 산이라고 나와 있었습니다. 혹시 다른 중생의 세계를 가리키는 것은 아닌지요?

수미산(須彌山)과 철위산(鐵圍山)

인간의 수준은 단 한 존재도 같지 않다. 그것은 산의 높이, 즉 나의 위치와 그 희귀성을 말하는 것이다. 산의 높이란 세상을 보는 자기의 수준이며, 희귀성이란 산의 아래는 넓고 다양하나 위로 오를수록 그 폭이 좁아지고 종류가 줄어들어 정상(頂上)에는 오직 하나의 점이 자리하게 되는 모습을 말한다. 그러므로 수미산은 자기의 수준을, 철위산은 수미산인 자기의 입장에서 바라보는 세상의 장면을 표현한 것이다. 세상을 힘든 곳이라고 생각하는 존재라면 스스로 수미산의 아래에 위치하게 되는 것이고, 그 자리에서 바라보면 앞의 세상은 당연히 높고 험난하게 보이게 되니 그곳을 철위산이라고 하는 것이다. 중생이 사방을 둘러보되 눈으로 둘러보고, 귀로 들어보고, 코로 냄새 맡아보는 것과 같이, 우리는 색과 소리, 냄새와 맛, 감촉과 뜻의 벽으로 막혀 있다. 그리고 견해의 수준에 따라 그 육진을 환상으로, 또는 진실로 바라보게 되니, 이것이 철위산과 수미산의 모습이다. 눈은 언제나 색과 마주해야 눈의 구실을 하는 것이고 귀도 소리와 마주해야 귀의 구실을 하듯 수미산과 철위산은 그러한 이치를 알려주는 말이다.

허공(虛空), 신(神)

허공은 만유생성의 근원이고 종국의 귀환처다.
모든 것은 허공에서 나서 허공으로 변하기 때문이다.
모든 원소기호도 허공의 성질을 표시한 것이다.
허공에 의하여 생성되고
허공과의 교류가 정지하면 무너져 사라진다.
그 사라지는 자리도 허공이다.

허공에서 만들어진 별이 있듯
몸을 염려하는 마음으로 만들어지는 몸이 있다.

일체의 근본을 알려면 허공을 알아야 하고
이 몸의 근본을 알려면 마음을 알아야 한다.
허공과 마음은 둘이 아니다.
부처는 미음을 깨달았고 그러므로 만유를 깨달았다.

일체는 허상이다. 때문에 원소기호로 이름하는 것이다.
생각도 보이지 않지만 이름이 있다. 온갖 언어가 생각의 이름이다.
그러므로 생각도 허상이다. 역시 일체와 생각은 평등하다.
둘 다 허상의 이름이기 때문이다.

이것이 공의 작용이며 마음의 작용이다.

허상을 드러내는 것이 허공이고 꿈을 드러내는 것이 마음이다.

현실의 색은 빛으로 이루어지고 꿈의 색은 정신으로 이루어진다.

허공이 밝으면 눈도 밝아지고

허공이 어두워지면 눈도 어두워진다.

현실의 빛과 정신의 빛은

같이 밝아지고 함께 어두워지니 둘이 아니다.

보이는 색을 알려면 빛을 깨달아야 하고

보이는 몸을 알려면 정신을 깨달아야 한다.

심신(心身)을 깨달은 자가 석가모니다.

심신이 둘이 아님을 깨달은 자가 부처다.

자타(自他)와 생사(生死), 고통과 해탈이

둘이 아닌 오직 생각이었음을 깨달은 자가 석가모니다.

허공과 물질이 둘이 아니고 현실과 꿈이

둘이 아님을 깨달은 자가 석가모니다.

석가모니부처님께서는 신(神)이 곧 정신임을 깨달았고

일체중생이 물질이라는 허밍한 오해만 떠난다면

오직 신이라는 것도 깨달았다.

그러므로 자신과 일체중생이 모두 오직 정신이며

자신과 일체중생이 바로 신이라는 것을 설명했다.

물질과 허공을 빼면 남을 바 없는 것이 세상이다.

정신은 물질이 아니다.

그렇다면 정신이 있을 곳은 허공일 수밖에 없다.

그러므로 정신과 허공이 둘이 아니니 허공을 신이라고 하는 것이며

허공과 하늘도 둘이 아니니 하늘이 신이고 허공이 정신이며

하늘이 정신이고 허공이 신이다.

그리고 물질과 몸은 허공의 아들이다.

물질을 자기라고 어리석게 믿는 자는 허공의 아들이다.

몸을 자기라고 어리석게 주장하는 자는 하늘의 아들이다.

곧 육신을 자기로 인정하고 살아가는 정신은 신의 아들인 것이다.

그러나 아들도 하늘로 만들어지고,

정신으로 만들어졌음을 깨닫는다면

이미 신과 신의 아들은 둘일 수 없다.

석가모니부처님께서는 스스로가 신이라는 것을 알았다.

그러나 신은 사람이 아니고 허공이며

하늘이고 정신임을 알았던 것일 뿐

조물주도 아니고 절대자도 아니다.

허공으로써 허공의 몸을 만들었다면 '만드는' 자도 아니고

허공으로써 빚어지는 몸은

허공의 변화이기에 '만들어진' 것도 아니기 때문이다.

89

하늘과 땅이 불에 타 없어지는 종말이 정말 있나요?

타 종교에서는 지구의 종말을 말하면서 그 전에 구원을 받아야 한다든지, 깨달음을 얻어야 한다고들 합니다. 제 친구는 소천소지(燒天燒地 - 하늘과 땅이 불에 타 없어짐)를 말하며 그날이 얼마 남지 않았다고 저에게 종교를 권합니다. 불교에서도 이 삼천대천세계가 멸망한다는 말씀이 있나요? 종말에 대해 어떻게 생각해야 합니까?

IMMORTALITY 불멸1

삼천대천세계, 천상천하유아독존

 마음의 세 가지 능력이 모여 이 세계를 구성했다. 즉 육진과 육근과 육식의 화합인 십팔계를 만들었다는 말이다. 삼천대천세계 역시 이에서 비롯된 마음의 세계를 말하는 것이다.

일반적으로 육진이란 중생의 감각에 느껴지는 물질이 갖고 있는 여섯 가지 특징으로 알려져 있으나, 사실은 허공이 갖고 있는 여섯 가지 특징이라고 해야 한다. 그러나 허공 역시 마음이 없다면 느끼지 못하는 공한 것이므로, 결국 육진은 마음에서 드러내는 여섯 가지 특징이라고 정의하는 것이 옳다.

그것은 비단 육진이 마음에 의해 느껴진다는 한 가지 이유 때문만은 아니다. 물질적인 면으로 육진을 보더라도 그 실체는 찾을 수 없다. 일반적인 육진의 정의를 인정한다면 물질이며, 물질의 특징[12]이라고 할 수 있는 색깔, 소리, 냄새, 맛, 감촉, 뜻은 꿈에도 있고, 상상의 능력에도 있으며, 기억의 능력에도 있고, 대지에도 있다. 그러나 꿈은 깨어나면 찰나에 사라져 남에게 보여줄 수 없고, 상상은 아직 있지 않은 일을 추리하는 것일 뿐이며, 기억은 이미 지나간 시간을 추억하는 것이

---

12) 물질의 특징
육진은 물질의 특징이라고 말하지만, 이것은 물질이 실재하고 그 물질에서 비롯된 특징을 가리킨다는 말이 아니다. 물질의 특징이 없으면 물질이라고 말할 자성이 사라지기 때문이다. 마치 거울에 영상이 비춰지기 때문에 거울이라고 말할 뿐, 어떤 영상도 비춰지지 않는다면 거울이라고 말할 개체가 사라지는 것과 같다.

니, 그 셋에 나타난 육진은 지금에 실재하는 것이 아니다.

또한 대지는 허공에서 생겨난 것이니 허공과 다름없다. 그 증거가 곧 원소기호다. 원소기호는 물질의 실체를 정의하는 것이지만 모두가 실체가 없는 성분의 화합이기에 그 성분의 이름을 기호로 표현할 수밖에 없었다. 분자는 원자가, 원자는 전자가, 전자는 빛이 각각 모인 것이며, 빛이란 정신의 감각이 없다면 느낄 것도 없는 공한 것이다. 결국 우리가 실재라고 착각하는 대지의 육진 역시 정신작용인 꿈과 상상, 그리고 추억에 나타나는 육진과 다를 바 없는 것이었음을 알 수 있다. 그러므로 정신의 감각능력에만 느껴지는 것이 곧 물질이었음을 알아야 한다. 그러므로 아인슈타인도 '물질은 왜 내가 볼 때만 존재하는가?'라는 의문을 던졌으며, '부처만이 공(空)을 보았다'라고 했던 것이다. 또한 프로타고라스도 '인간은 만물의 척도'라고 말함으로써, 만물은 인간의 감각에만 느껴진다는 것을 암시하였다.

세상과 그것을 바라보는 정신의 관계는 꿈의 법칙을 살펴보면 더 명확해진다. 꿈속의 세상은 물질로 이루어지지 않았지만 현실과 다름없이 실감 나게 드러난다. 또 꿈속의 세상이 생겨남과 동시에 그 세상을 느끼는 꿈속의 '나'도 존재하게 된다. 꿈속의 세상과 꿈속의 나는 모두 꿈꾸는 자의 정신으로 만들어졌으나, 평소에 세상과 내가 따로 존재한다고 믿고 있던 무명으로 인하여 꿈속에서도 역시 모두가 자신의 정신작용임을 잊고, 자타를 나누어 쫓고 쫓기는 사연을 지어가게 되는 것이다. 그러나 꿈은 신의 창조물이거나, 타인의 개입으로 만들어진 합작품이 아니다. 꿈꾸는 자(者) 혼자서 꿈속의 세상을 만들고, 다시 그 속의 작은 나[個我]를 만들어 그것만이 '나'라고 믿고 있을 뿐이다. 오직 하나의 정신 속에서 일어나는 작용인 것이다.

현실이라는 세계 또한 그와 같다. 우리는 모두 창공을 보고 있으며, 그 창공으로 이루어진 환상을 보는 것이다. 이것이 마음의 위대한 작용이다. 정신 앞에는 항상 그 대상이 나타나게 된다. 그렇지 않은 시간이 있다고 한다면 꿈도 꾸지 않는 깊은 수면에 들었을 때뿐이겠지만, 그때는 자기라는 생각도 없다. 그러므로 정신이 들었을 때는 꿈이든, 생시든, 상상이든, 추억이든, 반드시 무엇인가가 정신의 앞에 대상으로 나타난다. 만약 나타나는 것이 없다면 정신도 사라지게 된다. 그리고 정신이 사라지면 세상도, 꿈도, 추억이나 상상도 없어진다. 이것이 정신과 세상이 영원히 떨어질 수 없는 관계임을 증명하는 근거가 된다. 정신의 끝은 물질이고 물질의 끝은 정신이다. 오직 하나의 마음 작용이라는 것이다. 이것이 물질과 정신과의 관계이다. 따라서 정신으로 이루어진 여섯 가지 감각(육근)과 육진 역시 그와 같다. 눈 없으면 색도 사라지고, 색 없으면 눈이 있어도 사용할 수 없으니, 그 기능 자체가 사라진다. 색이 있는 곳에는 반드시 그것을 보는 눈이 있고, 눈이 있다면 반드시 어떠한 색이라도 나타나게 되는 것이다. 결국 온 세상의 색깔이 나의 눈을 만들어주고 있으며, 나의 눈이 세상의 색깔을 느껴 비로소 그 존재를 인정해 주고 있으니, 색깔과 눈은 떨어질 수 없는 불가분의 관계임을 알 수 있게 된다.

이상으로 세계를 구성하는 세 가지 요소 중 육근과 육진의 관계를 알아보았다. 그렇다면 마지막인 인식작용과의 관계는 어떠한가.

육진과 육근을 빼고 나면 오직 인식작용이 남는다. 즉 일체 생각의 근본을 이루는 보인다, 들린다, 냄새난다 등의 여섯 가지 인식을 말한다. 이 보인다는 생각이 없으면 눈의 작용도, 색의 작용도 일어날 수 없게 된다. 잠자는 사람은 아직 죽지 않았으니 감각과 세상을 모두 갖추고 있지만, 깨어 있는 정신이 없으므로 눈이 있어도 볼 수 없고, 색이 있어도 보이지 않는다. 예를 들면 사자의 먹이가 된 소에게는 눈알과 눈앞의 사자가 아직 그대로 남아 있으나, 더 이상 몸에 대한 고통이나 사자에 대한 공포가 있을 수 없다. 결국 육진과 육근의 존재를 깨달을 수 있는 것은 육식이 작용하고 있기 때문이라는 사실을 알 수 있다. 이렇게 육진과 육근과 육식의 관계는 매우 오묘하다. 육식이 없으면 육근이나 육진도 사라지고, 육진이 없으면 육근도 사라지니 육식이 있을 수도 없으며, 역시 육근이 없어도 육진이 사라지므로 육식 또한 있을 수 없게 되기 때문이다. 따라서 이 셋은 눈이 없으면 색도 있을 수 없고, 색이 없으면 보인다는 것도 있을 수 없는 불가분의 관계이다. 이것이 정신작용의 삼위일체법(三位一體法)이다.

꿈도 이 세 가지로 이루어졌고, 현실도 역시 이 세 가지를 빼면 아무 것도 남지 않는다.

자, 만약 꿈에서 자신의 집이 불타고 있다면 어떻게 할 깃인가. 도움을 청할 것인가. 물을 길어 불을 끌 것인가. 아니면 집안의 귀중품을 들고 살기 위해 뛰쳐나올 것인가. 아무리 현명한 행동을 했다고 하더라도 결국은 어리석음이다. 단지 꿈인 것을 깨달으면 그만이다. 꿈속에서 어떤 행동을 하기 위해 애쓰는 것은 모두 꿈이라는 사실을 깨닫지 못한 어리석음에서 비롯된 공연한 수고라는 말이다.

정신은 허공과 같다. 허공은 탈[燒] 수 없다. 그러므로 이 정신으로 이루어진 세계가 탄다고 한다면 이것은 허공이 타고 있다는 말과 같다. 곧 꿈인 것이다. 이것을 모르면 소천소지(燒天燒地)를 묻기도 하고 그렇다고 답하기도 한다. 그러나 꿈이라는 사실을 깨달은 자라면 무엇이 진실하여 탄다거나 타지 않는다고 대답하겠는가.

삼천대천세계도 역시 이 세계의 모든 것이 실체가 있다고 생각한 어리석은 정신에 드러난 환상의 세계를 종류대로 늘어놓은 것이다. 그 모두가 오직 '정신세계'일 뿐이다. 이 정신의 위대한 작용을 부처[佛]라고 한다. 아무리 어리석은 곳을 향하는 중생이라 할지라도 모두 정신의 착각에 의해 오해하고 또 정신으로 몸이 산다고 말하며, 정신이 있을 때만 '자기'도 있고, '세계'도 있는 것이니, 역시 중생도 부처로 만들어진 것이 당연한 일이다. 그러므로 '일체중생 본래성불', 즉 모든 중생이란 본래 부처로 이루어진 것이라고 말하는 것이다.

『원각경』에 '지환즉리 부작방편 이환즉각 역무점차(知幻卽離 不作方便 離幻卽覺 亦無漸次)'라는 구절이 있다. '환상인 줄을 알면 곧 환상에서 벗어난 것이니 방편을 지어 벗어나려고 할 것도 아니고, 환상에서 벗어난 것을 곧 깨달음이라고 하는 것이니 점차적 수행도 필요 없는 것'이라는 말이다.

　오직 정신 홀로 희유(嬉遊)하는 것이 해탈이다.

　천상천하유아독존인 정신이 노니는 것이다.

90

어떤 것이 진정한 불자의 모습입니까?

저는 지금까지 살아오면서 진리를 공부하는 불자라는 사실이 자랑스럽지 않은 적이 없었습니다. 하지만 공부를 더 해갈수록 어떤 모습이 진정한 불자의 모습인지 점점 흐려지더군요. 제가 알고 있던 지식이 결코 모두 옳은 것만은 아니었다고 깨닫게 될 때마다 저의 정체성을 의심했습니다. 내 모습이 정말 불자의 모습인가… 한 번도 공부의 끈을 놓지는 않았지만 아직 보리심을 확연히 느끼지 못한 중생이니만큼 흔들리는 것은 사실입니다. 어떤 것이 진정한 불자의 모습입니까? 불자로서 흔들리지 않을 깨달음의 말씀을 청합니다.

불심(佛心)

보리심(菩提心)이란 마치 자신의 손을 보는 마음과 같은 것이다. 손가락은 다섯 가지 정신작용[五蘊]을 상징하는 것으로 '손오공이 아무리 재주를 부려도 부처님 손바닥 안에 있다'는 말에 비유되기도 한다.

정신에는 꿈을 나타낼 수 있는 능력이 있고, 과거에 있었던 사건들을 회상하거나 미래에 있을 법한 일들을 상상할 수 있는 능력, 그리고 현재의 경치나 물건을 나타내고 느낄 수 있는 능력이 있다.

만약 꿈에 색이 없다면 볼 수도 없고, 과거의 사건들이 보이지 않는다면 기억할 수도 없으며, 미래에 그림이 보이지 않는다면 상상을 할 수도 없을 것이다. 지금 그림이 보인다면 정신에는 색깔이 있다는 것이고, 꿈이나 추억 속에서 어머니의 목소리와 향기를 떠올릴 수 있었다면 기억에도 이미 소리와 냄새가 있었다는 말이며, 아이스크림의 달콤함과 시원함을 생각할 수 있다면 상상 속에도 역시 맛과 감촉이 있다는 것이니, 곧 정신에는 육진(색깔, 소리, 냄새, 맛, 감촉, 뜻)이 이미 갖추어져 있있다는 사실을 알 수 있다.

또한 정신에는 그 육진을 느낄 수 있는 능력도 있다. 레몬을 먹는 상상을 할 때 입에 침이 고이는 현상이나, 과거의 아팠던 기억을 하면 다시 그 고통이 느껴지듯 몸서리쳐지는 현상은 그것이 어떤 느낌이었는지 이미 감각하고 있음을 보여준다. 또한 전쟁 중 부상으로 다리를 잃은 병사가 있지도 않은 발가락의 고통을 호소하는 환각지(幻覺

肢)도 역시 정신 속에 포함되어 있는 감각능력 때문이다. 이것을 정신의 감각인 육근(눈, 귀, 코, 혀, 몸, 감정)이라고 한다.

또한 정신에는 찰나에 사라지는 모든 일을 인식하는 기억의 능력이 있다. 즉 번개는 찰나에 생기고 찰나에 사라지는 것이지만, 이미 번개가 사라진 후에도 그것을 알 수 있는 것은 기억이라는 정신의 능력이 있기 때문이다. 번개처럼 짧은 시간 나타나는 현상뿐만 아니라, 중생이 오래도록 지속된다고 믿고 있는 현상들도 그와 같다. 예를 들어 자신의 육신이 80년 동안 살아 움직였다고 생각해 보자. 보통 중생은 육신이라는 덩어리가 조금씩 변화하여 80년의 긴 세월 동안 지속되었다고 생각하게 된다. 그러나 육신은 한순간도 같은 동작으로 멈추어져 있지 않았다. 잠이 들어 팔다리를 움직이지 않는다고 해도 머리카락은 한 찰나도 성장을 멈춘 적이 없고, 오장육부는 끊임없이 운동하고 있으며, 60조 개에 달하는 체세포는 지금 이 순간에도 생멸을 거듭하고 있다. 그것은 부분이 조금씩 변화하여 전체를 유지시키는 것이 아니라, 온 육신이 매 찰나마다 새로운 모습으로 생겨나고, 또 사라지고 있다는 것을 말하는 것이다. 그러므로 실제로는 찰나에 생멸하고 있는 육신의 모습을 마치 하나의 개체가 있어 변화·지속되는 것처럼 느끼게 되는 것도 바로 이 기억의 능력 때문이다.

그렇다면 한순간의 현상을 마치 이어지듯 연결해 주는 기억의 원리는 무엇인가. 바로 인식과 기억의 공존이다. 한 찰나의 인식은 곧바로 기억을 이루고, 그 기억으로 다시 인식한다는 말이다. 형광등은 찰나적으로 깜빡임을 반복할 뿐이지만 육안이 그것을 느끼지 못하는 것도, 깜빡임을 인식하자마자 기억을 이루고, 그 잔상을 바탕으로 다음 순간의 깜빡임을 다시 인식하는 기억능력에 의해서다. 이것을 석가모니부처님께서는 불바퀴에 비유하셨다. 실제로는 한 덩어리의 불이지만, 이것을 돌리면 마치 둥근 모양의 불바퀴를 보는 것으로 착각하게 된다는 것이다. 결국 중생이 가지고 있는 상속(相續)의 개념은 찰나마다 인식되면서 동시에 기억이 되는 정신의 능력에 의한 착시현상이었다는 것을 알 수 있다. 이것을 육식(보인다, 들린다, 냄새난다, 맛있다, 닿았다, 의미있다)이라고 한다.

지금까지 세계를 구성하는 육진, 육근, 육식에 대해 설명하였다. 이 셋 가운데 하나라도 빠지게 되면 나머지 둘 역시 사라지게 되니 셋으로 나뉘었다고 말할 수 없는 셋이요, 또한 하나의 마음속에 드러난 정신작용임에도 불구하고 세 가지 모습으로 분명하게 구별되니 역시 하나라고 할 수 없는 하나다[阿耨多羅三藐三菩提].

그러나 마음의 작용은 단순히 '보인다' 혹은 '들린다'에서 그치지 않는다. 그것을 바탕으로 계산을 하고, 그 결과에 대한 믿음을 가지며, 그에 따른 의지를 내게 되니, 세상을 느끼는 조건은 같으나 그 견해의 수준 차이는 중생을 천차만별로 갈라지게 민든다. 이렇게 중생의 육도(六道), 그리고 보살, 나아가 부처의 견해까지 결정짓는 마음의 두 가지 능력이 더 추가되니, 바로 이리저리 헤아리는 분별력과 그 분별에 따라 결정짓는 의지력이다. 이 두 가지 정신의 능력을 상(想)과 행(行)이라고 한다.

이상으로 나열한 다섯 가지 정신의 능력에 의하여 모든 중생의 인생이 영위되어 왔다. 이것을 오온(五蘊)이라고 한다. 그러나 중생 역시 모든 부처의 능력을 평등하게 사용하고 있으므로 중생의 손이 아닌 부처님의 손에 비유된 것이다. 즉 색온(色蘊)은 육진을, 수온(受蘊)은 육근을, 상온(想蘊)은 비교하고 망설이는 분별을, 행온(行蘊)은 결정하고 수행하는 의지를, 그리고 식온(識蘊)은 육식과 기억을 각각 담당하는 것이다.[13]

이렇듯 하나의 마음에는 이미 오온이 갖추어져 있으므로 대상이 없어도 스스로 꿈을 만들어 그 안에서 인생과 똑같은 시간을 보낼 수 있고, 꿈에서 깨어난 후에는 자타와 어울려 현실이라고 하는 삶을 이어 갈 수 있는 것이다. 따라서 이것 가운데 단 하나만 빠져도 세상은 사라지게 되고, 인생이 없어지게 된다. 만약 육진을 담당하는 색온이 없다면, 세상이 보이지도 않고, 들리지도 않으며 세상의 냄새도 사라져 버릴 것이다. 맛도, 만져짐도, 의미도 모두 다름없다. 눈도 필요 없어지고, 귀도, 코도, 혀도, 몸도, 심정도 역시 불필요해진다. 결국 세상과 나는 모두 사라지게 된다. 단지 오온 가운데 색온 하나만 제외시켜도 나머지 수상행식의 능력이 사장(死藏)되고, 수온이 무너져도 역시 세상은 사라지게 되니, 곧 감각과 나의 세상이 하나의 몸으로 공존한다는 사실을 알 수 있게 된다

또한 이리저리 생각하는 상온이 사라지면 분별할 세상과 나도 존재

13) 오온과 손가락
色蘊 = 엄지(拇指), 受蘊 = 검지(食指), 想蘊 = 장지(中指), 行蘊 = 약지(無名指), 識蘊 = 계지(小指)

불멸 IMMORTALITY 1

할 수 없고, 결정짓고 움직이며 믿음을 갖게 하는 행온이 사라져도 손을 움직이려는 마음도, 밥을 먹어야겠다는 의지도 없을 것이니, 인생은 자연히 사라지게 될 것이다.

그리고 마지막으로 인식하고 기억하는 정신능력이 사라진다면, 내가 누구인지, 내가 무엇을 하려고 했는지 알 수 없으므로 움직일 수도 없으며, 밥이 무엇인지 기억할 수 없다면 먹으려 하지도 않을 것이다. 나아가 다른 사람을 분간하고 인식할 수도 없으니, 부모나 친구라는 관계 역시 무너지게 된다.

결국 오온이라는 정신의 능력에 의하여 꿈, 추억, 상상을 포함한 모든 인생이 이루어지고 있었음을 알 수 있다. 이 오온이 곧 '나'라는 사실을 자각한다면 그 '아는 정신'이 곧 진정한 '나'가 되는 것이다. 그러나 정신은 칼로 벨 수도, 불로 태울 수도 없으므로 '정신인 나'는 '불사신'인 것이고, '정신'은 허공과 같아 따로 '나'가 있다고 할 수는 없지만, 이렇게 꿈과 인생을 만들어가니 없다고 할 수도 없으므로 마치 '투명인간'과 같다고 하는 것이다.

이러한 깨달음을 '보리심'이라고 하며, 이 모든 능력이 허공처럼 녹아 있는 마음을 '불심'이라고 한다. 그러니 누구나 보리심과 불심으로 살아가고 있는 것이 사실이지만 이것을 아는 사람은 거의 없다. 더구나 자신의 마음이 불심임을 확신하고, 그것으로 자신 있게 사는 사람은 더욱 드물다. 대부분의 중생은 남의 눈치를 보며 의심하고 몸이 잘못될까 떨고 산다. 스님들도 잘 모른다. 그래서 허공임을 누구보다 명확히 깨닫고 있어야 할 스님들이 오히려 허공처럼 살지 못하고 죽은 사람 영혼을 천도한다는 핑계로 제사를 지내고 재물을 탐한다. 그리고 그 사실을 안다 하더라도 이 오온이 자기라는 생각보다는, 몸이 자기라고 생각하고 살아가는 것을 느낄 수 있다. 깨달음을 얻었다는 세계적인 불교 지도자마저도 그의 자서전에서는 허공 같은 정신의 위대함을 알려주기보다, 남을 원망하고 자신의 신세가 매우 고달프다는 사실을 하소연하는 것에 치중했다.

결국 몸이 자기라는 기억이 쌓이면 '어떻게 살아가야 남보다 편하게 먹고 살까[生], 어떤 것을 먹어야 늙지 않을까[老], 어떤 운동을 해야 병이 들지 않을까[病], 어떻게 하면 고통스럽지 않게 죽을 것이며, 남보다 나중에 죽을 것인가[死]?' 하는 걱정을 하고 사는 어리석은 중생으로 태어날 수밖에 없다. 짐승도 몸을 걱정하는 마음으로 살아가고 있으니 짐승으로 태어날 것이고, 벌레 역시 그 생각으로 사니 벌레로도 태어나게 되는 것이 당연하다.

이와 같은 급박하고 절실한 현실을 알게 하고 그로부터 벗어나게 하며, 오히려 자유와 행복을 주기 위하여 석가모니부처님께서 팔만 사천 가지로 법문을 펼치셨으니, 이 말씀을 팔만대장경이라고 하는 것이다. 그러나 불경은 어렵고 비현실적이리며 읽지 않고, 반드시 자기는 죽는 것이라고 착각한 채로 '어떻게 하면 돈을 많이 버는가?' 하는 등의 어처구니없는 생각만 추종하는 것이 대부분의 인간들이다. 그래도 그 모든 것을 꾸며내는 주인공은 생사를 이미 떠난 '오온'일 뿐이다. 이 가르침들을 진실하게 믿고, 사실로 받아들이는 사람을 가리

IMMORTALITY 불멸 *1*

켜 선근(善根)과 신심(信心)이 깊다, 또는 그릇이 크다고 말한다. 그 마음으로 실제 모든 생활에 두려움과 욕심이 없고, 남의 눈치를 보거나 악한 일을 할 필요도 없는 대자유인을 해탈자라고 하고, 깨달은 자라고 하는 것이다. 이러한 존재야말로 진정한 '부처의 제자'인 '불자'이다. 그리고 이 법을 듣는 지금, 당장에 배운 바를 믿고 실천하는 이 사람이 진정한 '법왕(法王)'이며, '스님[僧]'인 것이다.

91

"복덕이 차라리 많다"라는 말이 무슨 뜻이죠?

『금강경』의 「의법출생분(依法出生分)」을 보면 부처님께서 "만약 어떤 사람이 삼천대천세계에 가득한 칠보를 써서 보시한다면 이 사람이 얻은바 복덕이 차라리 많다고 해야 하지 않겠는가(若人滿三千大千世界七寶 以用布施 是人 所得福德 寧爲多不)"라고 말씀하시는데 '차라리'라는 말은 어떤 뜻인가요?

삼천대천세계 칠보 이용보시

삼천대천세계에 가득 채워져 있는 것이 무엇인가. 그것을 알기 위해 먼저 세계라는 모습을 살펴보기로 하자. 세계란 사실적인 실체가 없다. 왜냐하면 지나간 세계는 머릿속에 또는 문헌 속에 기억으로 존재할 뿐, 그 세계 자체는 찰나적으로 사라져 버렸고, 남은 것은 오직 지금의 세계이기 때문이다. 꿈을 꾼다면 당시는 꿈의 세계에 있는 것이다. 그리고 엄청난 고통에 머문다면 그때는 지옥의 세계에 머무는 것이 된다. 그러므로 세계란 정신의 깨달음에 의한 경치를 이르는 말이다. 정신세계가 아무리 많은 종류로 나뉜다 하더라도, 결국은 모두가 정신으로 이루어져 있다는 사실을 부인할 수는 없을 것이다.

정신이란 물질이 아니고, 물질이 아니라면 생겨났다고 할 것도 아니며, 사라진다고 말할 것도 아니다. 그러므로 변화될 수 없는 것이기에 보배라고 하는 것이며, 그 정신의 기본 기능을 구태여 설명한다면 일곱 가지라는 말씀이 곧 '삼천대천세계에 가득 찬 칠보'라는 것이다.

꿈을 꾸려면 필요한 기능이 과연 몇 가지일까? 우선 실감 나는 감각[受]이 필요할 것이고, 둘째로는 그 감각을 임시로 저장하여 다음의 일과 연결이 되게 해야 하므로 임시적이고 순간적인 기억의 기능[識]이 필요할 것이다. 다음 세 번째로는 그 임시적인 기억을 바탕으로 분별할 수 있는 능력[想]이 필요할 것이고, 네 번째로는 그 분별과 기억으로써 이리저리 움직여나가며 창출하고 유행할 수 있는 능력[行]이 있어야 꿈이 이루어지게 된다. 이것은 컴퓨터도 마찬가지다. 화면이 있어야 할 것이니 감각에 해당되고, 임시 메모리 장치가 있어야 하니 임시적 기억력에 해당되며, 계산식이 있어야 목적을 달성시킬 수 있기에 실행프로그램이 필요하니 이는 분별력에 해당된다. 그리고 필요조건을 부여함으로써 목적을 창출하게 하는 응용프로그램이 또한 필요하게 되니 행동력이 이에 해당되는 것과 같은 것이다. 그렇게 네 가지를 갖추고 나면 그것을 운용하는 운영자가 있어야 하고, 꿈이라면 그 꿈을 보는 자가 필요한 것이다. 이 꿈을 꾸는 자, 즉 컴퓨터를 운영하는 자가 바로 견정(견해의 능력)과 식정(기억의 능력), 그리고 그 둘을 하나로 이어주는 공(空)인 매개체이다. 이 견과 식과 공, 그리고 앞에서 이야기한 네 가지 능력인 사대가 어울려 칠대가 갖추어져야만 확실한 꿈이 이루어지되, 이들 모두는 반드시 재료가 공해야만이 참다운 꿈이 이루어지고, 모두 순간에 사라져야만 실감 나는 꿈이 될 수 있으며, 또한 절대적으로 지금이라는 찰나에 이루어져야만 하는 것이다. 이것이 바로 '정신'인 것이다.

정신은 일곱 가지 보배로운 '무지개'로 이루어진 채, 온 '우주'를 가득 메우고 있다. 이 정신의 일곱 가지가 어우러져 드러나는 것이 바로 '성(性)'이다. 다시 말해 '성질'이라는 것은 ʹ일곱 가지 보배가 어울려 이루어낸 무지개'인 것이다. 따라서 이것은 본질이 아니다. 이것은 본성이 변화한 것이다. 그러나 그 재료는 변화되지 않기에 '무념(無念)'이나 '상념(想念)'이나 모두가 '없는 것'으로 이루어져 있는 것이 아닌가.

또한 본성은 무궁하다. 그러므로 무궁함으로부터 드러나는 현상은 차라리 '대단히 많다'라고 표현할 수밖에 없다. 왜냐하면 무궁함을 재료로 하였다면 빚어진 현상 역시 무궁하다고 해야 하겠으나, 빚어진 것은 이미 어떠한 '것'이 된 것이므로 '것'의 이전인 '없음'이라는 재료는 아니기에 무궁하다고 말할 수는 없기 때문이다. 다시 말하면 재료는 개수로 표현할 수 없는 것이지만, 제품은 개수로 말해야 하는 것과 같다. 그러므로 차라리 많다고 하시는 것이다.

그리고 실제로 복덕이라는 것은 '복덕'이라고 할 어떠한 것도, 어디에도, 어떻게도 존재하지 않는다. 만약 '기쁨'이라는 것을 자세히 살펴본다면 단지 공(空)한 마음이 일어나서 허망한 흥분의 정신을 이룬 것일 뿐, 그 실체는 없다는 것을 알게 된다. 역시 복덕이라는 것도 '화(禍)'의 반대되는 의미일 뿐, 이미 '화'라는 것의 실체가 허망한 생각이라면, 복덕이라는 것도 단지 허망한 '생각'일 뿐임을 깨달아야 하는 것이다. 그러므로 '일체의 물질이라고 하던 것이 단지 생각이다'라는 깨달음이 있다면 이제는 모든 것이 이름일 뿐이고, 생각일 뿐이며, 마음에서 생겨난 '성품'일 뿐임을 요달(了達)하게 될 것이다.

92

『반야심경』 해석 부탁드립니다.

요즘 『반야심경』 사경을 하고 있습니다. 한글 해석을 읽어보
니 '관자재보살께서 다섯 가지 쌓임이 모두 공함을 보시고…'
라고 되어 있는 부분이 있었습니다. 그중 다섯 가지 쌓임이 무엇인지 궁
금합니다.

관자재보살 행심반야바라밀다시 조견오온개공 도일체고액 사리자(觀自在菩薩 行深般若波羅蜜多時 照見五蘊皆空 度一切苦厄 舍利子) 해석

오해도 하고 이해도 하는 것이 모든 중생의 정신능력이다. 마음이 있다고 생각하는가 하면, 마음의 작용은 있어도 그 실체는 없다고도 한다. 나아가 죄가 있다고 바라보기에 두려움이 있고, 두려운 관점으로 세상을 바라보기도 한다. 이것은 모든 중생이 공통적으로 가지고 있는 '자유로운 견해'이며, 이 견해에 따라 자기의 색깔이 결정되니 인격(人格)이나 성품(性品)도 달라진다. 그러므로 견해, 즉 관념을 수승하게 상승시킨다면 자기의 모습이나 성품, 그리고 죄의식이나 두려움까지도 바꿀 수 있다는 말이 되는 것이다[觀自在菩薩].

그러나 이러한 견해는 밖으로 드러나는 것이 아니다. 마음속 깊은 곳에서 때론 자신도 모르게 진행되어 간다. 자기가 공포에 떨고 있다는 사실을 모르고 공포에 사로잡혀 있는 때가 더 많다는 말이다. 지난날의 기억과 현재 벌어지고 있는 일의 사이를 왕래하며 그 가운데서 불안해하며 떨고 있는 것이다. 과거의 기억 속에 거짓말시킨 적이 있다면 그 거짓말이 드러날 현재의 상황이 다가올수록, 과거와 현재의 사이를 오가는 이 정신은 점점 초조하고 두려워지는 것이 곧 견해가 드러나는 원리다. 두렵다는 견해와 편하다는 견해는 모두 기억과 현실 사이에 서 있는 견해의 차이이다[行深般若波羅蜜多].

견해가 움직이는 이 시간이 '지금'이다. 과거의 기억과 현재의 상황 사이에서 생겨난 견해가 곧 '지금'인 것이다. 이 시간 말고는 아무것도 없다. '견해인 지금'이 과거로 가 기억을 더듬고, 현재의 상황을 헤아리고 있는 이 '찰나'가 오직 실제라고 하는 시간인 것이다. 다시 말하면 현재의 상황이라고 할 수 있는 세상의 모습이나 꿈의 모습, 상상 속의 모습, 추억 속의 모습[色蘊]과 그 모습을 받아 느끼는 감각능력[受蘊]이 과거의 기억을 더듬어 지금과 비교하며[想蘊] 불안에 떨고[行蘊] 그러한 '지금'을 인식하고 즉시 그것을 다시 기억해 가고 있는[識蘊] 찰나가 바로 견해로 이루어진 '지금[五蘊]'이라는 말이다[時].

그러나 이 오온은 모두가 허공과 같아 '있을 수' 없는 것이다. 왜냐하면 '지금'이란 정지된 시간이 아니기 때문이다. 지금을 잡으려고 하면 어느새 지나가 기억이 되고, 과거가 되고 마는 것이다. 풀 한 포기를 칼로 베는 순간은 찰나다. 그리고 나면 그 풀에 있던 생명력은 즉시 사라진다. 잘리는 순간은 '지금'이었으나, 그때까지 있던 생명력은 이미 사라진 것이다. 되돌이킬 수도 없다. 영원히 사라진 생명력이다.

견해가 곧 '나'인 것이고, 견해는 '생각'이고, '지금'이며, '지금'은 곧 오온의 움직임인 것이니, 오온을 생명력이라고 하지만, 이것은 찰나적으로 지나가 과거로 사라진다. 그러므로 오온의 생명력은 찰나에 잘려진 풀포기와 같다. 이미 생명력이 사라진 마른풀과 같은 것이 오온인 생각으로 만들어진 추억이며, 기억인 것이다. 기억은 다시 돌려올 수 없다. 단지 '지금'의 견해 속에 신기루처럼 존재하는 '마른풀'이기 때문이다. 그리고 다시 '지금'인 견해가 일어나 '생명력'을 갖지만, 또

불멸 *1*
IMMORTALITY

다시 찰나에 '마른풀'이 된다. 이렇게 지속되는 생각들이 세월을 만들고, '나'를 만드는 것이다. 그러므로 나도, 오온도, 세월도, 모두 마른풀과 같은 추억일 뿐이고, 꿈과 같은 환상일 뿐이다. 이것을 공한 '관념'이라고 하는 것이다. 허공처럼 있다고 할 수 없는 정신 속의 일일 뿐이라는 말이다. 과거를 보면 과거는 마른풀인 것이고, 마른풀을 보는 지금의 견해를 보면 견해도 어느새 마른풀이 되고, 마른풀이 된 견해를 바라보는 견해를 다시 보니 또다시 찰나적으로 마른풀이 되고 마는 것이다[照見五蘊皆空].

이 세상의 어떤 일도 해결되지 않은 일은 없다. 해결되지 않은 것은 '해결되지 않은 것'이 해결인 것이다. 아무리 편해질 것 같지 않던 두통도 결국은 해결됐고, 수없는 불안감을 주던 시험도 사라지지 않을 수 없는 것이다. 그리고 슬픔도 역시 그러하기에 평생을 끊임없이 울고 있는 사람은 없는 것이다. 슬픔도 고통도 곧 지나가 버리는 바람과 같기 때문이다. 억울했던 일도 지나가고 나면 다시는 돌아올 수 없다는 것을 알아야 하지만, 억울한 추억 속에서 벗어나오지 못해, 마른풀에 의하여 '지금'인 '생명력 있는 풀'이 찰나에 '억울함'으로 베어지게 되는 것이다. 즉 시나간 슬픔을 바라보던 슬픈 견해가 즉시 사라져 추억을 만들면, 당연히 슬픈 추억이 되는 것이고, 다시 그 슬픈 추억을 바라보면 그 바라보는 견해는 다시 슬퍼지고, 슬퍼진 견해는 찰나에 쫓겨나 과거로 슬픔을 간직한 채 사라지게 되니, 계속 '지금'이 슬퍼지는 것이다. 그리고 그 슬퍼진 '지금'이 사라져 다시 슬픈 기억을 만들게 되니, 쓸데없이 돌이키지도 못하는 과거, 즉 '마른풀' 때문에 지금이 계속 슬퍼지게 된다는 말이다. 인생이란 '지금'이 만드는 추억일 뿐이다. 다시 말해 기억만 남는 것을 인생이라고 한다. 그리고 이기억으로 다음 생을 맞이하게 되니, 추억에 의하여 지금의 견해가 슬프게 변하는 것과 조금도 다름없는 것이다.

견해란 일체의 실체를 비추는 불이며, 그 정체를 알아내 버리는 불이다. 그러나 불에는 두 가지가 있다. 하나는 빛만 있는 불이니 마치 반딧불과 같은 것이고, 하나는 성냥불과 같이 모든 것을 태울 수 있는 불을 말한다.

어떤 사실을 자세하게 보지 않으면 믿음이 강하게 일어나지 않고 '그럴듯하다'는 견해의 불이 일어나는데, 이 불은 '마른풀'이라는 사실을 알기만 할 뿐이지만, 만약 마음을 다해 자세하게 느꼈다면 믿음이 그만큼 강하므로 충격으로 다가오게 될 것이며, 그때는 '아무것도 실제라고 할 것이 없구나'라는 견해의 불이 일어날 것이다. 이 불은 '마른풀'을 태워버리게 된다. 그러므로 똑같은 말을 듣고도 어떤 이는 깨닫고, 어떤 이는 오히려 번뇌에 쌓여 '아무것도 없는데 왜 나는 계속 공포가 들고 죄책감이 드는가?' 하는 생각을 다시 하게 된다는 것이다. 이것은 그러한 생각마저도 역시 이미 사라져 '마른풀'이 되고 있다는 생각을 놓쳐버린 것이다. 아니, 자기가 견해이며, 견해는 찰나에 기억이 되고 만다는 생각을 지속적으로 할 수 있는 의지가 약한 것이다. 이것은 약을 앞에 놓고 '약을 먹으면 곧 병이 나을 것이다'라고 생각만 하고 있는 것과 같다.

견해가 곧 '나'라는 것을 알아야 한다. 몸이 자기라고 오해하는 것도 견해의 작용일 뿐이다. 몸이 있다고 생각하는 것도 견해일 뿐이다. 그러므로 견해로 만들어진 추억과 그 추억을 바라보고 있는 견해는 마치 마른풀에 붙은 불과 같은 것이라는 사실을 깨달아야 한다. 풀이 다 타면 불은 끄지 않아도 저절로 사라지게 되는 것이다. 모두가 과거일 뿐이고, 찰나적으로 사라지는 것이며, 사라진 것은 없는 것이라는 사실을 깨닫는다면, 그렇게 깨닫는 것도 또한 벌써 사라져 없어지는 것이니, 이제 무엇이 또 남아 실체가 있다고 말할 것인가. 이렇게 공포에 떨 내가 없는 것이며, 있어도 찰나에 사라지는 것인데, 누가 진정 두려워하고, 누가 간절한 참회를 할 것인가. 무언가를 하려고 하는 것도 관념(견해)의 움직임일 뿐이지만, 견해는 허공과 같아 찾을 수도 없다. 그러면서 이렇게 산다고 생각하고 죽는다고 생각할 뿐임을 깨달는다면, 이것이 참다운 나를 깨닫는 것이다[度一切苦厄].

이것을 알지 못하면 공연히 있지도 않은 자신인 오온을 있는 것으로 만들어, 죄인이나 또는 공포에 떠는 작은 미물로 전락시켜 버리게 된다. 그렇다고 죄를 지어도 괜찮다거나 뻔뻔스러워지라고 하는 말이라고 생각하면 이 또한 어리석은 오해다. 아무리 그렇게 생각해도 오온은 공한 것이고, 찰나에 사라지며, 오히려 어리석은 오온인 견해로 인하여 어리석은 '마른풀'을 만드는 것이다. '내가 있다'는 말과 같은 것이라는 말이다. 이것은 반딧불로 이 가르침을 받은 것이다. 작은 그릇이다. 바로 그것이 다시 죄를 지을 수 있는 자기를 세우는 것이 되며, 두려울 수 있는 자기를 세우는 무명이다. 내가 없다면 욕심을 낼 '나'가 없으므로 욕심은 사라지게 된다. 욕심이란 자신이 내는 것이지만, 내가 없다면 다시는 욕심이 없을 것이다. 역시 내가 없다면 두려워할 내가 없는 것이므로 두려움이라는 자체가 없게 되는 것이다.

탐, 진, 치는 모두 내가 있다고 생각함으로 인하여 생겨난다. 그러나 나란 찰나에 사라지는 것이기에 존재하는 것처럼 느껴지기만 할 뿐, 실체가 없다. 그러므로 탐하는 존재는 순간에 기억으로 가고, 분노하는 존재도, 어리석은 존재도 역시 그와 같다는 사실을 깨달아야 한다. 그러나 있지 않은 내가 있는 것처럼 착각도 하고, 그로 하여금 죄를 지었다는 생각도 하고, 무섭거나 두렵다는 생각도 할 뿐이다. 기억은 내가 아니다. 내가 사라져 생겨난 신기루와 같은 '지금'의 그림자일 뿐이다. 그리고 '지금'은 영원히 '지금'이지만, 그 실체를 잡으려 해도 잡을 수 없는 찰나를 생산해 내는 자일 뿐이다.

이 '찰나를 발생시키는 자'란 날카로운 칼날처럼 현재와 과거를 순식간에 갈라놓기도 하고, 한편에서는 지금과 과거를 이어주어 서로 통하게도 하므로 '날카롭다, 어우러지다, 통하다'라는 뜻의 '리(利)' 자를 써서 견해를 표현하기도 한다. 그것 역시 찰나에 사라지니 있다고 할 것도 없지만, 이 견해가 없으면 사연이 있을 수 없으므로 삶이란 사라지고 만다. 그러므로 견해는 항상 지금을 지키고 있는 것이며, 단지 사연만이 과거로 가는 것이라고 본다면, 견해는 추억을 만들기만 하는 것이므로 항상 지금이니, 생사를 초월한 것이면서도 생사가 있다고 착각하는 그 착각을 만들어 내기도 하고, 곧 추억으로 밀어내기도 한다는 것을 알 수 있다. 환상 속의 죽고 삶은 실제로는 그저 재미있는 추억에 지나지 않으니, 이 견해야말로 환상을 지어내는 능력이고, 이익의 능력인 것이다. 그러므로 견해를 리(利) 자로 표현한다.

이 이롭고 날카로우면서도 베어진 자리가 보이지도 않는 견해는 과거와 현재를 어우러지게 하고 통하게 하는 네 가지 능력을 숨긴 채 가지고 있으므로, 언제나 그 능력을 발휘하고 있는 것이라는 사실을 깨닫는다면 견해의 실체를 모두 통달하였다고 할 수 있다. 감각하는 능력의 뜻을 느끼는 능력까지 갖추고, 마음대로 오해나 이해를 지어낼 수 있는 상상의 능력이 있으며, 그렇게 상상한 것을 믿고 무서워하거나 죄책감으로 괴로워할 수 있는 의지력도 있다. 그리고 그 모든 것을 지금으로서 느끼기도 하고, 지나갔다고 느끼기도 하며, 다시 기억할 수 있는 능력도 있는 것이다. 이것이 견해(관념)의 위대함이다. 또한 이 네 가지 능력은 사방으로 둘러쳐져 있으므로 이것을 집이라는 의미로 보아 '네 가지 능력의 집'이라는 뜻으로 '사(舍)' 자를 써서 표현한다.

이렇게 네 가지 능력과, 찰나에 과거로 사라지게 하는 능력과, 추억인 기억을 만드는 능력을 모아놓으면 곧 '사리자(舍利子)'가 되는 것이니, 이 뜻을 펼치면 '네 가지 능력으로 찰나를 발생시켜 기억인 자식[了]을 만드는 지'라고 해야 할 것이다. 이것이 곧 건혜요, 관념이고, 지혜이며, '실제의 나'라고 해야 할 위대한 부처의 자식인 것이다[舍利子].

우리는 사연에 집착하고 사연에만 의미를 두어 생각한다. 그러므로 사연을 괴로워하고 두려워하는 것이다. 그러나 우리는 사연을 지어내고, 믿고, 공포와 죄책감으로 실행하며, 그것을 기억으로 쌓아가는 견해일 뿐이라는 사실을 깨달아야만 한다. 그 견해의 능력 자체가 자신임을 깨닫는다면 더 이상 사연에 집착하는 작고 어리석은 자기를 만들지 않을 것이다. 욕을 먹는다고 어찌 견해가 달라지겠는가? 욕을 하는 사연이 스스로 작고 어리석을 뿐, 이 견해는 다시 어리석은 사연을 지어 분노할 이유가 없어지는 것이다. 공포도 역시 마찬가지다. 두려움은 단지 사연일 뿐이고, 생각 속의 의미일 뿐이다. '견해' 자체와는 상관도 없는 것이다. 이것을 조용하게 자주 되뇌면 어리석음은 멀어지고 광명이 다가오게 되니, 이것을 이름하여 '불경을 실(實)답게 수지독송한다'고 하는 것이다. 이것이 '실다운 참선'이고 '수행'이며, 이렇게 수행하여 마음이 편안해지고 생사의 어리석은 의미에서 벗어나게 되는 것이 행주좌와(行住坐臥)의 일상생활 속에서 항상 '좌선'에 드는 모습이다. 이렇게 자신의 위대함을 깨닫는 것이야말로 '해탈'을 얻었다고 하고, '무장무애(無障無礙)를 얻은 자'라고 일컬을 만한 일인 것이다.

여기까지가 『반야심경』의 첫대목인 '관자재보살 행심반야바라밀다시 조견오온개공 도일체고액 사리자(觀自在菩薩 行深般若波羅蜜多 時 照見五蘊皆空 度一切苦厄 舍利子)'를 가리키는 내용이었다. 그리고 '마른품'과 '견해의 불'을 비유한 것은 『천수경』의 '여화분고초 멸진무유여(如火焚枯草 滅盡無有餘)'에 해당하는 내용이었다.

불멸 *1*
IMMORTALITY

93

불교에 대한 4가지 질문

저는 무종교인이지만, 작년에 가족 중 한 분께서 돌아가신 후에는 슬픈 마음에 지장보살님이나 관세음보살님을 부르게 되었습니다.

 불교란 현실의 실제를 알려주는 과학 위의 과학일 뿐이다. 세상 사람들이 말하는 종교는 신앙생활을 말함인데, 이와는 근본적으로 다른 것이니, 오해를 바로잡아야 한다. 종교라는 단어를 그대로 이해해야 불교의 참모습을 보는 것이다. 종교란 '종지의 가르침'이다.

제가 불교에서 인상 깊게 들은 구절은 『금강경』의 다음 구절이지요. '법도 버려야 하거늘 하물며 법 아닌 것에 있어서랴' 『금강경』에서는 뗏목 비유를 통해서 불법조차도 결국은 버려야만 할 집착에 불과하다고 말하고 있지요.

뗏목의 비유를 정말 크게 오해하고 있음을 알아야 한다. 불경에 등장하는 비유들은 결코 하찮은 것이 아닌데, 하찮은 스스로의 견해를 가지고 마음대로 결론짓고 있으니, 결코 수승한 가르침을 얻을 수가 없다. 물론 그것은 긴 세월 동안 마치 진리를 얻은 척하는 어리석은 자들이 교만한 깨달음으로 불경을 곡해하여 전했기 때문임을 알고 있기에, 중생의 오해만을 탓할 수도 없는 안타까운 일이다.

불응취법 불응취비법 이시의고 여래상설 여등비구 지아설법
여벌유자 법상응사 하황비법
不應取法 不應取非法 以是義故 如來常說 汝等比丘 知我說法
如筏喩者 法尙應捨 何況非法

법을 취할 것으로 상응하지 않게 되면 비법도 취할 것으로 상응될 수 없다는 것이 이 당연한 이치이니, 여래가 항상 너희 비구들에게 설명하기를 '나를 알게 하는 법을 설함'이란 마치 뗏목을 비유하는 것과 같아 받들던 법도 버릴 것으로 상응하는데 하물며 비법에 있어서랴.

여기에 불경을 버린다는 대목은 찾아볼 수도 없다. 단지 '나'를 깨달

는 가장 바른 이치를 설명했으며, 이것을 알게 될 때 사상(아상. 인상. 중생상. 수자상)이 사라지고 위대한 깨달음만 남게 되는 법칙을 드러낸 것이다.

간단하게 '법'을 물질이라고 해보자. 물질은 부수면 허공이 되나, 그 허공을 합하면 다시 물질이 되는 것이니, 사실은 허공의 화합물이므로 결국은 얻을 수 없는 것이라는 사실을 대부분의 불자들은 잘 알고 있을 것이다. 그리고 과학자들 또한 물질은 전자에 이른 다음 빛이 되어 사라지게 된다는 것도 이미 알고 있을 것이다.

그러므로 물질도 얻을 수 있는 것이 아닌데, 하물며 물질도 아닌 생각이 어디에 남아 있어 어찌 버리지 못하겠는가. 즉 몸이라는 것을 얻을 수 없는 허망한 것이라고 보았다면, 생각이라는 것은 단지 이렇게 깨닫게 되는 곳까지만 필요한 뗏목과 같은 것일 뿐 남아 있을 수 있으며, 남아 있다 하더라도 물질이 이미 공한데 무엇에 대하여 번뇌하겠는가. 그리고 생각이란 비물질이므로 버릴 수 있는 것도 아니니, '하물며'라는 말로 대신하셨다는 사실을 깨달아야 한다. 이것이 바로 여래가 항상 설하는 '진아'의 모습이다. 즉 이 세상이 변화무쌍한 것을 보여주는 것은 바로 '항상 보여주는 여래의 가르침'이고, 그것을 깨닫고 나면 '나'라고 할 것도 남아 있을 수 없다는 것이다. 결국에는 단지 그러함을 깨닫는 깨달음만 남게 되지만, 그것은 이미 '사람'도 아니고, '중생'도 아니며 '사는 것'도 아니다. 일체의 사연을 초월하게 되는 것이다. 그러므로 아래에 질문들도 실재하지 않는 허망한 의문에 불과하다는 것을 깨닫게 된다.

저는 또한 불교에 관한 책을 조금 봤는데 모 스님께서 말씀하신 '하얀 것이 오면 하얀 것을 비추고, 검은 것이 오면 검은 것을 비춘다.'라는 문구를 좋아합니다. 내 마음을 깨끗하고 투명한 유리처럼 지녀서, 헛된 형태나 모양이나 형상이나 상(相)이나, 언어에 속지 말 것을 강조하더군요. 그 속에는 언제나 속임수가 존재하기 마련이니까. 결국 모든 것은 허깨비, 거짓된 모습, 조작된 이미지, 조작된 정보, 거짓된 지식 등으로 다가오게 마련이지요.

이 질문의 당사자가 어떻게 해석을 하고 받아들여 표현하였는지는 모르나, 이 글대로라면 결코 옳지 못한 말이다. 마음이란 뜻을 가지고 생각할 수 있는 것이 아니다[不可思議]. 어떠한 표현이든 설명하려고 하면 이미 참마음을 설명하는 것이 아니다. 그러므로 『유마경』의 유마와 문수의 대화에서 '대승의 종지'를 묻는 문수의 마지막 질문에 유마는 말없이 돌아선 것이다.

이 말은 본래 마음이란 '투명한 유리와 같으며, 헛된 형태나, 모양이나, 형상이나, 상이나, 언어에 속을 것'도 아니라는 말이다. 그러므로 속지 말라고 하는 것은 이미 속인 말이며, 기이한 말이 되는 것이다. 허공에 아무리 많은 먼지가 끼어도 비가 와서 씻겨지면 먼지가 있었던 자국도 없을 뿐 더러 허공의 변화는 더욱 있을 수 없다. 이것은 절대 물들거나 더 깨끗해지거나 하는 것이 아니라는 증거다. 마음도 그러하다[不垢不淨]. 하지만 무엇엔가 속지 말라고 말한다면, 속을 것이 있고, 속는 자기도 있으니 속지 않도록 조심하라는 의미이므로, 이미 일체가 환상임을 잊은 어리석은 말임을 간과해서는 안 된다. 속을 세상이 남아 있고, 속을 자기가 남아 있다면, 무상과 무아의 이치를 알지 못하는 한낱 중생에 불과하다는 말이다.

 저는 불교에 대해서 다음과 같은 4가지 의문점이 있습니다. 첫째는 불교의 정치적 색깔에 관해서입니다. 자본주의의 논리는 쉽게 말해 '내 것은 내 것이고, 네 것은 네 것이다.'입니다. 그러나 부처님의 논리는 자본주의의 논리가 아닙니다. '내 것은 네 것이고, 네 것은 내 것이다.'라고 표현하십니다. 즉 온 우주가 결국에는 한 송이 꽃과 같으며, 한 공동체라고 설법하십니다. 이것은 중국식의 사회주의나 유럽식의 사회민주주의를 떠올리게 합니다. 그러나 불경 속에서 저는 원시적인 정치 색깔을 가끔 접하게 됩니다. '거지, 꼽추, 등신, 미친놈, 머저리, 가난한 자, 얼치기, 바보, 병신, 비천한 자 등이 있는 것은, 그들이 전생에 선업을 쌓지 않고 악업을 쌓았기 때문이며, 부자, 귀한 자, 제왕, 귀족, 존귀한 자, 장자, 거사, 부유한 자 등이 있는 것은 그들이 전생에 선업을 쌓고, 착하고 올바른 삶을 살았기 때문이다.' 즉 인과응보의 논리입니다. 이런 부처님의 모순은 어떻게 설명될 수 있을까요? 한편에서는 사회주의를 논하다가, 또다시 다른 한편으로는 자본주의의 논리로 돌아가 버리고 마네요.

위와 같은 말은 '모순이라고 생각하는 그 생각의 모순'이라고 해야지, 석가모니부처님의 모순도 아니고, 모든 부처의 모순은 더욱 아니다. 왜냐하면 일체중생이 생겨나고 사라지며, 나름대로 백천억만 가지의 생각으로 가는 길이 모두 부처의 법칙[佛法]에 의하여 그렇게 된다는 사실을 안다면, 일체의 잘잘못은 모두 중생의 어리석음에 있는 것이지, 법칙 자체에 있는 것이 아니기 때문이다.

우주는 '지금'이라는 절대적 시간이며, 유일한 시간에 찰나적으로 드러나는 꿈과 같은 것이다. 그러므로 그 상호적 관계는 불가분의 관계라고 해야 한다. 태양(太陽)이 무너지면 태양계가 도미노와 같이 모두 흩어지게 되는 것과 같다. 즉 온 우주는 단 하나의 법칙으로 어울려 있는 하나의 뭉치라는 것이다. 세상에 있는 모든 것은 그것을 느끼는 단 한 중생의 정신 속에 들었고, 세상의 모든 색은 색을 보는 단 한 중생의 눈 속에 들었으며, 소리는 귀에 들었고, 냄새는 코에 들었다.

만약 그렇지 않다면 세상은 그 존재성마저 인정받을 수 없게 된다. 듣지 못한 소리가 도대체 어디에 따로 존재하겠는가? 단지 들었기에 소리라고 인정하고, 귀가 있다고 인정하는 것이다. 프로타고라스는 '인간은 만물의 척도'라고 했다. 그 깊이에 있어 석가모니부처님의 설법과는 엄청난 차이가 있지만, 일백상통하는 점이 있다. 물질을 정의할 어떤 기준도 없고, 마음을 정의할 잣대도 없다. 그러므로 인간이라고 할 것은 이미 찾을 수 없지만, 그 정신의 감각능력이 만물을 존재하게 한다는 것이다. 수소와 산소는 허공의 성분이기에 어떻게 합해진다 해도 당연히 허공이어야 한다.

그러나 정신은 그것을 물(H_2O)로 느낄 수 있는 것이다. 그리고 이 정신의 감각능력과 분별능력은 은하수와도 통해있기에 바라볼 수 있고, 기억능력은 과거, 현재, 미래의 삼세와도 통해있으며, 믿고 행하는 의지력은 허공을 물이라고 하며 환상을 실제라고 하는 어리석음과 그 어리석음에서 벗어난 깨달음과도 통해있다. 통해있다면 이미 하나다. 온 우주는 정신 하나에 속하나, 그것을 모르는 중생은 각자의 인과응보를 스스로의 길로 삼게 되는 것이다. 그러므로 깨달은 자는 인과응보가 맑고 투명하며 둘일 수 없는 곳인 수미산 정상에 도달하고, 어리석은 자는 수미산 아래 고해의 바다 가운데 초라하게 생멸하는 단 하나의 파도에 도달한다. 평등한 정신을 가지고 단 하나의 불법에 적용되면서도 만법의 차별이 나타나게 되는 것이다. 부처에게 어찌 정치라는 단어가 있을 수 있는가? 단지 중생이 불법을 사용하여 어리석고 초라한 정치를 할 뿐이다. 그러니 우주의 이치를 가르치신 부처님의 가르침 어디에 모순이 존재할 것이겠는가?

그리고 두 번째 질문은 이것입니다.
불교에서는 수행자들의 계율 중에서 살생하지 말라는 계율이 있더군요. 그러나 불교에서는 미생물의 세계에 대해서는 잘 논하지 않는 것 같습니다. 큰 생물의 세계를 10으로 표현한다면, 미생물의 세계는 1,000,000,000,000,000,000으로 표현할 수 있을 것입니다. 고등생물이나 미생물이나 그 생명의 가치와 존엄성이 동일하다고 한다면, 미생물의 세계는 고등생물의 세계보다 100,000,000,000,000,000,000배의 존귀한 가치를 가지고 있을 것입니다.

그런데 불교에서는 이것을 자주 간과해 버립니다. 우리의 피부에는 몸에 이로운 미생물과 몸에 해로운 미생물이 눈에 보이지 않게 기생하면서 공존하는데, 목욕을 한 번 하면 몇만, 몇억 마리의 미생물이 한 번에 씻기어 나간다고 합니다. 우리가 식사 때 늘 먹는 밥이나 반찬, 물 한 잔에도 미생물이 몇만, 몇억 마리가 있을 것이고 우리가 늘 숨 쉬는 공기 중에도 마찬가지일 것입니다. 정말 저런 미생물들도 윤회한다고 생각하시는지 궁금하네요.

허공의 화합으로 이루어진 물질이나 '미생물', 또는 그 그림자가 수를 놓아[14] 있는 듯 느껴지는 마음이나 모두가 허망한 것임을 알면 생명이나, 죽음이나, 죄와 복, 나아가 윤회와 도피안(到彼岸)이 오직 어리석음에 의한 번뇌였음을 깨닫게 될 것이다.

중생의 마음은 기억을 제하고 나면 있다고 할 것이 없다. 그리고 기억

---

14) 물질의 그림자가 수를 놓다

記憶 - 허망한 물질을 바라보고 찰나에 사라져 이루어진 기억. 이미 사라져 생명력을 잃은 기억을 모두 없애면 '나'라고 하는 것이나 마음이라고 할 것도 없게 되지 않는가? 다시는 가져올 수 없는 고등학교의 졸업식은 단지 기억에만 남았으니, '나는 고등학교를 졸업한 사람이다'라는 정의는 과거의 그림자가 수를 놓은 환상에 불과하다. 마음이라는 것의 정체는 사라진 기억의 집합일 뿐이다.

불멸 1
IMMORTALITY

은 이미 생명이 다한 마른풀과 같다. 이 마른풀의 실체가 있는가를 바라보는 견정을 분별이라고 하니, 어둠을 비추는 등불과 같다. 이 등불로 기억을 비춰보아 이미 사라진 것이라는 사실을 알고, 이 사라진 것은 있는 것이 아니라는 깨달음이 온다면 더 이상 분별할 것도 없어진다. 뗏목의 비유와 같이… 이것을 참다운 참회라고 한다.

이렇게 더 이상의 분별이 있을 수 없게 되면 윤회도 함께 사라지게 된다. 왜냐하면 윤회란 곧 번뇌의 윤전이기 때문이다.

 세 번째 질문은 진화론에 대해서 불교에서는 어떠한 입장을 견지하고 있는가입니다. 과학과 진화론에서는 '인간이란 결국은 고작 한 덩어리의 단백질 덩어리에 불과하며, 소멸하여 없어져 버리는 유한하고 허무한 존재이다. 그리고 인간은 원숭이에서 진화했으며, 매우 불쌍하고 천박한 한 마리의 털 없는 원숭이에 불과하다.'라고 정의합니다. 불교는 매우 과학적인 종교임을 오늘날 많은 이들이 인정하고 있는데, 이러힌 괴학과 진화론의 입장에 대해 어떠한 입장을 취하고 있나요?

진화론(進化論)이란 퇴화론(退化論)이기도 하다. 오직 발전만 하는 것은 그 무엇도 없다. 파도가 오르는 것은 곧 무너짐을 약속하는 것이고, 무너짐은 곧 오름을 약속하는 것이다.

호흡을 함에도 들숨은 날숨을 약속하는 것이고, 날숨은 들숨을 약속하는 것이다. 그러므로 태어남은 사라짐을 약속하고, 사라짐은 다시 태어남을 약속하고 있다는 것을 깨달을 수 있다.

진화란 변화를 말한다. 그리고 변화 그 자체는 생멸을 뜻하지만, 이면에는 영원한 불멸성(不滅性)을 포함하고 있다. 나고 죽고, 나고 죽고, 나고 죽는 것이라면, 나고 죽음은 영원하다는 것이다. 즉 낮과 밤은 생멸하는 것이고, 진화하고 퇴화하는 것이다. 낮이 생하는 것이라면 밤이 되는 것이란 낮이 죽어가는 것으로 보아야 하고, 밤이 생하는 것이라면 낮이 되는 것은 밤이 죽어가는 것으로 보아야 한다. 진화하는 상태라면 퇴화는 죽는 것이고, 퇴화한다면 진화는 죽는 것이다. 그러나 낮과 밤이 오가는 허공은 진화도 퇴화도, 나고 죽음도 아니다. 일체는 이렇게 생멸법과 상주법이 함께한다. 그러므로 영원함 속에 무상함이 펼쳐지는 것이라고 깨달아야 하며, 이 모습을 이름하여 열반이라고 하는 것이다. 아지랑이처럼 실체가 없는 것이 이글거린다. 허공에 실바람이 살랑거린다. 무념 위에서 분별이 살랑거리며, 생사를 초월한 마음 위에서 실체가 없는 육신이 생멸을 한다. 한 알 한 알 끊어진 염주알은 생멸을 말하지만, 숨겨진 채 그것들을 꿰고 있는 실은 영원함을 말한다.

진화론을 들고 왈가왈부 논하는 과학은 이 모든 과학이 꿈이라는 사실을 모르는 어리석은 희론에 불과하다. 과학이 꿈이며, 분별이며, 어이없는 번뇌라는 것을 알려주는 부처는 모든 과학과 어리석음, 나아가 어리석은 과학자까지 낳았으며, 수없는 깨달음도 낳았다. 이것이 부처의 가르침인 불교다.

마지막 질문입니다. 타 종교를 불교에서는 어떻게 설명하고 있나요?

모든 종교인들은 종교의 정의를 새롭게 내려야 한다. 왜곡된 종교를 맹신할 때, 자기가 얼마나 위대한가 깨닫기도 전에 스스로를 초라하게 만들어 '있지도 않은 남'에게 '죽을 수도 없는 정신'이 온 힘을 다해 살려달라고 애원하는 어리석은 중생의 자리를 면할 수 없게 된다. 그러나 사실 모두가 '정신의 법칙'으로 이루어진 평등한 마음들, 이름하여 '불법'으로 이루어진 '불자'들이다. 또한 허공인 '하늘'로 이루어진 몸을 가지고, 그 하늘을 마음대로 부리는 '님'이 '하늘님', '하느님'이다. 오직 하나의 정신으로 이루어진 우주가 '하나님'인 것이 실제인데, 따로 무엇이 있어 욕을 하겠는가. 누가 있어 욕을 하겠는가. 그러나 안타까움은 금할 길이 없으니, 이것이 곧 자비심이다. 자비심으로 타 종교를 본다.

94

신통력으로 남의 업을 끊을 수 있는지요?

예전 슈리 라마나 마하리쉬의 『나는 누구인가』라는 저서를 읽었습니다. 그 책에는 마하리쉬 어머니가 죽으려 할 때 그 옆에서 마하리쉬가 어떤 힘을 발휘함으로써 윤회하려는 어머니의 업력을 끊어 그녀를 해방시킨다는 내용이 있었습니다. 저는 이것을 어떤 관점에서 보아야 할지 상당히 난감했습니다. 깨달은 인물로서 마하리쉬가 우선, 자아를 완전히 버렸다 하였는데, 그의 어머니에게만은 개인적인 애정을 남겼었는가 하는 점입니다.

자아란 이름하여 둘이 있을 수 있다. 하나는 물질과 '자기'가 따로 있다고 보는 견해의 자아가 있고, 다른 하나는 물질이나 '자기'가 다른 것이 아니고 오직 마음 하나로써 온 우주를 드러낸다는 것을 깨닫고, 이 마음이 실다운 자아라고 깨닫는 자아이다. 그러므로 후자가 된다면 당연히 '개아'는 사라졌겠지만, '개아'를 가지고 '있음'으로써 윤회하게 되는 중생을 위해 애정이 아닌 자비로서 깨닫게 한다. 그러나 이미 이승을 떠난 중생을 깨닫게 하려면 그에 맞는 이치를 써야 하기에, 이승의 중생을 제도하는 것보다는 상당한 어려움이 있다. 예를 들면 그 중생이 보고 있는 그 세계로 들어가야 하는 것이다. 그래야 뜻이 통하기 때문이다.

그러나 그보다 더 중요하고 실속 있는 일은 이런 것에 궁금증을 가지고 있는 자신을 해탈의 길로 들게 하는 것이다. 그러니 자아를 통찰하는 더 많은 노력을 기울이기 바란다. 또한 위와 같은 말을 하는 자들의 실체는 자아를 통달하면 당연히 알게 되는 것이다. 어렵다고 생각하지 말라. 석가모니부처님의 말씀이 생생하게 펼쳐져 있다.

 업력(業力)이란 무엇인지요? 윤회하는 힘인 것 같은데 잘 이해가 가지 않습니다.

일체중생은 오직 정신작용뿐이다. 몸이 있다는 것도 정신작용이 '생각'에 의한 것이다. 물질이라는 것의 실체가 없음을 현대과학이 직접 밝히지 않았는가. 이 생각은 생각하자마자 기억이 된다. 그러므로 인생이 느껴지게 되는 것이다. 만약 기억이라는 기능이 없다면 세월도 모르고 인생은 사라지며, 일체의 행위는 당장에 정지된다.

이렇게 찰나마다 기억된 일들, 즉 추억에는 전체적인 기분이 있게 된다. 예를 들면 행복하다든지, 아니면 불행하다든지 또는 불안하다는 등의 기분을 말하는 것이다. 이것이 곧 업이며, 세상의 모든 씨앗과 같은 역할을 하게 된다. 즉 다음 생의 원인이 된다는 말이다. 이것은 마음이라는 자체는 하나지만, 크게 나누면 두 가지 작용이 있기 때문이다. 하나는 견정이고, 다른 하나는 식정이니, 견정은 마치 해와 같고, 식정은 마치 달과 같은 것이다. 그러므로 견정은 밖의 세계를 비추고, 식정은 기억의 세계를 비춘다. 그리고 이 둘은 불가분의 관계를 가지고 있는데, 견정이 세상을 보면, 식정은 기억을 하고, 기억으로 하여금 다시 세상을 보는 견정이 생겨나며, 다시 견정에 의하여 식정에 기억이 쌓여가 조금씩 변화해 나가고, 그 변화로 인하여 인격이 향상되거나 추락하는 것이다. 그리고 그사이에 업이 결정되어 가는 것이다. 그러므로 업은 하루아침에 쌓이거나 없어지는 것이 아니다. 만약 한순간을 깨달았다 하더라도 그 순간과 자아가 완벽하게 합쳐질 때까지 수행을 해야 하기에 돈오점수라고 말하는 것이다.

개인의 신통력으로 남의 업력을 끊어줄 수 있습니까? 물론 그의 어머니 역시 오랫동안 아들의 곁에서 수련한 인물이기는 합니다. 최종적으로 위의 이야기가 그의 제자들에 의하여 각색되어 기록된 것이 아닌지 의심스럽습니다. 이것은 제가 알아 온 불교나 인도 쪽 가르침과는 상반된 것 같기 때문입니다. 업력이란 무엇이며 개인의 능력으로 남의 업까지 관여할 수 있다는 것이 사실인지 알고 싶습니다.

불멸 *1*
IMMORTALITY

도를 깨우쳐 오래 수행하면 그 깨우침으로 이루어지는 업이 있게 될 것이다. 그것이 제자를 깨닫게 하고, 중생을 해탈케 하는 업의 힘이다. 그리고 신통력이든, 깨달음이든, 이 모든 것은 새로운 것을 얻는 것이 아니다. 본래 갖추었으나 스스로의 무명에 의하여 잠자고 있던 것을 비로소 깨우는 것이고, 항상 쓰고 있으면서 알지 못하고 있었기에 널리 쓰지 못했다는 사실을 알아차리고, 올바르게 사용하는 것을 말하는 것이다. 그러므로 천안통이란 따로 있는 것이 아니고 모든 중생에게 본래 갖추어진 능력이지만, 스스로가 몰랐던 허공의 눈을 말하는 것이다. 쉽게 말해 꿈을 꾸는 눈은 육안이 아니다. 정신의 눈이다. 정신은 허공과 다르지 않으니 하늘과 같다. 그러므로 중생에게도 천안은 있는 것이다.

그리고 육안이라고 하더라도 거울에 비추어지는 눈의 색깔은 실체가 없는 것이므로(색은 빛으로 만들어지는 것) 꿈속의 색깔과 같이 얻을 수 없다. 꽃의 색이 아무리 아름다워도 색깔만을 가져갈 수는 없는 것과 같은 것이다. 그러므로 육안도 환상이다. 또한 색깔을 보는 것이 눈의 기능이니, 그 기능이 실제의 눈이다. 그런데 만약 눈 자체에 색이 있다면 세상의 색을 어떻게 분산할 수 있겠는가. 마치 색안경을 낀 것과 다름없을 것이다. 그러므로 눈이란 색을 볼 수는 있어도 그 자체에는 색이 없으므로 투명한 것이라고 해야 하고, 투명하다면 허공과 같다고 해야 하니 '실제적인 눈은 하늘로 된 눈'이며, 그 눈은 은하수와도 통했고, 해와 달과도 통했으며, 추억을 할 때는 과거와도 통하고, 상상을 할 때는 미래와도 통하므로, 온 우주에 통하지 않은 곳이 없다는 것을 알아야 한다. 그렇게 안다면 '하늘과 같은 눈이 하늘과 통했다'는 것을 깨달은 것이고, 자기가 곧 세상을 보는 눈이라면 자기는 허공과 하나가 되었으니, 생사를 초월한 것이다. 이것이 천안통을 얻었다는 것이니, 모든 중생에게 이미 천안통은 있었지만, 중생 스스로가 알지 못하여 죽고 사는 어리석음으로 불안에 떨고 있었을 뿐이라는 사실을 알게 되는 것이다.

95

무념의 경치

🪷 깨우친다는 것은 본래의 모습을 보는 것이라고 들었습니다.

 본래의 모습이 아닌 것은 없다. 만약 진실이라고 하는 것이 환상으로 이루어졌다면 그 환상을 진실이라고 해야 함은 당연한 것이다. 그리고 환상의 세계라면 환상을 제외하고는 남는 것이 없어야 할 것이니, 만약 일체의 환상을 제하고 진실의 모습 또는 본래를 찾으려 한다면 그것은 눈 빼놓고 색을 찾거나 밝음을 빼고 그림자를 찾으려 하는 것과 같아, 영원히 이룰 수 없는 말에 속았다는 사실을 알아야 한다.

🪷 본래의 공한 모습, 깨끗한 마음일 때 나라는 의식도 없는 경지인데, 이것은 무념의 경지가 맞습니까? 또한 이 무념의 경지라는 것은 일상생활에서 어떤 상태를 말하는 것이며, 이 상태에서 어떻게 수행을 진행시켜야 하는지요?

세상에서 말하는 공한 '모습'이란 없다. 만약 잠이 들었다면 아무것도 느낄 수 없으므로 공한 마음이라고 할 수 있겠지만, 그 잠든 마음에는 공하다는 느낌이나 생각도 없기 때문이다. 그러므로 깨끗한 마음이라는 것도 수면상태에는 있을 수 없으니 잠들지 않은 생각 속에서 지어내는 상상일 뿐이고, 상상을 일컬어 있지도 않은 것을 생각하는 망상, 번뇌라고 하는 것이다. 이 번뇌가 일상생활일 터인데 거기에 공한 마음이 어찌 있을 수 있겠는가? 그러니 그다음이란 단계는 시작도 할 수 없는 것이다.

모두 세상의 근거 없는 풍문(風聞)에 속은 것이다. 불경에는 그와 같은 어처구니없는 말이 없다. 불경을 올바르게 해득(解得)하지 못한 자들이 지어낸 말에 속았다는 것이다. 내가 없는[無我] 경지란 아무리 나의 존재를 확립시키고자 해도 확립할 근거가 없다는 것을 명확히 알았을 때 진실로 없는 자기를 깨닫게 되는 경치를 말한다. 그러므로 소승은 제자들에게 간화선이나 화두선을 '중생을 속이는 것뿐만 아니라 자기도 속는 수행'이라고 말한다.

 어린 적 아무것도 의식하지 않고 멍하니 있는 버릇이 있었는데, 그때는 모든 것을 의식하지 않았고 그것을 굉장한 행복으로 삼았습니다. 이것이 바른 상태인지요?

어리다는 것은 곧 선(善)하다는 말이다. 다시 말해 삶이라는 것에 큰 의미를 두기 이전이고, 생사에 두려움이 적었던 시간이다. 그때는 직업을 가지고 먹고 살아가야 한다는 것에 대한 걱정[生]이 있을 수 없고, 늙어가는 걱정보다는 빨리 자라 어른이 되고 싶은 마음뿐이니 인생의 다급함[老]도 있을 수 없으며, 아직 죽을병에 걸릴 확률도 적어 죽고 사는 두려움이 이해가 가지 않을 마음이므로 어찌 사랑하는 자식이나 부인이나 부모나 친구의 죽음[死]까지 걱정할 번뇌가 있겠는가. 그러나 세상을 배우고 인생을 알아갈수록 찾아오는 이 생로병사의 과제로 청년 시절의 석가모니부처님께서는 왕궁의 담을 뛰어넘게 되신 것이다. 이때는 이미 사문을 유관하시고, 번뇌에 싸여 있던 마음이었다. 이를 해결해 내고 해결책을 전한 위대한 법문이 바로 팔만대장경이다. 그러므로 어릴 적 무념의 상태란 옳고 그름을 떠나고, 생사를 떠나있는 마음이니 참다운 하늘의 마음[天眞心]이라고 하는 것이다. 이제라도 생사가 어리석은 마음의 어리석은 분별이었음을 깨닫는다면 저절로 천진심에 다다르게 되는 것이니, 있지도 않은 마음을 버리려고 하거나, 찾으려 한다면, 오히려 영원한 미로에 빠지게 된다는 것을 분명하게 깨달아야 한다. 석가모니의 제자들이 왜 마지막까지 스승의 설법을 들었을까? 왜 불경에는 세속에서 유행하는 좌선이나 명상, 위빠사나에 집중적인 공부를 했다고 나오지 않는 것인가? 불경을 따라가는 것은 스승을 따르는 것이고, 스승이란 눈먼 소경에게 길을 안내하는 길잡이와 같으니, 스승을 따라가면 어느덧 원하는 곳에 도달되는 것이다. 그러므로 『법화경』 「화성유품(化城喩品)」에는 부처님께서 제자들을 데리고 화성(化城)에 도달하여 마음껏 쉬게 하는 장면이 나오는 것이다.

이렇게 멍한 상태, 즉 보는 것과 듣는 것 등 육진을 의식하지 않는 것이 시력과 청력을 떨어뜨리는데 영향을 주지는 않는지요? 멍하게 지내면 감각능력이 퇴화되지는 않나요?

시력이나 청력이 육신에 있다고 생각하는 것은 다음 생에 또다시 가까운 곳만 볼 수 있고, 가까운 곳의 소리만 들을 수밖에 없는 하열한 감각을 갖게 만드는 스스로의 약속이다. 그동안 감각이라 믿었던 몸이란 마치 손 대신 지팡이를 사용하여 손이 닿지 않는 곳의 물이 얼었는지, 얼마나 단단한지 알아내는 것과 같이 마음이 사용하는 도구에 지나지 않는다. 한편 정신 앞에 있는 꿈을 보려면 꿈으로 이루어진 눈을 가져야 하므로 꿈속에서의 감각은 육신이 느끼는 감각이 아님을 알 수 있다. 그러므로 이 세상이 꿈과 같이 허망한 세계라는 것을 깨닫는다면, 다시는 육신의 감각능력이 떨어지는 것에 대하여 두려운 마음을 가질 수 없을 것이다. 해가 지면 자연스럽게 시력도 저하되는 것이고, 해가 졌다면 그것은 이미 다시 해가 뜰 것이라는 약속이므로 그저 찬란한 아침을 기대하는 느긋한 마음을 가지면 된다. 이렇게 초연한 마음을 가지려면 일체의 진면목을 이해하고 깨달아야

불멸 IMMORTALITY 1

하니, 이것을 '이해로써 얻어지는 결박의 풀림[生死解脫]'이라고 하는 것이다.

 중생이 지어내는 식(識)이라는 것에 접근하면 할수록 더욱 공허(空虛)하여 아무 생각 없이 멍해집니다. 집중할수록 보는 것, 듣는 것도 의식되지 않는데 이것은 무엇인지요?

 꿈에서 꿈이라는 것을 알게 되는 때가 있는데, 바로 그와 같이 생각을 집중해서 보았기 때문이다. 이것이 바로 공함을 알게 되는 '지혜의 행'이다. 단지 다리만 꼬고 앉아 손을 맞댄다고 해탈이 오고 깨달음이 오는 것은 아니라는 증거인 것이다.

 이제는 식(識)마저 의식하고 있지 않습니다. 하지만 이것으로 지혜의 수승함을 얻는 것은 아니지 않습니까? 어떤 단계로 넘어가야 할까요?

 식은 육진과 육근 사이에서 나타나는 것이고, 식이 없다면 육진, 육근도 모두 없어지니 이 셋은 셋이라고 할 것이 아니다. 그리고 이 불가분의 관계인 진, 근, 식은 그 재질이 모두 공(空)이다. 육진이란 세상이라고 하는 물질을 말하지만 육근이 없으면 존재의 가치가 사라지는 것이고, 육진이 없다 해도 육근의 존재가치는 사라지는 것이며, 이 둘 중의 하나만 없으면 육식도 사라지는 것이니 세상을 느끼는 감각이나 세상, 그리고 그 사이에서 느껴지는 식이 모두 하나라는 사실을 알 수 있다. 즉 온 우주 자체가 곧 '나'라고 깨닫는다면 '단계'는 필요 없어지는 것이다. 그리고 이러한 말을 들어도 삼천대천세계를 얻지 못한다면 스승을 찾아 법회에 참석하라. 목숨을 이어가는 것에 마음을 빼앗겨 그 시간을 아깝게 여긴다면 생사 속에 있고 싶은 것이지 생사를 벗어나고 싶은 마음이 아닌 것이며, 그와 같은 마음을 모순(矛盾)이라고 하는 것이다. 부디 세상의 중생을 쳐다보는 중생의 안목에서 벗어나 천상천하유아독존의 경지에 녹아들기를 바란다.

96

감각이 없으면 세상이 사라지는 것입니까?

수소와 산소는 허공의 이름일 뿐이라는 법문을 보았습니다. 제가 생각할 때 수소와 산소는 단지 보이지만 않을 뿐 존재하는 것 같습니다. 또한 이 둘이 없다면 감각조차도 확인할 수 없다고 하셨지만, 세상을 볼 수 없는 존재, 즉 장애인들에게도 감각기관은 있지 않습니까? 제가 무엇을 오해하고 있는지 알고 싶습니다.

감각능력

감각이 있는 것이 아니라 인식이 있다고 해야 한다.

색깔이 있다 해도 눈이 없으면 색깔이 있다는 것을 증명하거나 확인할 수 없다. 색깔이란 무지개와 같이 단지 빛에 의하여 느껴지는 것이기 때문이다. 그리고 빛이란 그 실체가 없는 것이므로 오직 눈에만 있는 것으로 느껴질 뿐, 갖거나 버릴 수 없는 환상이다.

또한 눈 자체에는 색이 없다. 이는 눈에 물감을 넣으면 세상의 모든 색이 제대로 보일 수 없게 되는 이치를 말하는 것이다. 귀 또한 자체에 소리가 있다면 '이명'이나 '난청'이라는 병에 걸린 것이므로 귀에는 본래 소리가 없다는 사실을 알 수 있는 것이다. 귀 밖의 소리만 없애면 조용해지는 것도 귀에는 소리가 없다는 증거이다. 나아가 다른 감각기관인 코에도 냄새가 본래 없고, 혀에도 맛이 없다. 그렇기에 다른 음식 맛을 볼 수 있다는 말이며, 감촉 자체도 본래는 닿은 느낌이 없기에 바람결을 감지할 수 있다는 말이다. 그러므로 감각에는 색도 없고 소리, 냄새, 맛, 감촉, 뜻이 모두 없다는 것이다.

이렇게 투명하지만 모두를 느낄 수 있는 능력이 있으니 정신적 감각능력이란 환상적이고, 그 잎에 드러나는 섯들도 실체가 없으면서 마치 실체가 있는 것처럼 느껴지게 되니 꿈을 꾸는 것과 다름없는 것이다. 눈도 감고 입도 다물고 자는데 꿈속에서는 보기도 하고, 말도 하듯이, 실제의 감각이란 정신이라는 것을 깨달아야 하고, 정신은 허공과 같이 보이지 않지만 못하는 일이 없으므로 위대하다고 하는 것이다. 그러므로 자기가 감각이라면 곧 투명 인간과 다름없다는 사실을 깨달을 수 있게 된다.

97

기존의 스님들에 대해 비판하시는 이유를 알려주십시오

지금껏 혜안카페의 글을 읽어보았지만 깊은 깨달음을 얻을 수는 없었습니다. 수업 과제에 대한 걱정 등으로 마음을 다해 읽지 못했기 때문입니다. 그리고 세상에 대한 공함을 이해하지 못하는 어리석음이 강할 뿐 아니라 깨달음을 빨리 얻고자 하는 성급한 마음이 있었기 때문이었습니다. 그동안 저는 자비와 사랑으로 두려움과 고통에서 벗어나게 해주시는 분을 보살이라 생각해 왔습니다. 저는 기존의 스님들도 그와 같은 보살님들이라고 보았습니다. 또한 그분들이 세상에 펼치는 불법은 방편이 다를 뿐, 본질적으로 가리키는 곳은 같다고 생각합니다. 표현의 방식과 깨달음이 각각 다를 수 있는데, 그분들의 가르침을 너무 비판하시는 것은 아닌지요? 제가 스님에게 이런 말씀을 드릴 자격이 없는 것을 잘 알고 있습니다. 하지만 저에게 오해가 있다면 씻어주십시오. 혼란에서 빠져나올 수 있도록 도와주십시오.

IMMORTALITY 불멸 1

보살

 언급한 바와 같이 기억대로, 업대로 드러나는 것이 삼라만
상이다. 그리고 삼라만상은 오로지 '지금'에만 존재하며,
이 마음에만 존재한다. 이 마음은 물질이 아니니 나뉠 것도 아니고,
나뉠 수 없으니 둘이 아니다. 또한, '지금'이라고 불리는 절대적 시간
도 둘이 아니니, 일체중생과 삼라만상이 둘이 아니다. 이 모든 것이 합
해진 것을 '나[我]'라고 하는 것이다. 그러므로 석가모니부처님께서는
'천상천하유아독존'이라 하셨다. 그리고 이 '나'이며 '지금'이라는 것
은 '찰나'이므로 얻을 수 없으며, 얻을 수 없으니 '있다'고 말할 것이
아니다.

누구든 혼란이 왔다면 그것은 물질이나 몸을 인정하고, 인간을 인정
했을 때에만 생기는 현상임을 깨달아야 한다. 물질이 인간일 수 없고,
정신 하나만을 인간이라고 할 수도 없으며, 이 둘은 모두 실체가 없는
것이니, '인간'이란 실제로 존재하는 것이 아니었기 때문이다.

석가모니부처님께서는 '무아'를 깨달아 궁성을 넘으신 목적을 달성하
셨다. 즉 마음이란 본래 생사와는 무관하다는 사실을 터득하심으로
써 '생로병사'의 과제를 해결하셨다는 말이다. 마음은 분명 물질이 아
니므로 생사와는 관계가 없지만, 그 마음이 아니면 생사를 생각하거
나 말할 존재도 없다. 이것이 중생을 존재하게 하는 핵심이다.

마음 없이는 물질을 확인할 길이 없다. 물질은 단지 빛의 화합이고,
파장의 화합이며, 허공을 이루고 있는 많은 성분의 화합이니, 실체가

있을 수 없으나, 꿈이 마음에만 존재하듯 마음의 능력에 의하여 물질이 인정되고 확인되는 것이다. 그러므로 이 세계는 마음이 드러내는 것임을 알아야 한다.

한편 분자에서 전자로 쪼개진 후 다시 부서지며 발광(發光)을 하고 나면 허공이 되어버리는 찰나의 광채처럼, 마음이라는 것도 찰나의 생명력을 가지고 있다. 빛의 존재란 마음만이 확인하고 인정하기 때문이고, 빛이 사라지면 마음은 마치 '색이 없으면 쓸데가 없어지는 눈'과 같아, 있어도 소용없는 것이므로 그 능력도 사라지니 빛과 마음은 둘이 아니라는 것이다.

즉 물질과 마음은 둘이 아니다. 그리고 마음은 '지금'과 둘이 아니다. 그러므로 온 우주가 단 하나의 마음임을 인정할 수밖에 없는 것이다. 이것을 '부처', '불심', '불법'이라 하고, '나'라고도 하며, '지금'이라고도 하는 것이다. 바로 불법인 이 지금 속에 펼쳐지는 꿈속의 경치와 사연, 주인공인 '나', 그리고 온갖 감각들은 정말 실감 나고 다양하다. 하지만 모두 '꿈'이라는 단 하나에 귀속되어 있다. 이 세상이라고 하는 것도 역시 그와 같다.

여기서 이 꿈을 이루는 능력은 보이지도 않게 존재하고 있다는 면을 간과해서는 안 된다. 한 송이 꽃을 피우려면 흙과 물과 해와 바람이 있어야 하듯, 꿈을 이루는 데도 기억과 정신적 감각과 분별심과 신념적 판단력이 필요하다. 이런 것 가운데 단 하나만 빠져도 그 꿈은 사라지게 된다. 역시 '지금'인 '불법', 그리고 '나[我]'이며 '부처[佛]'인 '세계'를 이루는 데도 마음의 능력이 있어야 한다. 그것을 이름하여 '보살'이라고 하는 것이다. 석가모니불의 양옆에 모셔지는 두 보살상 중 오른쪽은 견정의 능력을 표현하는 것이니 음양으로 말하면 양이고, '해[日]'이며 손으로 말하면 오른팔이다. 또한 왼쪽은 식정의 능력을 상징하는 것으로, 음양으로는 음이고, '달[月]'이며 손으로 말하면 왼팔이다. 견정의 능력이란 현실을 깨닫는 정신능력이고, 식정은 기억을 깨닫는 정신능력이다. 이 두 가지를 합하면 하나의 주인공이 있게 되니, 그것이 곧 지혜(깨달음)이고, '마니보주'라고도 하며 '석가모니(釋迦牟尼)'를 뜻하는 것이다.

세계도 셋으로 이루어졌고, 마음도 역시 셋으로 이루어졌으며 개체도 셋으로 이루어졌다. 세계는 육진과 육근과 육식으로, 마음은 법신 보신 화신으로, 개체는 좌측과 우측과 중앙으로, 우주는 진공과 허공과 대지로 이루어졌다. 작계는 물고기의 알도 껍질과 흰자와 노른자로 이루어졌고, 세포도 세포막과 세포질과 핵으로 이루어지며, 핵은 소핵막과 염색질과 소핵으로 이루어졌다.

이것이 '삼보(三寶)', '삼신(三身)'의 상징이며 이 모든 것은 '불심'을 말하는 것이나 불심을 이루는 데는 보살이 반드시 그 구성원으로 있게 된다. 이 원대한 근본 법직을 깨닫지 못하므로 존재하시도 않는 사람이라는 입장에서 보살을 찾게 되는 것이다.

이와 같은 무명으로 불경이 미신에 이용되었고, 어리석게 해석되어 과학만도 못한 것으로 추락되었다. 불경보다 위대하고 광대하며 자세한 과학책은 없다. 물질에 대한 가장 큰 지식을 펼친 과학자, 아인슈타인의 세 가지 말을 생각해 보자.

'물질은 왜 내가 볼 때만 존재하는가?'

'공을 본 자는 석가모니뿐이다'

'다시 태어난다면 석가모니의 제자가 되겠다'

아인슈타인은 물질을 쳐다보면서 물질을 보는 감각과 그것을 깨닫는 마음을 알지 못했다. 물질과 감각인 눈과 그 사이에서 피어나는 깨달음이 곧 '삼보'인 것이니, 이것이 곧 하나의 부처이며 '나'이고 '마음'이지만, 항상 둘을 거느린 하나이기에 '셋이 모인 하나'가 곧 '부처'라는 것을 깨달아야 하는 것이다. 하나의 세포에도 '불보살(佛菩薩)'이 어울렸으니 한 몸에는 얼마나 많은 '불보살'이 어울린 것이겠으며, 나아가 한 세계는 어떠하겠는가? 그러나 그 종류는 역시 셋에 불과하다. 하나인 셋. 셋인 하나. 삼위일체. 이 같은 법칙을 펼치지 못하는 자는 깨달은 자가 아니다. 온 우주를 통달한 자가 아니라면 깨달은 자가 아니다. 내 밖에 남이 있다고 한다면 깨달은 자가 아니다. 작은 깨달음도 깨달음이라고 한다면 중생도 결국은 깨달은 자이다. 작은 세포도 결국은 '불보살'이 갖추어졌기 때문이다.

그러나 석가모니부처님께서는 오해하고 있고, 티끌 같은 물질을 자기로 삼고 있는 마음을 중생이라고 이름하기에 깨달음이 차이는 있다고 말씀하셨고, 그 품위(品位)는 아홉으로 나뉜다고 말씀하셨다.

'남'이란 '내 안에 있는 환상'이다. 모든 모습은 오직 나의 눈에 있는 '망막'에 비추어진 것이다. 그러므로 내 안에 있는 남이고, '지금' 속의 '빛'이 곧 남인 것이다. 남을 내 안에 넣지 못하면 남은 적이 되고, 나

IMMORTALITY 불멸 1

는 먼지만한 한 존재에 불과해지지만, 모든 남을 내 안에 넣으면 나만이 존재하는 것이니 우주의 왕이 되는 것이고, 모든 보살을 끌어안게 되는 것이다. 보살을 끌어안고 있다면 부처라고 해야 하나, 아직 육신을 가지고 있다면 부처의 자식이라 해야 한다. '불자', 우리가 불자를 이루는 길은 바로 '지금'이 되는 것이다.

98

공(空)은 경계할 어떤 것인가요?

번뇌(생각)만큼이나 무기(無記) 또한 경계해야 한다고 들었습니다. 그렇다면 공(空) 또한 본성[眞我]이 아닌 경계의 대상이 되지 않을까요?

단 하나의 각(覺)

 번뇌의 작용이나 무기(無記)의 적멸이나 공(空)이나 진아(眞我)나 모두가 둘이 아닌 단 하나의 '각(覺)'이라는 사실을 깨달아야 한다.

번뇌란 우주의 실체를 깨닫지 못한 어리석은 오해에 의해 갈팡질팡하게 되는 마음을 말하는 것이지만, 그 실체는 앞에서 이야기하던 '궁리하는 자'를 말하는 것이다. 그러므로 그 번뇌하는 '궁리능력'이 없다면 번뇌할 수 없게 될 것이므로 당연히 깨달음도 있을 수 없게 된다. 땅에 넘어진 것은 땅 때문이지만 땅을 떠나서는 다시 일어설 수 없듯이, 궁리능력에 의하여 번뇌가 생겨나지만 다시 그 궁리능력을 의지해 깨닫게 되는 것이다. 앞에서 말한 뗏목이 바로 강(江)의 이쪽 편과 저편을 오가던 궁리능력이다. 그러나 차안인 번뇌의 세계를 벗어났다면 이제 저절로 뗏목이라는 궁리능력은 쓸모가 없게 된 것이다.

각(覺)이 잠이 들면 곧 무기가 된다.

그러나 잠이 들었을 때는 잠이 들었다는 생각도 없으므로 세월도 없고 삶도 없고, 죽음도 없다. 그러므로 돌부처가 되는 것이다. 찬란한 깨달음의 천상세계를 누리지 못할 뿐이다.

그러다 다시 깨어나면 항상 꿈의 세계, 즉 환상의 세계가 다가온다.

그러나 한 번도 깨달아 본 적이 없다면 이야기는 달라진다. 세상이 고통스럽다면 다시 잠들고 싶어 할 것이라는 말이다.

이 세상을 분명하게 깨달았다는 것은 이 세상 자체가 천상, 즉 하늘

위에 이루어진 세계라는 것을 깨닫게 된 것이다. 하늘은 정신의 빛이 오가는 곳이다. 그러니 정신이 곧 하늘인 것이다. 깨달음이 오가는 곳이다. 이 자리를 이름하여 부처라고 하는 것이다.

공(空)과 본성을 분별하는 '뗏목'이 오가는 '곳'이 부처이니, 분별도 각(覺)이라는 사실을 깨달아야 한다. 아무리 있고 없음을 분별해도 분별하는 그 자체는 있는 놈도 아니고 없는 놈도 아닌 궁리능력일 뿐이다.

99

관정법사가 아미타불을 친견했다는 사실

중국 관정법사의 『극락유람기』를 읽은 적이 있는데, 극락 또한 정신세계 곧 현상계라는 말씀이 맞는지요? 관정법사께서는 관세음보살님이 이끌고 들어가 아미타부처님을 친견했다는 대목도 있더군요.

아미타불과 관세음보살

아미타(阿彌陀)란 '이 언덕과 저쪽 비탈을 오가는 활'이라는 뜻이다. 즉 앞에서 말한 '궁리능력'의 실체를 말하는 것이다. 즉 마음이라는 강의 이편과 저편을 정신의 빛으로 만들어진 화살이 오가는 모습을 상징한 것이라는 말이다. 이 모습을 본다면 깨달은 것이라고 말한다. 오직 온 우주에 아미타만이 존재함을 깨닫는다면 곧 성불했다고 할 수 있다는 말이다. 그렇게 되려면 세상이 들려주고 있는 소리를 들어야 한다. 즉 세상이 항상 알려주고 있는 환상이라는 소리를 관(觀)해야 하는 것이다. 세상이 없다면 관할 것도 없고 괴로울 것도 없으나, 여섯 가지가 얽혀 찰나를 메우고 있다. 색깔, 소리, 냄새, 맛, 감촉, 그리고 뜻. 그러나 아무것도 얻을 수 없는 것이다. 이것들은 찰나에 사라지고 실체가 없으며, 이러한 사실은 수도 없이 항상 들려주는 세상의 소리다. 이것을 우리는 관해볼 수 있다. 조금만 이해관계를 떠나 조용한 마음이 된다면. 이것이 정신에 본래 갖추어진 관세음보살의 능력이다. 그러니 관세음보살이란 참선수행을 말하는 것이고, 이 관법(觀法)에 의하여 아미타를 만나게 된다는 말은 일리가 있는 말이다. 그리고 극락이나 천상이나 현상계를 분별하여 갈라놓는 것은 단 하나의 세계뿐이라는 사실을 모르는 어리석은 오해에만 존재하게 되는 것이다. 시간은 오직 '지금'뿐이다. 그리고 모든 중생은 과거와 미래로 오가며 '지금'에서 숨 쉬고 분별하며 번뇌한다. 그러니 과거나 미래가 모두 '지금'이라는 '절대적 시간'에 포함되어 있

불멸 *1*
IMMORTALITY

고 일체중생이 이 '찰나적 시간'인 '지금'에 포함되었으니, 삼천대천세계란 바로 '지금' 속에 들어있다. 불경을 바라보되 각각의 그릇대로 채워가듯, 스스로의 깨닫는 수준대로의 지금을 만들게 된다.

꿈은 하나뿐이나 등장인물은 수도 없이 많으니 꿈인 것을 모르는 것이다.

남을 바라보는 원숭이 마음 때문에.

번뇌즉보리

삼천대천세계에 단 하나, 지혜가 존재하니 그것만이 영원히 불변하는 '나[我]'이다. 마음 아닌 것은 없으나 모두가 변화한다. 하지만 이 '보리'만은 변화하지 않는다. 꿈속의 모든 것은 변화하지만 '나[我]'는 변화하지 않는다. 다만 '나'의 깨달음만 변화할 뿐.

번뇌란 찰나에 보리를 스치는 자국들이다.
유리처럼 고요한 강 위를 투명한 돛단배가 투명한 바람을 과거에 지고 투명한 물결을 일으키나 모두가 투명하여 꿈과 같다. 그리고 돛배에는 물결이 없다. 그러나 어리석은 중생은 왜냐고 물으며 빠져든다. 물결 속으로, 물결 속으로. 돛배가 물결 속으로 빠져든다.

만약 마음의 강을 오가는 지혜가 없다면 어떻게 깨달아 살아가겠는가. 그러나 중생의 지혜는 무명에 빠져 수고롭게 '자타'를 오가고 '생사'를 오가며 '애증'에 파묻힌다. 이 모든 것은 돛배가 만드는 물결일 뿐, 머지않아 사라질 번뇌일 뿐이다.

그래도 지혜는 '자타'나 '생사', 또는 '애증'이 될 수 없다.
마치 솜사탕 기계는 솜사탕이 아니듯.

그러나 이 모든 것이 꿈속의 일.

솜사탕이든 솜사탕 기계든 꿈이든.

없다 해도 좋고, 있다 해도 좋다.

이 꿈은 꿈이기에 없다고 해도 좋고

이 꿈은 없기에 꿈이라고 해도 좋다.

그래도 이 꿈의 주인공은 돛단배일 뿐이다.

100

꿈에서 꿈인 것을 알았을 때 꿈을 이용할 수도 있습니까?

꿈에서 꿈인 걸 알았을 때 그저 꿈임을 안 것으로도 족한 것이 겠지만 큰스님의 가르침을 좀 더 잘 이해할 수 있는 한 방편으로 꿈꾸는 시간을 이용해 볼 수도 있는 것은 아닐지, 너무 우스운 질문 같지만 궁금해서 여쭤봅니다. 그리고 정신이 있는데 몸을 움직일 수 없었던 이유는 무엇입니까? 죽으면 그런 상태일까 하는 생각이 듭니다.

꿈과 현실이라는 분별

꿈이든 중음이든 내생이든 모두 이름은 다르지만, 변함없이 흐르는 것이 있다. 바로 누구에게나 공통된 '나'라고 하는 기분이다. 미물에서 영물에 이르기까지 '나'라고 하는 기분은 달라지지 않는다. 작은 개미도 '나'를 가졌기에 먹이를 나르고 전쟁을 하며, 인간 역시 '나'를 가졌기에 의식주를 해결하려 하고 좀 더 편안한 삶을 추구하는 것이다. 그러나 모두 평등한 '나'의 기분을 가졌음에도 미물과 영물의 차별이 생기는 것은 때때로 변화하며 따르는 업에 의해서다. '나'는 항상 그 '나'로서 흐르되, 단지 견해의 변화에 따라 두려움이나 편안함이 달라진다는 말이다.

그러므로 힘든 꿈을 꾼다는 것은 평소의 마음에 나약함이 있었음을 알려주는 것이다. 잠들기 바로 전도 곧 전생에 포함되고, 모든 전생의 업은 그때마다 즉시 결산 되기 때문이다. 또 다른 이유로는 강하게 뿌리박고 있는 한 찰나의 기억에 의해서다. 크게 놀란 일이 있었다든지 심적인 충격을 받았던 사건을 잊지 못하는 것이다. 그리고 마지막으로 흔히 말하는 스트레스에 의한 것으로 풀지 못하거나 쏘기해야 하는 일, 참아야 하는 일 등이 있다는 것으로 보아야 한다. 그러한 것을 꿈에서 해결하려는 것이 어리석은 일은 아니지만 꿈이라는 것을 알고 즐거웠다고 한다면, 깨어났을 때 과연 어떤 기분이 들겠는가. 당연히 여기는 꿈이 아니라는 생각, 다시 현실을 피해 꿈속으로 되돌아가고 싶은 욕망이 생기게 되는 것이다. 그것은 오히려 수행을 뒷걸음질

치게 만드는 꼴이다. 현실과 꿈, 그리고 행복과 불행에서 비롯된 욕망이 생겨났기 때문이다. 그러므로 현실이라는 시간을 모두 꿈으로 볼 수 있도록 관찰해야 한다. 억지로 생각하라는 것이 아니다. 이치적으로 자세히 살펴보면 모두 꿈이라고 볼 수밖에 없다.

꿈은 생각으로만 꾸는 것이므로 주로 꿈속의 자기의 모습은 사라지게 된다. 마치 영화를 보는 눈만 남아 있는 것처럼. 생시라는 시간에도 사실은 그렇지 않았는가. 앞에서 여러 차례 설명한 바와 같이 세상의 모든 색을 보는 눈에는 아무런 색이 없는 것이다. 그러므로 투명하다. 따라서 눈이 나라면 나는 '무아'인 것이다. 없는 것으로, 공한 것으로 이루어진 깨닫는 기계인 것이다.

그러므로 벽을 보면 벽만 있고 나는 없는 것이다. 아니, 벽이 있다는 것은 이미 벽 속에 내가, 즉 눈이 섞여 있다는 것이다. 벽이 깨달음이고 깨달음이 벽이다. 내가 벽이고 벽은 나다. 왜냐하면 벽에 의하여 눈이라는 내가 관념적으로 살아나고 눈에 의하여 벽이 드러나기 때문이다. 이것은 하나다. 그러므로 소리와 귀도 하나고, 손과 물체도 하나다. 눈과 색이 이미 합해진 채로 보이는 것 홀로 존재한다. 역시 귀도 소리 속에 있으므로 소리만이 존재하며, 만져지는 것도 촉각은 대상 속으로 사라진 것이다. 이것이 꿈이다. 설사 내 몸이 보여도 다르지 않다. 내 몸을 만지는 자가 없다. 몸만 존재한다. 이것을 어찌 나와 세상이 만나는 실제라고 말할 수 있겠는가.

평소에 이런 수행을 해나가면 꿈이 힘들 수 없고 현실과 꿈이 둘일 수도 없게 된다. 만약 꿈이라는 것을 따로 깨닫는다면 현실이 다가올 때

내 마음대로 될 수 없는 곳이라는 사실에 막막함이 가슴을 무겁게 할 것이다. 그러므로 현실 속에서 꿈을 찾아내어 '무아'를 즐겨야만 '내 마음대로 하고 싶다'는 생각이 사라지게 된다. 그저 바라보게 된다. 보이는 것뿐이기 때문이다. 꿈이라는 것이 현실화된 것이다. 꿈에서 자기도 모르게 '깨어버리면 된다'고 생각하는 것도 항상 '어떻게 하려는 습관'에 의한 것이다. 꿈은 본래 쳐다보기만 하면 되는 것 아닌가. 오직 꿈뿐이니… 꿈속의 나도 꿈, 꿈속의 악마도 꿈, 꿈속의 사연도 꿈, 오직 하나의 꿈일 뿐이니 꿈이 정신이고 정신이 꿈인 것이다. 어떻게 할 자가 본래 없다. 그러므로 '무아'인 것이며 '관조자'일 뿐이라고 하는 것이다. 그리고 관조 되는 세상 속에 이미 관조자가 들어갔으니 '관조자'를 빼고 나면 세상도 사라지게 된다.

호랑이가 나를 두렵게 한다는 관념은 바뀌어야 한다. 사방의 허공이 모여 호랑이를 드러낸 것이라는 사실을 깨달아야 한다. 사방의 허공이 모여 '나'라는 몸을 이루었다고 깨달아야 한다. 사방이 곧 진실한 '나'라는 것을 깨달아야 한다. 즉 드러난 것 말고는 아무것도 없기에 드러난 것은 허공과 같은 보는 '나'가 모여 이룬 것이라는 사실이 인정되어야 한다는 말이다.

이렇게 수행하다 보면 수행이 곧 업을 이루게 되니 꿈도 자연히 그 업에 따라 꾸어지게 된다. 나아가 내생에서도 마찬가지다. 두렵거나 분노를 억누르려는 '나'를 가지지 않는 평화롭고 따사로운 '나'라는 기분이 존재하는 곳이 나타나게 되는 것이다.

꿈을 꿀 때는 정신의 감각능력이 육신을 외면한다. 그것이 곧 수면의 원리다. 그러므로 급하게 꿈에서 깨어나도 정신이 몸이라고 생각하던 곳으로 옮겨가는 시간이 필요하다. 정신 홀로 놀고 있는 상태, 즉 음의 세계에서 완전히 벗어나지 못한 것이다. 깨어 있는 상태에서도 백일몽 상태나 무아의 상태로 들어갔다면 다시 급하게 몸을 찾아 되돌아가려고 당황하기도 한다. 어떻게 몸으로 들어가야 하는지가 잘 기억나지 않기 때문이다. 이것은 중음에서도 마찬가지다. 죽임을 당했다면 당연히 기절한 채로 삼일 반이 지나야 깨어나지만, 만약 육신을 떠나는 정신이 기절을 하지 않는다면 곧 법신을 보게 되니 자신의 주검을 바라볼 일은 없다. 그러나 육신의 집착이 많았던 이나 정신이 이제 막 육신을 떠나가려 할 때에 육신을 만지고 흔들어 육신을 인식하게 한다면 결국은 육신 곁에서 깨어나게 되므로 육신 곁을 맴돌며 몸을 얻으려는 영혼이 되기도 한다.

그런데 간혹 정신이 몸을 벗어난 상태를 갈구하여 좇는 사람들을 보게 된다. 만약 그 자리가 모든 것을 해결해 줄 것이라 생각한다면 꿈에서 깨어나지 않고 그대로 살고 싶어 하는 마음과 같은 것이고, 그 마음은 꿈이 아닌 다른 한쪽을 정해놓고 염증을 내고 있는 모습이므로 곧 범부의 마음을 벗어나지 못한 것이다. 꿈과 현실이 둘이 아닌 경지를 이루지 못한 어리석음일 뿐이다.

그러니 수행은 꿈이 아닌 현실에서 행해져야 하며, 그것은 언제나 '나는 육신을 벗어나 있다'는 깨달음을 항상 지녀야 한다는 말이다.

101

생각은 단지 육체의 활동이 아닌가요?

인체의 각 기관은 각각 저마다 할 일이 있습니다. 심장은 피를 혈관으로 뿜어주고, 손은 잡고 만지고, 눈은 보고, 폐는 숨을 쉬고… 이 모두가 육체의 활동입니다. 그렇다면 두뇌도 육체의 일부분인데, 뇌가 하는 일이란 바로 생각하는 것 아닐까요? 그럼 마음이란 어디 있다기보다, 생각하는 그 자체가 이미 뇌의 활동이고, 그것이 팔을 들어 올리거나 숨을 쉬는 등의 육체적 활동과 엄밀히 같은 류의 것이 아닌가 생각합니다. 생각이라는 것 역시 뇌라는 육체의 움직임에 귀속된다는 개념은 잘못된 것인가요?

두뇌의 역할

 물질은 절대 허공과 다르지 않으니 육신이 그대로 정신이다. 그러나 정신에는 물질과 정신, 혹은 몸과 마음인 두 가지로 느껴지게 되는 법칙이 있어 나뉘게 된다.

물질이 항상 부서지는 현상을 역으로 보면 본래 작은 것이 합해졌다는 사실을 유추할 수 있으니, 물질이란 결국 미립자의 뭉치[六塵]라는 것을 알게 된다. 미립자는 분자[15]로 이루어진 것이고, 분자는 원자[16]로 이루어졌으며, 원자는 전자[17]로 이루어졌다. 전자가 분해되면 빛[18]을 이루고, 빛이 사라지면 허공[19]을 이루며, 마지막으로 허공이 다시 분해되면 진공[20]을 이루게 된다. 그러므로 물질과 허공과 진공의 실체는 동일한 것이다. 아니, 없는 것[無]이 그 셋의 본성이라고 해야 마땅하다.

여기서 알 수 있는 바는 물질이 이루어지는 과정이란 정신의 감각에만 존재하는 현상이지 따로 객관적인 물질이 존재하는 것은 아니라는 점이다. 곧 정신의 감각능력 끝에 물질이라고 이름하는 환영(꿈)

---

15) 분자(分子) - 미진(微塵)
16) 원자(原子) - 극미진(極微塵)
17) 전자(電子) - 인허진(隣虛塵)
18) 빛 - 깨달음[覺]
19) 허공(虛空) - 기억(記憶) - 물질의 성질(性質)
20) 진공(眞空) - 백정식(白淨識), 무구식(無垢識) - 성질이 사라짐. 즉 무성(無性)

IMMORTALITY 불멸 1

이 본래 존재하게 되는 것이다. 눈을 돌려 바라보면 보이지 않는 것은 없다. 아무것도 없는 허공은 파란색으로, 아무것도 분별할 수 없는 어둠은 검은색으로 보이니, 보는 정신의 감각 앞에는 보이지 않는 적이 없다는 말이다. 그러므로 꿈도 없이 깊은 잠에 든 상태가 아니라면 항상 보이게 되는 것이다. 즉 정신이 활동을 하고 있다면 항상 물질이라는 것이나 꿈이라고 하는 것이 드러나 그 가운데서 다시 육진이 드러나게 되고, 이 육진과 육근이 화합되되 그 가운데 의근에 의하여 있다는 것으로 느껴지게 된다는 것이다. 그러니 오직 정신 하나뿐이지만 정신에는 감각의 주체와 감각의 대상으로 나뉘어 느껴지게 되는 능력이 갖추어져 있다는 것임을 알아야 한다. 오직 하나의 꿈인데도 '나와 남'으로, '세상과 나'로 나뉘어 꾸어지게 되지 않는가.

따라서 정신도 육신과 다른 것은 아니지만 단지 문제는 뇌라는 것에 있다. 뇌의 역할을 한마디로 말하면 중매쟁이와 같다. 즉 송수신을 담당하는 '전화기'의 기능을 갖는다는 말이다.

흔히 마음이란 것을 진공에 비유하고, 분별하는 생각을 허공에 비유하며, 육신을 대지에 비유한다고 생각하는데, 그것은 큰 어리석음이다. 진공과 허공, 그리고 대지 그 세 가지를 빼면 온 우주에 한 치의 공간도 남는 자리가 없다. 육신은 땅에서 옮겨온 음식물의 집합이며 다시 땅으로 흩어지니 대지에 속한다고 해도, 마음이라는 것은 과연 어느 공간에 자리 잡고 있다는 말인가. 이것은 비유가 아니다.

이 세 가지를 합하면 그대로가 마음이다. 여기에 태양(太陽)과 태음(太陰)인 해와 달이 포함되어 칠대(七大)를 이루는 것이다. 즉 하늘[無

念, 有念, 非有非無念]과 해[見]와 달[識], 그리고 하늘에 녹거나[分子, 原子] 떠 있는 사대(四大 = 地, 水, 火, 風 - 별[星])가 합해진 일곱 가지가 곧 마음이라는 말이다. 단지 허공인 생각과 땅인 육신을 이어주는 것이 있으니 그것이 '뇌'의 존재다.

이것은 물질이라고 표현하기도 힘들고 허공이라고 말할 수도 없다. 즉 뇌하수체에서 생성되는 호르몬이라는 것은 허공과 세포를 연결해 주는 것이라는 말이고, 생각인 허공을 대지인 육체로 전달해 주고 역으로 육체에서 발생되는 현상을 생각으로 전달해 주는 중계방송국 역할을 하는 것과 다름없다는 말이다.

하나의 자석을 보면 음극과 양극으로 나뉘는데 그 가운데에 음극도 아니고 양극도 아닌 부분이 있듯이, 뇌란 허공의 끝이면서 대지의 끝이 되는 것이다. 그러므로 뇌가 생각하는 것 같기도 하고, 몸이 느끼는 것 같기도 하며, 때로는 허공이 깨닫는 것 같기도 하게 되는 것이다. 그러나 깨달은 자는 그 셋이 이미 하나임을 알고 있다. 오직 하나인 각(覺)이다.

불멸 *1*
IMMORTALITY

102

"저 산문 밖의 찰간을 꺾어 버려라"

모든 경전이 '이와 같이 내가 들었다'라고 시작되는 것은 기억력이 가장 좋았던 아난존자의 진술을 바탕으로 쓰였기 때문이라고 알고 있습니다. 하지만 다문 제일인 아난존자는 부처님 열반 후에도 깨달음을 얻지 못해 처음에는 제자들이 모여 경전을 집필하는 곳에 참석하지 못했다고 합니다. 슬퍼하던 아난존자는 부처님의 법을 전해 받은 마하가섭에게 "저 산문 밖의 찰간을 꺾어 버려라"라는 법문을 듣고서야 비로소 참구 끝에 깨달음을 얻었다고 합니다. 그 후에 존자는 자신의 기억을 회고하여 경전을 만들게 되었다고 하는데, 아난존자를 깨달음으로 이끈 마하가섭의 화두는 어떤 의미입니까?

여시아문(如是我聞), 그리고 가섭의 화두

 '여시아문'이라는 문자를 번역하기를 하나같이 '이와 같이 내가 들었다'라고 한다.

이 글은 거의 모든 경문의 초두에 붙이는 문구로 유명하다. 그런데 이상한 것은 경문 전체에서 가리키는 것이 '무아', 즉 '내가 없다'라는 것이다. 내가 없다는 것을 가리키면서 어찌 시작은 '내가 들었다'고 하느냐는 말이다. 만약 '나'라는 것이 있다고 착각[我相]하면 '사람'이라는 것도 있게 되고[人相] '사람'이 있게 되면 사회나 부류, 그리고 각각의 편[衆生相]이 있게 된다. 그러므로 자연히 생사가 있는 것[壽者相]으로 인식되어 간다는 것을 가리키시지 않았는가.

'나'가 있다면 반드시 '신심(身心)'이 있게 되니 그 사이를 오가는 생각[智慧]이 생겨난다. 이때 마음은 서(西)쪽으로 향하고 몸은 동(東)쪽을 향하며, 마음은 새로운 것을 향하고 몸은 지난날의 습관을 따른다. 그러므로 몸과 마음[身心]이 나뉘어 있게 되면 그 사이를 마니보주(摩尼寶珠), 즉 지혜가 오가게 된다. 그러나 이 생각이 미혹에 빠지면 불에 타게 되니 번뇌(煩惱)의 화택(火宅)이 되는 것이다. 그러므로 『법화경』「오백제자수기품(五百弟子受記品)」에서 '마니보배를 주었더니 그것을 가지고 거지 생활을 한다'라고 한 것이다. 번뇌란 둘 사이를 오가는 출처(出處)도 멸처(滅處)도 없는 생각을 말한다. 결국 이 생각에 의하여 번뇌와 생사윤회(生死輪廻)에 빠지게 되지만, 이 생각으로 생각의 위대함을 성취하고 나면 이 생각이 곧 마니보주였음을 깨닫게

불멸 1
IMMORTALITY

되는 것이다.

또한 내가 있음으로 남이 있게 되면 '자타'라는 이름이 일어서게 되고, 몸과 마음을 오갔듯이 여기서도 생각은 눈치를 보며 나와 남의 사이를 오가게 된다. 남이 있으면 신심(身心)의 사이를 오가던 번뇌보다 더욱 치성한 불이 일어나게 되는데, 인격이나 사상을 스스로와 맞추어 보며 그 틈으로 하여금 애증(愛憎)과 호오(好惡)를 일으키게 된다. 그사이에 생각은 더욱 많아졌으므로 주위의 사람들과 편(便)을 가르고 무리를 짓게 되어 전쟁을 하고, 통합과 분열을 반복하며, 음모와 살육의 고통을 지어가게 되는 것이다.

이 중에서 가장 극단의 행위는 죽임과 생존이 계속되는 것이니 이 사상(四相 = 我相, 人相, 衆生相, 壽者相)이 가장 큰 번뇌와 악이 되는 것이며, 무명의 독한 뿌리가 되는 것이다.

일체의 모든 물질이란 결국 무너지기 마련이고, 무너지면 반드시 공(空)이 되는 성질을 가지고 있다. 오늘날의 과학도 허공이 모여진 것이 물질이라는 결론에 이르게 되었지만, 허공의 성품이란 '없는' 것이므로 없는 것이 모여서 있는 것이 된다는 논리는 모순된다는 생각을 하게 한다. 이것은 물질이란 감각을 떠나서 따로 존재하는 것이 아니라 단지 감각의 한쪽 끝이라는 사실을 일깨워주는 이치다. 물질은 감각에 속해있다. 즉 물질은 감각 내에서만 그 존재가 증명되니 물질과 감각은 둘이 아니라는 것이다.

그리고 감각이 정신에 의하여 있게 되는 능력이라면 정신과 같은 재료로 이루어진 것이 당연하고, 정신의 실체가 공하다면 역시 감각의 실체도 공한 것이다. 그러니 감각과 하나인 물질의 실체도 공한 것임을 깨달아야 한다.

또한 정신이 '나'라면 '감각'도 역시 내가 되어야 하는 것이고 나아가 '물질'인 몸도 내가 되어야 하며, 몸의 재료가 되어준 '사대'도 내가 되어야 하고 사대로 이루어진 '대지'도 내가 되어야만 논리와 순리에 어긋나지 않는 것이다. 이렇게 보면 '나'라고 할 것이 아무것도 없다. 왜냐하면 모두가 정신이라는 공한 물질로 만들어졌고, 정신은 수없는 것이 모여 이루어진 하나이며, 역으로 보면 정신은 수없는 것을 이루고 있기에 어느 모로 보나 무언가를 '나'라고 정한다는 것은 있을 수 없는 일이기 때문이다. 이것을 모르는 것이 곧 번뇌를 이루고 고통과 윤회를 맞이하는 원인이 된다. 그러므로 윤전생사(輪轉生死)의 근본은 '아상'이었다는 것도 알 수 있다. 이렇게 처절한 고통과 무명에서 빠져나오도록 안내하는 위대한 스승의 설법이 곧 불경의 가리킴이고 '무아'의 가리킴인 것이다.

그렇다면 불경의 초두에 '여시아문'을 쓴 이유는 무엇인가.

조금만 불경의 내용과 맞추어 생각한다면 당연히 번역이 달라져야 함을 깨달을 것이다. '무아'를 가리키는 글임을 알았다면 서두에서 '내가 이렇게 들었다'라며 '나'를 주장하시는 않았을 것이기 때문이다. 따라서 '나'라고 오해하던 것이 사실은 무아였음을 의미하는 '여시아문'일 것이니, '이러함이 나인 것을 들었다' 혹은 '이 정신[是]과 같음이 나[我]였음을 들었다' 즉 깨어 있는 기분[是]이 곧 '신심(身心)'이라는 것을 들었다는 말로 번역하는 것이 본문에서 가리키는 뜻과 보다

상통할 것이라는 말이다.

또한 불경을 부처님께 들을 때에는 항상 '오체투지'하여 청한다는 말도 대부분의 불경 서두에 실려 있다. 오체투지란 몸을 이루고 있는 다섯 가지 티끌[五塵]을 던진다는 말이니 이 오진(五塵 = 色聲香味觸)을 버리고 마지막 법진(法塵)만을 남겨놓은 채 설(說)하심에 감동되어야 한다는 의미이다. 이렇게 법진을 설하시는 것이 설법(說法)이고 청법(聽法)이며 법회의 모습이기 때문이다.

그러나 '아상'을 그대로 둔 채 세상의 일을 배우듯이, 또는 칠판에 써놓은 글씨를 배우듯이 설법을 듣는다면 아무리 많이 듣고 아무리 많이 기억하고 있다 해도 그 기억된 것을 자기로 삼고 있기에 '아상'은 무너질 수 없는 것이다. 아난존자가 오랜 세월 동안 석가모니부처님을 시봉하고서도 깨달음을 얻지 못한 이유가 바로 그것이다. 설법을 듣는 동안 가장 중요한 것은 '나'라고 생각하던 지식의 실체가 '지금'이라는 생명력 있는 시간(찰나적 현실)을 지나쳐 이미 사멸한 시간인 과거 속의 기억일 뿐이라는 사실에 사무쳐야 하는 것인데 오히려 기억을 쌓아 가고 있었다는 말이다. 다시 말하면 기억을 빼면 '나'라고 할 것이 없고 '나'가 없다면 번뇌할 원인도 없어진 것이며, 번뇌의 주인공도 없어진 것이기에 당연히 '무아'가 이루어진 것이고 '해탈'된 상태에 이른 것이라는 말이다. 그렇기 때문에 법이란 기억일 뿐이며 기억은 이미 사라진 허망한 것이고, 이것은 아무리 기억이 난다 해도 현실로 돌아올 수 없는 것이니 결국은 기억을 근거로 하여 세워진 '나[我]'는 있는 것이 아님을 설하셨지만, 오히려 설하시는 내용을 기억하려고 함으로써 기억으로 이루어지는 '아상'이 더욱 커지게 되는 꼴이 되었던 것이다. 이것이 '나'를 없애는 불을 주셨는데 도리어 '불'을 나로 삼게 되는 어리석음이다.

아난은 기억력이 가장 좋은 존재로 정평이 나있었으니 당연히 '아상'이 가장 강했다는 말도 된다. 그렇다고 기억력과 '아상'이 같다는 말이라고 생각하면 오해다. 단지 기억력 속에 들어있는 사연들을 허망한 것으로 생각하는가 아니면 진실하다고 생각하는가에 의하여 '아상'에 직결되는 것일 뿐이기 때문이다. 그러나 불도를 닦기 전에 자신의 기억을 '나'로 삼지 않는 중생은 단 하나도 없다. 따라서 아난은 자신이 가진 수없는 기억들을 자기로 삼고 있었으므로 아상이 가장 강했고, 부처님의 가르침 역시 기억으로 삼는 오류를 범한 것이다.

'찰간'의 정상에는 보주(寶珠)가 불타오르는 모습이 장식되어 있다. 곧 '생각의 형상'을 표현한 것이다. 이 생각의 불[火]로 기억을 이룬 지식을 태우면(비추어보면) 지식은 사라진 기억임을 당장에 깨닫게 된다. 지식 자체가 지워지는 것이 아니라 지식이라는 것이 꿈과 같은 환상에 불과하며, 과거로 사라진 추억임을 깨달으면 진실한 현실적 의미가 사라지게 된다는 뜻이다. 이렇게 지식이 사라지게 되면 더 이상 태울 지식이 없으므로 생각의 불도 자연히 꺼지게 된다. 태울 것이 없는 불이 존재할 수는 없기 때문이다. 그러므로 가섭은 '지식을 자기로 삼고 있는 아난'에게 지식의 실체가 없는 것을 깨달아 '생각'의 불을 끄고, '아상'인 '찰간'을 꺾으라고 한 것이다.

아난이 깨닫지 못했던 것은 '여시아문'이라는 글자를 오해한 지금의 중생과 같은 이유였다. 즉 '나'를 없애 주기 위하여 '나'라는 것이 '무아와 같은 것[如是]'이라고 설하신 말씀임을 깨닫지 못하고, '내가 이와 같이 들었다'라고 생각하며 오히려 '자기'를 주장하였기 때문이라는 말이다. 시(是)라는 글자가 무아를 뜻하는 것은 조용히 앉아 눈을 뜨고 세상을 느끼고 있는 감각 자체를 다시 느껴보면 알 수 있다. 가장 가까운 '이것'이란 즉 '정신'을 말하는 것이다.[21]

돈오점수란 선사들이 던지는 격외구로서 깨닫는 바를 말하는 것이 아니다. 또 자기가 마음임을 깨닫는 것만을 가리키는 것도 아니다. 삼천대천세계가 마음이며 마음이 삼천대천세계임을 깨닫고, 이 모두의 실체가 '없는 것'이며 이 모두가 진실한 것임에 들어 여래장을 떠남

---

21) '이것'이란 '정신'이다

시(是)라는 글자가 무아를 뜻하는 것은 조용히 앉아 눈을 뜨고 세상을 느끼고 있는 감각 자체를 다시 느껴보면 알 수 있다. 앞에서 설명한 색즉시공 공즉시색의 의미를 돌이켜보면, 공을 보는 것은 '시색(是色)'이고 색을 보는 것은 '시공(是空)'이라고 했는데 '시(是)' 자에는 '이것'이라는 뜻이 있으니 '이 색', 또는 '이 공'이라고 번역해야 한다. 그렇다면 과연 '이것'의 진정한 의미는 무엇인가.

세상은 색과 공을 제하고 나면 아무것도 남지 않는다. 그렇다면 그 사실을 아는 놈은 색인가, 아니면 공인가. 색을 알려면 공이어야 하고 공을 알려면 색이어야 하는데 공도 알고 색도 안다면 이놈[是]은 색이면서 공이고 공이면서 색이라는 말이 된다. 그러나 이 온 우주에는 색과 공을 빼면 어떠한 공간도 남지 않는다고 했으니, 색이면서 공이고 공이면서 색인 이것[是]이 차지하고 있는 공간은 어느 곳이겠느냐는 말이다. 그런 여유의 공간은 없다. 그러므로 색과 공 자체가 곧 색과 공을 아는 놈[是]이었다는 결론이 나온다. 이것이 바로 '이것[是]'이다. '이것'이란 '저것[彼]'보다 가까이 있는 것을 이르는 말이다. '저것'을 '아는 놈'에게 가장 가까운 것은 무엇인가. 가장 가까운 '이것'이란 즉 '정신'을 말하는 것이다. 바로 '아는 놈[是]' 자체인 것이다.

없이 기멸(起滅)하고 있음을 말하는 것이다. 후에 아난이 찰나에 모든 것을 깨달아 석가모니부처님의 대를 이을 수 있었던 것은 기억된 불경의 내용과 그 기억을 태우는 불경 내용 속의 가리킴이 화합되어 사리(舍利)를 이루었기 때문이다.

불경은 '지혜의 불'이다.
불경은 기억을 태워 깨달음을 얻게 하는 불[火]이다.
그러므로 사리의 의미란 깨달음이요,
기억이란 사방이 벽으로 둘러쳐진 집[舍]을 말한다.
이 '기억의 집[舍]'을 '이로운 분별의 불[利]'로 태워
남게 되는 '깨달음 [覺]'을 '사리'라고 하는 것이다.

103

4대 생불(生佛)과 깨달은 이들의 윤회

 세계에는 4대 생불이 있다고들 합니다.

 깨달은 자에게는 여기가 곧 천상이고 극락이라 또다시 극락을 찾을 필요가 없듯이, 부처를 아는 자라면 일체중생 그대로가 곧 생불이며, 이미 생사가 없는 줄을 알 것이니 생불이나 사불(死佛)을 논하지 않을 것이다.

 그런데 생불이라는 것은 누구의 견해입니까? 생불이라고 말하는 것은 부처라는 것을 인정해 준 깃인데 부처임을 인정해 준 또 다른 부처가 있는 것입니까?

천상천하유아독존이라는 말씀을 깨달은 이라면 자타가 있을 수 없을 것이니, 누가 누구를 이런 자이며 저런 자라고 결정지을 수 있겠는가. 천상이든 천하든 오직 깨달음뿐임을 알지 못한 자가 결정하려 하고 결정지어졌다고 생각하는 것이다. 그러나 누구든 결정은 이미 홀로 하고 있는 것이며, 만약 남에 의하여 결정을 내린다 해도 결국 그 결정은 스스로가 한 것이다.

 또 생불의 의미가 무엇인가요?

중생은 생(生)과 사(死)를 나눈다. 그러나 끓여 먹은 음식을 쌓아 만든 육신을 살아 있다고 할 수도 없을 것이고 보이지도 않고 만져지지도 않는 마음을 죽은 것이라고 할 수도 없을 것이니, 실제로 생과 사는 오직 어리석은 번뇌 속에만 존재할 뿐 그 어디에도 없다. 그러니 어리석은 자의 의미에만 어리석은 생각으로 존재하는 망상 속의 성인(聖人)을 생불이라고 하는 것임을 알 수 있다. 어리석은 자의 눈으로 뽑은 대통령이기에 결국 선출된 대통령도 어리석은 대통령일 수밖에 없고, 그러므로 다시 어리석은 정치에 시달리며 어리석은 나라에 살게 되는 국민을 어리석은 나라의 국민이라고 한다. 또 거지의 견해로 본 위대한 사람은 당연히 거지왕일 뿐이듯이 생사일여의 진실을 모르는 자가 생불이라고 한다면 생불이라고 하는 자나 생불이라고 일컬어지는 자나 둘이 아닌 것임을 깨달아야 한다.

그러므로 그 둘 속에는 사불도 없고 생불도 없다. 그리고 생사가 둘이 아님을 깨닫는다면, 이 세상이든 어느 곳이든 삶의 의미에 의하여 고통을 받고 있었다는 것도 깨닫게 될 것이다. 의미가 고통의 씨앗이다. 번뇌의 씨앗이다.

중생이 곧 부처로 이루어진 것이니 부처는 중생을 이루는 것이며
중생은 스스로가 부처였음을 깨달을 존재이고
부처는 중생에게 부처임을 깨닫게 할 존재이다.
그 누가 누구를 가리켜 따로 부처라고 말하고 중생이라고 하는가.
어리석어진 부처의 이름이 중생이다.
현명해진 중생의 이름이 부처다.
그러나 이 모두는 이름일 뿐 그 실체는 없다.
그것이 정신이고 깨달음이다.
이것을 모르는 깨달음에게
중생이라고 이름하는 깨달음이 곧 부처다.

 깨달은 이들은 더 이상 윤회하지 않나요?

 우선 윤회하게 되는 법칙을 간략히 설명한다.
허공에는 사방이 있고 이 사방은 각각의 능력을 가지고 있

다. 물론 능력 자체는 영원히 볼 수는 없는 힘이다. 바람으로 인해 몸의 솜털이 움직여 바람을 느끼고 낙엽이 뒹구는 모습으로 바람을 느끼며, 나뭇잎이 흔들리며 내는 소리를 통해 바람을 느낄 수는 있지만, 바람 자체는 영원히 확인할 수 없는 것과 같다. 허공의 네 가지 능력이란 막히는 능력, 모이는 능력, (흩어지면서) 밝히는 능력, (평등해지려는) 움직임의 능력이다.

이것을 정신의 능력으로 말하면 감각하는 힘, 기억하는 힘, 사량(思量)하는 힘, (부족함을 채우려) 행동하는 힘이라 할 수 있다. 이 사방의 힘이 어느 한 지점[處]에 인연을 따라 집중되게 되면 그 자리에 네 가지 힘이 합쳐진 하나의 환상이 드러나게 되는데, 이것은 각각의 상호작용으로 인해 존재하게 되는 것이고, 상호작용은 본래 여래가 갖춘 하나 속의 둘이라는 법칙에서 비롯되는 것이다. 하나의 자석에 음극과 양극이 대립(對立)하여 있는 것과 같다. 즉 기억의 힘은 분별을 살아나게 하고 분별은 기억을 살아나게 한다. 그 두 가지에는 선후(先後)가 없다. 왜냐하면 허공은 끝이 없기는 하나, 결국은 한 덩어리기에 그 속의 어느 것을 먼저라고 말할 수 없기 때문이다. 단지 중생끼리 우연히 눈이 마주치듯, 인연이라고 말할 뿐이다.

이렇게 그 네 가지 힘이 '모이는 능력'에 의하여 화합되고, 회합된 환상은 '평등해지려는 능력'에 의하여 다시 '밝히면서 흩어지는 능력'으로 드러나게 되는데, 이때 그 환상에서 육진이라는 여섯 가지 색이 흩어져 나온다. 그리고 이것은 다시 '막히는 능력'에 의하여 느껴지게 되고, 이 느껴진 감각들은 처음과 같이 모이는 힘에 의하여 모이고 다시 흩어지는 생멸을 반복하게 된다.

이것이 중생이 생각하는 자기의 '몸'이고 '마음'이었다. 그러나 심신(心身)의 시발점은 허공인 사방이었다는 사실을 잊어서는 안 된다. 단지 나타난 것을 바라보는 정신의 힘에 의하여 실체가 있다고 착각을 하게 될 뿐이다. 마치 꿈이 나타났다면 아무런 생각도 없던 마음에서 생겨난 것이므로 분명히 환상임에도 불구하고, 단지 나타난 것을 분별, 집착하기에 급급한 나머지 꿈이라는 사실을 깨닫지 못하게 되는 것과 같다. 그러나 정신에 나타난 꿈은 실체가 없는 것이고, 잠이 들었던 정신은 꿈이 없다는 생각도 없었던 것이기에 모두가 헛것임은 두말할 나위가 없는 것이다. 만약 이러함을 깊이 깨달아 아는 자라면 더 이상 몸과 마음이 있다는 생각을 짓지도 않을 것이고, 슬프고, 기쁘고, 무섭고, 오만한 마음을 가지지도 않을 것이다. 왜냐하면 마음의 본성은 잠이 들었을 때와 같은 무심이기 때문이다.

이와 같이 생각을 짓지 않는다면 생각이 오가는 것이 아니기에 죽고 산다는 생각도 사라지게 될 것이다. 생각이 오가지 않는 것을 윤전하지 않는다고 하며 윤전하지 않으면 생사가 따를 수 없다는 말이다.

본래에는 허공의 놀음이기에 윤회라는 것은 있을 수 없다. 허공이 움직인 것은 움직임이라고 할 것이 아니기 때문이다. 그러므로 허공과 같은 정신이 움직인 것도 움직임이 있었다고 말할 수는 없는 것이다. 그리고 이렇게 깨닫고 있는 존재도 역시 허공과 같은 것이기에 모두 하나의 허공인 정신이 노는 것일 뿐이고, 그 아는 것이 곧 사방이며 사방은 온 우주이므로 '나'라는 생각이나 '사람'이라는 생각, 그리고

'인류'라는 생각과 '생명'이라는 생각이 있을 수 없는 것이다.

이것이 온 우주와 하나가 되는 모습이다. 그러나 이 인간의 모습을 버리지는 않는다. 버리고 버려도 이 현상은 영원할 것이기 때문이며 이것이 허공의 공덕이기 때문이다. 또한 우주가 인간의 모습으로 변했으니, 인간의 모습으로도 우주를 두루 감쌀 수 있기 때문이며 누릴 수 있기 때문이다. 어떤 모습이라 할지라도 우주의 안에 있으며 내 안에 있는 것이고 우주로서 있는 것이다. 이렇기에 우주의 실체를 깨달은 자는 윤회하지 않는 것이 아니라 본래 윤회하는 것이 아니었음을 깨달은 것이라고 보아야 하며, 이미 '자기'라고 할 것이 '우주'와 하나가 되었으니 또다시 어떻게 될 것도 아니고 어떻게 된다 해도 모두 환상이니 이름하면 당연히 허공의 몸을 갖게 되는 것이다. 이것이야말로 천상의 몸이 아닌가.

그리고 '업'이라는 것은 윤전하는 마음의 '그림자'인데 이미 허공인 정신이 자기였고 우주였음을 깨달았으니 남[他]이 없어진 것이고, 몸과 마음이 따로 없는 것이 되었기에 더 이상 심각하게 고뇌할 것이 없으므로 윤전할 번뇌가 사라진 것이니, 업이 깨끗해질 수밖에 없는 것이 당연한 이치다. 그리고 생각을 한다 해도 그 생각이 없는 것임을 잘 알고 있기 때문에 업이 쌓여도 쌓인 바 없다는 사실에 계합하게 된다. 즉 모든 업장이 맑고 투명한 것으로 쌓인다는 말이다.

이것이 대자유인이다. 온 천지가 아무래도 아무렇지 않은 편안한 마음. 이것이 깨달은 자이며 가장 지혜로운 자이다.

104

괴로움의 원인을 삼법인 때문이라고 할 수 있나요?

괴로움의 종류에는 총 8가지가 있다고 합니다. 그런데 이런 괴로움이 생기는 원인을 삼법인 때문이라고 할 수 있나요?

제행무상(諸行無常)

모든 존재는 무상한 것인데 유상한 것이라고 생각하니 괴롭다.

제법무아(諸法無我)

모든 존재는 무아인 것인데 유아인 것이라고 생각하니 괴롭다.

열반적정(涅槃寂靜)

모든 존재는 열반인 상태인데 번뇌하는 것이라고 생각하니 괴롭다.

저 혼자 이렇게 정리해 봤는데 아직도 확신이 서질 않습니다. 이렇게 생각해 보면 삼법인을 깨닫는가 깨닫지 못하는가에 따라 중생과 깨달은 자가 구분된다는 말과도 통합니다. 하지만 삼법인을 깨닫는다는 것이 구체적으로 어떤 의미인지 어렵습니다. 삼법인에 대해 자세한 설명 부탁드립니다.

삼법인(三法印)

 법인(法印)이란 곧 삼법인을 말함이다.

제행무상인(諸行無常印), 제법무아인(諸法無我印), 열반적정인(涅槃寂靜印)이다. 이 말은 현실로 드러나는 법에 세 가지 결정된 특징이 있음을 설명한 것이다.

법은 다시 둘로 나뉘니 유위법과 무위법이다.

유위법이란 세상에 지금 드러난 것을, 무위법이란 마음속에 드러나는 것을 말한다. 즉 육진을 뜻하는 것이니 육진의 이름에 따르는 의미를 유위법이라 하고, 찰나에 기억으로 변화한 '유위법의 그림자'를 이름하는 것으로 그 이름에 따르는 의미를 무위법이라고 한다. 또한 '저것[彼]'이라고 한다면 눈앞에 있는 것을 이름하며[有爲法], '그것[其]'이라고 한다면 스스로의 마음속에 기억된 어떤 것을 말하는 것이다[無爲法]. 이것을 유위법과 무위법의 차이라고 볼 수 있다.

그러나 이 두 법은 사실 둘일 수 없다. 마치 거울 속의 그림과 거울 밖의 모습이 서로 다르지 않지만 단지 비추는 방향에 따라 달라지는 것처럼, 보는 자의 견해에 따라 의미만 달라질 뿐, 눈 밖의 것과 눈 안의 것이 다를 수는 없기 때문이다. 다시 말해 바깥의 꽃을 보면 당연히 마음속에도 그 꽃이 그대로 느껴졌기에 꽃이라는 깨달음이 생겨난 것이니 깨달음을 생겨나게 한 이 둘은 다르지 않지만, 깨달음은 각자마다 다를 수 있다는 말이다.

예를 들어 눈앞에 꽃이 있다고 하자. 그 꽃은 당연히 눈의 망막에 비취진 그림자로 된 꽃과 모습이 동일하다. 눈 밖의 꽃과 망막 속의 그림자는 둘이지만 우리는 한 개의 꽃만을 인식한다. 눈 밖의 꽃과 눈에 비친 꽃이 나뉘어 보이지 않는다. 그러므로 이 둘은 서로 같은 것이다. 둘이 아닌 둘이라는 말이다.

이때 그 둘 사이에서 '꽃이다'라는 '깨달음[覺]'이 나오게 된다. 곧 깨달음은 꽃과 그것을 바라보는 눈이 만났을 때 생겨나는 것이다. 그러나 역으로 생각해 보면, 만약 이 깨달음이 일어나지 않았다면 눈이나 꽃이 마주해도 꽃은 세상에 없다는 것도 알 수 있다. 혼절한 사람은 깨달음이 없기에 정상적인 눈과 눈앞의 꽃이 있다고 하더라도 결코 '꽃이 있다'라고 인식할 수 없는 것과 같다.

그러므로 실제로 꽃이라고 하는 것은 깨달음에 의하여 인정되고 존재하게 되는 것이며, 깨달음의 과정을 거친 후에야 비로소 그 의미를 갖게 되는 것이니, 사실 꽃은 곧 '깨달음'이었다는 사실을 알아야 한다. 이것이 '법'이다.

하지만 비단 눈 밖의 꽃으로만 깨달음이 생겨나는 것은 아니다. 마음에 기억된 꽃을 마음의 눈으로 보게 될 때에도 그 사이에서 '그때 그 꽃'이라는 깨달음이 생겨난다. 이것 역시 기억 속의 장면인 대상과 마음의 눈이 마주하여 생겨난 법이다.

그러므로 법이란 모두 대상과 눈의 사이에서 생겨난 것이기도 하고, 문득 생겨난 것이기도 하며, 또한 눈에서 생겨났다고만 말할 수도 없는 것이기도 하고 대상인 꽃에서 생겨난 것이라고 할 수도 없는 것이다. 둘 사이에서 생겨났다고 하지만 꽃이라고 깨달은 이 깨달음이 없다면, 대상인 꽃도 없고 눈도 있다고 할 수 없다. 눈을 뜨고 꽃을 보며 다른 생각에 빠진다면 꽃은 보이지 않는다. 아니, 없다는 생각도 없다. 그때는 단지 다른 깨달음만 존재할 뿐이다. 그러나 문득 앞의 꽃을 인식하면 이때 비로소 꽃이 깨달아지고 그때에야 눈과 꽃이 마주하고 있었음도 알게 되는 것이다. 그러니 마주하는 눈과 색, 둘 사이에서 깨달음이 생겨났다고도 할 수 없다는 말이다. 이것은 허깨비[幻]와 같은 꿈이다. 꿈은 어디에서 생겨나오고 어디로 가는 것인지를 말할 수 없다. 만약 정신에서 나왔다고 한다면 정신이 있을 때 나와야 한다. 깊은 잠에 빠진 수면상태에서는 정신이 없다. 정신이 없다는 것도 없는 완전히 무심이다. 그러나 그 상태에서 스스로의 의사와는 상관도 없이 온갖 황당한 깨달음으로 얽혀진 꿈이 나타나게 된다.

그러니 무심에서 유심이 나왔다고 해야 하겠지만 이것은 논리가 없는 말이다. 이 깨달음이라는 것은 생겨난 곳이 어디라고 말할 수 없다. 그러므로 깨달음이라고 이름하는 법이란 유위법이든 무위법이든 모두 환상이라고 해야 할 것이다. 무심에서 나온 것이라면 역시 나온 뒤에도 무(無)이어야 할 것이고, 유심에서 나왔다면 생각하고 있을 때도 꿈이 꾸어져야 할 것이나. 그러나 그렇지 않다면 이것은 환상이라고 해야 하며, '물도 아니고 허공도 아닌 물거품'과 같은 것이라고 말해야 마땅할 것이다.

일체의 물질이란 보는 자가 없으면 그 존재의 실체를 정립할 수 없는 것들이다. 그리고 '보는 자'란 앞에서 말했듯이 단지 '깨달음인 법'일 뿐이다. 물질이라고 하던 것의 실체는 색과 눈의 사이에서 나온 '보인 다'는 깨달음인 유위법이었고, 마음이라고 하던 것은 기억을 빼고 나면 수면상태와 같은 무심이니, 마음이라고 할 것도 없으므로 결국은 기억을 마음이라고 했던 것임을 알 수 있다. 또한 기억은 유위법이 찰나에 사라져 생겨난 그림자이니, 실체가 없는 것이므로 '있는 것[有]' 이라고 할 것도 아니고, 결국 그 허망한 기억과 기억을 보는 심안(心眼 ‒ 허공 같은 마음의 눈)이 만나서 생겨난 '그것'이라고 표현되는 무위법이었던 것이다.

그러니 몸이라는 것도 환상인 법이고, 마음이라는 것도 환상인 법이다. 만약 유위법의 실체가 깨달음으로 이루어진 환상인 줄 안다면 무위법은 더욱 존재로서의 의미를 부여받을 수 없게 되므로 유위와 무위가 모두 의미를 잃게 되고, 그때 둘이 아닌 경치를 보게 된다. 그러므로 오직 하나의 실상이 드러나게 되는데 이것이 깨달음, 즉 각성(覺性)이고 일체법이라고 하는 것이다.

각(覺)이란 불(佛)이고, 부처란 곧 깨달음을 뜻한다. 법이란 결국 깨달음이고 깨달음은 부처를 말하는 것이니 이것은 단 하나의 이름인 것이다. 이것을 진여실상(眞如實相)이라고 하는 것이며, 심법 또는 불법이라고 하는 것이다.

이 일체의 깨달음은 눈에서 꽃으로, 꽃에서 눈으로, 그리고 마음의 눈에서 기억으로, 기억에서 마음의 눈으로 항상 움직이며 새로운 깨달음을 만들어 나가고, 그만큼 많은 생각들이 다시 기억으로 사라지게 된다. 이리저리 분주하게 움직이다 멈추면 멈춘 것도 모르는 수면상태에 빠지게 되니 그것은 시간이 아니다. 그러니 사실 멈추는 것이 없이 변화하는 것이라고 말해야 한다. 깨어 있을 때는 한 생각으로 있을 수 없으니 멈춤이 없는 것이고, 멈추었을 때는 멈춘 것도 모르니 멈춘 것이 아니라는 말이다. 또한 깨달음은 오는 자리도 없이 찰나에 나타나지만, 다시 찰나에 '지금'을 스쳐 지나가 기억이 되어 버리고 마는 '찰나적 수명'을 가졌을 뿐이니 멈추는 시간이 없다. 이것이 무상이다. 깨달음이라고 불리는 법이란 항상 움직이지만 잠시도 같은 상태를 유지하지 못하고 사라지며 변화하는 것이기에 환상이라고 할 수밖에 없는 것이다[諸行無常].

그리고 이렇게 찰나도 버티지 못하고 사라지는 법이 나타나고 사라진 자리를 기억이라고 하나, 기억은 과거도 아니고 지금도 아니니 그 자리가 없다. 기억을 하는 시간은 '지금'이니 기억은 과거에 있는 것이 아니지만 기억의 사연은 이미 지나간 것이므로 '지금'도 아닌 것이기 때문이다. 따라서 법은 '그것'이라고 할 것이 없다. 즉 '자성'이 없다는 것이다. 또한 눈과 색이 합해지고 소리와 귀가 합해져서 생겨난 법이기에 역시 자성이 없다.

깨달음은 모습이 없다. 그렇다고 무심도 아니다. 그 무엇도 아니다. 없지는 않지만 이것 말고는 모든 것이 사라지기도 한다. 그러니 모두이면서 무엇도 아니다. 이것이 자성이 없는 깨달음이고 법이다. 자성이 없는 것[無自性]을 '무아'라고 하는 것이다[諸法無我].

이렇게 무아의 법을 깨닫게 되면 '무아로서의 법'이기도 하며 '실다운 의미가 사라진 법'이기도 한 '환법(幻法)이 생멸'하는 것이 이 현실임을 깨닫게 된다. 이렇게 환법이 무상하게 무아로서 찰나에 생멸하는 정신의 작용이란 마치 아지랑이가 아른거리는 것과 다름없고 살랑바람에 일렁이는 잔잔한 물결과도 같다. 이것이 열반의 모습인 것이다. 그러므로 '삶'이란 '열반'이다. 그리고 열반은 '생로병사'요, 육도윤회이며, 희로애락이다. 곧 삼천대천세계의 온갖 차별이 열반인 것이다. 그러나 어디에서 오는지, 어디로 가는지 정처(定處)도 없다. 온 놈도 없고 간 놈도 없으며, 깨달아 움직여도 바람과 같을 뿐이고, 사라져 다시 쌓여도 구름과 같을 뿐이다. 아무런 자국도 남음이 없으니, 이것을 열반적정이라고 한다[涅槃寂靜].

이제 이 삼법인이 '나[我]'이며 '무애인(無礙人)'이니 이 삼법인의 '삶'을 즐기시라.

105

가르침의 으뜸이라 불리는 『법화경』에 대해서

요즘 『법화경』 사경을 하고 있습니다. 그런데 사경을 하다 보니, 『법화경』은 석가모니부처님의 설법 중 으뜸이라는 말씀이 나왔습니다. 무슨 뜻인지요? 혹 대중에게 가장 좋은 경이란 말인지, 절대적으로 으뜸인 경이란 것인지요? 그리고 절을 할 때 대부분의 보살님들께서 '나무아미타불 관세음보살'이라 하시던데 '나무석가모니불 관세음보살'이라고 하면 예의에 어긋나는 것인가요?

실상묘법연화경(實相妙法蓮華經)

『법화경』의 원명은 '실상묘법연화경(實相妙法蓮華經)'으로, '실제의 모습이라 하는 것은 빛으로 피어나는 묘한 법의 흐름'이라고 번역되고, '이 세계의 실상이란 정신의 빛으로 피어나는 오묘한 법의 세월', '빛으로 이루어진 법의 경전' 또는 '환상법의 흐름'이라는 뜻을 담고 있다. 대부분의 경(經)에서 일체의 모습이 환상임을 설하고 있다면, 『법화경』은 그 '환상의 세계' 즉 '법화의 세계'를 직접 느끼게 하고 감상케 한다. 결국 '이곳'에서 천상의 모습을 깨닫게 하는 경이라고 할 수 있으며, '지금'의 경치를 낱낱이 확인하는 경이라고 할 수 있다. 따라서 다른 경전이 '가는 길'을 설명했다면 이 『법화경』은 궁극에 도달되어 안락함을 확인하는 과정을 그렸다고 보아야 한다. 이에 『법화경』을 불경 중의 으뜸이라 말씀하셨고, 「화성유품」에서는 제자들이 화성에 당도하여 쾌락함을 즐기는 모습을 나타내신 것이다. 아래에서 좀 더 자세히 살펴보도록 하자.

1. 색은 눈이 없으면 그 존재성을 잃는다. 오직 눈으로만 확인되고, 빛으로 이루어진 것이 색이므로 마치 환상과 같은 것이며, 눈이란 색을 보려면 그 자체가 맑은 유리와 같아야 가지가지 색을 보는 것이다. 만약 단 한 가지의 색이라도 눈을 막고 있다면 세상은 모두 그 한 가지 색의 세계가 되기 때문이다. 마치 녹색 안경을 쓰면 세상의 모든 색이 연하고 진한 녹색의 세상이 되는 것과 같은

것이다. 그리고 보이는 현상이 생기면 '보인다'는 깨달음이 생(生)하고, 깨달음이 발생되면 '정신이 있다'고 하는 것인데 '보인다'는 현상은 눈과 색이 화합되지 않고는 있을 수 없는 현상이다. 곧 빛으로 이루어져 찰나도 머물지 못하고 사라지는 환상과 같은 색과 허공처럼 맑은 눈이 서로 만나서 이루어진 것이 '보인다'라는 현상이므로 모두가 있다고 할 수 없는 '허망함의 화합'인 것이다. 그리고 암수의 두 소가 만나서 새끼를 낳으면 소가 나오듯, 두 허망함이 만나서 나온 것도 허망함일 수밖에 없는 것이므로 '보인다'는 생각도 허망함이라, 그 실체는 정신에만 있을 뿐 드러낼 수는 없는 것이다.

2. 그러므로 일체 모든 것은 '보인다'는 생각일 뿐이다. 만약 '보인다'는 생각이 없다면 '눈과 색'은 어디에도 없기 때문이다. 또한 생각이란 그 실체를 볼 수도 없고, 물질도 아닌 것이므로 환상과 같은 깨달음의 세계이며 정신의 빛에 의하여 드러나는 묘한 법의 세계다. 그 묘한 정신의 세계는 여섯 가지가 갖추어지고 어우러져 법화의 세계를 장엄하는데 그것이 바로 '보인다', '들린다', '향기롭다', '달콤하다', '부드럽다', '자비롭다'라는 생각, 즉 법으로 이루어진 세계이나 정신 가운데 이루어진 것이니 환상과 같다. 이제 이렇게 세상을 바라보면 오직 '생각'의 세계, '깨달음'의 세계로 보이게 되는 것이다.

1번에서 가리키는 내용이 대개의 경전이라면, 2번에서 가리키는 내용은 『법화경』이나 『화엄경』 등이 되는 것이다.

부처님의 명호는 역시 마음의 기능을 드러내는 대명사일 뿐 실제로 그 존재가 따로 있는 것은 아니다. 일체만유와 일체중생이 모두 환상이고 마음인데 부처만은 진실한 몸이라고 한다면 이치에 맞는 말이겠는가. 그러므로 '아미타불'을 주불(主佛)로 하거나 '석가모니불'을 주불로 하는 것은 마치 기억을 할 때는 정신 가운데의 기억능력이 주(主)가 되는 것이고, '지금'을 느낄 때는 정신 가운데의 감각능력이 주가 되는 모습을 나타낸 것임을 알아야 한다.

그리고 주불을 식정인 과거의 생각과 견정인 미래의 생각이 보좌하기에 항상 불상을 셋으로 모시는 것이다. 즉 파란색을 느낀다면 '파랗다'라는 것은 기억이니 음의 정신이고, '느낀다'는 앞을 보는 것이므로 양의 정신이기에 '파란색이 보인다'라는 주된 깨달음의 옆에는 음양의 정신이 양쪽으로 이미 보좌해 주고 있었다는 말이다.

그러므로 그리 크게 분별하여 이것은 맞고 저것은 틀리다고 할 것은 아니지만 모두가 생각이고, 생각은 환상이며, 환상은 꿈인데, 꿈속에서의 시시비비(是是非非)에 무슨 의미가 있겠는가. 그저 이 경치에 흠뻑 취해보는 것이 '실상묘법연화경'에 한발 다가서는 것 아니겠는가.

106

색에 머무는 바 없이 보시를 하라는 뜻이 무엇입니까?

머무는 마음 없이 어떻게 보시를 할 수 있는지요? 아무 생각도 없이 준다는 것은 이해가 되지 않는데 어떻게 받아들여야 할까요? 저에게 일어나는 모든 생각들을 모른 체하라는 뜻인가요? 어떤 스님은 그 가르침이 '복을 돌려받겠다는 기대를 하지 않고 남들에게 보시하라', '집착하는 마음을 내지 않고 남들에게 보시하라'고 해석해 주셨습니다. 불교 공부를 시작한 지 꽤 되었지만, 스님들의 지나가는 한마디는 저에게 큰 걸림돌이 됩니다. 눈에 보였다면 이미 색에 머문 것 아닌가요? 또 주려는 생각 없이 어떻게 보시하는 행위가 일어날 수 있는지… 이해가 가지 않는 말씀은 저에게 해가 될 뿐인 것 같습니다. 도와주세요.

부주색보시(不住色布施)

이 시대 대부분의 이들이 불경을 이해할 수 없는 글로 인식하고 있으며 그로 인해 불교를 외면하게 되기도 하고, 더 나아가서는 오히려 진리를 무너뜨리는 상황을 만들기도 한다. 불경 속에 담겨진 참다운 세상의 원리와 실체, 그리고 나의 참모습을 발견해 내지 못하기 때문이다. 불경을 해석하려면 최소한 나와 남, 그리고 그 생각을 하는 정신의 움직임 등에 통달하여야 한다. 모든 책들이 그러하지는 않겠지만 오직 마음뿐인 가리킴을 벗어나서 해석되는 것이 문제인 것이다.

『금강경』의 「묘행무주분(妙行無住分)」에 나오는 '부주색보시'를 '색에 머물지 말고 보시하라'는 것으로 해석한 것이 그 대표적인 예이다. 불경의 진리를 알기 위해서는 먼저 내용의 경치를 살펴야 하는데, 아무리 좋은 말을 하더라도 실제와 어긋난 경치를 본다면 어리석은 분별이 되기 때문이다.

'부주색보시'가 나오는 「묘행무주분」의 바로 앞 장인 「대승정종분(大乘正宗分)」을 보면 스승께서 제자에게 '보살에게 네 가시 상(相)이 있다면 보살이 아니다[若菩薩 有我相 人相 衆生相 壽者相 卽非菩薩]'라고 말씀하시고, 이어 「묘행무주분」에 이르러 '보살은 머무는 바 없는 법을 상응하며 보시를 행한다. 이른바 머물지 않는 색을 보시함이며, 머물지 않는 소리, 향, 맛, 촉감, 의미를 보시하는 것이다[菩薩於法應無所住 行於布施 所謂 不住色布施 不住聲香味觸法布施]'라고 말씀하신다.

이 말씀은 '세상의 모든 것이란 여섯 가지 육진을 벗어날 수 없으며 이 여섯 가지는 잠시도 머무는 것이 아니니, 마치 얼음조각이 시간을 따라 본래의 모습을 잃어가듯 일체는 찰나마다 변화함을 멈추지 않고 완전히 사라진다.'는 뜻으로 해석할 수 있다. 이것은 세상의 실체는 얻을 수 없는 것이니 잠시도 머물지 않고 변화하는 허망한 육신을 나로 삼지 말라는 가리킴을 주시는 것이다. 아무리 단단한 쇠도 어느새 녹슬어 결국 사라지는 것과 같이 육신 또한 늙고 병들어 사라지게 된다. 그리고 '보살'이란 그러한 몸을 바라보고 있는, 보이지 않는 마음을 지칭하는 것이니, 곧 '정신'을 말한다. 바로 이 글을 읽고 있는 '그 마음'이고, 이리저리 생각을 굴려보며 시비를 가려보는 '이 정신'이다. 보살은 본래 '그대의 마음'을 뜻하는 말이지만, 그 사실을 깨달으면 보살이라고 부르고 그렇지 못하면 중생이라고 하는 것이다. 그러므로 보살은 지금인 찰나에 공한 이 몸의 색과 소리, 냄새, 맛, 감촉 등을 모두 남의 감각기관을 위하여 나누어 주고 있음을 잘 안다.

여기서 남을 위하여 육신의 여섯 가지[六塵]를 나누어 준다고 하는 것은 무슨 의미인가. 세상의 색이나 소리가 모두 사라진다면 중생의 눈과 귀도 쓸모가 없어지고, 나아가 그런 능력이 있는지조차 알 수 없게 된다 마찬가지로 색과 소리도 그것을 감각하는 눈과 귀가 없다면 존재할 수 없다. 만약 눈이 있으므로 색을 본다거나, 색이 있어 내 눈에 보인다고 말한다면, 그것은 세상의 반쪽만을 아는 것이다. 그러므로 나의 색과 소리가 상대의 눈과 귀를 존재하게 하고 있음을 알아야 한다. 이것이 세상이 있어서 내가 있고, 내가 있어서 세상이 존재하게 되는 이치이다. 이어 스승께서는 제자에게 '그러한 깨달음이란 우주의 허공만큼이나 복덕이 크다[須菩提 於意云何 東方虛空 可思量不 不也 世尊 須菩提 南西北方四維上下虛空 可思量不 不也 世尊 須菩提 菩薩 無住相 布施福德 亦復如是 不可思量]'라고 말씀하신다.

찰나마다 변화하여 사라지는 몸을 자기로 삼는 것은 영원한 윤회 가운데 과연 얼마만큼을 차지하고 있는 것인가 상상해 보라. 또한 그 머묾이 없는 몸을 바라보는 마음은 마치 허공처럼 드러나지 않은 채, 영원한 윤회 가운데서 머묾이 없는 찰나의 몸을 드러내고 있음을 생각해 보라. 그러므로 우주의 허공만큼이나 복덕이 크다고 하신 것이다.

이 세상은 모두 이름뿐이다. 몸이라고 해도 몸의 실체가 없다. 색성향미촉법으로 이루어진 세상은 잠시도 머물지 않고 매 순간 변화하는 까닭에 그중에 어느 순간을 딱 꼬집어서 실체라고 할 수가 없기 때문이다. 또한 사랑이나 슬픔, 그리움, 원한, 육신의 통증 등도 모두가 실체가 없이 생각으로만 공하게 존재한다. 그렇다면 어느 찰나를 잡아 '나'라고 말할 수 있겠는가. 단지 있다고 할 수 없는 '정신의 나'가 홀로 놀고 있는 것이다. 그것이 무아(無我)의 모습이다.

그러므로 『금강경』의 '부주색보시'란 '색에 머물지 말고 보시하라'는 작은 가르침이 아니다. 보시는 '드러남'을 이르는 것이니 '머무는 바 없는 것을 드러내는 것'이 부주색보시의 바른 해석이다. 이와 같이 뜻을 살펴야 이 세상의 참모습이란 환상이며 이름뿐이었음을 일깨워 주시는 『금강경』 전체의 가리킴과도 일맥상통하게 된다. 무엇을 보시하든 그 주인공은 영원하며 생멸을 떠난 마음이라는 말씀이다.

107

내생의 모습을 결정짓는 요인은 무엇인가요?

불교에서는 모든 중생이 윤회한다고 합니다. 어떤 사람은 새로 태어나고 어떤 사람은 아귀로 태어난다고 하는데, 똑같이 인간의 모습으로 살아갔던 마음들이 내생에 짐승과 사람으로 차별의 모습을 갖게 되는 어떤 기준이 있을 것 같습니다. 그저 일반적으로 말하는 선행(善行)이 내생의 모습을 결정짓는 요인이 되는 것인가요?

업식성(業識性)

정신을 차리고 있는 시간 동안은 당장(當場)의 육진(색, 소리, 냄새, 맛, 감촉, 뜻)이나 과거인 추억 속의 육진 또는 미래인 상상의 육진을 인식하게 되는데, 인식과 동시에 대부분의 사연이 기억 속에 저장된다. 이것이 식(識)의 작용이다. 이 기억들은 강력하게 인식됐던 것들을 제외하고는 시간의 흐름을 따라 영원히 사라지게 되는데, 그 사이에 마치 평균(平均) 점수를 내듯 기억들의 경치가 심정의 상태를 만들게 된다. 이 평균적인 심정 상태를 이름하여 '업'이라 하는 것이다. 만약 슬픔이 100 정도 기억되고, 기쁨이 10 정도 기억되었다면 전체적인 심정은 90 정도의 슬픈 심정이 되어 그 기분으로 생활하게 된다는 말이다. 그러므로 그 반대인 사람과는 판이한 분별을 하게 된다. 모든 일에 있어서 그다지 기쁘게 다가서지 않고 일단은 슬픈 견해를 가지고 보게 된다는 것이다.

이렇게 평생 모은 평균 점수가 다음 생으로 이어지는 근거가 된다. 식물은 사는 동안의 과정을 씨앗에 남겨 다음 생의 근거가 되도록 하지만, 감정이 있는 동물은 모두 인식의 평균 점수인 심정을 씨앗으로 삼게 된다. 이 씨앗을 가지고 이곳에서 몸과의 인연이 끝나면 다음 생의 몸을 받기 위하여 49일간 원초적인 자기의 세계, 즉 마음의 세계를 여행하게 된다.

이 '중음여행'의 과정 동안 앞에서 살며 쌓아온 심정으로 방향을 결정하며 나아가다 마지막 날 드디어 자기의 마음에 가장 이끌리는 자궁으로 조급히 숨어들게 되는데, 살면서 게으르고 우둔한 심정이 대부분인 자는 자기도 모르는 사이 소의 자궁으로 향하게 되고, 개의 성품과 비슷한 견해로 심정을 지어왔다면 당연히 개의 자궁으로 마음이 끌리게 되는 것이다. 너무도 공정하고 평등한 심판을 스스로 받게 되는 것이다. 물론 49일이 평범한 여행이라면 마지막 날 급히 자궁으로 숨어들지는 않을 것이다.

그러나 처음 일주일만 화려한 세계를 보게 되고, 그다음부터는 점점 더 무섭고 험한 모습을 마주하게 되는데, 이것은 자기 내면에 감추어진 악한 심정의 모습으로 사실은 남이 아니지만 그 사실을 알기에는 너무 늦었으므로 공포에 떨며 49일을 보내게 되는 것이다. 그리고 어떤 이는 그 과정 중 일찍이 다음 생의 길에 접어들기도 한다.

이와 같은 과정을 되풀이하며 몸을 버리고 새로 받는 주인공은 과연 누구겠는가? 이것이 '마음'이며 '나', 곧 '자기'이다. 이 마음은 영원히 죽을 수 없다. 몸은 태어나고 사라지지만, '나'는 심판을 받을지언정 태어나지도 죽지도 않기에 불생불멸인 것이다. 이것이 바로 윤회의 이치다.

윤회를 벗어난다는 것은 자기가 몸이 아니라는 사실을 깨닫는 것이다. 이 깨달음에 사무쳐 생사에 대한 두려움도 없고, 두려움이 없으니 살려는 욕심으로 남을 죽이려는 악한 마음도 일으키지 않으며, 보이지 않는 마음을 자기로 삼고 살아가므로 남의 눈치를 볼 일이 없게 된다. 이렇게 자유롭게 흘러가며 다음 생에 몸 받을 걱정 없는 식을 쌓는 것이다. 마음이 자기라면 몸이 아니라는 식이 쌓이고, 그 식으로 업을 만드니 업의 '보(報)'인 몸을 환상으로 받는 것은 당연한 결과다. 마음이란 있는 것도 아니고 없는 것도 아니므로 '업보'도 그렇게 받을 수밖에 없기 때문이다.

도(道)를 닦는다는 것은 바로 지금의 인생길[道]을 자유롭게 만드는 것이고, 내생의 길[道]은 더욱 환상적으로 만드는 것이며, 생사의 윤회를 끊는 것이다. 이와 같은 모든 법칙을 '깨달음의 법칙', 즉 '부처[佛]'라고 하니 '불도'를 닦는 것이 가장 실속 있는 삶을 이루는 방법임은 두말할 나위도 없는 것이다.

108

부처님께서 말씀하신 연기와 윤회는 같은 것인가요?

『아함경』을 읽어보면 대부분이 연기법과 윤회설에 관한 내용인 것 같습니다. 우리의 삶을 설명하는 데 있어서 연기법과 윤회설만큼은 올바른 진리라고 믿어집니다. 혼자 존재하는 것은 아무것도 없으니 인연되어 생겨나는 모습은 연기법이고, 어느 것이든 반드시 생멸하니 그것은 윤회설이라고 나름대로 이해하고 있습니다. 그런데 구체적으로 윤회와 연기가 일어나는 이치에 대해 이해가 가질 않습니다. 윤회는 연기법이 반복 순환함을 말하는 것인가요? 예를 들어 12연기가 한 번 작용했을 때 그것을 한 번의 윤회라고 할 수 있는 것 아닌가 하는 생각이 듭니다. 자동차를 운전하고 다니면서도 자동차의 원리와 구조를 모르고 있는 것과 같은 이 중생의 답답함을 풀어주십시오.

십이연기(十二緣起)와 윤회(輪廻)

연기와 윤회란 찰나의 실체가 연기(緣起)이므로 찰나적 연기가 반복되며 일, 월, 년, 생, 겁이라는 주기를 갖게 되니 찰나의 심리, 즉 심법을 어떻게 해석하는가에 따라 스스로의 세계인 삶(세월)이 변화되는 것을 말한다.

여래에는 음양이 있다. 이 음양은 곧 상주법(常住法)과 무상법(無常法)을 말하는 것이나 진공 속의 음양이기에 실체는 없다. 상주법이란 변화가 없는 육근을 말하고, 근(根)과 상즉하되 찰나에 생멸하며 드러나는 현상인 육진을 무상법이라고 하는 것이다.

꿈으로 비유하면 시공을 초월한 채 찰나마다 변화하는 꿈속의 장면[六塵 : 색깔, 소리, 냄새, 맛, 감촉, 뜻]을 생멸법이라 하고 그 생멸법과 대치(代置)한 채 움직임 없이 꿈속의 육진을 비추고 있는 감각능력[六根 : 눈, 귀, 코, 혀, 몸, 감정]을 상주법이라고 한다는 말이다.

또 물질계의 이름으로 비유하면 눈과 색, 귀와 소리, 코와 냄새, 혀와 맛, 몸과 만져지는 물질, 뜻과 감정을 음양의 성질이라 할 수 있고 이 역시 상주법과 생멸법이라고 할 수 있지만, 물질의 실체를 모르고 감각기관을 정의한다면 옳지 못한 것이다. 다시 말해 안근(眼根)이란 육진을 비추는 거울과 같은 정신의 눈을 말하는 것이지, 보통 생각하는 육신의 눈은 아니라는 말이다.

육진과 육근은 실체가 없다. 그 이유는 육근은 육진을 느끼는 감각능력이므로 육근 자체에는 육진이 없어야 하기에 색이나 소리 등을 가지고 있지 않다. 만약 귀에 소리가 있다면 밖의 소리를 들을 수 없게 되고, 눈 자체에 색이 있다면 세상의 색을 확연하게 구별할 수 없게 되니, 눈이나 귀 등의 감각능력은 투명하여 그 실체가 없다는 것이다. 또한 육근과 육진은 서로 통해야 실답게 드러나는 것이니 둘이라고 볼 수 없다. 즉 안근과 색진 사이를 눈꺼풀이 가리게 되면 서로가 통하지 않으므로 눈과 색 모두 사라지게 된다는 말이다. 통했다면 하나라는 것이니 색과 눈은 하나이고, 눈이란 실체가 없는 육근이므로 그와 하나인 색진(色塵)도 실체가 없다는 것을 알 수 있다. 그리고 눈이 있어도 색이 없다면 눈은 그 역할을 할 수 없고, 색이 있어도 눈이 없으면 색의 실체는 증명될 수 없으므로 눈과 색은 하나다. 그러므로 결국 육근과 인연된 육진이란 실체가 없는 것이다.

그리고 육진을 따로 놓고 보아도 그 실체는 없다. 육진은 변화하는 성질을 가지고 있기 때문이다. 변화란 시간적인 간격을 두고 점차적으로 일어나는 것이 아니다. 즉 매 찰나마다 변화하여 색이 탈색되고 소리가 사라지며 냄새가 사라지는 것이다. 육진은 변화하여 결국은 소멸되는 것이다. 이 여섯 가지 육진이 모여진 것을 물질이라고 하니 물질은 변화하고 결국은 사라지게 되기 마련이다. 그러므로 찰나마다 사라지고 있다는 것이고 찰나에 사라지고 생겨나는 것은 실체를 가지고 있지 않다는 것이니, 찰나적 현상으로 볼 수밖에 없는 것이다.

또한 물질이라고 하는 육진은 화합된 것이므로 실체가 없다. 물질은 분자로 이루어진 것이고 분자는 원자로 이루어졌으며 원자는 전자,

전자는 빛, 빛은 허공과 같은 것이다. 따라서 허공이 화합되어 만들어진 것이 물질이므로 그 실체가 있을 수 없고, 또 화합된 것은 그 자성이 없으므로 역시 실체가 있을 수 없다. 수소도 허공이고 산소도 허공이니 허공이 아무리 합해진다 해도 허공을 벗어날 수 없으므로 실체가 없다는 것이고, 수소와 산소가 화합된 물은 수소도 아니고 산소도 아니므로 실체가 없다고 하는 것과 같다.

이상으로 감각능력과 감각의 대상 모두 실체가 없다는 사실을 여러 방향에서 살펴보았다. 그러므로 세상과, 세상의 물질로 이루어진 육신(몸)과, 감각능력인 정신은 환상이라는 것을 깨달아야 하며, 실체가 없이 드러나는 현상은 꿈과 같다는 것도 알아야 한다. 그리고 정신인 감각능력과 하나인 육신도 결국은 정신작용으로 드러나는 환상이라는 사실을 잊지 말아야 한다.

꿈과 같은 육진과 거울과 같은 육근이 만나면 그 사이에서 드러나는 것이 있으니 바로 느낌이라고 하는 육식이다. '보인다'를 비롯한 '들린다', '냄새난다', '맛이 난다', '만져진다', '의미가 있다'라는 여섯 가지 생각을 말하는 것이다.

그러나 이 육식도 역시 실체가 없다. 실체가 없는 것을 모체로 하여 드러났기 때문이다. 부모가 돼지라면 자식도 돼지고, 부모가 사람이라면 자식도 사람이 되듯, 실체가 없는 육진과 육근 사이에서 드러나게 된 육식이라면 실체가 없는 것이 당연하다. 그리고 정신인 육근과 육진 사이에서 드러난 것이므로 육식은 정신을 벗어날 수 없다. 그러므로 생각(인식)은 정신과 같이 볼 수도 없고 만질 수도 없는 것이다.

세상이라는 것은 육진과 육근과 육식인 십팔계를 제하고 나면 남을 것이 없다. 그리고 십팔계가 이미 정신으로 이루어진 것이라면 세상은 정신을 빼놓으면 아무것도 남는 것이 없으니 이 세계는 정신세계였다는 것을 알 수 있다. '나[我]'라고 하던 것도 육진으로 이루어진 몸과, 육근으로 이루어진 감각능력과, 인식작용인 생각을 제하고 나면 남을 것이 없다. 그러니 '나'를 비롯한 일체가 꿈과 같이 허망한 것으로 이루어졌다는 것을 깨달아야 하고 수면 시에 드러나는 꿈과 조금도 다를 것이 없으나, 단지 생시(生時)라고 하는 데는 순서가 흐르고, 꿈이라고 하는 데는 순서가 무시되고 있을 뿐이라는 사실을 깨달을 수 있다. 이것이 현실의 실체이며 육도(六道 : 천상세계, 인간세계, 아수라세계, 지옥세계, 아귀세계, 축생세계)의 실체인 것이다. 그리고 찰나로 이루어진 '지금'의 실체이고 꿈의 실체이기도 하다.

그러나 이러한 지금의 실체를 어떻게 생각하는가에 의해 기억이 달라진다. 육식은 현식(現識)과 장식(藏識)으로 갈라지니 현식은 지금을 느끼는 육식을, 장식은 기억 속의 육식인 추억의 장면을 말한다. 시간은 멈추어 있지 않기에 '지금'을 인식하자마자 과거라는 '기억' 속으로 사라진다. 그러므로 현식과 장식은 따로 떨어졌다고 할 수가 없고, 지금과 과거도 역시 떨어진 것이라고 볼 수 없다. 그것이 판단하자마자 곧 기억을 이루게 되는 이유다.

그리고 그 기억의 무더기는 그때그때마다 기억 전체의 평균적 심정을 만든다. 남아 있는 기억 전체가 갖고 있는 공통된 감정을 말하는 것이다. 행복의 정도, 불안의 정도, 분노의 정도, 슬픔이나 심적 고통의 정도가 합해진 하나의 업이 매 찰나 새롭게 결산되며 변화한다. 그러므로 사는 동안 분노가 많았으면 그 분노가 업장(業障)의 주류를 이루고 있기에 작은 사랑이 섞인다 해도 결산된 새로운 결과로서의 업장은 그다지 큰 변화가 있을 수 없다.

일 초의 생멸법이 모여 한 시간의 '생멸법'이 되고, 다시 하루, 일 년의 생멸법을 이룬다. 결국 한 생의 '생멸법'에 도달되므로 사고(事故)에 의하여 사라지든, 늙어서 사라지든, 멸(滅)할 시간이 다가오게 된다. 그때에도 이미 일체 찰나의 업은 결산되어 있으므로 그 마지막 업이 다시 새로운 삶의 씨앗으로 작용하게 된다. 한 번 죽으면 끝이 난다는 단멸사상(斷滅思想)에는 모순이 있다. 왜냐하면 육근과 육진과 육식은 진공의 본성이며, 종성(種性)이고, 진공이란 본래 '있는 것'이 아니므로 그 본성이 사라질 수도 없는 것이기 때문이다. 사라지는 법칙은 생겨난 것에만 적용이 되는 것이다. 그리고 상즉의 법칙이란 눈이 있으면 눈앞의 허공에는 반드시 색이 드러나고, 색이 있다면 이미 눈이 있어서 확인한 것이니 항상 마주 보게 되는 법칙을 말하는 것이다. 이것이 인연법이다. 그리고 인연이 있다면 반드시 그 둘 사이에서 일어남[起]이 있게 되니, 이것이 진리이며 연기법의 경치이다.

본래의 진공에는 육진과 육근과 육식이 있으므로 몸이 있든 없든, 수면상태를 제외하고는 항상 인연법에 의한 세계[塵根識]의 경치가 드러나게 된다. 꿈은 가수면(假睡眠) 상태를 이르는 것이지만 그렇게라도 세계는 발생되도록 이미 결정지어진 것이다. 단지 업에 의하여 그 세계가 달라질 뿐이다. 마치 잠자기 전에 울다가 잠든 어린아이가 잠을 자면서도 우는 꿈을 꾸느라 흐느끼는 것처럼, 어떤 과거를 가지고 있느냐에 따라 세계는 달라져 나타나게 된다는 말이다.

그러니 모든 세계는 진공 속의 육진을 재료 삼아 진공 속의 보고 듣는 심정의 견해대로 드러내는 환상에 불과한 것이다. 이러한 사실을 깨닫지 못하는 중생은 환상으로 드러나는 세계를 진실하게 있다고 생각함으로써, 가장 근본적인 자리에서부터 착각과 그로 인한 오해로 업을 쌓아가기 시작한다. 그것이 허공으로 있게 된 몸이 늙고 죽는다고 생각하고, 허공으로 이루어진 생각이 걱정과 슬픔을 겪게 되며, 고통과 번뇌에 시달리는 원인이 되는 것이다.

환상으로 드러나는 십팔계의 실체가 있다고 생각하는 무명으로 인(因)하여 유와 무가 갈라지게 되고, 비록 텅 빈 것을 공(空)하다고는 보지만 그 공에서 '있는 것'이 드러난다는 사실을 모르기에 아예 '없는 것이 공'이라고 생각하게 된다. 그러므로 죽으면 끝난다는 생각을 하는 것이다. 그리고 '있는 것'에 대해서는 나와 남으로 갈라보게 된다. 그리고 자타라는 생각은 다시 좋고 싫음으로 나뉘게 되는데 자기를 좋아하고 싫어하는 것은 '오래 살았으면 좋겠다', '오래 살기 싫다' 등으로 표현되는 것이고, 남을 좋아하고 싫어하는 것은 '저것이 좋다', '저것이 싫다' 등으로 표현되며 마음에 사랑과 증오를 일으키므로 이것을 무명을 인(因)으로 연기하는 행(行)이라고 한다.

그리고 그 행과 동시에 쌓여가는 진실한 기억이 스스로의 업대로 지어가는 새로운 인식이고 장식이니, 이것이 행(行)을 인(因)으로 한 식(識)의 연기다.

IMMORTALITY 불멸 *1*

이렇게 자기의 수준으로 판단하여 쌓은 기억은 결코 자신을 속일 수 없게 될뿐더러, 자신의 업을 스스로가 빼고 더할 수도 없게 되는 것이다. 이렇게 쌓여진 식(識)을 인(因)으로 다시 세상을 보게 되니, 자라 보고 놀란 가슴 솥뚜껑 보고 놀라듯, 바로 전까지의 업을 바탕으로 세상과 스스로의 몸인 육진이 드러나는 것을 명색(名色)의 연기(緣起)라고 한다.

명색을 인(因)으로 육진과 본래 하나로 연결되어 마주하는 감각이 깨어나게 되면, 허망한 육입(六入)이 연기하나 이미 환상을 실체가 있는 것이라고 근본적으로 착각한 중생은 육근을 마치 눈이나 귀처럼 느끼게 되므로 육신(몸)이 감각인 양 생각하게 된다. 그러므로 만져 보고 싶은 생각에 의하여 육진인 스스로의 몸이나 세상의 물질을 정신의 육근인 감각능력으로 만져보게 되면 촉(觸)이 다시 연기한다.

촉이 연기하면 그 닿은 감촉으로 인(因)하여 감수(感受)하게 되므로 수(受)가 연기하고, 수(受)를 인(因)으로 하여 앞에서 말했듯이 사랑하거나 미워하는 마음을 일으키니 이미 애(愛)가 연기한 것이다.

그리고 자기도 모르는 사이, 기억 속에 사랑과 미움을 깊이 갖고 자주 되돌아보며 자신에게 최면을 거니, 마음에 깊이 새겨신 사랑과 미움은 쉽게 잊히지 않게 된다. 때로는 그것이 자식이 되기도 하고 남편이 되기도 하며, 남이 되기도 하고, 건강이 되기도 하며, 재물이나 명예가 되기도 한다. 이것이 애(愛)를 인하여 취(取)가 연기하는 모습이다.

이렇게 애증으로 얽혀진 모습은 명색의 허망함을 알지 못하고 이미 집착한 것이므로 그 실체를 보기에는 너무 늦어버렸다. 그러므로 세상의 중생이 스스로 속아 그릇된 길을 걸으면서 고통과 번뇌에 시달리지만, 도를 닦으려고 하지 않는 것이다. 더군다나 스스로가 돌아보기에는 너무나 멀리 나와 있다. 일체의 세계가 환상임을 모르는 근본무명(根本無明)도 자기 스스로는 되돌아보기 힘든 일인데, 이미 집착까지 생겨 엉겨 붙은 마음은 두 번 속은 것이기에 착각을 벗고 해탈을 한다는 것은 올바른 스승을 만나지 않고는 거의 불가능한 일이다.

이렇게 된 중생에게는 생각뿐인 '나와 물질과 세상'이라는 것을 실제로 각각 있는 것이라고 믿게 되니 이것이 취(取)를 인(因)으로 하여 일어나는 허망한 유(有)의 연기인 것이다. '있게 된 것[有]'이란 사실 찰나마다 생겨나고 사라지는 것이지만 생겨나는 것이 더 많고 사라지는 것이 적으면 '젊다'고 하고 '자란다'고 하지만 생겨나는 것보다 사라지는 것이 더 많아지면 '늙어간다'고 하며 '죽어간다'고 하는 것이다. 이것이 '있는 것'의 변화이며 이 변화가 진행되는 시간을 '생(生)', 즉 생명(生命), 생활(生活), 생존(生存), 생시(生時), 생애(生涯) 등으로 표현한다. 이러한 열두 과정을 지나가는 것이 찰나이며 인생인 것이다. 그리고 이것이 윤회인 것이다.

이러한 마음의 법칙인 생멸법과 상주법이 어우러진 '허공의 놀음'이 곧 '열반'이니 이것에 스스로가 들어있다는 것을 깨닫는다면 어찌 생사의 어리석음에 스스로를 속박시킬 것이며 내가 살기 위하여 남을 죽이는 악업을 짓겠는가.

죄를 짓지 말라고 가르치고 살생을 하지 말라고 가르치는 것이 '불경'이나 '불교'가 아니다. 본래의 자기를 발견하여 죄가 있을 수 없다는 것을 깨닫게 하고[不垢不淨], 생명의 실체를 파헤쳐 생사가 없다는 사실을 증명하는 것이다[不生不滅].

그런데 도대체 누가 불교를 미신과 같이 만들고, 무속으로 만들었으며, 제사를 지내는 곳으로 만들고, 신을 모시는 곳으로 만들고, 소원을 비는 곳으로 만들었는가. 또 피눈물을 흘려 모은 중생의 뼈와 살이 섞인 무명의 돈을 거짓말로 긁어모아 그 재물로 거들먹거리며 호화로운 생활을 하는 곳으로 만드는 자는 누구인가. 진정한 깨달음을 전하는 스승에게 시주를 하는 불자가 되어 올바른 스승의 혀를 살리고, 그 혀끝에서 나오는 진실한 설법으로 자신의 지혜를 밝힌 뒤, 스스로가 위대한 스승이 되어 어리석은 이가 없는 불국토를 만들어야 한다. 이것이 위대한 스승 석가모니부처님의 뜻을 따르는 길이다.

109

부처님을 부르는 이름이 왜 그렇게 다양한가요?

경에서 부처님을 가리킬 때 보통 세존(世尊)이라는 말을 많이 사용하는 것을 봅니다. 세상에서 가장 존귀한 분이라는 뜻이라고 생각합니다. 하지만 여래(如來)라는 말도 사용하는 것을 보았는데, 모두 같은 부처님을 가리키는 용어인지 잘 모르겠습니다. 여래라는 이름에도 의미가 담겨 있겠죠?

여래십호(如來十號)

 중생의 '본심'인 '깨달음'에 갖추어진 열 가지 공덕상(功德相)이다.

1. 여래(如來)
여(如)가 다가옴을 느끼는 공덕
즉 감각의 앞에는 실체가 없는 허공뿐이나, 그 허공에서 자신과 산하대지(山河大地)가 나타나게 되는 심법(心法)

꿈이 드러나듯이, 아무것도 없던 것에서 세계가 무시이래로 드러나게 되는 법칙이 본심에는 이미 갖추어져 있으나, 그것을 깨닫지 못한 중생에게는 세계가 자기 이전에 본래 있었던 것으로 느껴지게 된다.

2. 응공(應供)
바라봄으로써 공양되는 공덕
즉 여(如)가 드러나게 되면 그로 하여금 제2의 자기가 양육되는 심법

대상으로서 만들어진 기억이 없으면 자기가 없게 된다. 그러니 찰나에 사라진 대상이 멸도(滅度)되어 기억을 이루고, 그 기억이 허망한

'나'를 이루게 되는 것임을 알 수 있다. 그러나 그것을 깨닫지 못하는 중생에게는 자기의 실체가 있기에 대상을 본다고 느껴진다. 이때 항상 대상에 먼저 신경 쓰게 되는 것은 대상이 사라지면 자기도 사라지기 때문이다. 그러므로 아침에 일어나서 세상이 보이면 비로소 살아 있음을 느끼게 되는 것이다.

3. 정변지(正遍知)

온 누리를 그대로 아는 공덕
즉 시방(十方)을 모두 느껴서 유무(有無)와 대소(大小), 강약(强弱), 방향 등을 아는 심법

허공은 트이고 벽은 막혔다고 알고, 막히면 있다고 알고 트이면 없다고 알며, 있는 것의 크고 작음, 강하고 약함, 이쪽과 저쪽을 아는 것은 모두가 스스로의 감각에 들어 있는 것을 아는 것이니 세상이 곧 감각이라는 사실을 안다면 더 이상 모를 것이 없으나, 대상이 실제로 감각의 밖에 따로 존재한다고 오해한 중생은 알 수 없는 것이 더 많게 된다. 색깔은 망막에 있고, 소리는 고막에 있으며, 냄새는 콧속에 있고, 맛은 혀에 있으며, 감촉은 몸에 있고, 뜻은 심정 속에 있으니 온 세상이 육근안에 존재하는 환상이라는 것을 깨달아야 한다.

4. 명행족(明行足)

마주함에 의하여 행이 갖추어지는 공덕

즉 상즉(相卽)에 의하여 드러나게 되는 현식(現識)으로 취사(取捨)의 의지를 갖는 심법

실체가 없는 육진과 육근이 만나 이름인 육식을 이루면 이로 하여금 추구심이 일어나게 되는데, 그것이 곧 행(行)이 되는 것이다. 모두가 꿈과 같으나 식(識) 속에 들어 있는 이름을 이름인 줄 모르는 중생은 자기 속의 환상을 좇아 의지를 일으키게 되고, 구할 수 없는 것을 구하기 위해 끝이 보이지 않는 어둠을 향한 수고로운 여행, 즉 윤회를 하게 되는 것이다.

5. 선서(善逝)

기쁨을 향해가는 공덕

즉 행(行)을 함에 있어 항상 좋은 것을 향하는 심법

일체세계는 오직 마음 하나로 지어지는 꿈이므로 죽는다는 것도 생각을 빼고 나면 어디에도 없다. 왜냐하면 시체에게는 죽었다는 생각이 있을 수 없고, 살아 있다고 하는 자에게는 죽었다는 생각이 더욱 있을 수 없으며, '죽음'이라는 것은 세상에 있는 색이나 소리나 냄새나 맛이나 감촉으로 구할 수가 없기에 확인할 수 있는 것도 아니므

로 오직 상상 속에만 존재하는 것이다. 그리고 상상이란 생사를 초월한 정신작용이므로 역시 죽을 수 없는 것이다. 그러므로 죽음이 오직 생각이라면 더 이상 두려울 것이 없으니, 삶이라는 것은 단 한 가지 예외도 없이 꿈인 것이고, 이 꿈은 단지 즐거운 것일 뿐이다. 그러나 그것을 모르고 슬프고 두렵고 조급한 생을 살게 되는 부처의 자식을 중생이라고 하는 것이다.

6. 세간해(世間解)
과거와 미래의 찰나적 중간을 이해하는 공덕
즉 의지를 행하되 지나간 상황을 기억하고 다가올 상황을 짐작함으로써 현재 상황을 이해하는 심법

지나간 기억은 생사가 없는 것이고 물질도 아니며 돌이킬 수도 없는 것이지만 그것을 근거로 찰나적인 지금을 해석하고 미래를 짐작할 수 있다. 과거가 허망한 기억이라면 그 기억의 맨 끝인 '지금' 또한 허망한 것이고, 이러한 지금으로 상상하는 미래란 더욱 허망한 것이므로 모두가 환상과 같은데 그것을 모르는 중생은 현실이 존재한다고 믿어 모든 것에 집착하게 되는 것이다. 이것이 탐(貪), 진(瞋), 치(癡)를 일으켜 악(惡)의 길로 들게 되는 이유다.

불멸 IMMORTALITY 1

7. 무상사(無上士)

자타에 있어 자기를 존중하는 공덕

즉 현재를 이해함에 있어 자기를 제외하면 일체가 무너지게 되는 것을 알아, 항상 자기를 기준으로 삼는 심법

세계는 곧 십팔계이고, 십팔계를 구성하는 육진은 몸, 육근은 감각, 육식은 심정을 말하니 모두 '나'를 이루는 요소이므로 세계가 곧 '나'인 것이다. 따라서 자기보다 위[上]는 없으니 자기의 위치를 잊는다면 이 세상은 당연히 사라지게 된다. 그러나 십팔계를 셋으로 따로 놓고 각각이 실체를 가지고 있다고 생각하니, 자기는 사라져도 세계는 남는다고 생각하는 것이 중생이다. 자기의 세계는 혼자만 느끼던 것이었으니 떠날 때는 그 세계를 자신의 기억으로 가지고 간다는 것을 알아야 한다. 그러므로 이곳에서 극락세계를 실감하고 떠난다면 곧 극락을 보게 되지만, 여기가 죽고 사는 곳이라고 기억해서 그 세계를 가지고 가면 당연히 죽고 사는 곳에 이르게 되는 것이다.

8. 조어장부(調御丈夫)

자타에 있어 남을 기쁨으로 이끄는 공덕

즉 모두가 자기로서 존재하기에 각각에게 기준이 있으나 자신의 상황은 혼자만 실감하므로, 남의 행을 이해하기 이전에 자기의 상황으로 남을 이끄는 심법

꿈은 자신만이 느끼는 것이다. 역시 꿈을 꾸는 법칙으로 드러난 이 세계도 누구나 자기 나름의 세계로 혼자 느끼는 것이다. 따라서 같은 시간에 같이 꿈을 꾸어도 결코 같은 꿈을 꿀 수는 없으며, 남의 꿈을 아무리 자세히 들어도 자기의 꿈처럼 실감 나지 않는다. 자기에게 시끄러운 소리가 남에게는 음악 소리로 들리는 것도 육진이 드러나는 하나의 허공을 공통으로 바라보지만, 거기에서 느껴지는 세계는 자기만이 홀로 갖는 꿈이기 때문이다. 그러나 남이 실제로 있다고 생각하는 중생은 자기의 자식이라 할지라도 '사람은 죽고 사는 것'이라고 가르치며, 삶에 애착을 갖게 하고 죽음을 두려워하게 하여 가장 힘든 현실을 맞이하게 한다. 하지만 이 법칙도 중생을 자기의 깨달음의 세계로 끌어들이려 하는 부처의 자비와 다른 공덕은 아닌 것이다.

9. 천인사(天人師)
스스로는 마음으로, 남은 사람으로 대하여 가르치는 공덕
즉 남을 사람으로 보는 것은 정신이니 자기는 정신이고 남은 사람이 되어 상대하는 심법

눈에는 색이 없기에 남이라는 몸의 색을 볼 수 있고, 귀에도 소리가 없기에 남의 소리를 들을 수 있다. 남이 있다고 느끼는 자기는 감각하는 주체, 즉 감각기관이라고 하는 마음이니 텅 빈 하늘과 같다. 그러므로 자기도 모르게 남의 심정을 헤아려주며 위로하게 된다. 그러나

불멸 *1*
IMMORTALITY

몸을 남으로 보고 있는 동안 그 남의 몸이 내 기억으로 들어와 어느새 나도 몸이 되어 버린 중생은 스스로가 하늘 사람으로 이루어진 스승임을 깨달을 수가 없는 것이다.

10. 불세존(佛世尊)

세계의 주인인 부처의 공덕
즉 스스로의 깨달음대로 최선의 세계에 주인공으로 존재하게 되는 심법

세상은 내가 만들어 내가 가지고 노는 것이므로, 언제나 주인공은 나이다. 남이 보인다 해도 사실은 자기가 이루어낸 육진을 보는 것일 뿐, 실제의 남은 허공과 같은 마음인 것이다. 역시 상대방도 같은 법칙으로 '나'를 보게 된다. 그러므로 나 홀로 세상과 일체중생을 만들어 가진 것이다. 누구나 그러하다. 이것이 곧 부처의 능력이나, 알지 못하기에 중생이 되는 것일 뿐이다.

110

예불을 드릴 때 나오는 여러 가지 향의 의미가 궁금합니다.

예불을 하다가 처음으로 스님께서 혼자 외우시는 말을 들었습니다. 그전에는 무슨 말씀을 하시는지 알아들을 수가 없었는데, 제가 관심을 가지고 들어보니 들리더군요. 계향, 혜향, 정향, 해탈향, 해탈지견향, 이 다섯 가지를 말씀하시던데 '계정혜'와 '해탈'이라는 말은 많이 들어보았지만, 향이라는 것은 무슨 의미인지 잘 모르겠습니다. 그냥 계, 정, 혜, 해탈, 해탈지견이라고 해도 되지 않겠느냐고 스님들께 여쭤보았지만, 속 시원한 대답을 듣지 못했습니다. 다섯 가지의 향에 대해 설명해 주시면 감사하겠습니다. 스님의 법문을 기다립니다.

오분향(五分香)

예불문의 가장 첫머리에 다섯 가지 향(香)이 나온다. 다섯 가지 향이란 불경, 즉 진리를 의미하는 것이다. 향이란 공기이고, 기(氣)란 보이지는 않지만 천지 만물에 스며 있는 힘이다. 생물에게는 기억과 분별의 능력이 있는데 그것을 정신이라고 한다. 해바라기는 해가 뜨면 꽃잎을 벌리고 해의 정기(精氣)를 받으며, 달맞이꽃은 달이 뜨면 달의 정기를 받는다. 새의 경우에도 박쥐와 비둘기는 음과 양의 기운을 서로 다르게 받는다. 더 세밀하게 나누면 여러 가지 냄새도 허공의 기운에 속한다. 이것은 허공이 아무것도 없는 단멸을 뜻하는 것이 아니라 온갖 변화가 드러날 수 있는 기운[空氣]임을 알려주는 것이다.

허공은 크게 별과 하늘로 나누어진다. 그리고 그 둘을 빼면 아무것도 남지 않으니 일체 모든 것은 두 가지의 조화인 것이다. 돌덩이를 보아도 하나는 물질로, 다른 하나는 물질을 모여 있게 하는 기운으로 구성되어 있음을 알 수 있다. 인간 역시 물질이라는 몸과 그 몸을 흩어지지 않게 하는 정신이 어울려 있다. 하나는 감각에 느껴지는 깃이고, 다른 하나는 감각에는 느껴지지 않지만 없다고는 할 수 없는 묘한 힘이다. 이것이 곧 물질과 기운이니, 결국 기운은 공기나 정신을 말하는 것이다. 공기와 정신은 모두 보이지 않는다. 물질인 몸을 빼고 나면 정신은 어느 곳에 있겠는가. 당연히 우주의 공간에 있어야 하니 공기와 정신은 둘일 수 없다.

그렇다면 물질이 생겨나기 이전은 무엇이었겠는가. 처음부터 있었던 것은 없다. 그리고 영원히 변화하지 않는 것도 없으므로 언젠가는 사라지게 될 것이 분명하다. 사라지면 어디로 가는가. 오직 공기 속으로 사라질 수밖에 없으니, 생겨난 것도 공기에 의하였음을 알게 된다.

모든 별은 허공 속에 들어 있고, 허공은 진공(眞空) 속에 들어 있다. 그러므로 진공은 허공을 이루고 허공은 별을 이루는 것이라고 알 수 있으며, 별을 구성하는 물질을 분해해 보면 분자로 이루어졌고, 분자는 원자로 이루어졌으며, 원자는 전자, 전자는 빛, 그리고 빛은 공기(공의 기운)로 이루어졌다는 것을 알 수 있다.

따라서 만유는 공기의 변화인 것이다. 변화되어 드러난 것은 물질, 또는 '있음[有]'이라고 하지만, 드러나지 않는 것은 허공이라고 한다. 역시 중생의 몸이라고 하는 것도 공(空)이 변화하여 드러나는 것이고 마음도 그와 같으나 단지 보이지 않을 뿐이다.

그러므로 몸과 마음은 사실 둘이라고 할 수 없는 둘이다. 모두가 공이지만 하나는 감각에 걸려드는 공(몸)이고 하나는 감각 자체(마음)인 것이다.

이것을 불교에서는 부처라고 한다. 만유의 근본인 깨달음, 즉 감각과 감각에 걸려드는 여섯 가지 환상인 육진이 조우(遭遇)이다. 깨닫는다는 것은 깨달을 것이 있었다는 말이고, 깨달을 것이 있다는 것은 이미 깨닫는 능력이 갖추어져 있었다는 것을 의미한다. 이 둘을 합해야 깨달음이라고 하는 것이다. 감각과 물질, 눈과 색, 귀와 소리의 관계처럼 이 세상은 허공과 물질이 서로 만나 깨닫고 있다. 즉 정신과 물질이 만나 하나의 깨달음을 이루고 있으니, 이 하나의 깨달음을 부처라고 한다는 말이다.

감각에 걸려드는 것은 색, 소리, 냄새, 맛, 감촉, 뜻이니 당연히 감각능력도 눈, 귀, 코, 혀, 몸, 심정의 여섯 가지[六根]로 있게 된다. 그러나 색과 눈은 둘이면서 둘이 아니다. 색이 없으면 눈은 그 기능을 잃어버리게 되고, 눈이 없어도 색은 무용지물이 되기 때문이다. 나머지 다섯 가지 대상과 감각 역시 마찬가지다.

그리고 물질 자체가 공으로 이루어졌듯이 물질의 특징인 육진도 공으로 이루어졌기에 눈이 아니면 그 존재를 알 수 없게 된다. 빛이 없으면 사라지는 것이 색이다. 그러므로 색을 눈으로 볼 수는 있지만 가질 수는 없다. 소리도 귀로는 듣지만 가질 수 있는 것은 아니다. 허공의 울림이기에 그렇다.

모두가 얻을 수 없다. 심지어 딱딱하다는 것도 손과 물질이 맞닿았을 때 드러나는 느낌이고, 그 느낌이란 만지는 자의 정신 속에만 있을 뿐 어디에서도 찾을 수 없으니 구하지 못한다.

그리고 육진을 느끼는 감각 자체에는 육진이 없다. 소리를 들을 수 있는 것은 귀이지만, 귀 자체에는 소리가 없다. 혀에도 본래 맛은 없다. 그러므로 모든 물질의 맛을 느낄 수 있는 것이다. 만약 본래부터 혀에 쓴맛이 있었다면 모든 음식의 맛이 쓰게 느껴질 것이다. 또 눈에 본래 검은색이 칠해져 있었다면 이 세상은 항상 어둡게 보일 것이다. 그러므로 여섯 가지 감각에는 여섯 가지 물질의 특징인 육진이 없다는 것이고, 그렇기에 청정하다고 하는 것이다. 청정하다면 투명하다는 뜻이고 투명하다면 있는 것은 아니지만, 그 기능이 작용하고 있으니 없다고도 할 수 없다.

이것이 공과 정신의 특징이다. 그러나 공이 없으면 감각이 사라지고, 정신이 없어도 역시 감각은 사라지고 만다. 숨을 못 쉬는데 감각의 기능이 살아 있을 리 없고, 정신이 없는데 눈이 있다고 세상의 색을 볼 수 있는 법도 없기 때문이다. 그러므로 이 세상 전체는 공과 같은 정신으로 이루어졌음이 당연한 것이다.

공으로 이루어진 것은 환상이라고 말한다. 그리고 환상은 꿈이다. 꿈속에서 죽고 사는 것은 환상일 뿐이니, 사실은 슬프고 두렵고 싫고 걱정될 것이 아니다. 잠든 이가 스스로 꿈을 꾸고 있다는 사실을 깨달았을 때, 꿈속의 어떤 상황이라도 즐길 수 있게 되는 것과 같다.

이 세상이란 대상과 감각이 어울린 이름이다. 이것은 반드시 공으로 되어 있어야 한다. 만약 공이 아니라면 지난날 나의 젊은 모습은 어디에 쌓아놓고 오늘의 늙는 몸을 가질 수 있겠는가. 말을 할 때 말이 사라지지 않고 그 앞에 쓰레기처럼 쌓인다면, 말의 무더기가 서로의 중간을 막아 더 이상 대화를 할 수 없게 될 것이다. 모든 것이 사라지기에 다시 모든 것을 할 수 있다. 어제가 사라졌기에 다시 오늘을 맞이할 수 있는 것이다. 이것이 공의 특징이고 공으로 이루어진 깨달음의 특징이다.

이제 오분향의 의미를 살펴보자.

계율이란 반드시 따라야 하는 법칙이다. 이 세상의 계율은 일체가 오직 공(空)이라는 것이다. 아무리 발버둥 쳐도 모두 사라진다. 어제까지만 해도 건강하던 것이 오늘은 병에 휘말린다. 그러나 그 병 역시 결국은 사라진다.

이것이 공의 계율이다. 그러니 슬플 일이 아니다. 공이기에 모두 사라지고, 공이기에 사라지는 것이 끝나지 않는다. 없는 것은 없어질 수 없다. 허공으로 만들어진 몸은 사라진다 하더라도 이렇게 될 수 있는 법칙이야 어찌 없어질 수 있겠는가. 즉 꿈은 사라지지만 꿈을 꾸는 능력은 사라질 수 없는 것이고, 꿈속의 사람은 죽지만 꿈을 꾸는 자는 죽지 않는 것과 같다. 정신은 영원히 꿈을 꾸게 되어 있다. 그리고 그 정신 속에 있는 모든 것은 생겨나고 사라진다. 이것이 정신세계의 모습이다. 바로 지금 펼쳐져 있는 이 세계를 말하는 것이다. 이 세계는 일 초도 그대로 있지 못한다. 그러나 세계를 보는 이 정신은 보이지도 않는다. 언제나 '지금'이라는 시간을 유지한 채, '여기'에 움직임이 없는 채로 생겨나고 사라지는 모든 것을 감상하고 있는 것이다. 이것이 진실한 나, 즉 '진아(眞我)'이다. 그러나 '진아'가 생멸하는 세계를 벗어나 있는 것이라고 생각한다면 착각이다. 생멸하는 세계가 없다면 그것을 보는 '나'도 사라지기 때문이다. '나'는 생멸하는 것과, 생멸하지 않은 채 그것을 보는 감각이 합해진 것이다. 마치 정신과 물질이 만나 하나의 깨달음을 이루고 있는 부처처럼, 그리고 눈과 색의 관계처럼. 그러므로 계향(戒香)이란 공으로 이루어진 세상과 공으로 이루어진 감각이 합해진 '참다운 나[眞我]'를 말하는 것이다.

그리고 정향(定香)이란 공으로 결정지어져 결코 사라질 수 없는 영원한 정신을 말하는 것이다.

혜향(慧香)이란 이러한 물질과 정신이 모두 공한 것이고 공한 정신세계는 영원히 사라질 수 없는 것이며, 이 둘이 만난 것이 곧 정신세계임을 깨닫는 정신을 가리키니 허공과 같은 지혜를 말하는 것이다.

해탈향(解脫香)이란 꿈과 같은 환상만이 존재하는 것이니 '일체의 걱정이 실제로는 있을 수 없는 법칙' 자체를 말하는 것이며, 해탈지견향(解脫知見香)이란 모든 고통이나 걱정이 있을 수 없다는 것을 아는 마음을 말하는 것이다.

111

거지에게 돈을 주었습니다. 이것도 보시인가요?

절에 갔다가 법보시(法布施)라는 말을 들었습니다. 저의 어머님께서는 그저 쌀과 돈을 드리는 것으로 보시한다고 생각하시는데, 스님들께 제가 가지고 있는 귀한 물건을 드리는 것 말고도 다른 종류의 보시가 있는 것입니까?

보시(布施)

 본래는 포시라고 해야 하나, 발음상의 편리를 위해 오늘날 보시라고 부른다. 정신의 방향은 열 방향이 된다고 말할 때 '십방'이라고 하지 않고 '시방(十方)'이라고 표현하는 것과 같다. 발음이야 어찌 되었든, 그 의미가 너무도 왜곡되어 진정한 스스로의 위대함을 잃어가고 있는 것이 가장 큰 문제이다. 보시라는 의미는 베푼다는 것인데 지금 세간에서는 남에게 무언가를 기증한다는 의미로 오해하고 있다. 그러나 재물이나 인정을 베풀기 전에 자신이 이미 베풀고 있던 것이 무엇이었는가를 깊이 생각해 보자.

1. 화안시(和顏施) 상대가 나를 만남으로 인하여 나를 생각하며 의미 지을 수 있는 얼굴을 베푼 것이다.

2. 언시(言施) 상대가 나를 바라보며 하고 싶은 말을 할 수 있게 해주는 나의 역할이다.

3. 심시(心施) 내가 없다면 나를 생각하는 마음이 있을 수 없지만 내가 앞에 나타나 줌으로 인하여 나를 생각하는 마음이 생기도록 베푸는 나의 능력이다.

4. 안시(眼施) 나의 색을 드러내 상대의 눈이 존재할 수 있도록 하는 나의 능력이다. 눈은 색이 없으면 무용지물이기 때문이다.

5. 신시(身施) - 내 마음을 드러냄으로 인하여 내 마음을 바라보며 자기의 몸을 느낄 수 있게 베푸는 나의 능력이다.

6. 좌시(座施) - 나의 움직임을 보는 자는 움직이지 않는 것이기에 움직인다고 깨닫게 된다. 물이 흐른다는 것을 알려면 보는 자는 물과 같이 흘러서는 안 된다. 그러므로 나의 움직이는 모습은 보는 자의 마음이 움직이지 않고 있음을 깨닫게 해주는 보시를 하고 있는 것이다.

7. 방사시(房舍施) - 보는 이의 눈 밖에 내가 있다는 것을 깨닫게 해줌으로써 자기는 눈 안에 있음을 깨닫게 해주는 나의 능력이다. 즉 남의 어리석음과 자기와는 다르다는 것을 느끼게 하여 안락함을 베푸는 능력을 말한다.

보시는 내가 다른 이들의 앞에 있음으로 하여금 그들이 일체를 느낄 수 있게 하는 법칙을 말한 것이지, 재물이나 인정을 주는 것을 말함이 아니다. 즉 보시란 내가 이미 베풀고 있었던 나의 능력을 가리키는 말이다. 그러므로 스님들은 진리를 공부하고 깨달아서 중생의 마음을 편하게 할 수 있도록 설법하여 중생을 공양하고[法施, 無畏施], 중생은 법을 설하는 스님들께 반드시 필요한 음식이나 의복 등을 제공하여 스님을 공양하니[財施], 오늘날 중생이 일반적으로 생각하는 보시는 공양이라고 해야 마땅하다.

불심의 반대되는 말

반대가 있다는 것은 둘이 있다는 것입니다.

둘이 있다는 것은 중생심입니다.

중생심에는 항상 둘이 존재하고

반대가 존재하기에 스스로 다투게 됩니다. 이것이 갈등입니다.

그러나 그 둘인 마음을 가지고 있는 중생심은 하나입니다.

마음은 하나지만 그 속에서 두 가지의 뜻이 갈라지는 것입니다.

그리고 그 두 가지의 뜻에서 만 가지의 의미로 벌어질 뿐입니다.

중생심이 곧 불심입니다.

마음은 모두 한 가지입니다.

아무리 많은 생각이 있어도 그것은 보이지도, 만져지지도 않는 오직
하나의 마음에서 비롯되기에 죽는다는 것도 죽을 수 없는 마음에서
비롯됨을 알고, 산다는 것도 산다고 할 것 없는 마음에서 비롯됨을
알면 이것이 중생심을 벗어남이니 곧 불심이라고 하는 것입니다.

여기에는 둘이 없습니다.

몸이 마음이고 마음이 몸입니다.

마음이 없다면 물질온 없습니다.

그러나 마음은 없습니다.

그러므로 없는 마음에 느껴지는 물질도 없는 것입니다.

그저 꿈처럼 이렇게 느껴질 뿐입니다.

112

일승법이란 무엇인지요?

부처님의 50년 설법 중 42년 동안은 방편을 설하시고, 8년 동안은 진실의 『법화경』을 설하셨습니다. 최상승의 법문이 담겨 있다는 『법화경』에서는 방편을 버리고 일승법만 존재하신다고 하셨는데, 그 일승법이라는 것이 무엇인지요? 자세한 설명을 듣고 싶습니다.

법화경의 일승법

집을 떠나온 거리가 삼천리라면 집으로 돌아가는 길도 삼천리가 되는 것. 중생이 도달되어 있는 지점이 본심의 삼천리 밖이라면 그 길을 누가 어떻게 데리고 돌아가겠는가. 석가모니 부처님께서 그 일을 기꺼이 맡으셔서 중생 스스로 자승자박하며 가던 길을 돌이켜 세우시고, 그들이 달려 나가 지은 업을 방편으로 씻으시어 한 걸음씩 본처를 향하게 하시매 그를 따른 존재는 일승의 길을 눈앞에 두었으니, 본래의 행이며 보살의 행인 일승(一乘)의 길을 열어 주신다. 그러나 아직도 아상(我相)을 버리지 못하고 들으려 하지 않는 교만한 자들은 미워서 떨어뜨려 내신 것이 아니라 그 스스로가 다가오지 못하여 그밖에 머무니 『법화경』에 오백의 가지와 잎이 퇴장하는 장면이 있다.

중생을 맞이하여 인도한 삼승(三乘)이란 스스로가 인간임을 벗어나 오직 마음임을 바라보는 그 깨달음은 생겼으나, 이것은 아직 몸이 있다고 믿는 마음에서 마음을 자기라고 바라봄이요. 이승(二乘)이란 마음이 스스로임에 깊이 감동하여 몸을 버리려는 용맹심을 보이나, 아직 몸을 바라보되 '버릴 것'이라는 편심(偏心)으로 머무니 이미 몸이 마음과 다름없음을 깨닫지 못한 것이고, 일승이란 몸이 곧 마음이었으며 마음이 곧 몸을 이룬 자체이니 몸과 마음이 둘이 아니며 모두가 허망한 환상으로서의 하나고, 그 둘이며 하나인 환상을 제외한 나머지는 아무것도 없어 '허망한 환상이 곧 진실임을 깨닫는 마음'을 일컫

불멸 *1*
IMMORTALITY

는 것이므로 이를 끌어안아 연화장세계를 펼치심이 『묘법연화경(妙法蓮華經)』의 경지다.

사십 년을 닦아온 '선정심(禪定心)'은 가히 극락을 즐길만하지만 그래도 다시 떠나야 하는 기로에 서서 끝없는 길로 향함이 또한 보살의 갈 길이다. 시작도 없고 끝도 없는 무시이래의 길이기에. 이 장면이 「화성유품」이다. 하루아침에 도둑의 뻔뻔스러움이 생겨날 수 없듯 하루아침에 그 습을 버릴 수도 없는 것. 그러므로 방편의 사십 년이란 사십 억겁을 어둠 속에서 헤매며 화성 밖으로 달려 나온 중생을 고향으로 되돌아 가게 하는 지름길에 뿌려진 부처님의 은덕이고, 젖이며, 나머지 십 년은 스승의 길을 열어 불법을 계승케 하려 하심이다. 꿈속의 중생은 아무리 현명해도 중생이나, 그 근본은 위대한 화성(化城), 즉 꿈의 자손이다. 그러므로 꿈속에서 진실을 찾던 중생이 꿈속의 일원이었음을 깨닫는다면, 환상인 불법 속에서 또 다른 진실을 찾던 불법 속의 불자였음을 깨닫는 것과 다름이 없다.

모두가 꿈의, 아니 모두가 불법의 일원이었음을 깨닫는다면 이것이 일불승이고, 이들이 『법화경』의 주인공인 것이다.

113

똑같은 정신작용에 가능과 불가능이 나누어지는 이유는 무엇입니까?

나라는 존재는 정신작용을 빼면 남는 것이 없어집니다. 그러므로 제가 오른손을 드는 것도 정신작용에 의한 것이고, 걷는 것도 정신작용에 의한 것이며 하늘을 날고 1초에 100km를 달릴 수 있는 것도 정신작용입니다. 그런데 왜 손을 들고 걷는 것은 가능하고, 하늘을 나는 일은 불가능할까요? 능력이 모자라서 그런 것인지, 믿음이 부족해서인지 모르겠습니다. 아니면 쓸데없는 저의 욕심인가요? 똑같은 정신작용에도 불가능과 가능이 구별되는 이유는 무엇인지요?

두 가지 정신작용

정신은 하나이나 그 정신은 두 가지 작용을 가진다는 사실을 알아야 한다. 마치 하나의 자석이 두 극을 가지고 있는 것과 같은 것이다. 우주공간인 창공도 둘을 가지고 있다. 하나는 허공이요, 하나는 지구(별)이니, 우리의 마음에도 둘이 있어 한 편에는 생각이, 그 반대편에는 몸이 나타나게 된다. 무엇이든 이쪽과 저쪽이 있다. 이쪽은 차안이라고 하고 저쪽은 피안이라고 한다. 이것을 '나'라고 하는 것이니 '나'가 공하여, 있는 것이 아니라는 것을 깨닫고 나면 그 둘 사이에서 허망하게 생겨난 생각만이 남게 되어 나는 죽고 사는 것에서 멀리 떠나게 되므로, 피안으로 건너갔다고 말하게 되는 것이다. 색과 눈의 관계를 통해 그 근거를 찾아보겠다.

남을 보는 것은 색을 보는 것이다. 색을 '있는 것[有]'이라고 한다면, 눈은 색이 없어 색을 보는 것이므로 '없는 것[無]'이라고 해야 한다. 눈으로 눈을 볼 수는 없다. 거울에서 볼 수 있는 것은 눈알의 색이지, 색을 보는 눈의 '능력[視力]'은 아니기 때문이다. 그러므로 '없는 눈'이 '남'이라는 색을 본다는 말이니 '없는 나'가 '있는 남'을 본다는 것을 깨달을 수 있다. 이것을 항상 느낀다면 자기는 투명 인간과 같다는 믿음이 생기게 되고 마음이 경쾌해진다.

이 세상이란 이렇게 두 가지로 이루어졌다.

그러나 눈앞에 아무 색도 없다면 눈은 있어도 쓸데가 없어지고, 또 색이 있다 해도 눈이 없으면 색의 존재성은 사라지게 되는 것이니, 눈과 색은 하나인 동시에 상반되는 양쪽의 성질을 가진다는 사실을 알 수 있다.

몸과 마음도 역시 그와 같아 둘 다 실체가 없는 헛것으로 하나지만 정신 혼자서 꾸는 꿈은 시간과 공간에 구애받지 않고, 땅으로 이루어진 몸과 마주하고 있을 때는 시간적 순서와 공간적인 거리가 존재하게 되는 것이다. 마음 혼자서 꿈과 같은 세계에 살고 있다면 그곳을 천상이라 한다. 그러나 여기는 그렇지 못하다. 이것은 전생의 업에 의해 얻은 업보가 단단하기 때문이다. 단단한 것은 단단한 것과 하나가 되려고 한다. 곧 땅덩어리인 지구와 하나가 되려고 한다는 말이다.

그러나 좀 더 크게 보면 지구도 허공에 떠 있으니, 결국은 항상 날고 있는 것이며 떠 있는 것이다. 떠 있는 것에는 무게가 없으나 지구와 하나가 되려는 힘이 바로 몸의 무게로 느껴지게 되는 것이다. 그러니 몸을 '나'라고 하는 생각에서 벗어나 몸은 흙을 옮겨와 쌓은 것이고, 실제의 '나'는 정신이라고 깨닫는 시간이 길어지면 내생에는 원하는 대로 시공을 뛰어넘는 몸을 받게 된다. 모두가 생각이다. 꿈에서 달아나려 하는데 다리가 떨어지지 않아 매우 힘들었던 기억이 있을 것이다. 꿈에서의 몸은 사실 물질로 되어 있지 않으니, 순간이동을 해야 하지만 마음대로 되지 않는다. 이것은 정신의 착각으로 현실에서도 사실 몸이란 공한 것이지만 전생에서 단단한 몸이 '나'라고 생각했었기에 그 결과로 이렇게 무거운 꿈을 꾸게 되는 것이다.

정리해 보면 정신에는 항상 허공 같은 감각과 땅과 같은 몸이 있고, 이 둘은 성질이 서로 반대가 되니 하나는 시공을 초월한 채 존재하고 다른 하나는 시공의 굴레 속에 있게 되는데, 업에 따라 그 몸의 무게가 달라지게 된다는 말이다. 그러므로 공한 자기를 깨달아 항상 그렇게 생각하고 산다면 내생에는 당연히 가벼운 몸인 천인의 몸을 받을 수 있고, 빠르고 가볍게 날 수도 있다는 것 또한 충분히 납득할 수 있는 것이다.

망 념

거지가 신사가 되고 나면 치러야 할 꿈이 있다.

바로 거지라는 착각을 버려야 하는 것이다.

도를 깨달아도 치러야 할 꿈이 있다.

사람이라는 착각을 버려야 하는 것이다.

허공과 다름없는 마음임을

잊지 않아야 하기 때문이다.

이것이 법화경 가운데 장자의 아들이

거지의 습관을 버리는 데

마음의 점차가 있음을 말씀하신 것이다.

미혹을 미혹이라 깨달아도 그 미혹이라는 생각이

따라다닌다면,

지혜를 얻었어도 미혹이 따라다녀 쾌활하지 못하니,

지혜로써 오롯한 지혜이지 못하다.

허공을 깨닫기는 어렵지 않으나

허공이 되기는 쉽지 않은 것이다.

그러나 그것은 지기라고 생긱하는

허망한 벽의 두께일 뿐이다.

바로 허공의 벽으로…!

114

여성은 성불할 수 없다는 말을 믿을 수 없습니다.

여성의 몸으론 성불할 수 없고, 남자의 몸으로 화(化)한 연후에야 성불이 가능하다는 말을 종종 듣습니다. 『법화경』에도 용녀가 남자의 몸으로 변하고 나서야 비로소 성불하는 모습을 그리고 있습니다. 하지만 저는 그 관점에 동의하기 어렵습니다. 부처님께서는 불성에 차이를 말씀하지 않으셨습니다. 남녀의 구분은 육체의 상이함에 근거하는데, 허망한 육체를 기준으로 성불의 가부를 결정하는 것은 허망 분별이 아니겠습니까? 만약 남녀의 성품 자체에 또는 마음의 근본 자체에 차이가 있다면 어떤 형태로든지 진리와 거리가 있는 것이요, 불이(不二)와 불이(不異)를 말하는 불교의 가르침과는 맞지 않는 오류를 범하는 게 아니고 무엇이겠습니까? 제가 아는 한 진리는 하나요, 실상은 한 모습이지 분별될 수 없다고 생각합니다. 여성의 성불에 대한 스님의 가르침을 받고 싶습니다.

여성 성불

 물질이란 실체가 없는 허공의 화합이고, 허공은 어떻게 화합을 하든 얼마만큼 화합하든 결국 허공일 수밖에 없는데 물질을 이루게 되는 이유는 어떠한 법칙에 의거할까? 또한 꿈은 현실처럼 물질로 이루어진 것이 아님에도 불구하고 꿈이라는 사실을 모르고 악몽에 시달리는 것인가?

이 문제는 물질을 기준점으로 놓으면 영원토록 해결될 수 없지만, 정신을 기준점으로 놓으면 간단하게 처리할 수 있다. 물질을 알아차리는 능력만을 정신이라 하는 것이 아니고, 물질을 상정하는 것도 곧 정신이라는 것을 알아차려야 한다는 말이다.

꿈은 본래 있는 것도 아니고, 남이 만들어놓은 것을 보는 것도 아니다. '나'라고 하는 정신이 만들고, 정신의 한 능력인 감각능력이 그것을 다시 깨닫는 것이다. 이것이 '스스로에게서 비롯된 자리에 스스로로서 존재하는[自由自在]' 모습이고, 현실이라는 찰나이다. 그러므로 물질은 정신의 한 부분이고 감각능력의 말단(末端)에 있는 환상이라는 사실을 알아차려야 한다. 헤아릴 수 없을 만큼 다양하고 많은 것이 중생의 숫자이다. 그러나 모두 정신, 즉 단 하나의 불법에 의지하며 찰나의 '지금'인 깨달음에 의지할 뿐이다. 정신이자 지금이 바로 '나[我]'이므로 일체중생의 공통점은 '나'로서 존재한다는 사실이다.

그러나 이 '나[我]'라고 하는 것은 묘(妙)하게 둘로 나누어진다. 하나는 '유위(有爲)의 나'라고 하고 또 하나는 '무위(無爲)의 나'라고 한다. 즉

'육신의 나'와 '정신의 나'를 말하기도 하고, 무량 무수한 중생 가운데 하나인 '나'와 천상천하에 오직 홀로 존재하는 '나'를 말하기도 한다. 이것은 하나의 자석에 존재하는 양극과 음극처럼 스스로에게 존재하는 상즉(相卽)의 원리 때문이다.

그러므로 '나'에게는 '남'과 '여'가 동시에 존재하고 있다는 것을 알 수 있다. '남성'이 강하면 남자의 모습을 드러내고, '여성'이 강하면 여자의 모습을 드러내는 것이다. 외유내강이나 외강내유의 성품도 역시 상즉한 채 강한 것이 밖으로 드러나는 법칙에 의거한다.

앞에서 살펴보았듯 물질이란 단지 정신의 인식작용[識]이 빚어내는 현상이다. 현식(現識 – 제 육식)은 양극에 해당되고, 칠식[末那識]은 음극에 해당된다. 왜냐하면 현식은 드러난 현실을 인식하는 것이므로 마치 태양이 비추는 낮과 같고, 칠식은 현식인 육식이 찰나에 변화하여 과거인 기억이 된 것이므로 드러낼 수 없는, 마치 달이 뜨는 밤과 같기 때문이다.

그러니 육식(六識)은 남자로, 칠식(七識)은 여자로 보아야 한다. 이 육식과 칠식의 사이를 지혜가 오가며 팔식(八識 – 阿賴耶識)을 생성시킨다. 이깃이 곧 '감정'이니, 중생이며 중생의 자존심인 것이다.

육식도 결국은 허망한 것이지만 육식이 사라져 이루어진 칠식은 추억일 뿐이니 더욱 허망한 것인데 그 사이에서 생겨난 팔식은 현실인 육식도 아니고 추억인 칠식도 아니니 그야말로 도깨비 같은 놈이다. 이 팔식은 육식인 아버지와 칠식인 어머니 사이에서 생겨난 아들인 것이다.

칠식은 자궁을 뜻하는 것이니 집, 울타리, 발우라는 의미도 된다. 그릇은 가운데 공간을 가지고 있고, 집도 그 가운데 공간을 가지고 있다. 싯다르타 태자가 뛰어넘은 성의 가운데도 역시 공간으로 이루어져 있다. 이들 공간은 본래 있는 것이 아니고 단지 벽과 담과 그릇의 테두리에 의해 생긴 것이다. 만약 그릇을 깨버리거나 벽을 허물거나 성을 부수면 가운데 이루어져 있던 모양이 사라지고 온 시방세계와 하나인 공간이 되어버리니, 단지 벽에 의하여 벽과 모양이 똑같아진 작은 한 공간이 생긴 것임을 알 수 있다. 이것이 칠식의 역할이다. 그러므로 칠식에 의하여 태어난 자식은 칠식을 닮았으나, 벽이나 테두리를 가지고 있는 것이 아니므로 아들이라고 하는 것이다. 또한 어리석은 기억을 쌓으면 그 어리석은 기억의 모양과 똑같이 생긴 공간이 생겨나게 되고, 이놈으로 지옥을 가고 원한을 이루고 끝없는 윤회를 하게 되므로 내생의 씨앗이라고 할 수 있는 것이니 아들이라고 하는 것이다.

성불(成佛)한다 함은 일체중생 가운데의 하나에서 벗어나 무아의 '나'를 이루는 것을 말한다. 일체중생을 끌어안은 '나'를 이루려면 있음의 내가 되어서는 불가능하다. '있음의 나'는 일체중생을 경쟁자로 둔 티끌같이 미약한 '나'이다.

그리고 '무아'를 이루려면 기억의 성(城)을 무너뜨려야 한다. 육식인 아버지도 버리고, 칠식인 어머니에서 벗어나야 무아를 이루고 성불하는 것이다. 이것이 출가의 이유다.

칠식이라는 집을 벗어나지 않고는 성불할 수 없고, 칠식이라는 여자를 벗어나지 않고는 성불할 수 없으며 육신의 성별이 남자라 할지라도 칠식이라는 '자존심'을 버리지 않고는 성불할 수 없고, 추억이라는 것을 무시하지 않고는 성불할 수 없다는 것이다. 불경에서는 물질을 절대 인정하지 않으므로 때론 이해할 수 없는 부분이 나타나지만, 근본적인 가르침인 '무아'를 놓치지만 않으면 결코 오해할 부분이 없게 된다.

115

합장의 뜻이 무엇인가요?

불자가 아니라 기초적인 질문을 하게 되었습니다. 몇 주 전부터 불교 교리나 스님들에게 관심이 끌려 불교 관련 서적 몇 권을 읽고 인터넷을 통해 불교 교리를 공부하고 있습니다. 그런데 스님들의 법문을 읽은 불자들이 감사하다는 표현을 '합장'이라는 말로 대신하고 있었습니다. 합장이라는 말 속에는 어떤 의미가 있는지 알고 싶습니다.

합장(合掌)

양손에 의미가 있다. 오른쪽과 왼쪽의 의미도 있다. 오른쪽은 견정을, 왼쪽은 식정을 뜻한다. 나아가 견정은 현실 세계를 의미하고, 식정은 추억의 세계를 의미하는데, 현실 세계에서도 또다시 견정과 식정으로 나뉘고, 추억의 세계에서도 견정과 식정이 있게 된다.

낮과 밤의 관계도 그와 같다. 낮은 견정에 속하고, 밤은 식정에 속하지만, 낮을 느끼는 감각은 견정에 속하고, 낮을 기억하는 것은 식정에 속한다. 역시 밤을 느끼는 감각은 견정에 속하고, 밤을 기억하는 것은 식정에 속하는 것이다. 물론 더 큰 의미로 보면 이승은 견정에 속하고, 저승은 식정에 속한다고 할 수 있다.

이렇게 자석의 양극과 같이 서로 마주 보는 능력은 정신의 양쪽을 차지하고 있다.

꿈을 비유하면 꿈에서 나타난 세계도 자기의 정신으로 만들어지는 것이고, 그 속에 있는 자기도 자기의 정신으로 만들어진 것이니, 사실은 둘로 나뉘어 있는 것처럼 느껴질 뿐, 모두가 스스로의 정신에 속하는 것이다. 나아가 그 모두를 보는 눈도 정신이 만들며, 꿈을 기억하는 능력도 바로 스스로의 정신이 만든 것이다. 결국 모두가 정신이라는 하나의 능력으로 무섭고, 화나고, 도망치며 쫓아가는 여러 가지 사연을 만들어낸 것이다.

여기서 꿈속의 장소, 즉 꿈의 세계로 나타난 장면과 그 장면을 보는 능력은 모두 견정의 능력이다. 그리고 꿈속의 자기와 그 장면들을 기억하는 능력은 식정에 속한다. 물론 꿈속의 견정과 식정은 다시 꿈이라는 식정에 속한 것이다.

여기에 지혜가 섞이면 이리저리 생각을 하며 겁을 먹기도 하고, 화를 내기도 한다. 이 지혜에 따라 견해가 달라지며 마음의 고통과 행복이 결정되니, 본래 갖추어진 꿈을 꾸는 능력에 힘이 들거나 즐거워지는 것은 단지 이 생각에 달렸다는 말이 된다. 이 지혜를 이름하면 '분별의 행'이라고도 하고 '생각'이라고도 한다.

본래 정신은 견정과 식정을 갖추고 있고, 그 사이를 지혜가 오가면서 삶이라는 찰나를 영위하게 되는 것이나, 삶이란 찰나일 뿐 순간에 사라져 기억이 되고 만다. 이것은 모두가 정신이 움직인 '생각'으로 만들어졌기 때문이다. 이 남김없이 사라지는 것들을 바라보면 허망하게 되고, 점점 늙어가는 모습을 바라보면 인생이 너무 짧게 느껴져 조급해지기 시작하고, 아무것도 남을 바 없는 것이 인생이라고 느껴진다. 얼마 전까지 멀쩡하던 이가 빠지고, 머리는 희어지고, 주름이 생기며, 기운이 빠지게 된다. 누구나 이와 같은 일을 겪으므로 오래 살기를 기원하고, 죽는 것을 싫어하며 두려워하게 된다. 모두 남겨놓고 자기 홀로 세상을 떠나 알 수 없는 곳으로 간다는 사실은 정말 두렵고, 외로우며, 어처구니없는 황당함이고, 버틸 수 없는 좌절이다. 아무 때든 나이와 상관없이 이렇게 될 것을 미리 알면서 살아가는 인생이란 진정 형편없이 초라한 법칙 아닌가.

그러므로 도를 닦게 된다. 영원히 죽을 수 없는 스스로를 찾아내 생사

불멸 1
IMMORTALITY

에 쫓기는 자를 벗어나 생사를 우습게 볼 수 있는 지혜를 얻어 생사를 초월한 삶을 즐기기 위함이다.

정신이 짓고[作] 정신이 쓴다[用]. 정신이 꿈을 지어내고 정신이 꿈을 즐기며 때론 고통스러워하기도 한다[精神作用]. 인생이라는 것도 결코 꿈의 법칙과 다르지 않다. 보이는 세상과 내 정신은 끊어진 자리가 없다. 그러므로 보이고 들리는 것이다. 전화선이 하나로 연결되어야 통화를 할 수 있듯, 정신은 과거와도 연결되어 있고, 은하수, 그리고 천둥소리와도 연결되었으니, 허공과도 이어진 것이다. 이렇게 연결된 것은 하나다. 그렇지 않다면 절대 느낄 수 없다. 꿈과 내 정신이 끊어졌다면 어떻게 꿈을 느낄 수 있겠는가.

위에서 말한 바와 같이 꿈이 보이는 견정과 꿈이 기억되는 식정은 보이지 않는 정신에 들어 있는 법칙이다. 즉 꿈을 꿀 수 있는 능력이 곧 정신의 능력이라는 말이고, 역시 보이지도 않는 정신 가운데에서 움직이는 생각의 능력이 있어 이리저리 헤아리기도 한다. 이 모두가 정신작용이다. 문제는 단지 어떻게 생각하고 있느냐이다. 그러므로 인생의 실체를 낱낱이 밝힌 비전(祕傳), 즉 불경을 공부하는 것이다.

악몽에서 벗어나는 방법은 간단하다. 꿈인 줄 이는 것이다. 인생의 고통에서 벗어나는 것 역시 같은 법칙이다. 인생이라는 것이 꿈인 줄 깨달으면 모두 즐거워지고, 우스워지며, 당당해진다. 꿈인데 무엇이 두렵겠는가? 억지로 꿈이라 생각하라는 뜻이 아니다. 오해하고 있었음을 깨달으면 그것이 곧 꿈을 깨닫게 되는 것이라는 말이다.

물질의 실체가 있다고 생각하기에 죽는다고 생각하게 된다. 그러나 물질은 실체가 없다. 수소와 산소 모두 허공의 한 성분이니 아무리 섞어도 당연히 허공이어야 하는데, 물이 되는 이유는 무엇이겠는가? 꿈은 분명히 아무것도 없는데 왜 실제와 구분이 되질 않아 그렇게 고통스럽게 시달리는 것인가?

이것은 모두 정신의 감각 스스로 허공을 물질이라는 것으로 느끼기 때문이다. 물질이 본래 있어서 정신이 느낄 수 있는 것이 아니라, 정신이 있으면 저절로 허공의 화합을 물질이라고 느끼게 된다는 뜻이다. 또한 그 허공은 정신과 둘이 아니기에 우리는 숨을 쉬며 사는 것이고, 숨이 끊어진 것은 허공인 정신이 허공으로 만들어진 몸 밖으로 나갔다는 말이니, 몸은 다시 허공으로 흩어지게 되는 것이다.

만약 이 말이 쉽게 이해가 간다면 더 이상 이런저런 생각을 할 일이 없어진다. 부처님의 말씀이 믿어진다면 여태까지의 모든 생각들이 오해였다는 사실을 깨닫게 되니 더 이상 번뇌할 일이 없어지게 되는 것이다. 그러나 너무도 장구한 시간 동안 죽고 산다는 오해로 다져온 습관이니 하루아침에 깨달을 수는 있지만, 쉽게 그 습(習)이 사라지지는 못한다. 그러므로 어리석은 생각을 했다면 얼른 부처님의 말씀을 되새기며 그 번뇌를 떨어버려야 하는 것이다.

생각이란 결국 견정과 지혜아 시정이 어울려아 이루어지는 것이다. 이 셋 가운데 단 하나만 빠져도 세계는 사라진다. 지혜가 없으면 생각이 사라진 것이니 견정인 세상도 사라지고 식정인 기억도 사라진다. 또 견정이 사라지면 마치 몸이 없어진 것과 같아 생각할 것도 없어지고 기억도 쓸모 없어지게 된다. 이렇게 셋은 불가분의 관계인 한 덩어리이다.

또한 견정은 다시 둘로 나뉜다고 했다. 이것이 색온과 수온이다. 세상과 그 세상을 느끼는 감각을 말하는 것이다. 그리고 지혜도 둘로 나뉘는데, 상온과 행온이 그것이다. 상온은 분별을, 행온은 움직이며 결정짓고 믿는 역할을 한다. 식온도 현식과 장식 둘로 나뉘지만, 현식과 장식은 이미 모두 지나간 과거이므로 식온 하나로 본다. 박수를 한 번 치면 그 소리를 느낄 때 벌써 시간이 지나가 버리고, 박수 소리도 지나갔지만 기억 때문에 박수 소리가 났다고 말할 수 있게 된다. 시간이란 찰나에 사라진다. '지금'을 잡으려고 하면 이미 과거가 되어버렸다. 그러므로 인생은 찰나뿐이고, 나머지는 모두가 기억이다.

이렇게 색온, 수온, 상온, 행온, 식온을 합하여 오온(五蘊)이라고 하니, 이것이 곧 정신이다. 그리고 이것을 제하고 나면 우주마저 사라지게 되는 것이니, 정신이 곧 우주이며 삶인 것이다. 그러나 이 생각하는 기계는 허공과 같은 마음으로 만들어졌기에 그 기계에서 나오는 모든 생각은 허공과 같으며, 그 기계에서 나오는 꿈도 허공과 다름없고, 현실 역시 꿈과 다름없다는 것을 알면 이제 비로소 생각을 쉴 수 있게 되는 것이다.

중생의 손이란 오온을 말한다. 왼손은 과거를 생각하는 정신이고, 오른손은 현실을 생각하는 정신이다. 쓸데없는 망상이 습관에 의해 생기면 무조건 두 손을 합장하며 생각을 모아들인다. 현실이라는 세계, 꿈의 세계로 나가 분별망상을 하기 전에 생각을 한 곳으로 합해놓는다. 즉 일념(一念)으로써 지금을 느끼게 한다. 생각의 사연들은 사라져 기억이 되지만 생각할 수 있는 그 자체의 능력은 항상 '지금'을 떠나지 않는다. 마치 보이고 들리는 것들은 사라지지만 눈과 귀는 계속 지금에 서서 지나가는 색과 소리를 느끼는 것과 같다. 생각의 기계를 느끼는 것이 곧 합장이다. 생각을 모으면 생각하는 기계가 된다. 그렇지 않으면 다시 달려 나가 번뇌를 이루게 된다. 번뇌는 생각의 기계가 만든 움직이는 생각이며 사라져 기억을 이룰 허망한 것이다. 이미 죽고 살 수 없는 생각의 기계가 생각이 되어 죽는다는 생각을 지어내고, 산다는 생각을 지어내는 것이다. 이렇게 합장으로 생각이 달려 나가는 습을 없애가는 것을 점수(漸修), 즉 수행생활이라고 하는 것이다.

116

속세에서 수행하는 것이 가능할까요?

스님의 법문을 마음에서 수긍하는데도 습과 업이 많아서인지 실천이 되질 않습니다. 극한의 상황이 되었을 때는 끄떡였던 머리도, 마음도, 언제 그랬냐는 듯 사라졌습니다. 제가 과연 속세에서 보시하며 수행하는 것이 가능할까요?

생활수행

정신은 보이지 않는다. 수행이란 그것이 홀로 놀고 있는 것을 깨닫는 것이다. 만약 그것이 사실임이 인정됐다면 이제 다시 무언가를 실천하려는 것은 어리석음이다. 왜냐하면 실천이든 실행이든 이 모든 것이 정신이 홀로 차려놓은 꿈이기 때문이다. 꿈을 꾸다 꿈인 줄 알았을 때 따로 '꿈속에서는 어떻게 해야 꿈답게 하는 것인가'를 생각할 필요가 없다. 그런 생각도 모두 꿈이고 꿈이라고 깨달은 것도 꿈이기 때문이다. 단지 모든 걱정이 사라진 채로 전과 같이, 똑같이 가는 것이다.

그러나 '사는 것'은 아니다. 산다고 하는 그놈은 정신이며, 정신은 허공과 같은 것이므로 죽으려고 해도 죽을 수 없는 놈이다. 그러므로 산다고 말할 수도 없는 것이다. 이와 같은 깨달음으로 하루하루를 수행하다가 문득 마음이 힘들어졌다면 그것은 꿈인 줄 잊고 무명의 습관에 빠져들었기 때문이니, 그때마다 다시 한번 일체가 꿈임을 되새기는 것이다. 이것이 '점수(漸修)'다. 도를 닦는 이들이 바로 이렇게 무언가를 실천하려거나 행으로 옮겨야 한다는 생각에 속아서 또다시 헤매게 되는 것이다.

이광수의 소설 『원효』를 보면 작가는 깨달음을 실행으로 옮겨 실생활과 하나로 만들려 했던 원효의 마음을 표현하기 위해 매우 노력했다. 그는 모두가 꿈이라고 깨달았으니 점잖을 필요도 없고 몸을 돌볼 필요도 없다고 생각한다. 그래서 결혼까지 마다하지 않고 미친 듯 마구 살아가는 모습으로 무장무애의 삶을 실천하는 작품 속의 원효를 그리려 했다는 것이다. 이것은 원효의 생각이 아니고 이광수의 생각이지만, 여기서도 실생활이 따로 있고 깨달음의 세계가 따로 있다고 착각을 하고 있기에, 그대로가 꿈이며 오직 깨달음의 작용인 생각의 놀음임을 놓치게 된 것이다. 가상의 원효를 통해 실생활과 깨달음의 세계를 계합시키려는 노력을 그린 것도 바로 그 때문이다.

이 삶이 모두 '실체가 없는 정신의 깨닫는 작용으로 일어나는 환상'임을 깨닫는 것이 부처님의 참 가리킴을 이해하는 바른길이다. 그리고 그것이 사실이므로 '생사를 초월해야 하는 것이 아니라 이미 생사에서 초월 되어 있음'을 깨달으라고 말씀하시는 것이다.

일체가 생각일 뿐이고 생각은 허공의 바람과 같다.

이와 같이 깨닫는다면 속세가 그대로 도량인 것이다.

어려울 것이 어디에 있겠는가.

그것도 꿈속의 망상일 뿐이다.

그리고 망상이란 찾을 수도 없는 이름일 뿐이다.

깨달음의 기쁨에 젖어 있는 이에게

아직도 무언가가 남아 있다는 느낌이 있는가.

대부분의 중생이 도를 느낌에 한 움큼이 들어오면

그것을 놓치지 않으려고 주먹을 쥐게 된다.

그러므로 다시 새롭게 다가오는 깨달음을 움켜쥘 손이 없게 된다.

모두 놓으라.

본래 없음을 깨달았기에 무아의 경지를 맛본 것이다.

얻으려 한다면

얻을 것이 남아 있는 과거의 무명으로 되돌아가는 것이며,

주먹의 허망함을 지키려

다시 오는 더 큰 파도를 감싸지 못하게 되는 것이다.

불멸 *1*
IMMORTALITY

117

서산대사 임종게를 해석해 주세요.

임진왜란 때 73세의 노구로 승병을 지휘하신 서산대사에 관한 책을 읽었습니다. 서산대사께서는 85세에 열반에 드실 때 모든 제자들을 앞에 앉혀놓고 임종게를 남기셨다고 합니다. 임종게에 어떠한 내용이 담겨 있는지 자세한 해석을 부탁드립니다.

서산대사 임종게

 千計萬思量(천계만사량) : 천 가지 계산과 만 가지 헤아리는 생각이란

* 천계 : 중생이 지금 생각할 수 있는 방향은 동서남북과 그 간방(間方), 그리고 상하로 모두 열 방향인 시방(十方)인데, 이 '시방의 지금'이 찰나에 과거로 흘러 기억을 이루니 과거에서도 역시 시방이고, '시방의 지금'을 근본으로 미래를 추측하니 미래에서도 역시 시방이다.

또한 과거 없는 지금은 있을 수 없으므로 과거의 시방 각각에 다시 지금의 시방이 펼쳐지니 백방(百方)이 되고, 이 백방을 근거로 또다시 미래의 시방이 펼쳐지니 곧 천방(千方)이 된다. 그러므로 천(千)이란 과거, 현재, 미래인 세월을 말하는 것이다.

* 만사량 : 세월의 천방에 '의미의 시방'이 다시 곱해지니 희로애락이 허망하게 꾸며져 인생이라는 이름이 갖춰진다.

紅爐一點雪(홍로일점설) : 붉은 화로에 한 점 눈이니

* 홍로 : 붉다는 것은 방향으로 서쪽이고, 물질로는 불[火]이며, 정신으로는 분별이고, 음양으로는 양에 속하니, 곧 견정을 말함이다. 또 불을 담는 그릇[爐]이란 분별을 담는 것이므로 기억과 인식을 말함이니 서쪽의 반대인 동쪽을 말함이고, 물질로는 물[水]이며, 음양으로는 음에

속하니, 곧 식정을 말한다. 이것은 곧 우리의 정신, 마음을 일컫는 것이다.

* 일점설 : 시간은 오직 '지금'뿐이다. 즉 찰나를 말하는 것이다. 모든 것을 생각하되 추억도 지금 하고 상상도 지금 하며, 호흡도 지금 하고 있으니 오직 지금에 사는 것이다. 나아가 풀도 지금 자라고 동물도 지금 움직이며 어린아이의 인격도 지금 쌓여가니 이 찰나가 유일하며 공통된 중생의 도량이고 '마음'이다. 또한 한 점의 찰나는 생각 없이 있을 수 없고, 생각이란 기억과 감각이 함께 어우러짐이다. 따라서 기억은 물[水]이고 기억이 단단해진 것이 곧 감각이니 이것을 눈[雪]이라 비유함이다. 곧 홍로란 정신작용이 일어나는 '마음'을 말함이고, 한 점의 눈이란 찰나에 드러났다 사라지는 순간적 생각이니, 영원한 마음에 비하면 한 찰나, 한 찰나의 생각들이 아무리 많다 할지라도 흔적도 없이 사라지는 허망한 것이라는 말이다.

泥牛水上行(니우수상행) : 진흙으로 빚은 소가 물 위에서 행동함이고

* 니우 : 진흙이란 미신의 모임이고 미진은 찰나의 막힘을 말하는 것이며 막힘이란 감각현상을 말하는 것이다. 곧 눈의 정기는 색의 티끌에 막혀 보이게 되고, 귀는 소리의 티끌에 막혀 들리게 되며, 코는 냄새, 혀는 맛, 몸은 부딪힘, 의미는 뜻에 막혀 드러나는 여섯 가지 허망한 현상이니, 진흙으로 된 소란 감각으로 된 네 가지 소화기관[소는 네 개의 위(胃)를 가지고 있음]을 가졌다는 뜻이다.

* 수상행 : 소화기관이란 바깥에서 들어온 음식을 받아 담아 소화시키는 것이니 음식은 세상의 여섯 가지[六塵 = 色, 聲, 香, 味, 觸, 法]의 재료인 네 가지[四大 = 地水火風]를 말하는 것이고 소화함이란 견정으로 분별된 세상을 느끼고, 판단하고, 이해한 후, 기억을 이루는 정신의 능력[四蘊]을 비유함이다. 그러니 허망한 찰나의 감각은 역시 찰나에 사라져 다시는 돌이킬 수 없는 기억 속, 즉 물속으로 가라앉아버리는 것이니 진흙의 소가 물 위에서 움직이는 것처럼 어느새 물에 녹아 가라앉게 된다는 말이다. 마치 화로 위로 떨어지는 눈이 찰나에 녹아 사라지듯…

大地虛空裂(대지허공렬) : 대지와 허공의 갈라짐이다.

* 대지허공렬 : 대지란 사대로 이루어진 것이고 허공이란 대지를 감싸고 있는 것이니 허공이 화로라면 대지는 화로 속의 재이고 불이며, 만유가 사라지는 허공이 기억이고 식정(識精)이라면 허공에 담겨있는 재와 불이란 정신의 분별력이고 견정(見精)인 것이다.

그러나 이 모두가 따로 있는 것이 아니라 오직 찰나적인 정신으로 이루어진 것이고, 찰나적으로 사라져 남는 것은 허망한 기억뿐이라는 사실을 깨닫는다면 모든 사념에서 의미를 놓아버리고 해탈을 이룰 수 있음을 전하고자 하는 글이다.

불멸 *IMMORTALITY* 1

무진보

맹인(盲人)이 밝음 봄에 무엇을 줘야 하고
농인(聾人)이 말 들음에 무엇으로 보답하며
아인(啞人)이 노래함에 어떤 노력 해야 하고
앉은뱅이 걷는 데 무엇으로 갚으며
천치가 급제함에 어느 세월 기다리고
죽는 자 연명함에 어떤 재물 남아나랴.
이 가운데 하나라도 갖춘 이라면
어찌 아니 부자라고 하리오마는
도사(道師) 만나 설법 듣고 본성을 바라보면
죽을 내가 없으니 잃을 것은 있겠는가.
고달픈 인생살이 한순간에 벗어나니
어떤 이가 이보다 부자일 수 있으며
어떤 이가 이보다 행복할 수 있는가.
생사를 초월한 도(道) 듣도 보도 못한 채
북망산 도달하여 지옥 길을 걸을 때면
태산 같은 금은보화 무슨 소용 있으며
지극정성 키워놓은 자식인들 도움 될까.
철부지 아이 적이 엊그제 같듯이
부지불식 가는 세월 늦기 전에 수행하라.

118

육근과 오온의 관계는 무엇인가요?

'육근'이 단순한 감각기관(예 : 눈동자)을 지칭하는 게 아니라 작용(예 : 보는 작용, 듣는 작용 등 감각기관+정신작용)을 의미한다고 할 때, 결국 육근은 '나[假我]'라고 생각됩니다. 그런데 '오온' 또한 '나[假我]'를 말함이 아닌가요? 이 둘의 관계가 궁금합니다. 혹시 육근으로부터 비롯되는 육식이 오온의 식(識)에 포함되는 개념인지요? 그래서 오온의 식(識)을 세분화해서 육근을 설명하는 것인지, 아니면 육식의 식(識)과 오온의 식(識)은 완전히 다른 개념인 것인지 혼란스럽습니다. 십이처설이 이 세상 모두를 포섭하는 개념이라던데, 거기에는 육근만 있지 오온은 없던데… 가르침을 부탁드립니다.

오온(五蘊)과 십팔계(十八界)의 관계

 우선 십팔계를 다시 한번 생각해 보아야 한다. 질문에서는 육근을 가아(假我)로 삼았는데 이것은 근본적인 문제가 있는 것이다.

이 세상은 떨어져 있는 것이 없다. 그리고 십팔계를 없애면 오온도 없어지는 것이다. 다시 말해 색이 없다면 눈의 의미가 사라지듯이, 육진이 없으면 육근이 필요 없고, 역으로 눈이 없으면 색이 있어도 소용없듯, 육근이 없으면 육진이 확인되지 않으니, 진과 근은 서로 떨어져서 따로 존재하는 것이 아니라는 사실을 알아야 한다.

그리고 진(塵)과 근(根)의 관계를 살펴보면 진은 '있음[有]'으로 드러나지만, 근은 드러나지 않으므로 '없음[無]'이라고 해야 하는데, 여기서 중생은 혼란에 빠지게 된다. 나는 눈[目]이고, 눈은 언젠가 없어질 육신이므로 나는 죽을 것이라고 생각하고 있기 때문이다. 색도 있고, 눈도 있다고 생각하는 것이다. 그러나 눈알이란 세상의 모든 색처럼 역시 진정한 안근의 앞에 드러난 것 가운데 하나이다. 만약 거울 앞에서 거울 속의 눈을 보았다면 그것은 단지 색낌을 본 섯이지, 보는 능력인 안정을 본 것이 아니다. 진실한 것이란 변화하거나 사라지지 말아야 하므로, 결국 사라질 육신으로 이루어진 눈은 진실한 안정이라고 말할 수 없다. 그것은 사고와 질병으로 빠지거나 시력을 잃을 수도 있으며 필경에는 흙으로 돌아갈 것이기 때문이다.

그러나 꿈을 꾸는 눈은 육안이 아니다. 눈을 감고 잠을 자는데도 꿈의 세상이 보이니 이것은 정신의 눈이라고 해야 한다. 역시 꿈을 느끼는 모든 감각기관은 육신이 아니라 정신이라는 것이다. 정신은 보이거나 만져지는 육진이 없다. 이것은 죽거나 사는 물질이 아니다. 즉 살[肉]로 이루어진 감각기관이 아니니 사라질 수도 없는 것이라는 말이다. 이것이 진정한 육근이다. 사라지지도 않고 변할 것도 없는 허공과 같은 정신으로 이루어진 것이기 때문이다. 검은 종이에 검은색 글씨를 쓰면 보이지 않지만, 흰 종이에 검은색 글씨를 썼을 때 명확히 보이는 이유는 종이와 글씨가 상반되는 색깔을 가지고 있기 때문이다. 그리고 녹색 안경을 끼면 세상 자체가 녹색이 되므로 따로 녹색을 구별하지 못하게 되는 것도 같은 이치이다. 그렇다면 투명한 물[水]의 색을 보려면 눈 자체에는 어떤 색도 있어서는 안 되며, 오히려 물보다 더욱 투명해야 한다는 것을 알 수 있다.

이것이 색과 눈의 상대적 관계이다. 이 세상의 모든 색을 보려면 눈 자체에는 아무런 색이 없어야 한다는 말이다. 역시 다른 감각기관도 마찬가지이다. 귀 자체에는 소리가 없어야 귀 밖의 작은 소리까지 들을 수 있고, 혀[舌] 자체에는 본래 아무 맛이 없어야 모든 맛을 느낄 수 있는 것이니 육진 모두를 느끼려면 '육근 자체'에는 육진이 없어야 한다는 말이고, 육진이 없는 육근은 맑고 투명하여 색도 없고 소리도 없으며 냄새도 없는 것이니 마치 허공과 같으므로 '있는 깃'이라고 할 수 없는 것이다. 이것이 공(空)하여 변화할 것이 없는 진실한 눈, 코, 귀, 혀 등의 감각기관인 육근의 모습이다.

그리고 이 육근은 육진과 붙어있기에 느낄 수 있는 것이다. 눈과 꽃의 사이에 벽이 막힌다면 꽃은 보이지 않는다. 이것은 벽에 의하여 서로 떨어졌기 때문이다. 그러나 그 벽에 구멍을 내면 보이게 되는데 그 이유는 벽의 구멍으로 하여금 양쪽으로 갈라져 있던 허공이 하나로 이어지고, 그로 인해 하나의 허공이 되어 꽃과 눈을 이어주기 때문이다. 그러니 이 세상은 허공을 통해 눈과 붙어 있다는 것이고, 붙어 있다면 둘이 아닌 것이 된다. 마치 전화선이 끊어지면 둘[二]이 되었으니 통화가 불가능하지만, 이어지면 하나[一]의 선이 되어 통화할 수 있게 되는 것과 같다.

그렇게 하나라면 그 재질은 다를 수 없다. 한 덩어리의 자석에도 전혀 다른 양극이 있듯이, 허공의 재질은 하나지만 그 양쪽의 성품(性品)은 다르다는 것이다. 즉 허공을 중심으로 양쪽 끝에 있는 눈[六根]과 꽃[六塵]은 보는 것과 보이는 것으로 서로 다른 성품을 드러내지만, 그 재질은 허공으로서 다를 수 없다는 것이다. 색은 무지개와 같아서 빛이 없으면 사라지는 것이므로, 빛을 가질 수 없다면 역시 색도 가질 수 없다는 것은 당연한 일이다. 따라서 아무리 아름다운 저녁노을도 눈에만 보일 뿐 가지고 올 수 없듯이, 색을 눈으로 볼 수는 있어도 가질 수는 없는 것이다. 결국 색이란 진실한 눈과 다름없는 공한 것이지만, 한쪽은 보이고 다른 한쪽은 보이지 않는 모습으로 드러나게 되는 것이다. 이것이 육진과 육근의 관계이다. 근과 진은 서로 반대의 성질을 가졌으므로 느낄 수는 있으나, 서로 통해서 하나이니 재질은 같은 것이고 그 가운데 이미 모든 근(육근)은 공하므로 역시 모든 진(육진)도 공할 수밖에 없다는 말이다.

더군다나 육진은 매 찰나마다 변하는 것이기에 머물지 않으므로 그 실체를 찾을 수 없다. 얼음으로 만든 조각품을 더운 곳에 두었다고 생각해 보자. 그 모양은 순간마다 녹아 변하고 있으므로 단 일 초도 같은 모양은 없을 것이니 그 얼음조각의 고정된 모습은 없다고 해야 한다. 그렇게 변하다 결국은 얼음이 녹은 물마저 증발하면 아무것도 남지 않게 되니 과연 어떠한 모습을 그 얼음조각의 실체라고 말할 수 있겠는가. 이처럼 육진의 특징은 순간에 생겨나고 매 찰나 변화하여 사라지는 생멸법이니, 만약 육근이 없다면 확인될 수도 없는 허공에 불과한 것이다. 그러니 육진이란 육근과 다름없는 공한 것이지만 단지 육근에 의하여 확인되는 것이므로 환상인 꿈과 조금도 다름없는 법칙임을 깨달아야 하는 것이다.

이제 이렇게 공(空)한 근과 진이 만나면 무엇이 생겨나는가를 살펴보자. 질문에서는 육근을 '보는 작용, 듣는 작용 등 감각기관 + 정신작용'이라고 표현했으나 이것은 잘못된 생각이다. 왜냐하면 육진과 육근이 만나야 그 둘 사이에서 '보인다, 들린다, 냄새난다, 맛있다, 만져진다, 의미 있다'라는 여섯 가지 인식, 즉 육식이 생겨나기 때문이다. 그러니 앞에서 말한 감각기관과 정신작용의 화합은 사실 육근이 아니라 육식을 가리키는 말이다.

그렇다면 이미 육진과 육근이 공(空)한 것이있으니 그 둘 사이에서 드러난 육식은 어떻겠는가. 암소[牛]와 수소 사이에서 태어나는 자식은 반드시 소[牛]일 수밖에 없는 것이 당연한 법칙이듯, 색과 눈 그리고 육진과 육근, 이 양쪽이 모두 공하므로 그 사이에서 나온 육식도 당연히 공할 수밖에 없는 것이다. 그러나 만약 육식이 없다면 육진이나 육근이 있다고 느낄 수 있을까? 육식이 없다면, 다시 말해 '보인다'는 인식이 없다면 육근이 없을 테니 눈이 있다고 느낄 수도 없을 것이고, 역시 육진도 있을 수 없으니 색깔이 있다고도 느낄 수 없게 되므로, 단지 육식이 있을 때만 육진이나 육근도 있는 것으로 느껴질 뿐이다.

결국 육진은 이 세상의 모든 물질을 일컫는 말이므로 산하대지와 일체중생의 육신을 뜻하고, 육근은 그것을 느끼는 감각기관이니 중생이 자신의 몸이라고 착각하던 것을 가리키며, 육식은 '허망한 육진인 세상과 공한 육근인 감각기관의 사이에서 생겨나는 모든 느낌'을 말하는 것이니 이 세 가지를 빼고 나면 세상이라고 할 것이 아무것도 남지 않게 된다. 그러므로 세상의 모든 것이 한 덩어리라는 것을 깨달을 수 있는 것이다.

그러나 중생은 세상과 자기의 몸이 별개의 것이고 몸과 마음도 각각 나뉘어 있다고 착각하면서도, 오히려 감각과 몸은 하나라고 믿으므로 마음과 몸은 하나인지 둘인지, 아니면 각각으로 나뉘어 있는 것인지 알 수 없는 상태가 되는 것이다. 그것은 세상과 마음과 몸이 걸고 둘이 될 수 없고 세상이란 단 하나의 덩어리, 즉 정신이라는 사실을 깨닫지 못하기에 생겨나는 어리석음이다.

그러므로 이 세 가지 진, 근, 식, 즉 십팔계는 서로 떨어질 수 없는 불가분의 관계라는 사실을 깨달을 수 있다. 곧 셋은 공한 하나의 덩어리이고, 한 덩어리가 셋으로 나뉘어 느껴지게 된다는 것이다. 이것을 곧 허공, 또는 여래장이라고 한다.

이제 마지막으로 오온을 설명하겠다.

십팔계가 본래 허공 자체로 녹아 있으니 이것을 '허공장세계(虛空藏世界)'라고 하되, 근과 진이 화합되면 식이 드러나는 것처럼 십팔계인 육진과 육근과 육식, 이 셋이 화합되면 다시 드러나는 것이 있다. 이 것이 바로 생각이라는 것으로, 곧 분별력과 의지력을 말한다. 분별력이란 오온(五蘊) 가운데 상온(想蘊)을, 의지력이란 행온(行蘊)을 가리키는 것으로 이 둘은 언제나 함께 일어나되 그 능력의 차이가 있기에 그로 인하여 일체중생의 존귀함과 빈천함이 있게 되는 것이다. 즉 일체중생의 근본인 십팔계는 허공에 두루 하여 공평하게 일체중생이 공유하되, 단지 그로부터 드러난 생각이 어떻게 십팔계를 바라보는가에 따라 중생에서 부처까지가 결정된다는 말이다.

정리하면, 색온이란 육진이 어우러져 드러난 모든 '있음'을 말하고, 수온은 곧 육근이며, 식온은 색온과 수온이 화합됨으로써 생겨난 인식이고, 이 셋의 사이에서 다시 솟아나는 것은 상온과 행온이라는 '생각'인 것이다. 그러므로 색온과 수온과 식온이 만난 십팔계는 하나의 바다로, 그로부터 드러나는 파도는 상온과 행온으로 본다면 그 이치가 명확해진다.

119

수기를 받는 석가모니부처님의 일화에 대해 알고 싶습니다

과거세에 석가모니부처님께서 유동보살로서 보살계를 닦고 있을 때 부처가 되겠다는 서원(誓願)을 세운 후 일곱 송이의 연꽃을 연등불에게 바쳤다고 합니다. 그때 연등불께서는 '너는 미래세에 석가모니불이라는 부처가 될 것이다'라는 수기를 주셨다고 합니다. 저도 수행을 하면 석가모니부처님과 같이 수기를 받을 수 있을까요? 만약 수기를 받는다면 연등부처님을 만나게 되는지 궁금합니다.

연등불(然燈佛)

연등불은 석존께 수기(授記)를 주신 부처님으로 알려져 있다. 그리고 『금강경』의 「구경무아분(究竟無我分)」에서 '불어연등불소 무유법 득아뇩다라삼먁삼보리(佛於然燈佛所 無有法 阿耨多羅三藐三菩提)'라는 구절과 그 뒤에 '약유법 여래득아뇩다라삼먁삼보리자 연등불 즉불여아수기(若有法 如來得阿耨多羅三藐三菩提者 然燈佛 卽佛如我授記)'라는 구절이 나온다. 여기서 석가모니부처님께서 연등불을 만날 때를 '연등불소 무유법'이라고 하고, 「능정업장분(能淨業障分)」에서는 '연등불전(然燈佛前)'을 '과거무량 아승지겁(過去無量 阿僧祇劫)'이라 한 것을 보면, 연등불은 어떤 전환점임을 말하고 있음을 알 수 있다.

「능정업장분」에서 '무량아승지겁'이라고 표현했으니 긴 세월이 있다는 뜻이고, 이렇게 긴 세월 동안을 팔백사천만억 나유타의 모든 부처님들이 모두 합세하여 이어주는 공양으로 인해 한 번도 공(空)하게 지나간 적 없이 '나'라는 것을 이루게 되었지만, 이 공덕은 『금강경』을 수지독송하는 공덕에는 비할 바가 아니라고 말씀하신다. 다시 말해 불법으로서 모든 중생이 윤회를 하며 '나'라는 것으로 영원히 흐르게 되어 단멸되지 않으니 그 복도 말할 수 없는 고마움이지만, 그것은 생로병사를 겪으며 영원한 윤회를 하게 되는 것이니 '고통이 따르는 불법'인 것이다. 그러나 바로 다음의 「구경무아분」에서, 만약 이 경에서 말씀하시는 내용인 '실무유법(實無有法)'을 깨닫게 된다면 그 복은

불멸1
IMMORTALITY

더욱 수승하다고 말씀하신다. 일체의 법이 실다움이 없다면 마치 '꿈과 다름없고, 환상과 다름없으며, 물거품과 같고, 그림자와 같으므로 [如夢幻泡影]' 버릴 것도 아니고 얻을 것도 아니었음을 알게 되고, 그렇다면 '생로병사'라 하던 것도 역시 환상이므로 지금까지 진실이라 생각하여 고통스러웠던 것은 '공연한 헛수고'가 되기 때문이다.

그러므로 얻은 법이란 일체제불의 공양을 받는 '불법'에 의하여 공하게 지나간 적 없이 항상 '나'라는 것을 얻어 영원히 흐를 뿐만 아니라, 그 가운데 있는 모든 사연은 환상이며, 꿈과 같으니, 실(實)다운 의미가 없고, 의미가 없으니 이제야 비로소 진정 괴로울 것 없는 꿈을 꿀 수 있게 된 것이다. 즉 꿈인 줄 알고 꿈을 꿀 일만 남았으니 그 복덕은 얼마나 많겠는가.

결국 이 '실무유법'을 깨닫는 자리가 곧 '아뇩다라삼먁삼보리'를 얻는 자리이므로, '법이 있어[有] 여래의 아뇩다라삼먁삼보리를 얻었다고 한다면 연등불께서 수기를 줄 리가 없다'고 한 것이다. 물론 이 있다고 하는 법도 불법을 벗어나서 있는 것은 아니지만, 같은 불법 가운데서 오해로 인하여 공연한 고통을 스스로 얻게 되는 어리석은 길이니, 이것을 중생법, 또는 연등불을 만나기 이전이라고 말하는 것이다. 연등불소에서는 무유법을 얻었고, 그러므로 수기도 받은 것이기 때문이다.

이렇게 본다면 연등불이란 '실무유법'을 깨닫는 순간과 같은 시간에 존재하는 것이다. 이것이 연등불의 역할이다. 곧 '실무유법'을 깨달으면 곧 연등불을 만난 것이고, 연등불을 만난 것은 '수기'를 받은 것이니, 앞에서 이미 설명한 '비교할 수 없는 수승한 복'을 받게 된 것이라는 말이다. 요즘은 스님들 사이에서 '한 소식했다'라는 말로 표현되기도 하고, '돈오'라는 말로 표현되기도 하는데, 이것은 '실무유법'을 얻은 것이고, '수기'를 받은 것이며, '연등불'을 만난 것이니, 반드시 부처가 될 것을 약속받은 것이라 할 수 있다.

한편 어리석은 범부로서 더욱 어리석은 분별을 하게 되면 항상 앞이 보이지 않게 된다. 마치 불빛이 스스로는 밝지만 그 끝은 항상 어둠이 가로막는 것처럼, 중생의 본래 지혜란 햇빛보다 밝지만 분별하는 지혜의 끝은 항상 한 치 앞을 모르는 칠흑과 같다. 계속해서 앞으로만 달려 나간다면 여기에 부처를 이룰 가능성은 없다. 그러나 빛이 거울을 만나 스스로를 비추어 어둠에서 벗어나듯 '실무유법'의 연등불을 만나면 스스로의 위대함으로 돌아서게 되니, 이제부터는 중생이 아니고 '수다원(須陀洹)', 즉 순리에 따르는 성현의 종자에 들게 되는 것이다. 즉 무량아승지겁의 어리석음은 이제 장막을 내리게 된다는 말이며, 서쪽을 동쪽으로 알고 가는 어리석음을 깨닫고, 처음 방향을 바꾸었다는 말이다. 그렇다면 당연히 동쪽을 만날 약속이 이루어지게 되고, 이것이 '연등불소'의 의미이다.

그러므로 연등불을 '석가모니부처님'처럼 출가를 하고 깨달음을 이룬 '인간'의 모습으로 생각한다면 『금강경』의 깊은 의미를 깨닫지 못한다. 그리고 이렇게 '실무유법'을 깨닫는다면 '석가모니부처님'도 오직 마음이었음을 깨닫게 될 것이니, 연등불과 다름없는 '불법'임을 또한 깨달을 수 있으며, 나아가 스스로도 오직 '불법'이라 깨닫게 되므로

불멸 *1*
IMMORTALITY

'인간'은 사라지고, 법칙만이 남게 되는 것이다. 이것이 '무아'의 경지다. 이것이 '불세계(佛世界)'의 경지다.

아는 것과 체득하는 것

수지독송(受持讀誦).
'무아(無我)'가 듣고
'무아'가 깨닫고
'무아'가 세상을 읽고
'무아'가 말하고…
돈오 야 – 아. 점수 여 – 어.

물질이 있다는 것도 생각
물질이 공하다는 것도 생각
물질이 환상이라는 것도 생각

몸이 있다는 것도 생각
몸이 없다는 것도 생각
몸이 환상이라는 것도 생각

마음이 있다는 것도 생각
마음이 없다는 것도 생각
마음은 꿈과 같다는 것도 생각

생각이란 있다고 볼 수 없다는 것도 생각

생각이란 없다고 볼 수도 없다는 것도 생각

생각이란 있는 것도 없는 것도 아니라는 것도 생각

생각 말고는 아무것도 없다는 것도 공한 생각

그 생각을 바라보는 깨달음도 공한 깨달음

공한 생각으로 다시 공한 깨달음을 보아도

역시 공한 정신의 마주함.

더 알 것도 없고

더 알려는 자도 없고

없다는 것도 없으나 오직 이렇게 깨닫는 공한 깨달음은 남는 것.

아… 이 깨달음이여. 이 깨달음을 깨닫는 깨달음이여.

홀로 환상의 세계를 이루고 즐기는구나.

주인도 되고 나그네도 되며

웃기기도 하고 웃기도 하는구나.

제발 보이고 들리는 만제전다고
그것에 믿음을 이미 두고 함부로
간곡한 기도를 없히지 말아라.